Michael Brie/Lutz Brangsch
Das Kommunistische

Lutz Brangsch/Michael Brie (Hrsg.)

Das Kommunistische

Oder: Ein Gespenst kommt nicht zur Ruhe

Mit Beiträgen von Bini Adamczak,
Friederike Habermann und Massimo De Angelis

Eine Veröffentlichung der Rosa-Luxemburg-Stiftung

VSA: Verlag Hamburg

www.vsa-verlag.de

Umschlagabbildung: El Lissitzky, Proun. Street Decoration Design, 1921
Druck- und Buchbindearbeiten: Beltz Bad Langensalza
ISBN 978-3-89965-627-5

Inhalt

Lutz Brangsch/Michael Brie

Gespenstische Diskussionen und ernsthafte Fragen

»Werden wir aufhören,
einander beim Abwasch
die Stunden zu zählen,
beim Geben und Nehmen
die kleine Münze?
Ist vor den kleinsten
Kommunismus des Teilens
die große Erleuchtung gesetzt?«
Rudolf Bahro

»Ein Gespenst geht um in Europa – das Gespenst des Kommunismus. Alle Mächte des alten Europas haben sich zu einer heiligen Allianz gegen dieses Gespenst verbündet...« So beginnt die berühmteste Schrift linken Denkens, das »Manifest der Kommunistischen Partei« von Karl Marx und Friedrich Engels aus dem Jahre 1848. Die antikommunistische Gespensterfurcht begann in der deutschen Presse schon 1841, als der »Telegraph für Deutschland« aus Frankreich übermittelte, dass die Kommunisten dort Furcht einflößen würden, aber »die große Majorität nichts von einer Gütergemeinschaft wissen will« (zitiert in Schieder 1982, 484). Und die »Augsburger Allgemeine Zeitung« setzte wenige Monate später in ihrer Berichterstattung über die Entwicklung in Frankreich nach: »Der Communismus erhebt das Haupt; die Reihe ist an ihm; in diesem System der Furcht verdrängt ein Gespenst das andere.« (Zit. in ebd.)

Die allgemeine Furcht vor dem Kommunismus hat auch heute nicht nachgelassen. Dazu haben Kommunisten und Kommunistische Parteien, die an die Macht gelangten und die von ihnen errichteten Gesellschaften auf dem Wege zum Kommunismus sehen wollten, wesentlich beigetragen. Schon Michail Bakunin hatte gewarnt: »Wir sind überzeugt, dass Freiheit ohne Sozialismus Privilegienwirtschaft und Ungerechtigkeit, und Sozialismus ohne Freiheit Sklaverei und Brutalität bedeutet.« (Bakunin 1871, 5) Und August Bebel äußerte im Reichstag: *»Sozialismus ohne Demokratie wird Kasernen- und Parteisozialismus; Demokratie ohne Sozialismus ist Manchestertum.«* (Zitiert in Euchner et al. 2005, 189, Hervorheb. im Original). Wie der französische Dichter Albert Camus Jahrzehnte später mit Blick auf die Herrschaft der kommunistischen Staatsparteien in aller Schärfe formulierte: »... ohne Freiheit [...] kein Sozialismus, es sei denn der Sozialismus der Galgen« (Camus 1997b, 239).

Auch im Deutschland des beginnenden 21. Jahrhunderts kann der Kommunismus die Diskussion entfachen. Die frühere Vorsitzende der Partei *Die Linke,* Gesine Lötzsch, hatte 2011 einen Artikel für die *Junge Welt* in Vorbereitung der Konferenz »Wo bitte geht's zum Kommunismus?« mit den Worten eingeleitet: »Thomas Edison soll gesagt haben: ›Ich bin nicht gescheitert. Ich habe nur 10.000 Wege gefunden, die nicht funktionieren.‹ Was für ein großartiges Selbstbewusstsein! Wie viele Wege haben die Linken gefunden, die nicht funktionierten? Waren es 100 oder 1.000? Es waren bestimmt nicht 10.000! Das ist genau das Problem! Wir sind zu oft mit dem Finger auf der Landkarte unterwegs. Die Wege zum Kommunismus können wir nur finden, wenn wir uns auf den Weg machen und sie ausprobieren, ob in der Opposition oder in der Regierung. Auf jeden Fall wird es nicht den einen Weg geben, sondern sehr viele unterschiedliche Wege, die zum Ziel führen.« (Lötzsch 2011)

Die Angriffe ließen nicht auf sich warten. Im *Spiegel* war schon ein Tag später zu lesen: »Die Logik von Lötzsch ist die einer geschulten Leninistin: Danach ist der Kommunismus immer das Ende der Geschichte, nur der ›Pfad‹ dahin ist fraglich. Die Menschheit ist aufgerufen, diesen Weg zu suchen – natürlich unter Anleitung der Partei. Und natürlich nach Untergang der bürgerlichen Gesellschaft. Mit der gleichen Selbstverständlichkeit, mit der Lötzsch über den Kommunismus spricht, vergisst sie dessen Blutspur. Kein Wort verliert sie über die Opfer des Kommunismus, über die Lager in der Sowjetunion, in China oder in Korea, die alle im Namen des Kommunismus errichtet wurden. Nicht einmal über die Kommunisten spricht sie, die Opfer von Kommunisten wurden.« (Berg 2011; siehe ausführlich Witterauf 2011)

Im *Spiegel* selbst aber wurde drei Tage später von Sebastian Hammelehle gemahnt: »Das Wort Kommunismus ist verbrannt. Was aber ist mit den Ideen, für die es steht? Die klassenlose Gesellschaft, in der das Privateigentum an Produktionsmitteln aufgehoben, der Staat als das Instrument der Klassenherrschaft abgestorben ist, mögen das Nirwana des Kommunismus sein, das nie erreicht wird... Wer den Kommunismus ablehnt, muss ihn als gesellschaftspolitisches Programm ernst nehmen und widerlegen – gerade in einer Zeit der Krise des Kapitalismus.« (Hammelehle 2011) Wie Costas Douzinas auf einer stark besuchten Kommunismuskonferenz von 2009 in London formulierte: »Das Recht auf Widerstand/Revolution gegen was immer das Axiom der Gleichheit verneint, bildet die normative Maxime der kommunistischen Idee. Die Verbindung von Gleichheit und Widerstand entwirft eine generische Humanität, die sowohl dem universellen Individualismus als auch der kommunitären Abschließung entgegengesetzt ist.« (Douzinas 2012, 126) Es scheint also dabei zu bleiben: Wer vom Kapitalismus spricht, kann vom Kommunismus als dessen entschiedenem Widerpart nicht schweigen. Kein Zufall, dass mit der Krise von 2008 auch das »Kapital« von Karl Marx wieder zum Bestseller wurde (Holmes 2009, xiii). Bini Adamczak sieht das Unsterbliche des Kommunismus darin, dass erst er »das historisch einklagbare Anrecht in die Welt gezwungen hat, keine Entmündigung hinnehmen, nicht eine einzige Erniedrigung mehr ertragen zu müssen. Seitdem ist noch das kleinste Unrecht größer und das größte schmerzt um ein Vielfaches mehr.« (Adamczak 2007, 81)

Noch eine Vorbemerkung. Dieses Buch verwendet im Titel nicht das Wort Kommunismus, sondern spricht vom Kommunistischen. Damit soll von Anfang an vermieden werden, alles, was unter dem Kommunistischen firmiert, in ein System zu gießen, und das, was in dieses System nicht hineinpasst, als »Abweichungen« zu deklarieren. Historisch gab es sehr verschiedene Ansätze, Projekte, Versuche und Utopien wie Theorien, die sich als kommunistisch bezeichneten oder als solche dargestellt wurden. Dieses Buch versucht, das Gemeinsame im Verschiedenen und das Verschiedene im Gemeinsamen aufzuzeigen, das kommunistisch genannt wird.

Das vorliegende Buch schließt an zwei Publikationen in der Reihe *Kontrovers* der Rosa-Luxemburg-Stiftung sowie an weitere Veröffentlichungen der Autorinnen und Autoren und ihres Umfeldes an (Crome 2006; Brie/Spehr 2008; Adamczak 2007; Adamczak 2010; Habermann 2009). Wie auch diese vorhergehenden Veröffentlichungen hat es vor allem das Ziel, übersichtlich zu informieren, was als kommunistisch historisch und aktuell diskutiert wurde. Viele Fragen sind in den Kontrovers-Texten behandelt worden, vor allem im Zusammenhang mit der Frage »Was ist Sozialismus?«. Dies betrifft u.a. die Entwicklung des sowjetischen, chinesischen oder kubanischen Sozialismus und Kommunismus. Es wurde nicht versucht, diese Darstellung hier zu wiederholen. Zur Geschichte des Staatssozialismus sei auch auf eine Analyse des Krisenzyklus dieser Gesellschaften verwiesen (siehe Brie 1992; Brie 2004). Ausführlicher als in den genannten Publikationen wird hier auf die Versuche eingegangen, in der Frühzeit der Sowjetunion und in Jugoslawien kommunistische Ansätze zu realisieren. Es darf nicht vergessen werden, dass in die Bewegungen gegen die Herrschaft kommunistischer Staatsparteien starke kommunistische Impulse eingegangen sind (siehe dazu auch im Beitrag von Bini Adamczak in diesem Buch, S. 129-148). Dies beginnt mit dem Aufstand von Kronstadt und der Arbeiteropposition in der KP Russlands und führt bis hin zur polnischen Solidarność (Majmurek et al. 2012). Auch die Reformen der Perestroika wurden von einem starken kommunistischen Impuls getrieben (Brie 1993). Positionen zum Erbe von Rosa Luxemburg (Brangsch 2011; Brie/Haug 2011) und ihrer Haltung zur Russischen Revolution (Brie 2011) wurden hier nicht erneut aufgegriffen. In die Geschichte des Kommunistischen gehören der Aufbau und die Wandlung der Kibbuz in Palästina und Israel. Es war dies u.E. eines der wichtigsten kommunistischen Experimente des 20. Jahrhunderts, getragen von Menschen, die sich freiwillig zusammenschlossen und denen es gelang, dieses Experiment über mehrere Generationen zu bewahren. Es war zugleich kommunistisch und jüdisch ausgerichtet, hat in den 1930er bis 50er Jahren eine wesentliche Rolle als militärischer Vorposten in palästinensisch dominierten Gebieten gespielt, es waren Siedlungsprojekte und zunehmend auch Wehrdörfer. Dieses Experiment verdient mehr als nur eine Nebenbemerkung. Es sei deshalb auf weiterführende Literatur verwiesen (siehe u.a. Leon 1969; Heinsohn 1982; Busch-Lüty 1989; Fölling-Albers/Fölling 2000; Lindenau 2007). Der jüdische Philosoph und Kommunist Martin Buber hat diesem Experiment Ende der 1940er Jahre die folgenden Worte gewidmet, die ausführlich zitiert werden sollen:

»Soweit ich Geschichte und Gegenwart übersehe, darf man nur einem einzigen umfassenden Versuch, eine Vollgenossenschaft zu schaffen, ein gewisses Maß des Gelingens im sozialistischen Sinn zusprechen; das ist das hebräische Genossenschaftsdorf in Palästina in seinen verschiedenen Formen. Wohl haftet auch ihm in allen drei Bereichen, im Bereich der inneren Beziehungen, in dem der Föderierung und in dem der Einwirkung auf die allgemeine Gesellschaft eine tiefgreifende Problematik an; aber in allen drei Bereichen hat es, und es allein in allen, seine lebendige Existenz bekundet. Nirgends in der Geschichte der genossenschaftlichen Siedlung gibt es dieses unermüdliche Tasten nach der diesen bestimmten Menschenkreisen entsprechenden Form des Zusammenlebens, dieses immer erneute Versuchen, Sichdrangeben, Kritischwerden und Neuversuchen, dieses Abspringen immer neuer Zweige vom gleichen Stamm und aus dem gleichen Formtrieb. Und nirgends gibt es diese Wachheit gegenüber der eignen Problematik, dieses Sich-immer-wieder-konfrontieren mit ihr, diesen zähen Willen, sich mit ihr auseinanderzusetzen und dieses unablässige, nur selten sich im Wort nach außen manifestierende Ringen um ihre Überwindung.« (Buber 1985, 231)

Der folgende Text kann die ungeheuer reiche Geschichte und Gegenwart des Kommunismus höchstens in Ansätzen umreißen (es sei auf wenige umfassende Darstellungen verwiesen: Beer 1924; Bloch 1993; Saage 2001; 2002; 2003; 2009). Aber er soll Konturen aufzeigen, was in den Orbit des Kommunistischen gehört. Dies zumindest scheint möglich. Das Buch soll dazu helfen, sich den Fragen des Kommunistischen offen zu stellen. Es versucht vor allem, einen breiteren Überblick zu verschaffen, um eigene Antworten auf die genannten und weiteren Fragen zu finden. Das Buch soll anregen, sich der Frage des Kommunistischen in der Geschichte und Gegenwart neu zu stellen, selbst den Quellen nachzugehen, sich dem Reichtum der Diskussionen bewusst zu sein und um die Widersprüche des Kommunistischen zu wissen. Deshalb wird ausführlich zitiert, so soll der Vielfalt des Sprechens über das Kommunistische Rechnung getragen werden. Die Leserin/der Leser wird eingeladen, weiter zu lesen, den Spuren des Kommunistischen nachzugehen. Der Einsatz für eine grundlegende gesellschaftliche Transformation artikuliert die Widersprüche in der Gegenwart mit Blick auf ein freieres und gleicheres Leben in der Zukunft und muss dabei zugleich das verdrängte, unterdrückte solidarische und emanzipatorische Erbe der Vergangenheit heben. Es geht um einen Bruch, der Diskontinuität und Kontinuität einschließt.

Michael Brie

Urkommunismus und menschliche Natur

Die Frage nach dem Kommunistischen ist immer auch die Frage nach den Ursprüngen der heutigen Zivilisation und der Natur des Menschen gewesen. Oder auch umgekehrt: Die Analyse der historischen Ursprünge heutiger Zivilisationen sowie die anthropologischen Forschungen liefern Voraussetzungen, um die Suche nach den Sozialformen zu befördern, die dem Menschen angemessen sind. »Wo kommen wir her?« und »Was ist der Mensch?« sind Fragen, denen niemand entkommen kann, der eine freiere, gleichere, solidarischere Gesellschaft anstrebt.

1. Der Gründungsmythos bürgerlichen Denkens: Kommunismus als Krieg aller gegen alle – Hobbes, Locke und die kommunistischen Digger

Am Anfang war der Kommunismus! Soweit der alttestamentarische Mythos. Gott hat die Welt allen Menschen gemeinsam gegeben. Vor Kain, dem Brudermörder und Zivilisationsstifter, sei alles allen gemeinsam gewesen: Omnia sunt communia – herrschaftlich oder doch eher sorgend, ausbeuterisch oder behütend. Die Deutungen der Bibel sind widersprüchlich. Im Garten Eden gab es keinen Mangel und kein Mein und Dein. Der Reichtum der Welt sollte einem reichen Leben aller dienen.

Auch das westeuropäische politische Denken kannte diesen kommunistischen Mythos – nur wurde er zur Negativfolie –, nicht mehr Goldenes Zeitalter und Paradies, sondern Hölle auf Erden und Elendsort. Zum Stifter des Mythos von der kommunistischen Elendszeit wurde Thomas Hobbes mit seinem Werk »Leviathan« von 1651. Menschliche Zivilisation ist für ihn Bruch mit der kommunistischen Vergangenheit. Im Gemeineigentum sieht Hobbes die Ursache einer Barbarei enthemmter Gewalt. In der Widmung seines Werkes »Vom Bürger« heißt es: »Ich sah nun, dass aus dem gemeinsamen Besitz der Dinge der Krieg und damit alle Arten von Elend für die Menschen, die sich um deren Gebrauch mit Gewalt stritten, notwendig hervorgehen müsse; ein Zustand, den alle von Natur verabscheuen.« (Hobbes 1967, 62) Daraus leitet er die Entscheidung für Privateigentum und einen autoritären Staat ab. Sie werden zu den unverzichtbaren Bedingungen jedes zivilisierten sozialen Zusammenlebens erklärt. Die Annahme ist: »Von Natur hat jeder ein Recht auf alles« – »sogar auf den Körper eines anderen« (Hobbes 2005, 108), also das Recht, ihn zu versklaven. Im kommunistischen Naturzustand kann es, so Hobbes, »keinen Platz für Fleiß«, »keine Kultivierung des Bodens, keine Schifffahrt«, »keine Zeitrechnung, keine Künste, keine Bildung, keine Gesellschaft« geben – »und, was das allerschlimmste ist, es herrscht ständige Furcht und die Gefahr eines gewaltsamen Todes; und das Leben des Menschen ist einsam, armselig, widerwärtig, vertiert und kurz« (ebd., 105). Die Natur des Menschen sei es, die unter den Bedingungen des kommunistischen Naturzustandes dieses Elend herbeiführt: »So finden wir in der Natur des Menschen drei Hauptursachen für Konflikte: erstens Konkurrenz, zweitens Unsicherheit, drittens Ruhmsucht. [...] Hierdurch ist offenbar, dass sich die Menschen, solange sie ohne eine öffentliche Macht sind, die sie alle in Schrecken hält, in jenem Zustand befinden, den man Krieg nennt, und zwar im Krieg eines jeden gegen jeden.« (Ebd., 104)

Soweit sich das westliche bürgerliche Denken der Neuzeit auf den zitierten alttestamentarischen Gründungsmythos bezog, stand es vor dem Problem, wie die Übereignung der irdischen Schöpfung an die Menschheit insgesamt mit exklusiven Eigentumsrechten Einzelner in Übereinstimmung gebracht werden kann. Ich werde dies kurz am Beispiel von John Lockes »Abhandlung über den wahren Ursprung, Umfang und Zweck des staatlichen Gemeinwesens« skizzieren, knapp 30 Jahre nach Hobbes' »Leviathan« veröffentlicht.[1] Locke wählt gleichermaßen das Naturrecht, wie es sich schon im antiken Rom herausbildete, und die christliche »Offenbarung« zum Ausgangspunkt. Das Naturrecht sage, so Locke, »dass die Menschen mit ihrer bloßen Geburt ein Recht auf ihre Erhaltung und folglich auf Speise und Trank und alles andere erworben haben, was die Natur für ihren Unterhalt bereit hält« (Locke 1980, 115). Wieder wird vom kommunistischen Naturzustand ausgegangen, in dem gilt: Alles ist allen gemeinsam – *omnia sunt communia*. Locke stellt sich dieser doppelten Herausforderung und versucht eine überzeugende Begründung für die Verwandlung des Gemeinschaftlichen in das Private zu finden. Er will die Frage beantworten, »wie es dazu kommen kann, dass Menschen teilweise zu einem Eigentum an dem gelangen, was Gott den Menschen insgesamt zugeteilt hat, ohne dass es hierzu eines ausdrücklichen Vertrages mit allen anderen Men-

---

[1] Dieser Abschnitt ist entnommen und überarbeitet aus Brie (2012).

schen bedürfte« (ebd.). Wie konnte der Urkommunismus legitim zur bürgerlichen Gesellschaft werden?

Für Locke ist es das Eigentum des Einzelnen an sich selbst, die freie, d.h. für ihn: private, Verfügung über den eigenen Leib, die diesen Übergang erklärt: »Obgleich die Erde und alle niederen Geschöpfe der Menschheit insgesamt gehören, hat doch jeder Mensch ein Eigentum an seiner Person.« (Ebd., 116). Wer sonst nichts hat, habe doch sich selbst. Der Mensch sei per Natur schon Privatmann. Wie wenig der, der nichts außer sich hat, wirklich hat, und wie wenig er dann über sich selbst souverän verfügen kann, sondern zum Gegenstand der Fremdverfügung wird, wird geschichtsmächtig verdrängt. Wenn nun, so Locke, der Einzelne sich selbst als Privateigentum hat, so gelte dies auch für die Arbeit des Einzelnen und für alles, was aus dieser Arbeit hervorgeht. Und da die Früchte der Erde nur durch Arbeit jene Gestalt erhalten, in der sie dem Menschen nützlich sind, so ist ihnen nach Locke »durch seine Arbeit etwas hinzugefügt worden, was das gemeinschaftliche Anrecht aller anderen Menschen darauf ausschließt« (ebd.). Damit die beiden genannten Prämissen (das Naturrecht auf Unterhalt und das Gemeineigentum an der Erde) nicht ad absurdum geführt werden, fügt Locke in knappster und zugleich folgenloser Form hinzu: »vorausgesetzt, es ist von allem gleich Gutes genug zum gemeinschaftlichen Nutzen der anderen vorhanden« (ebd.). Die Lockesche These, dass die bürgerliche Gesellschaft den Überfluss an Gemeingütern zur Grundlage hat, sollte nicht vergessen werden: Was ist, wenn das Privateigentum der einen zur Eigentumslosigkeit der anderen wird und ihnen die Möglichkeit raubt, ihr Recht auf Unterhalt zu verwirklichen, weil »gleich Gutes zum gemeinschaftlichen Nutzen« nicht mehr ausreichend zur Verfügung steht? Was passiert, folgenreicher noch, wenn die private Verfügung das uns durch Natur und vorhergehende Generationen überlassene Gute vernichtet, wenn sich das private Gut in einen öffentlichen Schaden verwandelt?

Der in der genannten Abhandlung folgende Absatz führt den schon dargestellten Gedanken aus und fragt, ob es der Zustimmung aller anderen zu diesem durch eigene Arbeit entstandenen privaten Eigentum bedürfe. Die schon erfolgte Begründung des Privateigentums aus dem Eigentum der Individuen an sich selbst lässt Locke freier sprechen als bisher. Dies drückt sich zum einen in einer sprachlichen Wendung aus. Er wird auf eine spezifische Weise persönlich. Erst spricht Locke vom Eigentum eines neutralen Anderen, d.h. von »seinem« Eigentum, auf das »er« Anspruch habe. Es sind das Personal- und Possessivpronomen der dritten Person Singular. Es wird eine betont »sachliche« Position eingenommen. Nun aber geht er zur ersten Person Plural, zum »Wir«, über. Locke nimmt die durch seine eigene soziale Gruppe geteilte und als völlig selbstverständlich unterstellte Position ein und schreibt:

»Wir sehen am Gemeindeland, das vertraglich [!!!] in diesem Zustand belassen wurde, dass das Eigentum dort beginnt, wo irgendein Teil davon aus dem Gemeinschaftsbesitz herausgelöst und dem Zustand entrückt wird, in den die Natur es versetzt hat. Ohne dies hat das Gemeindeland keinerlei Wert. Und um mir diesen oder jenen Teil davon zu nehmen, brauche ich nicht die Zustimmung derer, denen es gemeinsam mit mir gehört.« (Ebd., 117) Der Vertragsbruch, zu dieser Zeit durch die neue englische Klasse kapitalistischer Landeigentümer vollzogen, wird als völlig legitim unterstellt. Die Zustimmung aller zu dieser Privatisierung der Allmende wird als überflüssig erklärt. Das »Eigentum« beginnt dort, wo es nicht mehr anderen »gemeinsam mit mir gehört«! Gemeineigentum also ist per Definition kein Eigentum im Lockeschen Sinne.

Das spezifisch kapitalistische Verständnis von Arbeit als Teil der Kosten gewinnorientierter Produktion wird klar, wenn wir von den schon zitierten Sätzen weitergehen zu Sätzen, in denen Locke dann zum Personal- und Possessivpronomen der ersten Person Singular – vom »Wir« und »Unser« zum »Ich« und »Mein« – übergeht. Der Klassenstandpunkt wird nun unmittelbar mit dem privaten Kalkül identisch. Jetzt wird deutlich, welche Arbeit für ihn die eigentliche Arbeit ist. Es ist ausschließlich Arbeit, die »richtig veranschlagt« ist und sich »rechnet«: »Das Gras, das mein Pferd gefressen, der Torf, den mein Knecht gestochen hat, das Erz, das ich an einer Stelle geschürft habe, wo ich das Recht auf all dies mit anderen teile, werden somit mein Eigentum, ohne dass jemand sie mir zuteilt oder zubilligt.« (Ebd.)

Das Pferd und der Knecht, da sie »sein« seien, werden als Organe der Aneignung der gemeinschaftlichen Güter dem eigenen Leib gleichgestellt. Das Grasfressen des Pferdes, die Arbeit des Knechts und die unmittelbar eigene Arbeit des Erz-Schürfens verlieren jeden Unterschied – so wie sie in der doppelten Buchführung von Unternehmen auch unterschiedslos als notwendige Kosten auftreten. Und auf diesem Wege wird kapitalistische Lohnarbeit unter der Hand mit der individuellen Arbeit im eigenen Auftrag identifiziert und über den Umweg der In-Eins-Setzung mit unterworfenen Naturkräften (Pferden) auch noch naturalisiert und schließlich monetarisiert. Die Arbeit von Mägden und Frauen, die Haus- und Sorgearbeit tauchen in der Kostenrechnung gar nicht erst auf.

Diese Durchsetzung von Eigentumsrechten erfolgt aber nicht durch herrschaftsfreie Kommunikation und auch nicht durch Arbeit, weder die eigene noch die fremde. Vor der Arbeit der »eigenen Knechte« kommt die Gewalt der gedungenen Mörder. Raub, Vertreibung und Totschlag bilden den ausgeblendeten Ausgangspunkt dieses Eigentums. Locke hat nicht nur die Enteignung der englischen Bauern, sondern auch die Kolonialisierung Nordamerikas und die Vertreibung und Vernichtung der indigenen Völker vor Augen, Prozesse, die er als legitim ansieht, da diese Völker keine »Arbeit« (im genannten Sinne) auf das von ihnen gemeinschaftlich besiedelte Land verwenden würden. Solche Nicht-Nutzung rechtfertige Enteignung, denn »Eigentum aus Arbeit« – immer im Sinne effektiver Verwertung – müsse »eine größere Bedeutung erlangen [...] als das gemeinsame Eigentum an Land«, sei es doch die Arbeit, »die jedem Ding seinen unterschiedlichen Wert gibt« (Locke, a.a.O., 125). Die Verwandlung der Welt in kapitalistisches Privateigentum resümiert sich dann in dem lakonischen Satz: »So war am Anfang die ganze Welt ein Amerika...« (Ebenda, 130) Die biblische Schöpfungsgeschichte wird zur bürgerlich-imperialen Inbesitznahme der Welt als Ausbeutungs- und Verwertungsobjekt. Erst kommt der außerökonomische Zwang der Enteignung und dann folgt der ökonomische Zwang gegenüber den Enteigneten. Und wo all dies nicht hilft, wird die Sklaverei eingeführt, um die Zuckerrohr- und Baumwollplantagen und die Silberminen der Kolonien profitabel bewirtschaften zu können. Im Namen der Freiheit boomt zwischen dem 17. und 19. Jahrhundert der transatlantische Sklavenhandel. Das klassische bürgerliche Zeitalter ist das Zeitalter der modernen Sklaverei.

Es gibt aber nicht nur die bürgerliche Rechtfertigung dieser ursprünglichen wie permanenten Enteignung des Volkes, sondern auch einen gleichermaßen theoretischen wie praktischen Protest dagegen. Ein prominentes Beispiel ist die kommunistische Bewegung der »Diggers«, die in der eigentlichen englischen Revolution des 17. Jahrhunderts (nicht jenem Putsch von 1688/89, der dann euphemistisch das Epitaph »Glorreiche Revolution« erhielt) entstand. Das Kommunistische in seinen vielen Formen ist, wie wir im Weiteren sehen werden, eine unterdrückte Tradition Europas (vgl. Brie 2006).

Wenige Monate, nachdem der englische König Charles I. unter dem revolutionären Druck der Armee zum Tode verurteilt und geköpft worden war, in den April-Tagen des Jahres 1649, besetzte eine kleinere Gruppe von Männern und Frauen unbewirtschaftetes Gemeindeland beim Saint George's Hill, Weybridge in der Nähe von Cobham, im Landkreis Surrey. In einer Situation, in der die Lebensmittelkosten eine bisher ungekannte Höhe erreicht hatten, beschlossen sie – als »Einstiegsprojekt«

(siehe Brangsch 2009; Brangsch 2014) in eine gerechte Welt und mit Berufung auf eben die Schöpfungsgeschichte der Bibel, auf die sich auch John Locke bezog – das gemeinsame Land nun auch gemeinsam zu bestellen. Ziel sei es, »die Schöpfung von jener Knechtschaft des privaten Eigentums frei zu machen, unter der sie stöhnt« (Winstanley 1983b, 26). Die Gutsherren und die bewaffnete Staatsmacht sowie ihre Gerichte reagierten ganz anders als in Fällen der privaten Enteignung des Gemeindelandes, obwohl doch nichts anderes gemacht wurde als das, was John Locke später die rechtmäßige Überführung von Natur durch eigene Arbeit in Eigentum nennen wird. Nur handelte es sich hier eben um die *gemeinsame* Aneignung und Überführung in den *gemeinschaftlichen* Besitz der Arbeitenden mit dem Ziel: »... ein jeder wird mit Hand anlegen, um die Erde fruchtbar zu machen und das Vieh aufzuziehen, und alle werden an dem Segen der Erde in gleicher Weise teilhaben...« (Winstanley 1983a, 9). Ohne Knechte, Mägde und Lohnsklaverei, ohne Privateigentum und Geld, ohne Kauf und Verkauf des Lebensnotwendigen, ohne Überfluss der Wenigen und Mangel der Vielen.

Falsche Anschuldigungen vor Gericht, willkürliche Verhaftungen, Überfälle, Brandschatzungen und Vertreibungen zerstörten diese kommunistischen Siedlungen der Digger schnell. Schon 1651 war die Bewegung zerschlagen. In der englischen Revolution hatten sich die Vorkämpfer für eine Ordnung des Privateigentums gegenüber denen, die dem Gemeineigentum anhingen, durchgesetzt. Es dauerte fast zwei Jahrhunderte, bis die Sozialwissenschaften die Annahme, dass der privateigentümlichen Ordnung ein »kommunistischer« Zustand des Krieges aller gegen alle vorherging, widerlegten. Dies warf auch ein neues Licht auf gesellschaftliche Alternativen.

2. Die Entdeckung der »Urgesellschaft« durch Lewis H. Morgan

Im 19. Jahrhundert »entdeckten« die Sozialwissenschaften, die Anthropologie und Soziologie, im Gefolge der neuen Welle der Kolonialisierung und Auslöschung vieler traditioneller Völker, dass der frühe Zustand menschlicher Gesellschaft in der Koexistenz vieler kleinerer Gemeinschaften bestand und dies keinesfalls in allgemeine Barbarei und »vertiertes« Leben ausgeartet sei. Sie begannen, die Formen von Ordnung und Selbstverwaltung zu untersuchen, die menschliche Gesellschaften über Zehntausende von Jahren geprägt haben, ein Zeitraum, der den der sogenannten Zivilisation zumindest um den Faktor 10 übersteigt. Es begann die empirische Erforschung jener Gesellschaften, die bis dahin im Dunkel der »Vorgeschichte« gelegen hatten. Dies veränderte auch das Verständnis von Kommunismus.

Es war Lewis H. Morgan (1818-1881), der mit seiner Sicht den kommunistischen Diskurs des ausgehenden 19. Jahrhunderts prägte. Geboren wurde er in Aurora im US-Staat New York in der sogenannten Finger-Lake-Region. Zu dieser Zeit war das Land noch durch eine Koexistenz zwischen den eindringenden Weißen und indianischen Stämmen geprägt. Diese hatten während des Unabhängigkeitskrieges im ausgehenden 18. Jahrhundert teils die aufständischen »Kolonisten«, teils die Briten unterstützt. Unweit von Aurora gab es vor dem Krieg eine große Siedlung der Irokesen, die aber zerstört wurde und dessen Bewohner um ihr Land gebracht und nach Kanada vertrieben wurden. Mit 23 oder 24 Jahren bildete Morgan mit Freunden den Orden der Irokesen mit dem Ziel, systematisch Informationen über jene zu sammeln, die in dieser Region so lange gelebt hatten. Er begann, sich immer intensiver mit den »Indianerangelegenheiten« zu beschäftigen, nahm enge Beziehungen zum Stamm der *Seneca* auf, der erfolgreich Landrechte gegen den Staat New York einklagte. Mitte der 1850er Jahre begann er, finanziert durch eigenes Vermögen und durch das berühmte *Smithonian Institute*, mit Feldstudien zur Erforschung der Verwandtschaftsbeziehungen indianischer Stämme. Er unternahm vier größere Reise zu den letzten noch weitgehend frei lebenden Stämmen in Kansas und Nebraska und aufwärts des Missouris. Mit dem Ende des amerikanischen Bürgerkriegs aber wurde das Ende auch dieser Stämme eingeleitet. Freigelassen von allen Fesseln wurde einer der größten Landräube der modernen Geschichte vollendet. Die Überlebenden wurden in die Reservate eingepfercht, um »zivilisierte Amerikaner« zu werden oder auszusterben. Morgan unterstützt diese Politik der »Assimilation« nicht. Vergeblich bemüht er sich, Staatssekretär für Indianerfragen zu werden. Dies erweist sich als Glück für die Wissenschaft. 1877 erscheint Morgans Lebenswerk »Die Urgesellschaft oder Untersuchung über den Fortschritt der Menschheit aus der Wildheit durch die Barbarei zur Zivilisation« (*Ancient Society Or Researches in the Lines of Human Progress from Savagery through Barbarism to Civilization*). Das Buch beginnt mit den Worten: »Das große Alter der Menschheit ist bestimmt erwiesen. Es scheint sonderbar, dass die Beweise dafür erst in den letzten dreißig Jahren entdeckt wurden und dass die jetzige Generation die erste ist, die eine so wichtige Tatsache anzuerkennen hat.« (Morgan 1908, XIII) Aber auch die Schlussfolgerung, die Morgan zog – das Fortschreiten als Rückkehr auf höherer

Stufe –, wird Furore machen und bestimmte maßgeblich die breite Rezeption gerade in kommunistisch-sozialistischen Kreisen. Das Werk wird zu einem intellektuellen Großereignis.

Friedrich Engels griff dieses Werk und die von Marx hinterlassenen ausführlichen Notizen zu Morgans ethnografischen Studien auf und schrieb in der Einleitung zu seiner Schrift »Der Ursprung der Familie, des Privateigentums und des Staats« von 1884, dass »Morgan die von Marx vor vierzig Jahren entdeckte materialistische Geschichtsauffassung in Amerika in seiner Art neu entdeckt« habe und »bei Vergleichung der Barbarei und der Zivilisation, in den Hauptpunkten zu denselben Resultaten geführt worden [sei] wie Marx« (Engels 1884, 27). Vor allem zog er auch einen gemeinsamen Schluss daraus – den Fortschritt hin zu einer Gestalt von Kommunismus, die viel mit dem Kommunismus der Urgesellschaft gemein habe. Seine Schrift abschließend zitierte Engels aus dem letzten Abschnitt von Morgans Werk die folgenden Sätze in dieser Übersetzung: »Die seit Anbruch der Zivilisation verflossene Zeit ist nur ein kleiner Bruchteil der verflossenen Lebenszeit der Menschheit; nur ein kleiner Bruchteil der ihr noch bevorstehenden. Die Auflösung der Gesellschaft steht drohend vor uns als Abschluss einer geschichtlichen Laufbahn, deren einziges Endziel der Reichtum ist; denn eine solche Laufbahn enthält die Elemente ihrer eignen Vernichtung. Demokratie in der Verwaltung, Brüderlichkeit in der Gesellschaft, Gleichheit der Rechte, allgemeine Erziehung werden die nächste höhere Stufe der Gesellschaft einweihen, zu der Erfahrung, Vernunft und Wissenschaft stetig hinarbeiten. *Sie wird eine Wiederbelebung sein – aber in höherer Form – der Freiheit, Gleichheit und Brüderlichkeit der alten Gentes.*« (Morgan 1908, 474f.; zitiert bei Engels 1884, 173 – Hervorgehoben von Engels)

Die ethnologischen Erkenntnisse vom gemeinschaftlichen Produzieren und Leben in vielen vormodernen Gesellschaften, wie sie Lewis H. Morgan und andere Forscher seiner Zeit systematisch zusammenführten, wurden durch die sozialistische und kommunistische Linke auf doppelte Weise aufgegriffen: Zum einen erschienen die noch bestehenden Formen als Anknüpfungspunkte für Sozialismus oder Kommunismus. Als Marx 1881 durch die russische Sozialrevolutionärin Vera Sassulitsch gefragt wurde, ob die russische Dorfgemeinde zwangsläufig zum Untergang verurteilt sei und auch Russland kapitalistisch werden müsse, antwortete er, dass seine Studien ihn überzeugt hätten, »dass diese Dorfgemeinde der Stützpunkt der sozialen Wiedergeburt Russlands« (Marx 1881a, 243) sei. Aber um diese Rolle spielen zu können, bedürfe es einer Revolution und wenn diese noch zur rechten Zeit erfolge, dann könne sich diese Dorfgemeinde »bald als ein Element der Regeneration der russischen Gesellschaft und als ein Element der Überlegenheit über die vom kapitalistischen Regime versklavten Länder entwickeln« (Marx 1881b, 395). Er ging davon aus, dass am Anfang der Menschengeschichte überall »Urgemeinschaften« stehen, wobei dieser »primitive Typus der genossenschaftlichen oder kollektiven Produktion«, wie er ihn in der Ackerbaugemeinde findet, »das Ergebnis der Schwäche des einzelnen isolierten Individuums und nicht der Vergesellschaftung der Produktionsmittel« (ebd., 388) gewesen sei. In Russland, so Marx, könne die Ackerbaugemeinde aber zum »*unmittelbare(n) Ausgangspunkt* des ökonomischen Systems werden, zu dem die moderne Gesellschaft tendiert« (ebd., 405) – der kommunistischen Gesellschaft. Er verweist explizit auch auf Lewis H. Morgan (siehe ebd., 386). Die Voraussetzung dafür sei die Verbindung von einer Revolution in Russland und einer in Westeuropa. Die Völker Westeuropas und Nordamerikas, so die zweite Annahme, seien konfrontiert mit dem Widerspruch zwischen den hervorragend entwickelten Produktivkräften und einer »Geschichte von Antagonismen, Krisen, Konflikten und Katastrophen« (ebd., 397) und strebten danach, »ihre Ketten zu sprengen, indem sie die kapitalistische Produktion durch die genossenschaftliche Produktion und das kapitalistische Eigentum durch eine *höhere Form* des archaischen Eigentums, d.h. durch das kommunistische Eigentum, ersetzen wollen« (ebd., 397f.). Die kapitalistischen Gesellschaften würden also ihrerseits zu einer neuen Form von Kommunismus tendieren, so Marx, der eine grundlegende Gemeinsamkeit mit dem »Urkommunismus« habe – das Gemeineigentum. Es sei feststehend, dass die hoch entwickelten Länder mit »einer Krise« des Kapitalismus konfrontiert sind, »die erst mit seiner Abschaffung, mit der Rückkehr der modernen Gesellschaften zum ›archaischen‹ Typus des Gemeineigentums enden wird« (ebd., 386). Die Geschichte erscheint so als doppelte Negation: Negation des Urkommunismus durch die auf dem Privateigentum gegründeten Klassengesellschaften und deren Negation wiederum durch einen Kommunismus, der jetzt auf der »Grundlage der Errungenschaft der kapitalistischen Ära: der Kooperation und des Gemeinbesitzes der Erde und der durch die Arbeit selbst produzierten Produktionsmittel« (Marx 1890, 791) beruht. Kommunismus wurde so zum Ausgangs- und Zielpunkt der bisherigen Menschheitsgeschichte erklärt. Die Geschichte der Klassengesellschaften und insbesondere der kapitalistischem Produktionsweise erschien als Durchgangsstufe, in der die materiellen wie geistigen Bedingungen der freien Entwicklung der Individuen erzeugt werden.

Aber nicht nur in der an Marx sich orientierenden sozialistischen Bewegung gab es im letzten Viertel des 19. Jahrhunderts einen starken Bezug auf die zeitgenössischen Forschungen zu Gemeinschafts- und Gesellschaftsformen, die der Zivilisation vorausgingen. Auch der Anarchismus bezog sich darauf, zu dessen bedeutendsten Vertretern der Naturforscher Peter Kropotkin gehörte. Er stammte aus einer der angesehensten und ältesten Fürstenfamilien Russlands und radikalisierte sich im Gefolge der Erfahrungen nach der Aufhebung der Leibeigenschaft, war mehrfach langjährig inhaftiert – gleichermaßen in Russland wie in Frankreich. Nach seiner Rückkehr 1917 nach Russland versuchte er in direkten persönlichen Gesprächen, Lenin für eine Abkehr von einer Politik des Terrors und für den Ausbau von Genossenschaften zu gewinnen. Letzteres griff Lenin im Rahmen der Neuen Ökonomischen Politik in einzelnen Artikeln auf (Lenin 1923).

1902 erschien Kropotkins berühmteste Schrift, in der er seine ethnografischen Forschungen in Sibirien und dem Fernen Osten mit umfangreichen Studien der biologischen Entwicklungsgeschichte und historischen Studien verband. Während die zeitgenössischen Natur- wie Sozialwissenschaften sich auf den Kampf ums Dasein als entscheidendem Evolutionsfaktor konzentrierten, war Kropotkin zu dem Schluss gekommen, dass die »gegenseitige Hilfe als Naturgesetz und Entwicklungsfaktor« (Kropotkin 1920, 15) eine größere Bedeutung als der Wettbewerb habe. Er ging so weit zu behaupten, dass »die natürliche Auslese fortwährend ausdrücklich die Wege aus(suche), auf denen sich die Konkurrenz möglichst vermeiden lässt« (ebd., 87).

Über die gesamte Menschheitsgeschichte sieht Kropotkin eine Tendenz wirken, zum Prinzip der gegenseitigen Hilfe zurückzukehren und es stets auf immer umfassendere Gruppen zu erweitern und zugleich zu reinigen von den Ideen der Rache und Vergeltung. Seine Schrift endet mit den Worten: »In der Betätigung gegenseitiger Hilfe, die wir bis in die ersten Anfänge der Entwicklung zurückverfolgen können, finden wir … den positiven und unzweifelhaften Ursprung unserer Moralvorstellungen; und wir können behaupten, dass in dem ethischen Fortschritt des Menschen der gegenseitige Beistand – nicht gegenseitiger Kampf – den Hauptanteil gehabt hat. In seiner umfassenden Bestätigung – auch in unserer Zeit – erblicken wir die beste Bürgschaft für eine noch stolzere Entwicklung des Menschengeschlechts.« (Ebd., 297)

3. Natur, menschliche Natur und die Frühgeschichte der Menschheit – ein Blick auf die aktuellen Diskussionen

Triebkraft der Evolution: Kampf ums Dasein oder Kooperation?

Die Reiche der Natur-, Sozial- und Geisteswissenschaften sind bei Weitem nicht so streng getrennt, wie manchmal unterstellt wird. Nicht nur die Schönheit liegt im Auge des Betrachters. Auch das Erkenntnisinteresse und die Inspiration einer ganz und gar der Natur zugewandten Forschung ist im Zeitgeist der Gesellschaft verwurzelt und gewinnt daher wichtige Anstöße. Als Darwin nach seiner fünf Jahre währenden Weltumseglung mit der *Beagle* seine Ergebnisse ordnet und mit ihrer Verarbeitung beginnt, fällt ihm im Rahmen seiner breiten Interessen das Werk von Thomas Malthus »Essay on the Principle of Population« (1798) in die Hände.

Dieser wiederum hatte sich dem Thema der Bevölkerungsentwicklung zugewandt, um die optimistischen Auffassungen des kommunistischen Anarchisten William Godwin zu kritisieren, der 1793 in seinem Werk »Politische Gerechtigkeit« die Möglichkeit einer »einfachen Gesellschaftsform ohne Regierung« (Godwin 2004, 715) skizziert hatte, die auf freiwilliger Arbeit, individuellem Eigentum und direktem Austausch von Leistungen und Gütern basieren sollte. Malthus hielt Godwins Prinzip freiwilliger Kooperation die Unvermeidlichkeit des erbarmungslosen Kampfes ums Dasein entgegen. Die Bevölkerung wachse geometrisch und die Ressourcen würden zwangsläufig immer knapper werden. Eine Gesellschaft, in der »alle Mitglieder in Annehmlichkeit, Glück und vergleichsweiser Muße leben könnten« (Malthus 1998, 5), sei völlig unmöglich. Jeder, der Kinder in die Welt setze, die er nicht selbst ernähren könne, müsse als »Feind aller seiner arbeitenden Mitmenschen« (ebd., 27) angesehen werden.

In seiner Autobiografie erinnert sich nun Darwin, dass ihm die Lektüre von Malthus' Werk die Augen geöffnet habe, für das, was er auf seiner langen Reise mit der *Beagle* beobachtet habe: »Im Oktober 1838, fünfzehn Monate, nachdem ich meine systematische Forschung begonnen hatte, geschah es, dass ich zur Unterhaltung Malthus' *Über Bevölkerung* las. Und da ich gut vorbereitet war, den Kampf ums Dasein zu würdigen, der nach langer Beobachtung der Gewohnheiten von Tieren und Pflanzen überall stattfindet, fiel mir sofort auf, dass unter diesen Bedingungen günstige Variationen erhalten bleiben und ungünstige zerstört würden. Die Folge würde die Bildung neuer Arten sein. Hier hatte ich nun endlich die Theorie gefunden, mit der ich arbeiten konnte ...« (Darwin 1958, 120) In seinem Hauptwerk von 1859 schreibt er: »In dem folgenden Kapitel (das die Hauptresultate zusammenfasst – Michael Brie) soll der Kampf ums Dasein der organischen Wesen der ganzen Erde betrachtet werden, der eine unvermeidliche Folge der großen geometrisch fortschreitenden Vermehrung ist – die Lehre von Malthus auf das gesamte Tier- und Pflanzenreich angewendet.« (Darwin 2004, 27)

Die von Charles Darwin gewählten Worte, mit denen er seine Erkenntnisse zusammenfasst – »eine unendliche Zahl der schönsten und wunderbarsten Formen« (ebd., 678) sei aus Hunger und Tod der »minder verbesserten Formen« (ebd.) entstanden –, konstruieren eine geradezu antagonistische Spannung zwischen Wesen und Schein, zwischen erbarmungslosem Kampf aller gegen alle und einer beglückt erfahrenen Harmonie der belebten Natur. Die formulierten Gesetze der Natur und die sinnlichen Eindrücke dieser Natur auf uns scheinen völlig gegensätzlich zu sein. Wie in der Gesellschaft scheint auch in der Natur eine »unsichtbare Hand« die größte Ordnung und Vielfalt aus Egoismus, Konkurrenz und Zerstörung zu schaffen. Das Selbstbild der bürgerlichen Gesellschaft wird zum Bild, das sich die bürgerliche Gesellschaft von der Natur macht.

Joachim Bauer stellt diesem »Darwinismus« eine andere Sicht gegenüber. Biologische Systeme seien nicht primär Objekt einer hinter ihrem Rücken ablaufenden Evolution, nicht »nach dem Zufallsprinzip entstandene Produkte bzw. Waren«, sondern »Akteure der Evolution« (Bauer 2010, 155, 154), die dieser den Weg bahnen: »Biologische Systeme haben nicht nur eine Innenperspektive, sondern sind mit den Prozessen, die wir aus dieser Perspektive inzwischen erkennen können, an der Steuerung des evolutionären Geschehens aktiv und kreativ beteiligt« (ebd., 155). Nicht der Kampf ums Dasein, sondern »soziale Verbundenheit« sei das primäre biologische Motiv (ebd., 159). Schon der Ursprung des Lebens sei dem Zusammenwirken der Kettenmoleküle der RNS (Ribonukleinsäuren) und Proteinen geschuldet. Wachsende Komplexität entstünde aus Verbindung, funktionaler Arbeitsteilung und symbiotischen Beziehungen. »Kooperation und Kommunikation nach innen und nach außen« seien die prägenden Eigenschaften des Lebens, Konkurrenz und Selektion würde auf dieser Basis aufsitzen und sie ergänzen. Unter Umweltstress würden durch die Organismen aktiv genomische Entwicklungsschübe ausgelöst, deren Ergebnisse dann in einer sekundären Phase unter den Gesichtspunkten von Lebens- und Vermehrungsfähigkeit selektiert werden (ebd., 184). Andere evolutionstheoretische Forschungen gehen davon aus, dass den Einzelindividuen Kooperation selektive Vorteile bringt (siehe den Überblick in Nowak 2006; West et al. 2007; Futuyma 2007, 339-342).

Lenkt man den Blick vom Kampf ums Dasein auf Kooperation als ein Grundprinzip des Lebens, muss auf den russischen Forscher C.S. Merezhowsky (1855-1921) verwiesen werden.[2] Mittlerweile gilt er als ein in seiner Bedeutung Charles Darwin gleichrangiger Naturforscher (so Kutschera 2009, 233). Er gilt als Begründer der Symbiogenese-Theorie, die seit 1990 an Einfluss gewonnen hat. Wesentliche Revolutionen in der biologischen Evolution haben sich, so die These, nicht durch Konkurrenz, sondern durch die Symbiose vorher selbständiger Organismen gebildet. So behauptete er erstmalig, dass eine Pflanzenzelle eine Tierzelle »mit eingedrungenen Cyanobakterien« (ebd., 239) sei. Er vergleicht eine Palme und einen auf dem Sprung liegenden Löwen im Schatten der Palme: »Die Palme benimmt sich so ruhig, so passiv, weil sie eine Symbiose ist, weil sie eine Unzahl von kleinen Arbeitern, grünen Sklaven (Chromatophoren) enthält, die für sie arbeiten und sie ernähren. Der Löwe hat sich selbst zu ernähren.« (Zitiert in ebd., 249) Wichtige Organellen (also Teile einer Zelle mit eigenständiger Funktion) von Tieren, Pflanzen, Algen oder Pilzen seien »ehemals frei lebende, eingefangene, im Lauf der Jahrmillionen domestizierte bzw. *versklavte Mikroben*« (ebd., 257).

Die modernen physikalischen, chemischen wie biologischen Evolutionstheorien haben das Augenmerk vom Gegeneinander auf das Miteinander, von der Konkurrenz auf die Synergie gelegt (siehe Prigogine 1992; Haken 1995). Komplexe Ordnungen entstehen aus dem Zusammenwirken, der Verknüpfung, der funktionalen Ergänzung. Sie müssen sich nach ihrem Entstehen dann im *hinreichenden* Maße als erhaltungsfähig erweisen. Malthus' Blick auf Natur und Gesellschaft als Kampf um Leben und Tod ist einem differenzierteren Blick gewichen, der Kooperation und Wettbewerb, aktives Mitwirken am kreativen Schaffen von Neuem und Selektion, Bahnung von Evolution und Zufall vereint. Dies öffnet den Blick auf Möglichkeiten, die Malthus gerade verstellen wollte, auf Optionen eines Fortschreitens, das Kooperation, Solidarität, ein erfülltes Leben in Sicherheit und Freiheit für jede und jeden deutlich erhöht. Die Naturgesetze stehen dem nun wirklich nicht im Wege.

---

[2] Seine Kooperation mit dem zaristischen Geheimdienst, eugenische, rassistische und antisemitische Auffassungen und ihm vorgeworfene pädophile Vergehen diskreditieren ihn als Person, aber nicht seine Erkenntnisleistungen (siehe Kutschera 2009, 242-246).

Weder in der Natur noch in der Gesellschaft werden Auseinandersetzung um Ressourcen und Wettbewerb verschwinden, aber so wie in der Natur Wege gefunden wurden, die Vielfalt zu vermehren, Welten hervorzubringen, in denen viele Welten Platz haben, oft gerade durch Kooperation und Symbiose, so sollte dies auch in der Gesellschaft möglich sein. Menschen müssen vielleicht nicht *über* den Pflanzen und Tieren stehen, was die Ausschöpfung der Möglichkeiten von Kooperation und Solidarität betrifft, aber sie sollten sie doch wohl nicht unterbieten!

Die menschliche Natur: Dr. Jekyll oder Mr. Hyde?

Eine der zentralen Annahmen der Kommunisten selbst wie aber auch ihrer Gegner war und ist, dass die Menschen in ihrer gegebenen Verfasstheit jedem Kommunismus im Wege stehen würden. Viele Kommunisten hatten deshalb der Veränderung der Menschen durch Erziehung ein zentrales Augenmerk geschenkt, während die Gegner des Kommunismus jede grundlegende Veränderung der Bedürfnisse und Einstellungen von Menschen für unmöglich hielten und halten und deshalb eine grundlegende Gesellschaftsveränderung ausschlossen und ausschließen. Für sie sind nicht nur die Gene Egoisten, sondern der ganze Mensch. Die Auseinandersetzung um den Kommunismus berührt deshalb nicht nur das Verständnis der Natur im Allgemeinen, sondern der menschlichen Natur im Besonderen.

In der Tradition von Hobbes und Locke hatte das klassische bürgerliche Denken die Gesellschaft von Privateigentum, Konkurrenz und autoritärer Staatlichkeit aus der behaupteten egoistisch-aggressiven Natur der Menschen abgeleitet. Der im 18. Jahrhundert entstehende moderne Kommunismus seinerseits begründete Eigennutz und Machtstreben von Menschen genau umgekehrt aus eben diesen Verhältnissen von Konkurrenz, sozialer Spaltung und Unterdrückung. Hatten erstere das »Böse« in die Natur des Menschen gelegt, so suchten letztere den Ursprung des Bösen in den gesellschaftlichen Verhältnissen. Wie Morelly, der eigentliche Begründer des neueren Kommunismus in der Mitte des 18. Jahrhunderts, schrieb: »Obwohl der Mensch aus den Händen der Natur durchaus ohne metaphysische oder moralische Ideen hervorgeht, nur mit den zur Aufnahme dieser Ideen geeigneten Fähigkeiten ausgestattet ..., versehen ihn dennoch die meisten unserer Philosophen mit einer Menge angeborener Laster...« (Morelly 1964, 89) Robert Owen ging ein halbes Jahrhundert später so weit, von der beliebigen Formbarkeit heranwachsender Kinder und Jugendlicher auszugehen: »Das grundlegende Prinzip [...] heißt: ›Man kann allen Kindern jedes Gefühl und jede

Gewohnheit beibringen‹, mit anderen Worten, ›ihnen jeden beliebigen Charakter anerziehen‹.« (Owen 1989, 102) Unter »Natur des Menschen« sollte man aber keine fertige Verhaltensausrichtung verstehen, sondern eher die Fähigkeit für dieses oder jenes Verhalten, wie sie der menschlichen Gattung eigen ist. Die Universalität des Menschen ist gegründet auf der Offenheit der natürlichen Anlagen. Es handelt sich um ein Potenzial, dass sich nur innerhalb von menschlichen Gemeinschaften entfalten kann. Neuere experimentelle Forschungen zur evolutionären Anthropologie werfen einen Blick darauf. Beispielhaft für andere wird im Folgenden knapp auf wesentliche Ergebnisse verwiesen, die unter Leitung von Michael Tomasello entstanden sind. Sie knüpfen an Ergebnisse des sowjetischen Forschers Lev Vygotskij an. Im Mittelpunkt steht die These, »dass Menschen eine biologisch vererbte Fähigkeit zur kulturellen Lebensform« (Tomasello 2006, 74) besitzen. Sie tritt erst mit dem modernen Homo sapiens vor rd. 200 Tsd. Jahren auf und besteht darin, dass Menschen ihre Artgenossen als »intentionale und geistbegabte Akteure« (ebd.) von *Zusammenarbeit* verstehen. Und diese Zusammenarbeit ist vor allem körperlich-praktisch. Die wichtigsten Organe der Kooperation in der frühen Menschheitsgeschichte wie aber auch bei der frühkindlichen Entwicklung sind nicht Mund und Zunge, sondern Hände und Finger.

Auch Schimpansen, so Michael Tomasello, sind in der Lage, die Absichten anderer zu verstehen, aber sie interpretieren diese vor allem unter dem Gesichtspunkt des unmittelbaren Eigeninteresses und der Konkurrenz, während schon Kinder im Alter von gut einem Jahr in allen Kulturen auf Hilfe gegenüber dem Anderen und Kooperation mit ihnen orientiert sind. Während die Gruppenaktivitäten von Menschenaffen im »Ich«-Modus stattfinden, agieren schon kleinere Kinder im »Wir«-Modus (siehe Tomasello 2010, 57). Selbst wenn nur zwei Menschen kooperieren, so bilden sie zugleich etwas Drittes – ein »Wir«. Nur Menschen verfolgen gemeinsame Ziele nach gemeinsamen Regeln. Nur sie kennen deshalb auch Arbeit und Spiel im eigentlichen Sinne. Nicht die individuelle Tat, sondern das gemeinschaftliche Handeln steht am Anfang der Menschwerdung – gattungsgeschichtlich wie immer von Neuem individuell. Der Sprung vom nichtmenschlichen Primaten zum Menschen ist der Übergang von sozialen hin zu »ultra-sozialen« Wesen (siehe Tomasello 2006, 80). Nur Menschen sind durch ihre natürlichen Anlagen fähig, einen »gemeinsamen Handlungsraum« herzustellen, in dem alles einen Namen hat, der durch Erzählungen und immer neue Erzählungen Sinn und Bedeutung erhält, die Verhaltensnomen vermitteln, durch Lob begeistern und durch Trost Leid lindern (Damasio 2010, 307f.). Menschen sind mehr als alle anderen Lebewesen auf der Erde zugleich hyperindividuell und ultrasozial. Die biologische Evolution erweist sich ihrer Tendenz nach gleichzeitig als Erfindung von immer komplexerer Individualität und Sozialität (siehe Wieser 1998). Von »Natur« aus sind Menschen weder zu Egoismus noch zu Altruismus angelegt, sondern zu »Mutualismus« oder Gegenseitigkeit (siehe Tomasello 2010, 50), zu einer gemeinschaftlichen Kooperation, bei der »wir alle von unseren gemeinsamen Handlungen profitieren« – unmittelbar durch die Kooperation als Selbstzweck und mittelbar durch die Ergebnisse der Kooperation.

Die Offenheit der menschlichen Natur mit ihrem gleichzeitigen Angewiesensein auf die Gemeinschaftlichkeit mit der und dem Anderen *und* auf die Besonderung, Differenz und Autonomie ist die vielleicht wichtigste Erkenntnis der gesamten neueren anthropologischen Forschung. Menschen ruhen anders als Tiere und Pflanzen nicht in sich selbst in Einheit mit ihrer Umwelt. Helmuth Plessner hat für diese besondere Situation des Menschen den Begriff der »dezentralen Positionalität« entwickelt. Menschen können – anders als Tiere – sich nur über die Mitwelt zu sich selbst verhalten. Plessner fasst dies so: »Dass ein jeder ist, aber sich nicht hat; genauer gesagt, sich nur im Umweg über andere und anders als Jemand hat, gibt der menschlichen Existenz in Gruppen ihren institutionellen Charakter. […] Mitverhältnisse tragen alles, was lebt.« (Plessner 2003a, 194) Es gibt Blochs kommunistische Vision der Heimkehr, in der der Mensch »das Seine ohne Entäußerung und Entfremdung in realer Demokratie begründet«, »etwas, das allen in die Kindheit scheint und worin noch niemand war: Heimat« (Bloch 1993b, 1628). Und es wirkt Plessners Vision des Aufbruchs: Die »Exzentrität« der menschlichen Lebensform, »sein Stehen im Nirgendwo, sein utopischer Standort« (Plessner 2003b, 424) erzeugt einen Geist, der »Mensch und Dinge von sich fort und über sich hinaus [weist]. Sein Zeichen ist die Gerade endloser Unendlichkeit. Sein Element ist die Zukunft. Er zerstört den Weltkreis und tut uns […] die selige Fremde auf.« (Ebd., 425) Die Suche nach einer festgelegten Natur des Menschen führt in die Irre. Ein solches Wesen, so Plessner, stößt »wohl an *Schranken*, nicht aber an *Grenzen*«. Er ist ein »*homo absconditus*« (Plessner 2003c, 357) – ein weltoffenes und verborgenes, ein unergründliches, jeden Grund immer überschreitendes Wesen. Es gibt deshalb auch nicht *die* ideale Sozialform, die der menschlichen Natur entsprechen würde. Eher ist seiner Lebendigkeit wie Endlichkeit, seiner Tendenz hin zu Geborgenheit wie Offenheit am ehesten gedient durch plurale Formen, innerhalb derer Menschen sich bewegen können – solidarisch unterstützt und selbstbewusst frei. Wenn es, wie Hans-Peter Krüger schreibt, »das Primat der Fraglichkeit über die Antwortlichkeit in der Lebensform der sich exzentrisch positionierenden Lebewesen« (Krüger 2006b, 38) gibt, dann gibt es auch das Primat der Pluralität und Offenheit der Sozialformen gegenüber jeder dauerhaften Schließung. Fehlübertragungen »der Perspektiven und Aspekte auf das Ganze der Zukunft« führen »zu falschen Versprechungen« (Krüger 2011, 586).

Die frühen sozialen Formen menschlichen Lebens: War allen alles gemeinsam?

Der Übergang zur menschlichen Evolution umfasste nach heutigem Erkenntnisstand fünf Schritte: den Übergang zum aufrechten Gang und die Erweiterung der Gruppengröße (Australopithecus), die Erzeugung von Werkzeugen, Verzehr von Fleisch und festere Beziehungen zwischen Mann und Frau (der frühe Homo), die Zähmung des Feuers und die Entwicklung differenzierter sozialer Strukturen einschließlich der Bildung von Familien (Homo heidelbergensis) sowie der Übergang zu weit umfassenderen sozialen Strukturen (Neandertaler und Homo sapiens) und schließlich die volle Entwicklung der menschlichen Sprache und Kultur. Es war ein Prozess, der vor rd. 100 Tsd. bis 40 Tsd. Jahren abgeschlossen wurde (siehe Barnard 2011, 50f.) und dessen Ende durch eine symbolische Revolution geprägt war. Mit diesem Zeitpunkt entsteht das Primat der kulturellen über der biologischen Evolution des Menschen (Schrenk 2008, 122). Die Gruppengröße stieg von rd. 60 auf um die 150 Individuen an, was erst durch Sprache als soziales Ferment möglich wurde. Diese Sozialform hat 95% der Gesamtgeschichte des modernen Menschen geprägt (Graber 2010, 573). Die Vorstellung, dass die ursprünglichen menschlichen Gesellschaften weitgehend undifferenziert waren und völlige Männer- und Frauengemeinschaften existierten (weitgehende Promiskuität wie bei Schimpansen), gilt als widerlegt. Es gab von Anfang an Klein- und Großfamilien und darüber hinausgehende soziale Verbände, die sich je nach Saison und Zielstellungen zusammenfanden. »Der Mensch«, so Grupe et al., »lebt in (serieller) Monogamie oder mäßiger fakultativer Polygamie und bildet auf dieser Basis reproduktive Einheiten (Familien), die in übergeordnete soziale Gemeinschaften integriert sind, die durch ein außergewöhnliches Maß sozialer Kontakte und Interaktionen gekennzeichnet sind.« (Grupe et al. 2012, 62) Die frühen Hordengesellschaften hatten einen besonderen Bezug zu Territorien; sie waren in sich gegliedert und gingen zugleich mit anderen Horden Beziehungen ein. Verbreitet wird angenommen, dass Geschlecht und Alter die zentralen Achsen sozialer Unterschiede waren, die auch Unterschiede in der Arbeitsteilung waren (siehe Brown 2006). Es wurde Vorsorge getragen, dass der Erhalt der Gemeinschaft Vorrang hatte. Es gab in allen diesen Gesellschaften Formen des Teilens akkumulierter Ressourcen (Großwild, Vorräte in Notzeiten usw.). Die sozialen Beziehungen wurden als Verwandtschaftsbeziehungen geordnet. Gemeinsame Erzählungen (Mythen) stifteten die Gruppenidentität und reproduzierten sie als Einheit von Mensch, Gemeinschaft, Land und Kosmos. Es ging um Zugehörigkeit und Bedeutung des eigenen Seins in einer Gruppe und dieser in der Welt. Die Natur wurde nach dem Vorbild der eigenen Gemeinschaft gedacht – in Verwandtschaftsbeziehungen.

Diese frühen menschlichen Gemeinschaften waren in ihrer Differenziertheit hochflexibel, um sich je nach Gelegenheit und Situation verhalten zu können. Auch die Besitzstrukturen waren entsprechend differenziert. Die Territorien wurden als exklusiver Nutzungsraum der Horde verstanden, die sich durch gemeinsame Abstammung und mythische Vorfahren definiert. Hütten und Behausungen waren im Besitz der Klein- oder Großfamilie, die sie gebaut haben und konnten auch nicht weggeben werden. Anders ist dies mit beweglichen Objekten, die auf der Basis von (verzögerter) Reziprozität ausgetauscht werden können. Die reale Nutzung bestimmt so die Eigentumsform und wandelt sich mit dieser (siehe ausführlich Barnard 2011, 67f., 78). Es sind Gesellschaften, in denen nicht die Produkte, sondern die Zeit für den kulturellen Austausch maximiert wird. Während die heutigen Gesellschaften den ständigen Mangel ins Zentrum stellen, waren die frühen Horden Überflussgesellschaften (Sahlins 1972), die vor allem durch kurzfristige Umweltkatastrophen oder Epidemien in Not gerieten. Die Welt wurde als »gebende Umwelt« (giving environment) verstanden und nicht als eine, die zu unterwerfen und auszubeuten sei (Bird-David 1990). Wie Maurice Godelier schreibt: »Es sind nicht die Jäger, die das Wild erlegen, es ist der Wald, der ihnen eine bestimmte Menge gibt, um sich zu erhalten und fortzupflanzen.« (Godelier 1977, 59) Neuere Forschungen weisen auf den weitgehend egalitär-gemeinschaftlichen Charakter der frühzeitlichen Gesellschaften von Jägern und Sammlern hin. Es waren überschaubare Gruppen mit einer intensiven direkten Kommunikation und Kooperation. Sie übten eine intensive Kontrolle über ihre Mitglieder aus, um Gefahren von einzelnen wie von der Gruppe als Ganze abzuwehren und das individuelle Verhalten sozial auszurichten. Der Zugang zu den Subsistenzgütern war weitgehend egalitär. Das Wohl der Gruppe hatte das Primat; Konflikte wurden gemeinsam gelöst. Die oft unterstellte Dominanz der »Alpha-Männchen«, wie es für viele Primaten charakteristisch ist, wurde dauerhaft gebrochen und eine moralische Gemeinschaftlichkeit institutionalisiert (so schon Freud 1999). Überleben wurde vor allem zu einem Überleben *in* und *mit* der Gruppe. Weitgehend gleiche Verteilung der Nahrung und situative Führung sowie eine geringe Teilung der Arbeit innerhalb der Geschlechter waren für fast die gesamte Zeit der rd. 200 Tsd. Jahre Geschichte des Jetzt-Menschen (des Homo sapiens sapiens) prägend. Dem Entstehen verfestigter Hierarchien wurde vorgebeugt (siehe Erdal/Whiten 1994). Die Aneignung erfolgte weitgehend gemeinschaftlich, auch wenn die Jagdinstrumente individuell waren. Die Arbeit war allgemein und verpflichtend. Das Produkt wurde gemeinschaftlich verteilt. In der »Menschwerdung« haben nicht etwa jene Individuen und Gruppen von Individuen überlebt, die besonders egoistisch agiert haben, sondern die, die vertrauensvoll auf der Basis von Gegenseitigkeit kooperierten – nicht die Horde von Individualisten, sondern die Gemeinschaft von Kooperateuren oder Mutualisten, jener, die sich gegenseitig unterstützten und zugleich ihre eigenen Interessen darüber nicht vergaßen. Wie unmöglich es ist, den Menschen ganz zu »vergemeinschaften«, beschreibt Clastres am Beispiel der Kultur des Guayaki-Stammes. Unter den besonderen Bedingungen ihres Lebens im Dschungel durfte hier der männliche Jäger seine eigene Beute nicht selbst essen, sondern musste sie ganz der Gruppe geben. Mehr noch: Auch seine Frau durfte er nicht für sich allein beanspruchen, sondern er musste »Nebengatten« akzeptieren. Nichts gehörte ihm ganz. Angesichts dieses hohen Maßes der Identität mit der Gemeinschaft suchte die Individualität ihren Raum und fand ihn im nächtlichen Gesang. Die Männer stimmten das Lieder der Jäger an: »... sie singen alle zusammen, aber jeder singt sein eigenes Lied. Sie sind Herren über die Nacht und jeder will darin Herr über sich selbst sein.« (Clastres 1976, 100) Es war dies eine männliche Domäne. Der Gesang der Frauen dagegen war kollektiv; die Hierarchie der Rolle spiegelte sich in der Hierarchie des Singens. Den Frauen war die Freiheit individueller Schöpfung im Gesang untersagt (siehe ebd., 111). Es gibt keine menschliche Sprache, die nicht die erste, zweite und dritte Person zu unterscheiden weiß und die Gemeinschaft der Menschen im Unterschied zu Haufen von Körpern nicht kennen würde (siehe Antweiler 2009, 193). Menschen sind sich bewusst, dass sie zugleich Individuen und Wir-Wesen sind und dies in dauerhafter Spannung. Damit sind alle kommunistischen Ansätze dauerhaft konfrontiert.

Michael Brie

Der Kommunismus in der Geschichte traditioneller Klassengesellschaften

Die Sagen vom »Goldenen Zeitalter« (Platon, Ovid), vom »Garten Eden« (Altes Testament), von der friedlichen Nachbarschaft selbstgenügsamer Gemeinden (Laotse) prägten viele Hochzivilisationen. Immer wieder wurde von einer Vergangenheit berichtet, wo Menschen frei und ohne Zwangsgesetze, ohne knechtende Mühe und ohne Krieg lebten. Es war eine Erinnerung an verlorene Freiheit und Gemeinschaftlichkeit, an Zeitüberfluss, über die die ungleich verteilten Gewinne der Zivilisation nicht hinwegtäuschten. Und es war die Beschwörung einer Gesellschaft jenseits von Ausbeutung, Herrschaft und Krieg, oft gedacht auch als Rückkehr zu den alten Zeiten. Manchmal waren es Visionen, die die patriarchale Exklusion der Frauen mit Zeiten kontrastierten, da Frauen einen weit höheren öffentlichen Einfluss hatten und persönlich stärker über ihr Schicksal mitbestimmen konnten. Die Wirklichkeit der Klassengesellschaften, des Patriarchats, der Epochen unendlicher Kriege erzeugte immer neue kommunistische Träume. Das Unterdrückte und Verdrängte brach sich Bahn.

Die Monumente und Zeugnisse der frühen Zivilisationen beeindrucken noch heute. Sie haben gewaltige Bauten hinterlassen und große Epen. Was vorher in kleinen Gemeinschaften gelebt, gedacht, imaginiert wurde, trat in die städtische Öffentlichkeit, in die Öffentlichkeit großer Reiche – jetzt aber als Errungenschaft und Macht einer Minderheit, der Priester, der Könige, der großen Händler und Landeigentümer. Die Macht- und Freiheitsgewinne der Wenigen hatten die Ohnmacht und Unfreiheit der Vielen als ihre Basis. Mehr und mehr Arbeit wurde aus ihnen herausgepresst, Sklaverei und Zwangsarbeit großen Stils praktiziert. Sehnsucht nach vergangenen Zeiten und die nach vorne gerichtete Forderung nach der Verallgemeinerung der für Wenige erzielten Freiheits- und Entwicklungsgewinne verbanden sich. Den entfesselten Interessen der Wenigen, der Herrschenden, der Privateigentümer sollte ein Mehr an Gemeinschaftlichkeit als Bedingung einer Verbindung von Freiheit und Gleichheit entgegengesetzt werden.

In den vorkapitalistischen und frühkapitalistischen Gesellschaften gab es vier Strömungen, die praktisch oder geistig kommunistische Ansätze entwickelten – (1) in Praxen religiöser Sekten und Gemeinschaften, (2) in Aufstandsbewegungen, (3) als intellektuelle utopistische Konstrukte und schließlich (4) integriert in Herrschaftsprojekte. Sie können jeweils nur kurz exemplarisch charakterisiert werden. Schwerpunkt ist die (west-)europäische Tradition.

1. Religiöse Sekten und Gemeinschaften als Experimentierstuben des Kommunismus

In allen großen Weltreligionen gab es immer wieder Menschen, die eigenständig und selbstorganisiert den Weg zu einer radikalen inneren Erneuerung und Harmonie in gemeinschaftlichen Lebensformen suchten – ohne Befehl von oben, ohne äußerem Zwang zu folgen. Der Glaube an Gott wurde als Aufruf verstanden, einen Bund der Gläubigen in spiritueller wie irdischer Gemeinschaftlichkeit zu bilden. Die jüdischen Essäer, die frühchristlichen Gemeinden, viele spätere religiöse Erneuerungsbewegungen im Christentum wie vor allem die Katharer und ihnen nachfolgende Sekten sind Vorbilder und Beispiele dafür. Die Krise der Herrschaftsordnung wurde als Chance ergriffen zu gemeinschaftlichem Neubeginn. Auch im chinesischen Daoismus, im indischen Buddhismus oder Hinduismus sowie im Islam wie in anderen Kulturen finden sich dafür viele Ansätze. Als Ausdruck und geistige Antwort auf die Spannungen vorkapitalistischer Zivilisationen waren diese Religionen *auch* Kritik an zerstörter Gemeinschaftlichkeit und ins Private, ins Ausbeuterische gewendeter Freiheit und damit Bezugspunkt kommunistischer Experimente.

Der römisch-jüdische Historiker Flavius Josephus berichtet von den Essäern, einer jüdischen religiösen Gruppe: Sie seien »geborene Judäer, aber untereinander noch mehr als die anderen [Sekten] durch Liebe verbunden. [...] Reichtum verachten sie, und bewundernswert ist bei ihnen die Gemeinschaft der Güter, so dass man niemand unter ihnen findet, der mehr besitzt als die anderen. Es besteht die Vorschrift, dass jeder, der der Sekte beitreten will, sein Vermögen der Gesamtheit abtreten muss; so gibt es weder niedrige Armut noch übermäßigen Reichtum, sondern alle verfügen wie Brüder über das aus dem Besitz der einzelnen Sektenmitglieder gebildete Gesamtvermögen. [...] Untereinander kaufen und verkaufen sie nichts, sondern jeder gibt von seinem Eigentum dem anderen, was dieser nötig hat... Sogar ohne Gegenleistung kann jeder von einem beliebigen Sektengenossen das Nötige beanspruchen.« (Flavius Josephus 1974, 158f.) Von der ersten Christengemeinde in Jerusalem heißt es im Neuen Testament: »Die Gemeinde der Gläubigen war ein Herz und eine Seele. Keiner nannte etwas von dem, was er hatte, sein Eigentum, sondern sie hatten alles gemeinsam.« (Apostelgeschichte 4,32) Der mexikanische Befreiungstheologe José Porfirio Miranda zog daraus den Schluss: »Nach Lukas ist nicht der Kommunismus eine Möglichkeit unter vielen, sondern das Christentum« (Miranda 2014, 30) ist eine der möglichen Formen, kommunistisch zu leben.

Die Suche nach einem Leben in unmittelbarer Gemeinschaft mit Gott schien entweder fern der Menschen (als Eremiten) oder in Gemeinschaft mit Gleichgesinnten möglich zu sein, die keine Unterscheidung von »Mein« und »Dein« anerkannten. Die Spaltung der Menschen voneinander und von Gott schien eine *gemeinsame* Ursache zu haben. Man sah sie

- in der Abtrennung der Güter aus dem gemeinschaftlichen Erbe, in der Privatisierung,
- in dem Streben vor allem nach dem eigenen Glück auf Kosten anderer und der Entfremdung der Menschen voneinander,
- in der Errichtung von Herrschaft über andere und der Missachtung ihrer Würde,
- in der Sinnlosigkeit eines Lebens, dass nur sich selbst und das eigene Interesse im Blick hat.

Aus der religiös motivierten Suche nach einer Alternative zu den Gesellschaften des Privateigentums, der Spaltung in Arm und Reich, in Herrschende und Unterdrückte, entstanden experimentelle Ansätze neuer Lebensformen, die dann durch soziale und politische Bewegungen aufgegriffen und verallgemeinert wurden. Oft sind in den vorkapitalistischen Gesellschaften die Grenzziehungen zwischen religiösen Sekten und breiten Volksbewegungen fließend. Die Erlösung des Einzelnen durch ein würdigeres, ein den religiösen Normen gemäßes (»gottgefälliges«) Leben wurde als Vorwegnahme einer Zeit gedacht, in der auch die Menschheit erlöst wird. Insbesondere Christentum und Islam, aber auch der Buddhismus haben diese auf eine weltgeschichtliche Erlösung orientierte Mission. Von ihnen ging eine ungeheure Anziehungskraft für soziale und politische Erneuerungsbewegungen aus. Das Goldene Zeitalter lag nun nicht mehr (nur) in der Vergangenheit, sondern vor allem in der Zukunft.

Im frühen 13. Jahrhundert entstand in den Niederlanden und in Flandern eine Laienbewegung von Männern bzw. Frauen – später als Begarden bzw. Beginen bezeichnet. Sie wollten in einer neuen Gemeinschaftlichkeit jenseits der Klöster zusammenleben und sich durch die gemeinsame Arbeit ernähren (*ex communibus laboribus*). Oft waren es fromme Handwerker; aber erstmalig kam es auch zu einer eigenständigen weltlichen Organisation christlicher Frauen. Sie legten ihre Gelübde der Ehelosigkeit und Gemeinschaft jeweils nur für ein Jahr ab, konnten anders als Mönche oder Nonnen wieder ausscheiden, wählten ihren Vorstand jährlich selbst. Sie übernahmen viele soziale Funktionen, gerieten aber immer wieder in den Fokus kirchlicher Verfolgung.

Eine besonders spannungsreiche Zeit in Mitteleuropa waren das 15. und 16. Jahrhundert, in dem die feudale Ordnung – weltlich wie geistig – zerbrach. Im Umbruch des Feudalismus und seiner weltlichen und geistlichen Strukturen entstanden sogenannte »chiliastische« Bewegungen, die aus der Erwartung des nahen Endes der gegenwärtigen Welt und des Anbruchs eines »tausendjährigen Friedensreichs« unter Jesus Christus die radikale, oft auch kommunistische Infragestellung der herrschenden Ordnung mit einem eigenen Neuanfang verbanden. Aus einzelnen Experimenten wurden breite Bewegungen, in denen Volksmassen von unten den Aufbruch wagten.

In den Umbrüchen dieser Zeit tauchte auch zuerst der Begriff der *communisti* auf. Die Hutterer waren eine Gruppe aus der schweizerischen Täuferbewegung von 1525. Sie entstanden im mährischen Exil unter Führung von Jakob Hutter. Sie sahen sich in »der heiligen Gemeinschaft nit allein im geistlichen, sondern auch im zeitlichen« und entwarfen »ordnungen der heiligen in ihrer gmainschaft« und lehnten Gewalt ab. Die Beziehungen von Herren und Knechten, Wucherern und Gläubigern, Käufern und Verkäufern, von Herrschsucht, Egoismus und Neid sollten durch ein Miteinander in Liebe, Fürsorge, Solidarität und im Mit-Leiden abgelöst werden. Nicht Burg und Dorf, nicht Stadt und Land, nicht Kirche und Laienhäuser, sondern das gemeinsame Leben in Haus und Landschaft waren das Ideal. *Kommunismus wurde hier aus einer Emanzipationsbewegung von unten zu einer Gemeinschaft der Freien und Gleichen, die im Gemeineigentum die Grundlage der Befreiung sah.*

Jakob Hutter starb am 25. Februar 1536 wie viele seiner Anhänger auf dem Scheiterhaufen. Seine feste Überzeugung war: »Wenn alle Welt wäre wie wir, dann würden alle Kriege und alle Ungerechtigkeit ein Ende haben.« Teilweise lebten Tausende Menschen in solchen Gemeinschaftshäusern. Handwerkliche Produktion bildete die Lebensgrundlage. Von den Einkünften konnten die Gemeinden leben. Gottesdienst, Arbeit, Schule und die Mahlzeiten bildeten die Grundlage der Gemeinsamkeit. Sie waren wirtschaftlich sehr erfolgreich. Das Bildungsniveau der Hutterer war sehr hoch und dies in einer Gesellschaft, die noch weitgehend durch Analphabeten geprägt war. Bis zum Dreißigjährigen Krieg blühten die »Bruderhöfe« und hatten rd. 20 Tsd. Mitglieder in Mähren. Danach begann eine Vertreibungswelle. Heute leben noch rd. 45 Tsd. Hutterer und Neu-Hutterer in den USA.

Manchmal verdichteten sich die Sekten zu großen Volksbewegungen auf der Suche nach dem kommenden Gottesreich. Der religiöse Aufbruch sollte unmittelbar zum Ausgangspunkt einer Welt werden, in der die religiösen Normen unmittelbar und allgemein verwirklicht werden. Im 12. bis zum 16. Jahrhundert waren es vor allem die Katharer, die Waldenser, die Apostelbrüder, die Humilaten und dann die Wiedertäufer, deren Bewegung im Münsteraner »Neuen Jerusalem« (1534/5) mündete, sowie viele andere, die in West- und Mitteleuropa alternative Bewegungen ins Leben riefen. Gemeinschaftlichkeit des Eigentums, ein Leben in Einfachheit oder sogar Güterlosigkeit, oft die Gründung von Kommunen bis hin zur Aufhebung der Ehe, die Ablehnung von staatlichem Zwang oder Todesstrafe waren Ansätze und Ideen, die in diesen Bewegungen entstanden. Wie die Katharer bei einem Gerichtsverfahren von 1030 in Turin erklärten, müsse alles Eigentum gemeinsam der ganzen Menschheit gehören: *omnem nostram possessionem cum omnibus hominibus communem habemus*. In diesen Bewegungen wird auch ein Verständnis des »Naturzustandes« (vor dem Sündenfall) diskutiert, dem kommunistische Züge zugeschrieben werden. Privateigentum und staatliche Macht werden aus dem Abfall der Menschen vom Guten erklärt. Es sei die Aufgabe, durch eine Läuterung und ein gemeinschaftliches Leben zu diesem Urzustand auf neuer und höherer Stufe zurückzukehren.

Bemerkenswerte Experimente von Gemeinschaftlichkeit und demokratischer Selbstverwaltung bildeten sich auch an den Rändern der Gewaltgesellschaften des 16., 17. und 18. Jahrhunderts. Die unteren Klassen des »transatlantischen Proletariats« organisierten sich (Linebaugh/Rediker 2000, 155ff.), nahmen den Raub des Geraubten, Geplünderten, Verschleppten in die eigenen Hände. Zwischen 1716 und 1726 kam es zu einer kurzen Blüte dieser Piraterie, die bald durch Großbritannien, Frankreich und Spanien erbarmungslos verfolgt wurde (Rediker 2004). Überliefert ist die Erzählung von der Piratenrepublik *Libertalia* auf Madagaskar aus den Händen eines nicht geringeren als Daniel Defoe (dessen berühmtester Held, Robinson Crusoe, selbst ein gestrandeter Sklavenhändler war). Radikaldemokratische Satzungen, Sklavenbefreiung und Gütergemeinschaft sind gemeinsame Züge, das in Besitz genommene Schiff das kollektive Produktionsmittel (Defoe 2014; besonders auch das Nachwort von Meves 2014). Auch die Gemeinschaften entflohener Sklaven, der *Maroons*, auf karibischen Inseln, die bis heute bestehen (Thompson 2006; Zips 2011) oder der *Quilombos* in Brasilien wären zu nennen. Die Geschichtsschreibung von unten hat erst in den letzten Jahrzehnten begonnen, diese Formen der Selbstorganisation der Unterdrückten aufzuarbeiten. Oft erwuchs aus ihnen die Rebellion oder es war erst diese, die überhaupt eine Selbstorganisation mit kommunistischen Zügen möglich machte.

2. Kommunistische Ansätze in den Aufstandsbewegungen

In revolutionären Situationen verbanden sich die genannten Sektenbewegungen mit dem Aufbegehren breiter unterer Schichten der Städter und der Bauern, oftmals unterstützt von Teilen des unteren Adels oder auch des niederen Klerus. In Europa führte der Umbruch des Feudalsystems und die Entstehung bürgerlich-kapitalistischer wie staatsabsolutistischer Strukturen und neuer geistiger Unterdrückung durch die Kirche zu starken Volksbewegungen, die teilweise in Aufstände übergingen und revolutionären Charakter annahmen. Das Kommunistische erhielt hier den Charakter einer gesellschaftsumstürzenden Vision jenseits kleiner Gruppen. Das Ganze der Gesellschaft rückte ins Zentrum. Die Herrschenden wurden offen herausgefordert.

Die radikalsten Flügel dieser Aufstandsbewegungen verbanden ihren Kampf mit der Forderung nach (Wieder-)Herstellung von Gemeineigentum und unmittelbarer Volksherrschaft (Demokratie) sowie grundsätzlicher Erneuerung des religiösen Lebens auf Grundlage der freien Entscheidung der Gläubigen. Wir wissen wenig über die konkreten Ziele der Revolutionen im alten Ägypten, der antiken Sklavenaufstände in Argos, der Heloten in Sparta, die beiden Aufstände in Sizilien, vom Aufstand des Aristonikos in Pergamon sowie des Saumakos im Bosporanischen Reich. Auch von dem des Spartacus (74-71 v.u.Z.) sind keine Dokumente der Aufständischen selbst überliefert. Alles fiel der Rache der Herrscher zum Opfer. Konkreter sind die Überlieferungen über die radikalen Bauernbewegungen mit kommunistisch inspirierten Denkern wie John Ball in England, in Böhmen um die Taboriten, in Deutschland um Thomas Müntzer. Gemeinsam war ihnen die von dem Priester John Ball geäußerte Ansicht: »Die Erde gehört niemandem, ihre Früchte gehören allen.« Zu diesen Bewegungen gehören aber auch die Wahren Leveller im Englischen Bürgerkrieg, die russischen Bauernaufstände (Stepan Rasin und Jemeljan Pugatschow) und nicht zuletzt der große chinesische

Taiping-Aufstand unter Hong Tsiü Chiang im 19. Jahrhundert. Es waren immer auch Bewegungen für mehr Gleichheit und eine neue Gemeinschaftlichkeit.

Als Adam grub und Eva spann, wo war denn da der Edelmann?

»Liebenswerte Brüder, das Leben in England wird nicht besser werden, solange kein gemeinsames Eigentum eingeführt wird, solange nicht Adel und Leibeigenschaft abgeschafft sind, solange wir nicht alle gleich sind und die Herren nicht mehr über uns stehen. Warum sind wir ihre Sklaven? Wir stammen doch alle von Adam und Eva ab. Womit wollen diese Herren beweisen, dass sie besser sind als wir? Vielleicht damit, dass wir das erarbeiten, was sie verspeisen? ... Sie leben im Nichtstun in luxuriösen Schlössern, wir aber schuften uns bei Regen und Wind auf den Feldern ab, wo doch ihr Luxus ganz auf unser Arbeit beruht.« John Ball (als Rebell nach der Niederschlagung des Bauernaufstandes von Wat Tyler 1381 gehängt, gerädert und gevierteilt) (zitiert in Wikipedia 2015a)

Neben Forderungen der Wiederherstellung der alten Balance von individuellem und gemeinschaftlichem Eigentum, der endgültigen und entschädigungsfreien Ablösung der feudalen Lasten und höherer Selbstbestimmung in den Dörfern und Städten gab es immer auch radikalere Ansätze. Sie wollten nicht zurück, sondern vorwärts zu einer neuen Ordnung, in der das Gemeinschaftliche, die Allmende, eine neue wichtigere Rolle spielen sollte. Aus dem Protokoll der Folter Thomas Müntzers ist überliefert: »Ist ihr Artikel [der Aufständischen] gewesen und haben's auf die Wege richten wollen, omnia sunt communia, und sollte einem jeden nach seiner Notdurft ausgeteilt werden, nach Gelegenheit.« (Wikipedia 2015b)

Oft knüpften die Aufrührer dabei an (noch) vorhandene Formen des Gemeineigentums (der Allmende) an und forderten ihre Bewahrung und Ausdehnung. Sie beriefen sich auf die Gleichheit vor Gott und wollen daraus die irdische Gleichheit ableiten. Im Privateigentum sahen sie die wesentlichen Gründe von Ausbeutung und Unterdrückung. Die politischen und religiösen Führer sollten direkt vom Volk gewählt und Entscheidungen auf der Basis gemeinsamer Beratungen getroffen werden. Alle diese Bewegungen entwickelten in sich kommunistische Ansätze, die darauf zielten, die letztlichen Ursachen von Ungerechtigkeit, Ausbeutung und Herrschaft zu beseitigen, indem das Eigentum vergemeinschaftet wurde. Teilweise konnte dabei direkt auch an jene Gemeinschaftsformen angeknüpft werden, die sich im Kampf selbst herausbildeten. In der Gemeinsamkeit der aufständischen Heere entstanden

Elemente einer gemeinschaftlichen Wirtschaftsordnung sowie kollektiver Beratung.

Aus der Radikalisierung von antikirchlichen Lehren des englischen Theologen John Wycliffe, dem auch John Ball folgte, entwickelte sich in Böhmen im 15. Jahrhundert die Hussitenbewegung. Ausgelöst wurde sie von der Hinrichtung des böhmischen Predigers Jan Hus 1415, der unter dem Einfluss von Wycliffe das Christentum in tschechischer Sprache lehrte. Triebkraft war ein Bündnis gegen den Papst und das deutsche Kaisertum gerichteter Kräfte unter Einschluss des niederen Adels, des Bürgertums, von Handwerkern und Bauern. Der Aufbruch war zugleich national, reformatorisch und sozial. In den Hussitenkriegen von 1419 bis 1434 entwickelte sich ein Lager der Taboriten und Orebiten. Ihre Vision war eine Gesellschaft der Gleichen und Freien. Auf einem Berg errichteten sie ihre Keimzelle einer neuen Gesellschaft – Tabor. Nach der militärischen Niederlage der Hussiten entstanden die »Böhmischen Brüder«, die Arbeit und Eigentum gemeinschaftlich organisierten. Auf ein solches Beispiel, die Hutterer, war schon eingegangen worden. Diese religiös begründeten Kommunen lebten bis ins 19. Jahrhundert fort, wurden immer wieder neu gegründet, fanden nicht zuletzt in den Vereinigten Staaten Möglichkeiten weiterer Entwicklung, u.a. in Gestalt der Siedlung »Harmony« der Anhänger von Georg Rapp oder der Shaker, auf die sich Robert Owen bei seinen kommunistischen Experimenten bezog. 1825 kaufte er »Harmony« auf und nannte es in »New Harmony« um, als er seine eigene Gemeinschaft gründete.

Ein letzter Höhepunkt der radikalen Reformation in Mitteleuropa war der Kampf der Wiedertäufer in Münster 1534/5, die unter den Bedingungen langer Belagerungen das »Reich Zion« ausriefen, die Gütergemeinschaft einführten, die Geldwirtschaft beseitigten und die »Mehrfrauenehe« einführten, einen polygamen Patriarchalismus, der die Frauen bei Ehebruch, Verweigerung der »Ehepflicht« und »Bigamie« hart bestrafte. Aufstände gegen diese Ordnung wurden blutig niedergeschlagen, bis das »Täuferreich« nach anderthalb Jahren der militärischen Übermacht der alten Obrigkeit erlag. Der Terror der Aufständischen verblasst wie so oft gegen den Terror der Sieger. Über vier Jahrhunderte (!) hingen die Käfige, die die gemarterten Körper der Führer des Aufstandes nach ihrem Tode aufnahmen, am Turm der Lamberti-Kirche zu Münster.

Das Reich Zion der Täufer in Münster 1534/5

»Vom eigentlichen Kommunismus konnte unter diesen Umständen nicht viel die Rede sein. Alles Geld, Gold und Silber der Einwohner

> wurde teils freiwillig, teils durch Verordnung dem Stadtsäckel übergeben; die Ladenbesitzer wurden durch Zureden und durch den Hinweis auf das Evangelium veranlasst, ihren Kram aufzugeben und mit Handel und Schacher nichts zu tun zu haben. Handwerk und Ackerbau wurden geehrt und gefördert. Die Armen erhielten ihren Lebensunterhalt aus öffentlichen Mitteln. Gemeinsame Mahlzeiten, gewürzt durch Vorlesungen aus der Bibel, wurden eingerichtet.« (Max Beer 1924, 267f.)[1]

Viele der außereuropäischen Bewegungen gegen Kolonialismus, Sklaverei und Imperialismus trugen kommunistische Züge. Im Widerstand formten sich Gemeinschaften des Kampfes, der Überzeugungen, aber auch des Lebens und der Produktion. Es wurden teilweise basisdemokratische Formen der Entscheidung erprobt. Auch hier sind die Zeugnisse zumeist aus den Protokollen der siegreichen Unterdrücker gewonnen. Kurz sei auf die größte derartige Bewegung eingegangen – die Taiping-Revolution in der Mitte des 19. Jahrhunderts. Sie richtete sich gegen das Mandschu-Regime in China und verband christliche Visionen mit traditionell chinesischen Vorstellungen von Gleichheit, Gerechtigkeit und »Großer Harmonie«. Sie wurde nicht zuletzt durch ethnische Minderheiten Südchinas (Hakkas und Zhuang) getragen, die doppelter Unterdrückung ausgesetzt waren. Ausgelöst wurde diese Revolution auch durch die Niederlage Chinas im sogenannten Opium-Krieg gegen England, der die Schwäche der Mandschu-Herrschaft zeigte. Insgesamt sind nach Schätzungen rd. 20 Mio. Menschen (andere sprechen von 50 Mio. Menschen) dem Bürgerkrieg zwischen 1851 und 1864 zum Opfer gefallen. Während die westlichen Mächte England und Frankreich zunächst diese Schwächung Chinas begrüßten, griffen sie schließlich zugunsten der Mandschu-Herrschaft ein, um ihre Handelsinteressen zu sichern und entschieden damit letztlich den Bürgerkrieg.

Der Anführer der Taiping-Revolution, Hong Xiuquan, sah sich als jüngerer Bruder von Jesus Christus und wollte ein *Himmlisches Reich des Großen Friedens* auf Erden errichten. Unter den Bedingungen ständiger Kriegsanstrengungen wurden radikale Reformen verwirklicht. Privateigentum wurde gebannt, Land und andere Ressourcen in Staatseigentum überführt, die Klassentrennung aufgehoben und die Gleichstellung von Mann und Frau angestrebt. Erstmals in der chinesischen Geschichte erhielten Frauen den Zugang zu den staatlichen Prüfungen, dem wich-

---

1 Im Vergleich dazu der Roman des anonymen italienischen Autorenkollektivs Wu Ming, das diese Zeit erfasst (Blissett 2002).

tigsten Weg zum Aufstieg. Sie dienten zudem als Soldatinnen. Das Binden der Füße bei jungen Mädchen wurde verboten. Emanzipatorische Ansätze und die von Solidarität und sozialem Engagement verbanden sich mit einer Theokratie und Diktatur, die unter dem Eindruck von militärischen Niederlagen im Krieg der einzelnen Gruppen der Taiping-Bewegung gegeneinander mündeten.

> *Die Große Harmonie*
>
> »Alle Menschen unter dem Himmel gehören einer Familie des Herrn an; und wenn niemand auf der Erde etwas für sich selbst privat behält und alles Gott übergibt für den gemeinschaftlichen Gebrauch, dann wird jeder Platz im ganzen Land einen gleichen Anteil haben, und alle werden gekleidet und ernährt sein. Das ist es, weshalb Herrgott ausdrücklich den Himmlischen Taiping Herrn herabgesandt hat, um die Welt zu retten.« Aus einem Dokument der Taiping-Revolutionäre (zitiert in Spence 1997, 173)

3. Die intellektuelle kommunistische Utopie

Kommunistisches Gedankengut ist nicht nur in religiösen Gemeinschaften und aufständischen Bewegungen entstanden, sondern war auch das Ergebnis intellektueller Reflexion. Ausgangspunkt war das schon in der Antike entstandene Naturrecht. Hatte Aristoteles Sklaverei noch mit der »natürlichen Ungleichheit« der Menschen begründet, formulierten vor allem die Stoiker die These von der universellen Gleichheit aller. Von diesem Ausgangspunkt mussten gesellschaftliche Ungleichheit und Herrschaft völlig neu begründet oder konnten auch einer fundamentalen Kritik unterworfen werden. Es entstanden Positionen, die von einer ursprünglichen oder naturrechtlichen Gleichheit der Menschen ausgingen, vom gleichen Eigenwert aller, und diese Gleichheit durch den Übergang zu einer gemeinwirtschaftlichen Ordnung herstellen wollten. Schon Aristophanes stellt in seiner Komödie Ekklēsiázousai (Frauenparlament [oder auch: Die Weibervolksversammlung]), die 393 v.u.Z. zuerst aufgeführt wurde, die Machtergreifung von Frauen als kommunistische Revolte dar. Die Sprecherin der Frauen, Praxagora (die in der Volksversammlung Handelnde), lässt Aristophanes sagen:

> »Wie mir scheint, muss alles Gemeingut sein, teilnehmend ein jeder an allem, / Vom Gemeingut jeglicher leben, und nicht der reich sein, jener ein Bettler... / ... So schaff ich denn erstens den Acker / Zu Gemeingut um und sämtliches Geld und was noch jeder Besitz hat. / Aus

diesem Gemeinschatz werden wir Frau'n euch Männer ernähren und kleiden, / Mit Fleiß ihn verwaltend und Sparsamkeit, und Rechnung legend von allen.« (Aristophanes 1958, 142f.)

In der christlichen Theologie verbanden sich naturrechtliche und religiöse Ideen. Sie boten damit einen Ausgangspunkt neuer Gesellschaftskritik. Während bürgerliche Theoretiker wie Hobbes und Locke den Naturzustand der Gemeinschaftlichkeit der Güter als die Ursache für einen »Krieg aller gegen alle« und/oder Armut begreifen wollten, sahen Anhänger einer kommunistischen Deutung des Naturzustands in ihm die Grundlage für Gleichheit und Freiheit. Der prominenteste Vertreter ist Thomas Morus. Er wird dabei durch die Berichte Amerigo Vespuccis über die Neue Welt, »Mundus Novus«, inspiriert, in denen er seine zweite Reise hin nach »Westindien« beschreibt und von den Eingeborenen berichtet: Es seien Länder, wo die Menschen »naturgemäß leben«; sie dürfen eher »Epikureer als Stoiker« genannt werden. Sie hätten kein Sondereigentum, alles sei gemeinschaftlich. Sie würden ohne König, ohne Oberherrschaft leben, jeder sei sein eigener Herr (siehe den Verweis in Bloch 1993a, 599). Neben dem Urchristentum wird so ein neuer empirischer Bezugspunkt kommunistischer Ideen sichtbar – die außereuropäische Welt indigener Völker.

Morus (1478-1535 [hingerichtet]) ist der erste, der in der Neuzeit eine systematische Darstellung einer kommunistischen Ordnung verfasst und sich dabei um eine rein rationale Argumentation bemüht. Hier ist das Kommunistische nicht religiös inspirierte Lebenspraxis und auch nicht politische Rebellion, sondern ein Gedankenexperiment, Modellierung einer idealen Welt, die Freiheit und Gleichheit aller vereint. Morus stellt den westeuropäischen Gesellschaften die kommunistische Gesellschaft von *Eutopia* (buchstäblich: Wohnort der Glückseligkeit) gegenüber. Es war zugleich eine Kritik der englischen Gesellschaft und ihrer zunehmend kapitalistischen Züge und der Entwurf einer Gegengesellschaft. Diese Republik ist als demokratischer Bund autonomer Kreise konzipiert. Gewählt wird in einem Stufenverfahren von unten nach oben. Die Teilung der Arbeit in Stadt und Land ist weitgehend aufgehoben, die Arbeitszeit auf sechs Stunden täglich reduziert. Es gibt einen »Orden der Gelehrten«, deren Mitglieder von Handarbeit befreit sind. Gemeinschaftliche Mahlzeiten, Bildung und Spiele erhalten den kollektiven Geist. Männer und Frauen sind gleichgestellt, die Religionsfreiheit wird gesichert. Ernst Bloch fasst zusammen: »›Utopia‹ ist weithin ins irdisch Ungewordene, in die menschliche Freiheitstendenz hinein entworfen – als Minimum an Arbeit und Staat, als Maximum an Freude.« (Ebd., 607)

Auch andere Humanisten verfassten Utopien, die weitgehend von dem gleichen Geist geprägt sind. Die Aufhebung des Privateigentums und ein System gemeinsamer Erziehung sollen eine andere Gesellschaft und einen anderen Menschen hervorbringen. In Campanellas Sonnenstaat wird dann das Gemeineigentum zur Grundlage einer total verstaatlichten Ordnung. Nicht Freiheit, sondern Ordnung ist das Ziel. Nicht das Individuum oder die freie Gemeinschaft, sondern der Staat wird zum obersten Zweck. Von diesen so gegensätzlichen Autoren im Spannungsfeld von Freiheit und Ordnung ist es, wie an anderer Stelle noch gezeigt wird, nur ein Schritt zu den kommunistischen Bewegungen der Neuzeit, wie sie mit der Großen Französischen Revolution entstehen: »Der liberal-föderative Sozialismus (von Robert Owen an) hat Morus zum Ahnen, der zentralistische (von Saint-Simon an) berührt sich mit Campanella, mit breitliegendem, hochgebautem Regiment, mit Sozialutopie als Strenge und disponiertem Glück.« (Bloch 1993a, 614) Dieser Widerspruch wird an die Zukunft weitergegeben.

4. Elemente des Kommunistischen in den Projekten der Herrschenden

So paradox es klingt, auch der griechische Philosoph Platon (428/427-348/347 v.Chr.) gilt als ein Stammvater des Kommunismus. Viele der Humanisten und Aufklärer bezogen sich auf ihn. Auch Alain Badiou reiht Platon in die kommunistische Tradition ein. Dabei war Platon Vertreter einer zutiefst konservativen Denkhaltung, die die Krise der attischen Polis durch eine Rückwendung zu rigiden herrschaftlichen Strukturen lösen wollte. Aus Erfahrung der Instabilität einer Adelsherrschaft unter den Bedingungen von Privateigentum und Handel suchte er nach Alternativen. Unter dem Eindruck des verlorenen Krieges Athens gegen Sparta, der Schwächung des Adels und tiefer Unruhen konstatierte er, dass »ein solches Staatswesen zwangsläufig aus zwei Teilen und nicht aus einem einzigen bestehen muss. Den einen Teil in ihm bewohnen die Armen, den anderen die Reichen, und ständig lassen sie einander hinterhältig stolpern.« (Platon 1985, 557) Dadurch werde die Polis geschwächt. Die Herrschaft der wenigen Reichen (Oligarchie, Plutokratie) oder der vielen Besitzlosen bzw. in ihrem Namen (Demokratie, Tyrannis) gefährde die Stabilität. Praktisches Vorbild zur Lösung des Problems von Herrschaft einer Minderheit sind für ihn die Spartaner, die die von ihnen unterworfenen Messenier als »Heloten« in einer Art kollektiver oder Staatssklaverei hielten und dazu ihr eigenes Leben als herrschende Gruppe weitgehend kollektiv pflegten. Es war ein Kommunismus der Kriegerkaste, der die Sklaverei der zahlenmäßig übermächtigen Unterworfenen sicherte und es ermöglichte, deren Aufstände mit brutaler Gewalt niederzuwerfen. Auch die Priesterherrschaft in Ägypten beeindruckte Platon tief.

Ausgehend von diesen Überlegungen stellt Platon der Polis Athens eine Kastengesellschaft gegenüber. Sie solle aus Philosophenkönigen, der Kriegerklasse (den »Wächtern«) und den arbeitenden Klassen bestehen. Kommunistische Elemente des Gemeineigentums oder eines gemeinschaftlichen Lebens werden in eine Erneuerung strikt hierarchischer und autoritärer Gesellschaften integriert. Damit wird das Kommunistische reaktionär hin zu krasser Hierarchie und Unfreiheit gewendet. Die Unangreifbarkeit der Herrschaft soll durch die gemeinschaftliche Organisation des Lebens der oberen Klassen, der Philosophenkönige wie der Wächter, gesichert werden: Was sie als einzelne nicht besitzen dürfen, wird ihnen gemeinsam zugeteilt. Dabei sollen Männer und Frauen gleich erzogen werden und je nach Befähigung auch gleiche Rechte und Pflichten erhalten. Das Leben der arbeitenden Klassen in ihrer Unterwerfung wird dagegen keinesfalls ähnlich gemeinschaftlich organisiert und geregelt. Sie sind und bleiben die niederste Kaste.

Die führende Rolle sollen die Philosophenkönige einnehmen, die den Zugang zu einem transzendenten Wissen haben, der der großen Mehrheit verwehrt ist. Nur sie haben das Wissen über »das Gute« als Idee. Ihr Herrschaftsauftrag beruht also auf überlegenem Wissen. Die Gesellschaft und die menschlichen Charaktere müssten in eine *tabula rasa*, eine leere Schreibtafel, verwandelt werden, um sie nach den übergeordneten Prinzipien neu zu beschreiben. Wie Platon ausführt, wollen es diese Philosophenkönige »weder mit dem privaten Bürger noch dem Staat zu tun bekommen und auch keine Gesetze aufzeichnen, ehe sie ihn nicht sauber in die Hand nehmen oder selbst säubern können« (ebd., 528 [Abschnitt 501]). Dieser »Kommunismus« der Herrschenden dient nicht der Gleichheit, sondern der strikten Hierarchie, nicht der Freiheit, sondern der Unterwerfung.

Die Formung der Wächterklasse orientiert sich an Prinzipien einer sozialen wie biologischen Auslese. Der Vergleich mit Jagdhunden wird gemacht. Dies wird zur Konsequenz getrieben: »Die besten Frauen sollen den besten Männern möglichst oft beiwohnen, die am schwächsten veranlagten Männer den am schwächsten veranlagten Frauen dagegen möglichst selten; die Kinder der einen muss man aufziehen, die der anderen nicht, wenn die Herde absolute Rasse sein soll. Alle diese Maßnahmen sollen im geheimen, nur mit Wissen der Regierung durchgeführt werden – wenn ... die Schar der Wächter möglichst von jeglicher Zwietracht freibleiben soll.« (Ebd., 504 [Abschnitt 459]) Hier wurde die Idee der »Weibergemeinschaft« und der völligen Verstaatlichung der Erziehung propagiert, um die Interesseneinheit der Dienstklasse dieses Systems (Schild und Schwert der Philosophenkönige) zu garantieren: »Dass alle diese Frauen allen diesen Männern gemeinsam angehören; nicht eine darf mit einem einzelnen privat zusammenwohnen. Die Kinder andererseits gehören ihnen auch wieder gemeinsam; es kennt weder der Vater sein Kind noch das Kind seinen Vater.« (Ebd., 503 [Abschnitt 458]) Die Qualität der »Wächter« in einer idealen Ordnung ist nur gewährleistet, wenn so Platon, die folgenden Bedingungen gewährleistet sind:

> »Erstens darf niemand über irgendwelches persönliche Vermögen und Besitztum verfügen abgesehen vom Allernotwendigsten. Zweitens darf keiner irgendwelche Wohn- und Vorratsräume besitzen, zu denen nicht jeder nach Belieben Zutritt hätte. Sodann, was sie an Lebensunterhalt als mannhafte und besonnene Kriegsleute benötigen, sollen sie von den übrigen Bürgern als Lohn für ihr Wächteramt in einem Ausmaß zugeteilt erhalten, dass sie das Jahr über weder zu viel noch zu wenig haben. Gemeinsam sollen sie ihre Mahlzeiten einnehmen und wie auf Feldzügen üblich gemeinschaftlich leben. Gold und Silber aber, das muss man ihnen sagen, tragen sie als gottgesandtes Gottesgeschenk stets in ihrem Innern, irdisches brauchen sie nicht... Ihnen allein im Staate soll es nicht erlaubt sein, mit Gold und Silber umzugehen.« Platon (ebd., 480 [Abschnitt 416f.])

Die katholische Kirche hat wesentliche Elemente des Kommunismus in ihren Strukturen über die zwei Jahrtausende bewahrt – insbesondere in den Klöstern, die der urchristlichen Gemeinde von Petrus in Jerusalem nachgebildet sein sollten. Immer wieder aber gerieten das Armutsgelübde und die Eigentumslosigkeit der Einzelnen in Widerspruch zur Einbindung in Herrschaft und Ausbeutung. Teilweise wurden die Klöster zu großen Grundbesitzern mit Tausenden von Pächtern und Leibeigenen. Die Tempelritter und der Deutsche Orden waren zwar der Armut, Keuschheit und dem Gehorsam verpflichtet, erwiesen sich aber in der Realität als machtvolle Organe gewaltsamer Christianisierung, Eroberung und Bereicherung.

Auch die muslimische Sekte der Assassinen trug solche Züge eines herrschaftlichen Kommunismus. In Ostasien verbreiteten sich buddhistische Klöster, die teilweise Krieger ausbildete, die in mönchischer Gemeinschaft lebten. Die Versuche, insbesondere die Gewalt ausübende Klasse im Interesse der Herrschenden kommunistisch zu disziplinieren, indem sie zu Eigentums- und Selbstlosigkeit und absolutem Gehorsam verpflichtet werden, ziehen sich durch die gesamte Geschichte der Klassengesellschaften. Genauso charakteristisch ist aber auch das Scheitern all dieser Ansätze, die im direkten Widerspruch zu einer auf Ausbeutung fremder Arbeit und fremden Reichtums gerichteten Gesellschaft standen. In dieser Nutzung kommunistischer Ideen für die Stabilisierung und Verallgemeinerung von Ausbeutung und Unterdrückung verkehrt sich die Vision der Freien und Gleichen auf der Basis der Gemeinschaftlichkeit in ihr Gegenteil.

Michael Brie

Revolutionärer Kommunismus und kommunistische Gemeinschaftsbildung – zwei Linien in der ersten Hälfte des 19. Jahrhunderts

»Jedenfalls weiß man jetzt, wenn man die Große [Französische] Revolution erforscht, dass sie die Quelle aller kommunistischen, anarchistischen und sozialistischen Anschauungen unserer Zeit ist.«
Pjotr A. Kropotkin (1982, 264)

1. Babeuf und die Verschwörung für die Gleichheit

Am 10. Mai 1796 ließ die nachrevolutionäre Regierung Frankreichs, das Direktorium, die Führer der *Verschwörung der Gleichen (Conjuration des Égaux),* verhaften. Darunter waren frühere Mitglieder des Parlaments der Revolutionszeit. Im Moment ihrer Verhaftung waren sie gerade dabei, eine Proklamation zu verfassen, deren erste, nicht weiter geschriebenen Zeilen lauteten: »Das Aufstandskomitee der öffentlichen Wohlfahrt. Das Volk hat gesiegt, die Tyrannei ist nicht mehr, ihr seid frei ...« (So in den Erinnerungen von Buonarroti 1975, 252) Den Verschwörern wurde die Vorbereitung eines bewaffneten Aufstandes mit dem Ziel der Inkraftsetzung der Verfassung von 1793 vorgeworfen, eine Verfassung, die die demokratischen Forderungen unter Führung der Jakobiner auf den Punkt gebracht hatte. Darauf stand jetzt die Todesstrafe. Ein Jahr später, am 26. Mai 1797, wurden François Noël Babeuf (geb. 1760) und Augustin Alexandre Darthé (geb. 1769) hingerichtet.

Der Bezug auf die Verfassung von 1793 war nicht zufällig. Auf dem Höhepunkt der Revolution hatten die Abgeordneten des französischen Nationalkonvents am 24. Juni 1793 eine radikale bürgerlich-demokratische Verfassung verabschiedet, der wenig später bei einer Volksabstimmung mit großer Mehrheit zugestimmt wurde. Sie sollte niemals in Kraft gesetzt werden. Erst beherrschten der Ausnahmezustand von Krieg, Bürgerkrieg und Jakobinerdiktatur das Feld, dann das Direktorat und schließlich Napoleon. In Art. 35 der Jakobinerverfassung hieß es: »Wenn die Regierung die Rechte des Volkes verletzt, ist der Aufstand des Volkes und jedes einzelnen Teiles desselben das heiligste seiner Rechte und die höchste seiner Pflichten.« (Nationalkonvent [1793] 1982, 438)

Die radikale Gruppe der Enragés (der *Zornigen*), die sich Ende 1792 unter Führung des ehemaligen Priesters Jacques Roux (1752-1794) gebildet hatte, protestierte wenig später vor dem Konvent gegen die Verfassungswirklichkeit und machten deutlich: »Ganz sicher werden sich die Freunde der Gleichheit nicht auf die Dauer an der Front erwürgen und im Innern vom Hunger quälen lassen.« (Roux 1975, 15) Die Demokratisierung hatte eines bewirkt: Erstmalig waren die »Ideen der unteren Schichten ... in der Lage, den Ideen der herrschenden Schichten mit der gleichen Gültigkeit entgegenzutreten« (Mannheim 1965, 9).

> *Die Zornigen (1793)*
> »Die Freiheit ist ein leerer Wahn, solange eine Menschenklasse die andere ungestraft aushungern kann. Die Gleichheit ist ein leerer Wahn, solange der Reiche mit dem Monopol das Recht über Leben und Tod seiner Mitmenschen ausübt. Die Republik ist ein leerer Wahn, solange Tag für Tag die Konterrevolution am Werk ist mit Warenpreisen, die drei Viertel der Bürger nur unter Tränen aufbringen können.« (Roux 1975, 8)

Die Anhänger der *Verschwörung der Gleichen* waren nicht homogen. Anhänger Robespierres und der Jakobiner sowie einer bürgerlichen Republik und überzeugte Vertreter einer Ordnung des Gemeineigentums gingen ein Bündnis ein. Im Weiteren sollen vor allem die Positionen Babeufs und Buonarrotis, des kommunistischen Flügels der Bewegung, dargestellt werden. Alle Elemente des revolutionären Kommunismus der neueren Zeit waren vereinigt: Es gab (1) eine philosophische und ideologische Grundlage, (2) eine gesellschaftspolitische Vision, (3) eine eigene politische Strategie und (4) die Vorstellung einer Übergangsperiode.

Die philosophische Grundlage: Die Welt des Privateigentums als Feind der natürlichen Gleichheit

Es waren die französischen Aufklärer, vor allem Étienne-Gabriel Morelly (1717-1778), Gabriel Bonnot de Mably (1709-1785) und Jean-Jacques Rousseau (1712-1778), die die wichtigsten Inspirationen für Babeuf lieferten. Vor allem die anonym erschienene Schrift Morellys »Gesetzbuch der natürlichen Gesellschaft oder der wahre Geist ihrer Gesetze, zu jeder Zeit übersehen oder verkannt« von 1755 konnte Babeuf noch vor Gericht ausführlich aus dem Kopf zitieren. Morelly ist der derart »vergessene« Philosoph der Aufklärung, dass man seine Schriften lange Denis Diderot, gemeinsam mit d'Alembert, Herausgeber der großen *Enzyklopädie*, zuschrieb. Anstelle utopischer Erzählungen wird Kommunismus bei Morelly zu einer politischen Philosophie und strengen Theorie. Und zum ersten

Mal steht philosophisch der Angriff auf das Privateigentum im Zentrum und Gemeinschaft wird zum Gegenentwurf zu den »abstrakte(n) Bande der bürgerlichen Gesellschaft« (Gertenbach et al. 2010, 36).

Morelly ist wie viele seiner Zeit ein Denker des Naturrechts. Der grundlegende Widerspruch, den Morelly der menschlichen Natur zugrunde legt, ist der, dass sie gleich in ihren Bedürfnissen, aber ungleich in ihren Fähigkeiten seien. Seine schöne Metapher ist die Welt als Tisch, an dem alle in ihrer Verschiedenheit Platz haben.

> *Die Welt als gemeinsamer Tisch der Verschiedenen*
>
> »Gerade in diesen Absichten (des gemeinsamen Wohlergehens – Michael Brie) also hat die Natur die Kräfte der ganzen Menschheit mit verschiedenen Verhältnissen unter alle Individuen der Gattung verteilt, aber sie hat ihnen ungeteilt das Eigentum des erzeugenden Feldes ihrer Gaben gelassen, allen und jedem die Benutzung ihrer freien Geschenke. Die Welt ist ein für alle Gäste hinlänglich versehener Tisch, dessen alle Gerichte bald allen gehören, weil alle Hunger haben, bald nur einigen, weil die anderen gesättigt sind; also ist keiner schlechthin der Herr davon noch hat er ein Recht, dies zu beanspruchen.« (Morelly 1964, 92f.) Hier wird das kommunistische Prinzip »Jeder nach seinen Fähigkeiten, jedem nach seinen Bedürfnissen« angedacht.

Morelly spitzt die Diagnose der Ursachen der gesellschaftlichen Übel auf einen einzigen Punkt zu – das Privateigentum. Es sei wie eine »allgemeine Pest« (ebd., 96). Diese Fokussierung auf das Privateigentum verleiht ihm seine Sonderstellung als Begründer des philosophischen Kommunismus. Die Befreiung der Menschheit von den Übeln einer sozial gespaltenen, moralisch verdorbenen, durch Kriege geprägten Gesellschaft kann nur in einem liegen: »... nehmet das Eigentum weg, den blinden und unbarmherzigen Eigennutz, der es begleitet, lasst alle Vorurteile und die Irrtümer, die sie erhalten, fallen – und es gibt keinen aktiven oder passiven Widerstand mehr bei den Menschen, es gibt keine wütenden Leidenschaften, keine wüsten Handlungen mehr, keine Begriffe, keine Ideen mehr von *moralischem Übel*« (ebd., 150).

Die Vision: Die Gütergemeinschaft als Ziel

Von Morelly hat Babeuf nicht nur die philosophische Inspiration, sondern auch die Zielstellungen. Denn aus den schon genannten wenigen philosophischen Annahmen zieht Morelly nun alle Konsequenzen. Wenn Menschen beides sind – gleich in ihren grundlegenden Bedürfnissen und ungleich in ihren Fähigkeiten – dann bedürfe es, so Morelly, eines

Systems der *harmonischen Ungleichheit*. Dieses müsse sichern, dass die ungleichen Ergebnisse von Arbeit allen gleichermaßen zukommen. Und dies könne in einer komplexen arbeitsteiligen Gesellschaft nur eine zentral geführte gemeinwirtschaftliche Ordnung garantieren. Dazu formuliert er drei Prinzipien: »1. Nichts in der Gesellschaft wird als Eigentum jemandem ausschließlich gehören als die Sachen, wovon er einen gegenwärtigen wirklichen Gebrauch machen wird, sei es für seine Bedürfnisse, seine Vergnügungen oder seine Tagesarbeit. 2. Jeder Bürger wird ein Mann des Staates sein, beschützt, unterhalten, beschäftigt auf Kosten des Staates. 3. Jeder Bürger wird für seinen Teil nach seinen Kräften, seinen Talenten und seinem Alter zum Staatsnutzen beitragen.« (Ebd., 181f.) Die Frage der politischen Ordnung ist in Morellys Augen fast bedeutungslos. Denn wenn erst die Eigentumsordnung die Gemeinschaftlichkeit der Interessen bedingt, dann gelte:

»Wenn alle Dinge so (gemeinschaftlich – Michael Brie) geordnet sind, wem wird es da einfallen, herrschen zu wollen, wo kein Eigentum existiert, das die Lust eingeben könnte, die anderen zu unterjochen? Es kann keine Tyrannen geben in einer Gesellschaft, wo jedes Ansehen gerade darin besteht, sich mit den mühevollsten Pflichten und Sorgen zu belasten.« (Ebd., 107) Hier, in Morellys »Gesetzbuch der natürlichen Gesellschaft«, findet der Revolutionär Babeuf seine theoretische Grundlage und baut diese noch weiter aus. Er wandte sich in seinen Schriften und schließlich noch einmal in seiner Verteidigungsrede dem Warenaustausch und der ungleichen Bezahlung von Arbeit zu. Dazu nur ein Beispiel: Diese ungleiche Bezahlung ungleicher Leistung, führt er aus, sei bloße Willkür. Es könne nicht sein, dass ein Uhrenarbeiter 24 mal besser entlohnt würde als der, der einen Pflug führt. Er könne so das Erbgut von 20 Landarbeitern aufkaufen, die er damit enteignet. Babeuf fasste zusammen: »Alles, was einem Mitglied des Gemeinwesens zur Befriedigung seiner täglichen Bedürfnisse jeder Art *fehlt*, ist das Ergebnis einer Beraubung seines natürlichen, persönlichen Eigentums durch jene, die das Gemeingut an sich reißen.« (Babeuf 1988, 64)

Die Vorstellungen der Verschwörer für die Gleichheit sind sehr konkret. Das Recht auf Eigentum wollen sie durch das Recht auf Dasein und Daseinsvorsorge ersetzen. Eine Arbeitspflicht und ein Unterhaltsrecht gehören zusammen. Luxus und alle Güter, die nicht jedem zugänglich sind, dürfe es nicht geben. Belastende Arbeiten müssten durch Maschinen reduziert werden, wie überhaupt die tägliche Arbeitszeit auf drei oder vier Stunden zu verkürzen sei. Die großen Städte seien aufzulösen und der Gegensatz von Stadt und Land zu überwinden. Politik und Erziehung verschmelzen, denn: »Das Meisterwerk der Politik besteht hier darin, durch die Erziehung, das Beispiel, die Vernunftgründe, durch die Meinung und den Reiz des Vergnügens das menschliche Herz so zu lenken, dass es niemals andere Wünsche haben kann als die, welche danach streben, die Gesellschaft freier, glücklicher und dauerhafter zu machen.« (Buonarroti 1975, 199) Da es keine tiefer gehenden Interessengegensätze geben könne, so die Vorstellung dieser Kommunisten, wäre die öffentliche Verwaltung eine einfache Sache. Und jeder könne und müsse daran teilnehmen.

Die Verschwörung als Mittel

Die nordamerikanische Revolution mit ihrer Erklärung der Menschenrechte und der nachfolgenden Verfassungsdiskussion, vor allem aber die Erfahrungen der Großen Französischen Revolution machten deutlich, dass die Möglichkeit bestand, durch *gezielte* politische Intervention grundlegende gesellschaftliche Veränderungen herbeizuführen. Die Verschwörer für die Gleichheit hatten ein knappes Jahrzehnt intensivster politischer Erfahrung hinter sich. Babeuf hatte als Verwalter herrschaftlicher Urkunden und Grundbücher zudem unmittelbaren Einblick in die Nöte der Bauern und Kleinbürger (eine kurze Darstellung seines Lebens und Denkens findet sich in Scott 1988; Soboul 1988). Schon vor der Revolution entwickelt er radikal egalitäre Ansichten und reicht einen entsprechenden Aufsatz bei einer Akademie ein. Er wurde zum Sprecher und Advokaten der kleinen Leute, kämpfte für die Abschaffung aller feudalen Pflichten und gegen überhöhte Steuern sowie die Verteilung von Land an die Bauern, war in der Stadtverwaltung von Paris gemeinsam mit anderen für die Versorgung der Hauptstadt zuständig, kam also mit der Produktion und Verteilung von Gütern im großen Maßstab in Berührung. Er wurde verfolgt, eingesperrt, seine Familie drohte zu verhungern. Mit harter Kritik wendet sich Babeuf gegen die Diktatur des Wohlfahrtsausschusses und seinen Terror. Er fordert die umfassende Freiheit der Presse und die Inkraftsetzung der Verfassung von 1793.

Als Sturz und Hinrichtung Robespierres diese Erwartungen nicht erfüllten, wandte Babeuf sich gegen das Direktorium, das den Wohlfahrtsausschuss abgelöst hatte. Es verkörpert für ihn die Herrschaft der Reichen. Seine *Zeitschrift für die Freiheit der Presse* benennt er um in *Volkstribun oder für die Verteidigung der Menschenrechte.* Gemeinsam mit anderen Anhängern einer demokratischen Republik wird er in das Gefängnis von Arras im äußersten Norden Frankreichs gebracht. Hier trifft er auf Gleichgesinnte. Es kommt zur gemeinsamen Auswertung der

Revolutionserfahrungen, zur Formulierung der grundlegenden Ziele und politischen Strategie der zukünftigen Verschwörung. Nach seiner Entlassung (das Direktorium suchte nach einem Gegengewicht gegen monarchistische Angriffe) begann die Vorbereitung des Volksaufstandes. Mittel waren die öffentliche Agitation durch Plakate und Flugblätter, die Organisation von Gruppen in den einzelnen Stadtteilen von Paris sowie in den Provinzen und nicht zuletzt die Gewinnung von Teilen der Armee. Es wird ein Militärkomitee geschaffen. Die Gesamtführung lag bei einem Komitee – dem *Geheimen Direktorium.* Nur dieses war in das Endziel einer kommunistischen Gesellschaft eingeweiht. Um diese geheime Führungsgruppe gruppierten sich Sympathisanten, Basiskämpfer und Beauftragte. Die Weisungen gingen von oben nach unten, von innen nach außen (siehe Bounarroti 1975, 150).

Die revolutionäre Diktatur als Übergangsform

Der revolutionäre Kommunismus Babeufs und seiner Mitverschworenen schloss nicht nur eine politische Strategie der Machtübernahme, sondern auch der Machtsicherung ein, um dauerhafte gesellschaftliche Umgestaltungen einzuleiten und abzusichern. Auch dies ist eine politische Innovation mit Folgewirkung. Nicht nur war den Verschwörern bewusst, dass sie auf erbitterten Widerstand der Herrschenden und besitzenden Klassen stoßen würden, sondern auch, dass ihre Politik keinesfalls sofort von der großen Mehrheit der Bevölkerung unterstützt werden würde. Freie Wahlen seien unter diesen Bedingungen zunächst unmöglich. Eine radikalisierte Revolution sollte alles niederreißen und durch die Zerstörung der Institutionen des Privateigentums Chaos schaffen, aber aus diesem Chaos sollte unter Führung einer Gruppe von Personen mit überlegenem Wissen und überlegener Tatkraft und ihrer *Übergangsdiktatur* die kommunistisch organisierte Welt der Gleichheit entstehen. Auf der Basis der Enteignung von Gegnern der Revolution und Geflüchteten sollte schnell eine »nationale Gütergemeinschaft« entstehen und jeder, der ihr seine Güter überträgt und für diese arbeitet, würde auch alle damit verbundenen Rechte erhalten.

Dazu würde eine gute Wohnung und auch medizinische Versorgung gehören (die Details sind im Entwurf eines »ökonomischen Dekrets« enthalten, siehe Buonarroti 1975, 327-333). Der Umlauf und Besitz von Geld würden zurückgedrängt und schließlich verboten. Die Gewalteingriffe in die Macht- und Eigentumsverhältnisse sollten eine Situation herbeiführen, in der sich die öffentliche Meinung immer mehr zugunsten des Gemeineigentums verändern, in der das positive Beispiel wirken würden und schließlich »das Wort Besitzer bald barbarisch für die Franzosen geworden« (ebd., 260) wäre. »Bis dahin«, so gibt Buonarroti die Auffassung des Geheimen Komitees wider, »sollte die herrschende Gewalt dem Volk nur allmählich und nach Maßgabe des Fortschritts der Sitten gewährt werden.« (Ebd., 261)

> *Aus dem Schluss des »Manifests der Plebejer« (1795):*
> »Volk! Besinne Dich... Entfalte dich im Angesicht einer glücklichen Zukunft... Die Missstände schreien zum Himmel, sie können sich nicht mehr verschlimmern, ihnen kann nur noch mit totalem Umsturz entgegengetreten werden! Dass alles sich vermische! Dass alle Elemente sich vermengen, vermischen und aufeinanderstoßen! Dass alles ins Chaos zurückkehre und aus dem Chaos eine erneuerte Welt entstehe!« (Zitiert in Soboul 1988, 146)

Buonarroti berichtet von den intensiven Diskussionen des Geheimen Direktoriums zur Gestaltung der Übergangsmacht. Einerseits sollte die Kontrolle nicht vorschnell aus den Händen gegeben werden, andererseits bedürfe es einer demokratischen Legitimation, die in einer Vertretungskörperschaft der Aufständischen selbst bestehen könne, die sich das Recht darauf mit der Waffe in der Hand erworben hätte (siehe ausführlich Buonarroti 1975, 131-137). Das Geheime Direktorium solle aber auch weiterhin »über das Verhalten der neuen Versammlung wachen« (ebd., 137). Die Verbreitung aller Ideen, die der Gleichheit und Volkssouveränität widersprechen, müsse unterdrückt werden.

Der revolutionäre Arbeiterkommunismus

Die Verschwörung der Gleichen setzte alle Elemente eines revolutionären Kommunismus frei, auch wenn sie zunächst für mehr als drei Jahrzehnte unter dem Druck der Herrschaft Napoleons und der Restauration unterdrückt wurden.

Mit der Julirevolution von 1830 änderte sich die Situation. Erstmals kam es zur Entstehung einer eigenständigen revolutionären Arbeiterbewegung. Das Signal geben die Seidenarbeiter von Lyon im November 1831. Für drei Tage besetzen sie die Stadt. 1832 taucht erstmals die rote Fahne auf – mit der Aufschrift »Freiheit oder Tod«. 1834 kämpfen in Lyon erneut Arbeiter, jetzt unter der roten Fahne. Es kam in vielen anderen Städten Frankreichs zu Aufständen, in denen sich linke Republikaner in der Tradition Babeufs und Arbeiter verbündeten.

Die Tatsache, dass die bürgerlichen Klassen in Frankreich wie auch in England die elementaren demokratischen Forderungen der Arbeiter nicht einlösten, dass sie sich weigerten, grundlegende soziale Reformen einzuleiten, um die Lage der Eigentumslosen, die zugleich die Arbeitskraft der neuen, der großen Industrie bildeten, zu bessern, waren der Ausgangspunkt dieser Bewegung. Bürgerlicher Republikanismus und revolutionärer Arbeiterkommunismus gingen deshalb von jetzt an weitgehend getrennte Wege. Zum Symbol des französischen Arbeiterkommunismus wurde Louis-Auguste Blanqui, der von der Julirevolution 1830 bis zur Pariser Kommune 1871 an allen großen Aufständen in Frankreich beteiligt war und viele Jahre seines Lebens im Gefängnis bzw. Exil verbrachte. Auf seinen Beitrag zum Kommunismus sei kurz eingegangen.

Für Blanqui ist die Erfahrung von 1830 prägend, als das Volk von Paris das verhasste Königtum der Bourbonen stürzte, die Besitzbürger ihren König einsetzten und sich exklusiv alle politischen Rechte sicherten. Seine radikaldemokratischen Überzeugungen verwandeln sich unter dem Eindruck der Ereignisse in einen proletarischen Revolutionarismus. Vor dem Geschworenengericht verteidigt er sich 1832 mit dem Verweis auf die Julirevolution so:

> »Wer hätte es gedacht beim Anblick dieser sechs Fuß großen Arbeiter, denen die Bürgerlichen um die Wette die Lumpen küssten, als sie zitternd aus ihren Kellern hervorkamen und immer wieder deren Uneigennützigkeit und deren Mut mit Tränen der Bewunderung bekräftigen. Wer hätte gedacht, dass sie vor Armut auf dieser Straße ihres Sieges sterben und dass ihre Bewunderer sie als die Plage der Gesellschaft beschimpfen würden. [...] Es ist leicht, das Bajonett auf die Brust der Männer zu setzen, die ihre Waffen nach dem Sieg abgeliefert haben. Weniger einfach wird es sein, die Erinnerung an diesen Sieg auszulöschen.« (Blanqui 1968b, 61)

Kommunismus ist für Blanqui kein abstraktes System und kein ausgedachter Gesellschaftsentwurf. Er ist seinem Verständnis nach die reale Bewegung vom Individualismus zur Assoziation. In jedem realen Fortschritt der Vergesellschaftung sieht er einen Fortschritt hin zum Kommunismus. Nur würde sich dieser Fortschritt innerhalb der bürgerlich-kapitalistischen Gesellschaft in seiner negativen Form vollziehen:

> »Alle Verbesserungen der Steuer, die direkte Steuerverwaltung statt der Verpachtung derselben, die Post, der Tabak, das Salz sind kommunistische Neuerungen. Die industriellen Gesellschaften, die Handelsgesellschaften, die wechselseitigen Versicherungsgesellschaften aller Art tragen denselben Stempel. Die Armee, die Lehranstalten, die Gefängnisse, die Kasernen sind roher und brutaler, aber unvermeidlicher Kommunismus... Wir sind eben jetzt noch Barbaren.« (Blanqui 1968a, 125)

Der Kommunismus, so Blanqui, dass »ist ... keine Utopie, er ist eine normale Entwicklung« (ebd., 140), der der Weg bereitet werden müsse: »Beschäftigen wir uns ... mit der Gegenwart, der morgige Tag kümmert uns nicht. Unsere einzige Pflicht ist es, ihm gutes Material zu seiner Organisationsarbeit vorzubereiten...« (Ebd., 139) Die Aufgabe bestände also vor allem darin, die Hindernisse zu beseitigen und dazu müsse die Staatsmacht erobert werden. Es geht um die Vorbereitung eines Aufstandes und um die Sicherung einer Übergangsdiktatur. Die Waffen dürften nicht noch einmal vor der Zeit aus den Händen gegeben werden. Erst müssten die Feinde entwaffnet, die Staatselite ausgetauscht, die Produktion gesichert und das Volk durch Umverteilung, ein verändertes Steuersystem und andere Maßnahmen bessergestellt werden. Es ist ein sehr pragmatisches Sofortprogramm, das er entwirft. Alles Weitere würde sich ergeben, wenn das Volk erst einmal gebildet sei und die eigenen Angelegenheiten in die eigenen Hände nehmen könne: »Der Mond würde eher auf unseren Erdkreis herabsteigen, als der Kommunismus, solange er seines unerlässlichen Elementes, der Bildung, entbehrt, entstehen könnte. [...] Unwissenheit und Kommunismus sind unvereinbar; Allgemeinheit der Bildung ohne Kommunismus und Kommunismus ohne Allgemeinheit der Bildung sind zwei gleiche Unmöglichkeiten.« (Ebd., 127f.) Er fügt hinzu: »Die Armee, die Obrigkeiten, die Religion, die politische Organisation – das sind die einzelnen Hindernisse, die Unwissenheit – das ist die furchtbare Bastion. Einen Tag für jedes Hindernis, 20 Jahre für die Bastion!« (Ebd., 131) Deshalb könne der Kommunismus nach der Revolution nicht gleich eingeführt werden. Erst müsse die Bastion der Unwissenheit geduldig belagert und in einem langen Prozess geschleift werden.

Die mangelnde Bildung ist es, die für Blanqui auch der Grund ist, weshalb die Macht nach einem erfolgreichen Aufstand nicht in die Hände gewählter Volksvertretungen gegeben werden dürfe. Die Massen seien dafür nicht reif. Sie seien durch die alte Gesellschaft geprägt, durch die unheilige Allianz des alten Staates, der herrschenden Eigentümer und der Kirche. Auch nach einem Machtwechsel seien sie keinesfalls frei, frei zu entscheiden. Deshalb bedürfe es, so fordert Blanqui noch Ende der 1860er Jahre, in Frankreich einer »Pariser Diktatur«, eine Diktatur des fortgeschrittensten Teils der französischen Bevölkerung«:

> »Der übereilte Appell an das allgemeine Stimmrecht im Jahre 1848 war ein überlegter Verrat. Man wusste, dass die Provinz nach der Knebelung der Presse seit dem Staatsstreich eine Beute des Klerus, der Beamten und der Aristokraten geworden war. Eine Abstimmung von dieser geknechteten Bevölkerung zu verlangen, hieß so viel, als

> eine Abstimmung von ihren Herren zu verlangen. [...] Ein Jahr der Pariser Diktatur im Jahre 1848 hätte Frankreich und der Geschichte das Vierteljahrhundert erspart, welches seinem Ende nahe ist [das sogenannte Zweite Kaiserreich – Michael Brie]. Wenn es auch diesmal 10 Jahre hindurch derselben bedarf, so soll man sich daran nicht stoßen. Denn die Regierung von Paris ist die Regierung des Landes durch das Land, ist also die einzig gesetzliche. Paris ist keine Munizipalstadt, verrannt in seine persönlichen Interessen, es ist eine wirkliche nationale Vertretung.« (Ebd., 145f.)

Noch in den 1860er Jahren gibt Blanqui detaillierteste Anweisungen für den Aufstand nach einem Modell, das 30 Jahre alt ist (Blanqui 1968c). Als es aber ernst wird, 1870, scheitert auch diese Insurrektion der Blanquisten, so perfekt sie organisiert ist, wie vorher schon 1839 und 1848. Das Volk macht nicht mit und der Feind ist viel zu gut organisiert. Während der Pariser Kommune ist Blanqui schon wieder im Gefängnis. Blanqui, belehrt durch die immer wieder scheiternden Revolutionen in Frankreich im 19. Jahrhundert, will durch den perfekt geplanten Aufstand einer disziplinierten und geschulten Minderheit die Kontrolle über die Revolution sichern und auch nach erfolgter Machtübernahme die Staatsmacht nicht wieder aus den Händen geben, sondern bewusst und zielgerichtet einsetzen, um die Bedingungen von Freiheit und Gleichheit in einem längeren Transformationsprozess zu schaffen. Niederwerfung der Gegner und Diktatur der revolutionären Minderheit sollen dies garantieren. Dies hatte eine doppelte Konsequenz: Erstens wurde, wie Frank Deppe in seiner beeindruckenden Biografie Blanquis schreibt, »die Frage des Aufstandes aus ihrer engen Beziehung zur inneren Dynamik der revolutionären Situation« (Deppe 1970, 287) herausgelöst. Der Aufstand schien immer möglich, wenn nur die Aufständischen bereit waren; das Volk schien, zumindest das Proletariat, zu jedem Zeitpunkt bereit, diesen Aufstand zu unterstützen. Es wurde zugleich als radikalisierter Feind der herrschenden Ordnung unterstellt und doch als eigenständiger selbstbestimmter Akteur verleugnet. Es sollte Unterstützer des Aufstandes sein, aber dies ohne eigenen Willen: Instrument der Avantgarde, nicht selbstbewusster Handelnder der Selbstbefreiung. Zweitens wurde damit auch einer Diktatur *über* das Proletariat das Wort geredet, sofern die wirklichen Arbeiterinnen und Arbeiter sich mit dieser Rolle als bloßes Instrument einer Revolution in ihrem Namen nicht begnügen und in Widerspruch zur »Avantgarde« geraten würden.

2. Die neue Gesellschaft im Schoße der Alten – die Gemeinschaftsexperimente der britischen Sozialisten

1828 schrieb der schon zitierte Anhänger Babeufs, Filippo Buonarroti, in seinem Werk zur Verschwörung der Gleichen über eine andere Bewegung, jene, die den Namen Sozialismus einführte:

> »Was die Demokraten des Jahres IV (1796) in Frankreich nicht zur Ausführung bringen konnten, hat kürzlich ein großmütiger Mann durch andere Mittel auf den britannischen Inseln und in Amerika ins Werk zu setzen versucht. Nachdem ... Robert Owen auf seine Kosten in seinem Lande einige Gemeinden errichtet hat, die auf dem Prinzip der gleichen Verteilung der Genüsse und Anstrengungen aufgebaut sind, hat er soeben in den Vereinigten Staaten verschiedene ähnliche Niederlassungen begründet, wo mehrere tausend Menschen friedlich unter der sanften Herrschaft vollkommener Gleichheit leben... Babeuf versuchte, ein einziges Volk in einer einzigen und großen Gemeinschaft zu vereinigen. Owen, der unter anderen Umständen lebt, möchte in einem Lande die kleinen Gemeinden vermehren, die dann, durch ein allgemeines Band vereint, ebensoviel Teile einer großen Familie werden sollen. Babeuf wollte, dass seine Freunde sich der obersten Gewalt bemächtigen sollten, durch deren Einfluss er die Reform, die sie geplant hatten, zu verwirklichen hoffte. Owen hofft, durch Predigt und Beispiel auf Erfolg. Möchte er der Welt zeigen, dass die Weisheit ein so großes Werk schaffen kann ohne die Hilfe der Gewalt!« (Buonarroti 1975, 248)

Der von Robert Owen (1771-1858) gewählte Weg war der des Aufbaus von Siedlungsgenossenschaften, in denen eine kommunistische Produktions- und Lebensweise praktiziert werden sollte. In Frankreich ging Étienne Cabet, beeinflusst von Owen, einen ähnlichen Weg, als er sich mit seinen Vorstellungen in der Revolution von 1848 nicht durchzusetzen vermochte. Ausgehend von seinen Erfahrungen als Manager und Teileigentümer einer der größten, vielleicht der größten Fabrik dieser Zeit, der Textilfabriksiedlung im schottischen New Lanark, hatte Robert Owen zunächst wesentliche Reformschritte auf der Ebene der Fabriksiedlung vorgenommen (siehe Brie 2015c; dort wird auch die vorliegende Literatur ausgewertet; zu verweisen ist vor allem auf Cole 1953; Cole 1965; Podmore 1906; Davis/O'Hagan 2010). Er unterhält einen eigenen Laden, mit dem er preiswerte und gute Lebensmittel und Grundgüter bereitstellt. Aus den Einnahmen (quasi als Mehrwertsteuer) bezahlt er die entgeltfreie Schule. Diese wird zu einem europäischen Vorzeigeprojekt ausgebaut und mit einem Kultur-, Bildungs- und Freizeitzentrum verbunden. Er erhöht den Lohn unter der Bedingung, dass ein Sechzigstel in eine gemeinsame Krankenversicherung eingezahlt wird. Die Kinderarbeit wird eingeschränkt, die Arbeitszeit verkürzt. Ein umfassendes Programm des sozialen Wohnungsbaus wird realisiert. Die Liste ließe sich fortführen. Als seine Vorschläge der gesetzlichen Verankerung ähnlicher Maßnahmen auf entschiedenen Widerstand der Kapitalisten stoßen und sich im britischen Parlament nicht durchsetzen lassen, radikalisiert sich seine Position. Robert Owen kam aus bescheidenen Verhältnissen, war schon mit sieben Jahren Hilfslehrer. Dann stieg er schnell auf, ist weitgehend Autodidakt, wurde Mitglied einer gelehrten Gesellschaft und in sehr jungen Jahren Manager einer großen Fabrik. Dort machte er seine »Entdeckung«: Alle Welt sprach immer wieder über die Besserung der Menschen durch die Religion. Man wollte durch religiöse christliche Belehrung die schnell anwachsende Klasse der eigentumslosen Proletarier bändigen, die man verachtete und vor der man Angst hatte; und die man doch selbst heranzüchtete im Streben nach immer mehr Profit. Owen aber machte eine ganz eigene Erfahrung: Er konnte diese Klasse beeinflussen, wenn sie unter seiner Kontrolle ist. Er konnte ihr Verhalten, ihre Arbeitseinstellung, ihre Arbeitsleistung verändern. Er war einer der Ersten, der ganz konsequent *human resource management* betrieb (aber er war nicht der Einzige). Mit der Übernahme von New Lanark bekam er dann seine Chance für ein Experiment großen Stils. Management wurde für ihn zu einer Umgestaltung der Menschen. Er resümierte gegenüber den Einwohnerinnen und Einwohnern von New Lanark 16 Jahre seines Wirkens mit den Worten:

> »Gleichförmig und stetig das System verändernd, wenn auch Euch nicht bekannt, war meine Aufmerksamkeit immer darauf gerichtet, jede unmittelbaren Ursachen, die ständig Elend unter Euch erzeugen, zu beseitigen, sobald ich dafür die Voraussetzungen hatte schaffen können... Ich habe deshalb die wichtigsten Anreize für Verschlagenheit, Diebstahl, Trunksucht und anderer verderblicher Übel entfernt ..., und an ihrer Stelle führte ich andere Ursachen ein, die darauf gerichtet waren, bessere äußere Gewohnheiten zu erzeugen; und bessere äußere Gewohnheiten sind eingeführt worden.« (Owen 1993, 124)

Die Maschinerie hatte die Naturkräfte einer nahezu beliebigen Formung unterworfen, so seine Erfahrung. Man musste nur die Naturgesetze beachten. Die fabrikmäßig gestaltete Industrie schuf eine ganz neue Welt der Arbeit und steigerte die Produktivität. Was früher Hunderttausende vereinzelte Spinner in ihren Häuser leisteten, konnten jetzt tausend an einem einzigen Ort bewältigen, in einer streng geplanten Umwelt, gut organisiert, mit dem zentralen Antrieb von Wasser oder Dampf, den Transmissionsriemen, die diese Kraft verteilten und den streng zueinander ausgerichteten Arbeitsmaschinen. Alles unter der Oberaufsicht des Managers. Dies war tatsächlich eine völlig neue Welt. Wie Andrew Ure, der wohl hellsichtigste Analytiker der Fabrik und Apologet ihrer Organisations- und Machtverhältnisse, schrieb: »Der Begriff *Fabrik* bezeichnet in der Technologie die kombinierte Operation vieler Gruppen des Arbeitsvolks, Erwachsene und Junge, die mit emsigem Geschick ein System produktiver Maschinen betreuen, die kontinuierlich durch eine Zentralkraft angetrieben werden.« (Ure 1835, 13) Es handele sich um einen »riesigen Automaten, zusammengesetzt aus verschiedenen mechanischen und intellektuellen Organen, die in einem ununterbrochenen Konzert für die Produktion eines gemeinsamen Gegenstands wirken, alle einer selbst regulierten bewegenden Kraft untergeordnet« (ebd., 13f.).

Die so gewonnene Einsicht in die Maschinerie und die Formung von Produktionswelten in der Fabrik weitet Owen auf Menschen und die Formung von »moralischen Welten« aus. Wenn die Klagen berechtigt sind, dass sich innerhalb von einer Generation Amoralität und Trunksucht in Großbritannien ausgebreitet hätten, dann sei nicht der Mangel an Religion, sondern seien die durch die industrielle Revolution drastisch veränderten Lebens- und Arbeitsbedingungen verantwortlich. Und wenn man nun diese wiederum einer bewussten Gestaltung unterwerfe, so Owen, dann könne man Menschen formen, indem man ihre Umwelt entsprechend verändert. Dies, so ist seine unerschütterliche Überzeugung, habe er in New Lanark bewiesen. Das ist das eherne Fundament von Owens Sozialphilosophie, seines Reformismus und späteren Kommunismus: Der Charakter ist, so die Erkenntnis des Fabrikmanagers Owen, formbar – nicht durch moralische und religiöse Appelle und ideologische Indoktrination, sondern schlicht durch die hartnäckige und zielstrebige Veränderung der Umwelt, in der die Menschen lebten, und durch Bildung. Nicht der Einzelne selbst ist der Schöpfer seines Charakters. Religiöse Appelle an sein Gewissen seien deshalb bestenfalls unnütz und zumeist schädlich, weil sie von der eigentlichen Aufgabe ablenkten – von der Veränderung der Umstände, unter denen Menschen heranwachsen und leben. Vor dem US-amerikanischen Repräsentantenhaus fasste er 1825 diese Position so zusammen:

> »Nach der Entdeckung, dass Individuen immer durch die Umstände geformt werden, wie immer diese sein mögen, war es mein Bestre-

ben, die Umstände zu beherrschen, und so habe ich sie, soweit ich sie steuern konnte, mit Mitteln, die den Individuen undurchschaubar und unbekannt waren, zu dem geformt, was ich wollte, das sie werden sollten. Auf diese Weise wurden die vorteilshaften Änderungen in der Bevölkerung unter meiner Obhut erreicht. In diesem Prozess konnte ich nicht enttäuscht werden, weil ich nicht erwartet hatte, dass das Schlechte verschwindet, ehe ich nicht die Ursache oder die Ursachen, die es erzeugt hatte, beseitigt hatte... Hier haben wir also die natürlichen Mittel vor uns, durch welche auf sicherem Boden die Gesellschaft sofort – in einem von niemand einzuschränkenden Ausmaß – verbessert werden kann... Durch die gleichen Mittel können weltweit Nächstenliebe, Wohlwollen und Güter zu den herrschenden Prinzipien in der Führung der Menschheit werden.« (Owen 1988, 85)

Mit solchen Einsichten in die Möglichkeit einer nahezu unbegrenzten Möglichkeit der Veränderung von Gesellschaft und Mensch und auf der Basis seiner *Wissenschaft von der Gesellschaft* reagierte Robert Owen auf die wirtschaftliche, soziale und auch politische Krise nach dem Ende der Napoleonischen Kriege. Wenn die Nachfrage nun einbräche, zugleich aber die Mittel zur Steigerung der Produktion faktisch unbegrenzt seien, dann könne man nicht einfach wie bisher fortfahren. Denn dies würde die Verelendung der Arbeiter weiter verschärfen, die Löhne endgültig unter das Existenzminimum drücken, viele in Arbeitslosigkeit treiben, kriminalisieren, verkommen lassen. Er teilt die Befürchtung vor Rebellionen und Aufständen, einer Revolution. Zudem ist er nicht nur kritisch, was die Moral der arbeitenden Klassen betrifft, sondern auch gegenüber der Gier und dem Luxus der besitzenden Klassen. Sie seien keinesfalls besser als die, auf die sie herabblicken und von deren Arbeit sie leben. Weder unter ökonomischem noch unter moralischem Gesichtspunkt könne es ein Weiter-So geben. Und eines kann man Robert Owen nicht absprechen: Wie Babeuf ist er jemand, der mit rationaler Folgerichtigkeit die Schlüsse aus solchen Annahmen und Diagnosen zieht: Wenn das System von Konkurrenz in Verbindung mit der Maschinerie und Fabrik derart verheerende Folgen hat, so muss man sich von dem einen oder dem anderen verabschieden. Dies aber könne nicht die Maschinerie sein, da mit ihr ein völlig neuer Wohlstand ermöglicht werde. Nicht marktradikale Reformen, sondern die Abkehr vom Marktsystem wird nun die Alternative. Die Idee von kommunalen Siedlungsgemeinschaften nimmt schnell Konturen an. Eigentlich sind es produktive Gemeinschaften nach dem Vorbild New Lanarks, nun aber nicht mehr mit dem Ziel der Profitmaximierung und um die Fabrik herum zentriert, sondern Orte der organischen Verbindung von Landwirtschaft, Industrie und Kultur, weitgehend selbstversorgend (siehe die plastischen Visionen einer solchen Welt des britischen Designers und Kommunisten William Morris 1889; Morris 1920). Robert Owen löste eine ganze Bewegung aus, die die Kapitalismuskritik und Formulierung universaler Emanzipationsansprüche mit konkreten praktischen Experimenten verband – Experimenten freier Gemeinschaftlichkeit oder eines libertären Kommunismus: »Gemeinschaft war gleichzeitig Prozess und Zweck der Transformation der Gesellschaft in eine neue moralische Welt.« (Garnett 1971, 39) Gerade die politischen Hindernisse gesamtgesellschaftlicher Reformen, auch die Verweigerung des allgemeinen Wahlrechts, ließen diese Strategie, in den Nischen des Kapitalismus Alternativen aufzubauen, plausibel und attraktiv erscheinen. Viele erhoffen sich eine schnelle Besserung ihrer Lage, sammeln Geld, spenden, organisieren sich. Die relativ liberalen Bedingungen in Großbritannien und den USA boten dafür gute Voraussetzungen.

Die erste owenitische Gemeinschaft in England, die *Spa Fields Community*, wurde 1821 gegründet, sechs weitere folgten, darunter in Queenwood, nur diese unter Owens direkter Beteiligung und zeitweise auch unter seiner Leitung. Während Owen in die USA reiste, um dort seine Gemeinschaft *New Harmon*y zu gründen, bildete sich in England in Orbiston unabhängig von ihm eine weitere owenitische Gemeinschaft, die genauer untersucht ist (siehe Cullen 1910, 171-322; Garnett 1971, 43-47). Hier waren die Arbeiter Akteure ihres eigenen Projekts und zugleich Lernende. Meistens konnten sich diese Projekte nur zwei Jahre halten und gingen an inneren Widersprüchen und einem enormen Finanzdruck unter. Es gelang ihnen nicht, sich wirtschaftlich so zu behaupten, dass eine wirkliche attraktive Produktions- und Lebensweise entstehen konnte. Es gab auch kleinere Ansätze von Häusern, die durch mehrere Familien angemietet wurden. Allein in den USA wurden 130 Gemeinschaftsprojekte registriert, die von Owen oder Fourier inspiriert worden waren (siehe Armytage 1971, 233). Zudem bildete sich eine größere Gruppe, die in Venezuela eine owenitische Idealsiedlung gründen wollte und schrecklich scheiterte (siehe Chase 2011). Die Praxis der owenitischen Genossenschaften, Klubs, Gemeindehäuser und Gemeinschaften erfasste als Mitglieder, Teilnehmende und Besucher in den 1830er Jahren viele Tausend Menschen in Großbritannien. Die Londoner Arbeitswertbörse, von der noch die Rede sein wird, führte alle 14 Tage am Montag ein Festival durch, dass von mehr als tausend Menschen besucht wurde. Es umfasste ein populäres Konzert, eine Ansprache Owens und Tanz: »Dienstag abends war die Institution für Vorlesungsserien reserviert... Jeden Donnerstag trafen sich die Delegierten der Gewerbe [...] Am Freitagabend traf sich der Verein für Frauenerwerbstätigkeit. Am Sonntag um elf und abends um sieben hielt Owen Vorlesungen oder eher Predigten... Diese Treffen wurden durch musikalische Einlagen unterbrochen und von Zeit zu Zeit taufte Owen Kinder der Mitglieder oder ›gab‹ ihnen Namen.« (Yeo 1971, 87) Der Geist von Gleichheit und Zuneigung wurde auch dadurch gelebt, dass anders als in vielen anderen Zusammenhängen dieser Zeit, Frauen gleichberechtigten Zugang hatten, als Referentinnen gewonnen wurden und auch gemeinsam mit den Männern am Tisch saßen (siehe ebd., 96f.).

Aber die Erfahrungen des kommunistischen Experiments von *New Harmony* in den USA (1825 bis 1828) oder in Queenwood in Großbritannien (1839 bis 1845) wie vergleichbarer Projekte waren ernüchternd: Nach einer kurzen Zeit des Enthusiasmus und einer Phase mühseliger Versuche der Stabilisierung zerfiel die kommunistische Gemeinschaftlichkeit in immer neue Teile, verließen enttäuschte Anhänger das Projekt, sanken Arbeitsmoral und Leistungsfähigkeit, zerriss der Streit zwischen Anhängern eines sozialistischen Leistungsprinzips und kommunistischer Gleichheit, zwischen regulierter Aushandlung und bloßer Anarchie die erhoffte Harmonie, wurde das Eigentum reprivatisiert. Kaum eines der vielen Projekte dieser Art in den USA und Großbritannien in den Jahren zwischen 1821 und 1833 überlebte das dritte Jahr. Auch eine *Arbeitswertbörse,* bei der Kleinproduzenten Güter zu ihrem »Arbeitswert« abgaben (sie erhielten entsprechende Scheine, die den durchschnittlichen Aufwand in Arbeitsstunden dokumentieren sollten) und mit den Arbeitswertscheinen auch einkaufen konnten, scheiterte nach nur einem Jahr (siehe zu den Experimenten Elsässer 1983; Royle 1998). Die These, dass es nur an einer unzureichend perfekten Anwendung der Owenitischen Prinzipien lag, dass diese Projekte nicht überlebten, und auch James Watt bei der Entwicklung der Dampfmaschine sehr viel mehr als nur einige wenige Experimente hatte machen müssen (so zitiert für das Jahr 1837 in ebd., 224), überzeugte immer weniger. Mit der Revolution von 1848, die von Frankreich bis Polen Mittel- und Westeuropa erfasst, endet die Frühphase des modernen Kommunismus. Neue Kräfte treten in den Vordergrund. Die Arbeiterbewegung konstituiert sich endgültig als soziale und politische Kraft, die herrschenden Eliten integrieren das Instrument der Sozialpolitik und weiten unter dem Druck des Kampfes der Arbeiterinnen und Arbeiter sowie später auch der Frauenbewegung das Wahlrecht aus. Der Manchesterkapitalismus beginnt, dem »organisierten Kapitalismus« zu weichen. Die imperialistische Aufteilung der Welt wird vollendet und zugleich nimmt der Kampf der kolonialisierten Völker an Heftigkeit zu. Dies alles verändert auch den Boden, auf dem der Kommunismus sich entwickelt. Er wandelt seinen Inhalt und seine Formen, seine Visionen und Methoden. Noch ist er keine Weltmacht wie im 20. Jahrhundert, aber schon lange kein bloßes Gespenst mehr.

Lutz Brangsch

Das Kommunistische als Erzählung der Sozialdemokratie des 19. Jahrhunderts

Der »deutsche kritische Kommunismus«

Die Jahre nach der Revolution von 1848/49

Mit dem Kommunistenprozess in Köln und der Verfolgung der Anhänger des Bundes der Kommunisten endete Anfang der 1850er Jahre in Deutschland vorerst die Geschichte des Kommunismus als Bewegung. Die 1850er Jahre waren durch harte Repression geprägt – der Bund der Kommunisten und andere Organisationen waren aufgelöst, ihre Mitglieder tot, in Haft oder im Ausland. Arbeiterbildungsvereine jeglicher Art waren verboten; für die Arbeiter galt ein Koalitionsverbot. Der Reflex des »alten Kommunismus«, dessen, was man als »deutscher kritischer Kommunismus« bezeichnen kann, wie er sich in den 1840er Jahren herausgebildet hatte, auf die in den 1860er Jahren neu entstehende Arbeiterbewegung konnte so nur schwach sein. Marx und Engels waren aber von der deutschen Entwicklung weitgehend abgeschnitten.

Erst Ende des 19. Jahrhunderts konnte sich eine neue Massenbewegung entwickeln, die sich in Deutschland marxistisch und kommunistisch bestimmte. Angesichts der Wirklichkeit der Bewegung betrachtet Friedrich Engels sozialdemokratisch und kommunistisch als Synonyme. Engels bemerkt dazu im Jahr 1894 rückschauend:

> »Man wird bemerken, dass in allen diesen Aufsätzen und namentlich in diesem letztem ich mich durchweg nicht einen Sozialdemokraten nenne, sondern einen Kommunisten. Dies, weil damals in verschiednen Ländern Leute sich Sozialdemokraten nannten, die keineswegs die Übernahme sämtlicher Produktionsmittel durch die Gesellschaft auf ihre Fahne geschrieben hatten. [...] Für Marx und mich war es daher rein unmöglich, zur Bezeichnung unseres speziellen Standpunkts einen Ausdruck von solcher Dehnbarkeit zu wählen. Heute ist das anders, und so mag das Wort passieren, so unpassend es bleibt für eine Partei, deren ökonomisches Programm nicht bloß allgemein sozialistisch, sondern direkt kommunistisch, und deren politisches letztes Endziel die Überwindung des ganzen Staates, also auch der Demokratie ist. Die Namen wirklicher politischer Parteien stimmen aber nie ganz; die Partei entwickelt sich, der Name bleibt.« (Engels 1982, 417f.)

Engels konzentrierte sich hier auf die Betonung des ökonomischen Zieles wie auch der politischen Implikation. Alles Weitere entfaltete sich in einer zu diesem Zeitpunkt weitgehend deutlich beschreibbaren sozialdemokratischen Bewegung. Diese Bewegung schien das adäquate Mittel zur Erreichung kommunistischer Ziele. Engels sah einen Teil ihrer inneren Widersprüche; diese schienen ihm aber zu diesem Zeitpunkt nicht so relevant, als dass es einem Insistieren auf das Kommunistische als Begriff bedurft hätte. Dementsprechend spielt der *Terminus* Kommunismus bei August Bebel oder Rosa Luxemburg, wenn überhaupt, keine wichtige Rolle, wohl aber der Gehalt des Kommunistischen. In dem Manuskript »Einführung in die Nationalökonomie« werden von Luxemburg »kommunistisch« und »sozialistisch« synonym gebraucht. (Luxemburg 1975, 588f.) »Kommunismus« ist als Wurzel der Sozialdemokratie relevant. In diesem Sinne spielte er in den Texten von Karl Kautsky und August Bebel eine zentrale Rolle. Klassisch spricht das Lenin in seiner Polemik gegen die »Volksfreunde« (Narodniki) aus: »Überhaupt haben die russischen Kommunisten, die Anhänger des Marxismus, mehr als sonst jeden Anlass, sich Sozialdemokraten zu nennen und in ihrer Tätigkeit die gewaltige Bedeutung des Demokratismus nie zu vergessen.« (Lenin 1961, 293)

Die Auseinandersetzung dreht sich nicht um »kommunistisch« oder »nicht-kommunistisch«, sondern um die Marxsche Traditionslinie bzw. um das Verhältnis von Reform und Revolution. Insofern läuft der Bruch eher zwischen den Begriffen »kommunistisch« und »sozialdemokratisch« auf der einen und »sozialistisch« auf der anderen Seite.

Meyers Lexikon versteht um 1890 unter Sozialismus »die Bezeichnung für eine bestimmte Richtung, ein bestimmtes System zur Lösung der Arbeiterfrage« (Autorenkollektiv 1885c, 55ff.) und unter Kommunismus »ursprünglich ein bestimmtes Grundprinzip der ökonomischen und sozialen Ordnung einer menschlichen Gemeinschaft, nämlich das der Gütergemeinschaft mit ökonomischer und sozialer Gleichheit der Individuen und völligem Aufgeben der individuellen ökonomischen Selbständigkeit. Dann wurde das Wort der Ausdruck für alle auf diesem Prinzip beruhenden Theorien und Systeme menschlicher Gemeinwirtschaften und deren geschichtlicher Erscheinung. In einem engern Sinn bezeichnet es von diesen Theorien und Systemen nur diejenigen, welche jenes Prinzip zum Grundprinzip eines Staatswesens und einer Volkswirtschaft machen (Staatskommunismus).« (Autorenkollektiv 1885a, 986) Das Lexikon betrachtet den Sozialismus als »scharf getrennt« vom Kommunismus. Die Sozialdemokratie schließlich wird als »radikal-sozialistisch« charakterisiert (Autorenkollektiv 1885b, 54). Das »Sozialistengesetz« von 1878 allerdings verbietet »Vereine, welche durch sozialdemokratische, sozialistische oder kommunistische Bestrebungen den Umsturz der bestehenden Staats- und Gesellschaftsordnung bezwecken« (Reichsgesetzblatt 1985, 86). Es kennt somit die »scharfe Trennung« nicht. Ideengeschichtlich hatten wir gesehen, dass Sozialismus und Kommunismus schon zu Beginn des 19. Jahrhunderts durchaus unterschiedliche Richtungen bezeichneten (siehe dazu im abschließenden Beitrag dieses Buches auf S. 228). In der Organisationspraxis der frühen Sozialdemokratie spielte dies aber offensichtlich (noch) keine große Rolle. Kommunismus und Sozialismus (wie auch Anarchismus) waren in einer Partei verbunden. Für den bekennenden Kommunisten Marx war der Kommunismus als besondere Richtung gar eine Sekte. In den Statuten der Internationalen Arbeiterassoziation (IAA, I. Internationale) hielt er es für wichtig, Folgendes festzulegen:

> »2. Alle lokalen Zweige, Sektionen, Gruppen und deren Komitees sollen sich in Zukunft einfach und ausschließlich bezeichnen und konstituieren als Zweige usw. der Internationalen Arbeiter-Assoziation mit Beifügung der Namen ihrer bezüglichen Örtlichkeit.
> 3. Demgemäß ist es den Zweigen, Gruppen und deren Komitees von nun an untersagt, Sektennamen anzunehmen, z.B. die Namen Positivisten, Mutualisten, Kollektivisten, Kommunisten usw., oder Sonderkörper zu bilden, welche unter Bezeichnungen wie: Propagandasektion usw. sich eine besondere, von den gemeinsamen Zwecken der Assoziation verschiedene Mission zuschreiben.« (Marx 1871, 447)

Was aber vereinte alle diese verschiedenen Strömungen? Kaum wissenschaftliche Doktrinen oder ausgearbeitete Ideologien. Kommunistische Ideen und Theorien konnten sich im Deutschland der 1850er Jahre öffentlich in größerem Maße bestenfalls noch in Artikeln über Entwicklungen der Arbeiterklasse aus dem Ausland verbreiten. Hier wiederum waren Personen aus dem ehemaligen Bund der Kommunisten durchaus aktiv. Ein Beispiel dafür war Peter Imandt, der 1856 bis 1859 als Korrespondent der Trier'schen Volkszeitung in Schottland arbeitete (Kiehnbaum 2002, 110ff.). Trotz vielfältiger Verbote verbreiteten sich die Schriften des französischen Kommunisten Cabet, beflügelt auch durch dessen Versuche der Einrichtung kommunistischer Kolonien in den USA (vgl. ausführlich Höppner/Seidel-Höppner 2002b). Insgesamt waren die 1850er Jahre eine Zeit des Lernens. Ferdinand Lassalle, der wenige Jahre später eine Schlüsselrolle bei der Wiederbelebung des Kommunistischen in der Arbeiterbewegung spielen sollte, charakterisierte und formulierte die Aufgabe des Momentes 1854 so: »Doch glaube ich, dass man jetzt eines tun kann, was ich nicht für gering halte. Man kann eine mehr oder weniger große Zahl Proletarier theoretisch bilden und in diesen, in möglichst vielen Städten, dem Proletariat ... Vertrauensmänner und geistige Mittelpunkte für künftige Bewegungen erzeugen, welche dann verhindern, dass sich das Proletariat nochmals zum Chorus für die bürgerlichen Helden hergibt.« (Lassalle 1976, 104f.) Allerdings sei Apathie niemals auf theoretischem Wege zu überwinden – notwendig sei die »Siedehitze« tatsächlicher Ereignisse (Lassalle 1989, 323).

Genauso wichtig wie diese Versuche, die »Blockade« des Kommunismus als geistiger Strömung zu durchbrechen, waren daher die Prozesse, die in der Arbeiterschaft selbst abliefen, und die Kämpfe, die von ihr geführt wurden. Schon im Januar 1850 vermerkte Varnhagen von Ense, ein bürgerlicher Demokrat, in einem Brief: »Die Reaktion ist in vollem Gange, bald wird sie auch das Vereinsrecht und die Pressfreiheit unterdrücken. Allein, ihr Sieg ist dennoch nur ein scheinbarer, die Revolution macht ganz andere Fortschritte, und jedes Gelingen der Reaktion beflügelt jene nur.« (Varnhagen von Ense 1984, 199) Franz Mehring schrieb in seiner Geschichte der Sozialdemokratie über die 1850er Jahre: »In Deutschland selbst lebte die kommunistische Propaganda im stummen Trotz einzelner Arbeiter fort und in den glühenden Hoffnungen Ferdinand Lassalles.« (Mehring 1960, 570f.)

Eine neue Generation

Die Träger der kommunistischen Idee waren in den 1840er Jahren vor allem Handwerker und Intellektuelle gewesen, viele von ihnen waren radikale Demokraten, bevor sie sich der kommunistischen Bewegung anschlossen. Wirtschaftskrise und die Revolution von 1848/49 hatten dann vor allem Arbeiter und einen weiteren Teil der Handwerker vom sozialen Protest zur Entwicklung eigener politischer Interessen geführt (siehe Bergmann 1986, 264ff.), wobei politische und Bildungsvereine eine große Rolle spielten.

Das Wachstum der Arbeiterschaft speiste sich in den 1850er und 60er Jahren dann vor allem aus Bauern und Landarbeitern, die bis dahin mit kommunistischen Ideen kaum Kontakt gehabt hatten. Das Kommunistische schien in religiöser Form auf, die aber durch die Kirchen diskreditiert war. Entscheidend war, dass das kommunistische Moment durch das aus den Lebensverhältnissen selbst resultierende Widerständige, Renitente bestärkt wurde. Gleichzeitig gab es auch der Selbstorganisation bei der Verteidigung der eigenen Ansprüche der Arbeiter und Arbeiterinnen gegen die der Fabrikanten und der zunehmend kapitalistisch wirtschaftenden Bauern eine Basis, Legitimation. Es entfaltet sich vor allem im sozialen Lernen, in der Weitergabe von Verhaltensweisen und Regeln von den erfahrenen Arbeitern auf die jungen und die aus der Landwirtschaft zuströmenden neuen Beschäftigten. Trotz der Unterdrückung der Arbeiterbewegung entwickelten sich alternative Praxen. Marx hob aus Anlass der Gründung der I. Internationale zwei »Lichtseiten« für die Zeit von 1848 bis 1864 hervor: den Kampf um die Beschränkung der Arbeitszeit und die Kooperativbewegung (Marx 1981, 10f.).

Es waren in erster Linie die tägliche Lebenserfahrung und die Erfahrungen eigener Kämpfe dieses entstehenden Proletariats, die die kommunistische Erzählung am Leben erhielten und ihr schließlich neue Kraft gaben. Die kommunistische Erzählung entsprach diesen Erfahrungen. Das Zerreißen der alten patriarchalen Bindungen und Sicherheiten stellte völlig neue Fragen danach, wie man seine nackte Existenz sichern könnte und damit aber auch nach dem eigenen Platz in der Welt. Die Antworten der in den 1860er Jahren entstehenden bürgerlichen Arbeiterbildungsvereine konnten nicht befriedigen. In den Sog beständiger Veränderung in den Fabriken gezogen und einem repressiven Staatsapparat ausgeliefert, waren sozialreformerische Ideen zwar verheißungsvoll, erschienen aber doch unrealisierbar. Das Argument der allmählichen Ausbreitung bürgerlicher Wohltätigkeit als Lohn bürgerlicher Anständigkeit der Proletarier war angesichts der realen Lebensumstände nicht sehr zugkräftig. Immerhin waren diese Bildungsvereine trotzdem eine der entscheidenden Quellen für eine neue Etappe der Entfaltung der Arbeiterbewegung in den 1860er Jahren. Politisch blieben die Arbeiter aber in diesem Rahmen weitgehend an die liberale Fortschrittspartei gebunden, die sich in bürgerlichem, heute würde man sagen paternalistisch-kapitalistischem Sinne der »Arbeiterfrage« annahm, ohne tatsächlich radikale Opposition zu sein. Allerdings waren es die an die liberal-bürgerliche Fortschrittspartei angelehnten Arbeiterbildungsvereine, in denen sich Reste alter kommunistischer Tradition halten konnten. Arbeiter, Handwerker und bürgerliche Intellektuelle, die in den 1840er Jahren mit kommunistischem Gedankengut in Kontakt gekommen waren, fanden hier einen Ort des Austausches. Dabei sollte den Auseinandersetzungen in den Leipziger Bildungsvereinen eine zentrale Rolle zukommen (dazu ausführlich Schröder 2010). Die hier praktizierte Verbindung naturwissenschaftlich-technischer und kultureller Weiterbildung mit der Diskussion politischer Fragen öffnete den Weg für die Neubelebung des »kritischen Kommunismus« Marxscher Prägung. Der gerade 23 jährige Julius Vahlteich, ein Schuhmacher, erklärte aus Anlass des einjährigen Bestehens eines der Vereine, nach den Worten des »Leipziger Tageblattes«: »... dass in dem heranwachsenden Geschlechte der eigentlich gewerbetreibenden Classen ein Verständnis der Lebensaufgabe, ein Bewusstsein der eigenen Berechtigung, ein Gefühl der Selbständigkeit und überhaupt eine freie geistige Entfaltung leben und weben, wie sie in noch gar nicht lange entschwundenen Zeiten wohl vergeblich – selbst in manchen ›höheren‹ Ständen« – gesucht worden wäre« (ebd., 60).

Die Diskussionen um Stellung und Rolle der »eigentlich gewerbetreibenden Classen«, der Arbeiter (einschließlich kleiner Handwerker), drehten sich um die Fragen des Stellenwertes der politischen Debatten gegenüber der beruflichen und kulturellen Bildung und der sozialen Absicherung im eigenen Gewerbe. Daran spaltete sich die Keimzelle der späteren Sozialdemokratie, der Gewerbliche Bildungsverein. Im Jahr 1862 schieden »radikale« Mitglieder, die den Verein ausschließlich auf politische Interessenvertretung festlegen wollten, aus und gründeten einen eigenen Verein namens »Vorwärts«. Dieser wiederum konstituierte sich dann als Allgemeiner Deutscher Arbeiterverein (ADAV) 1863 durch Annahme des von Ferdinand Lassalle formulierten Programms. Ebenfalls 1862 bildete sich ein »Fortbildungsverein für Buchdrucker«, der als Ausgangspunkt der deutschen Gewerkschaftsbewegung betrachtet werden kann. Diese Organisationen bildeten nach den Worten Wolfgang Schröders »ungeachtet aller Kontroversen ... eine Art dialektische Dreieinigkeit ..., deren Einzelbestandteile verschiedene Aspekte proletarischer Interessen artikulierten, die unterschiedliche Lösungsansätze darstellten, sich jedoch wechselseitig ergänzen, wenn nicht gar potenzieren konnten« (ebd., 70f.). Die Gründung des ADAV war angesichts der Schwäche der Arbeiterbewegung eine ungeheure »schöpferische Leistung, die ›von unten‹ und ›von oben her‹ Gestalt annahm« (Schröder 1993, 31).

Für die politische Selbständigkeit – Lassalle

Die praktische Frage nach der Art, wie die Arbeiter ihre Forderungen artikulieren sollen, wurde zum entscheidenden Ausgangspunkt für einen neuen Aufschwung des Kommunistischen. Die »Radikalen« in den Leipziger Bildungsvereinen und Ferdinand Lassalle griffen mit der Forderung nach einer selbständigen Arbeiterpartei (1862/63) eine kommunistische Losung aus den Revolutionsjahren um 1848 auf. Im Bund der Kommunisten war diese Forderung erstmals realisiert worden. Dieser wurde aber 1852 aufgelöst. 1863 gründete Lassalle mit dem ADAV eine eigene Partei, die sich ausdrücklich als Partei der Arbeiter verstand. Die scheinbar nur organisatorische Frage, wo, nach welchen Prinzipien und unter welcher Bündniskonstellation sich Arbeiter versammeln könnten bzw. sollten, hatte weitreichende Bedeutung, wie die Auseinandersetzungen in den 1860er Jahren zeigten. Denn das eigenständige Handeln, etwa durch Streik, war auch unter den Arbeitern keinesfalls unumstritten. Auf dem 5. Vereinstag der Arbeitervereine in Nürnberg 1868 sprachen sich in der Programmdebatte 69 gegen 46 Stimmen für die Formulierung aus, dass die Emanzipation der arbeitenden Klassen durch die arbeitenden Klassen selbst erkämpft werden müsste. Daraufhin verließen die Anhänger der Anlehnung an die bürgerlichen Liberalen die Tagung (Osterroth/Schuster 2005, 31). Damit ist aber ein praktisches Problem nicht gelöst: Wie können Bündnisse aussehen, die das Kommunistische gesellschaftlich aus einer Minderheitenposition heraus verankern können? Ohne Bündnisse war es damals – und ist es bis heute nicht möglich. Maßgebliche Propagandisten, Ideologen und Wissenschaftler des Kommunistischen waren immer auch Intellektuelle. Träger der kommunistischen Idee waren und sind in nicht unerheblichem Maße Bauern, Kleinbürger und weitere proletarisierte Schichten im Dienstleistungsbereich. Darauf verwies bereits das *Kommunistische Manifest*. Exponenten des »kritischen deutschen Kommunismus« wie Wilhelm Wolff widmeten sich intensiv der Rolle der Bauern und der Landarbeiter.[1] Die Realisierbarkeit des Kommunistischen hing immer von seiner Bündnisfähigkeit (natürlich auch von der der »Anderen«) ab. Dies sollte insbesondere im Zusammenhang mit den russischen Revolutionen 1917 dann zentrale Bedeutung erlangen.

Lassalle selbst geht wie auch Marx und Engels aus der radikaldemokratischen Bewegung der Revolution 1848/49 hervor. Die von Marx befürwortete Aufnahme in den Bund der Kommunisten wird ihm verweigert. Ausgehend von den radikaldemokratischen Traditionen teilt er

[1] Wilhelm Wolff war einer der ersten Kommunisten, der die Rolle der Bauernbefreiung als unabdingbare Voraussetzung eines gesellschaftlichen Wandels, einer Transformation in Richtung Kommunismus analysiert hatte. Vgl. dazu u.a. Wolff (1985). Diese Bündniskonstellation hing eng mit dem spezifischen Übergang zum Kapitalismus in der Landwirtschaft auf dem »preußischen Weg« zusammen (Moll 1988).

wesentliche Aspekte kommunistischer Tradition. Er war einer der entscheidenden Kontakte, die Marx und Engels in den 1850ern und frühen 60ern noch in Deutschland hatten. Luxemburg sieht ihn in wichtigen Phasen seines Lebens in »Übereinstimmung« und »politisch geistigem Zusammenhang« mit der kommunistischen Richtung von Marx und Engels (Luxemburg 1972, 150). In seinen programmatischen Aussagen findet sich der Begriff des Kommunistischen kaum direkt, eher kommunistische Werte und Prinzipien. Dazu in völligem Widerspruch standen seine idealisierenden bzw. idealistischen Vorstellungen vor allem von der Rolle des Staates. Dies und seine Versuche, mit Bismarck ein Bündnis für die Stärkung der Stellung der Arbeiter in der Gesellschaft zu schmieden, trugen ihm bis in die jüngere Vergangenheit harte Kritik in der Marxschen Strömung ein.

Für die Entwicklung des Kommunistischen war vor allem sein Beitrag zur organisatorisch-politischen Neuformierung der Arbeiterbewegung entscheidend – und das erklärt auch seine Rolle und Beliebtheit (vgl. Kuczynski 1976). In der dazumal weit verbreiteten Schrift »Arbeiterprogramm« von 1862 (eigentlich handelte es sich um eine Rede) hieß es: »Die sittliche Idee des Arbeiterstandes [...] ist die, dass die ungehinderte und freie Betätigung der individuellen Kräfte durch das Individuum noch nicht ausreiche, sondern dass zu ihr in einem sittlich geordneten Gemeinwesen noch hinzutreten müsse: die Solidarität der Interessen, die Gemeinsamkeit und die Gegenseitigkeit der Entwicklung.« (Lassalle 1923, 183f.) Die liberal okkupierte und beschränkte Idee von Freiheit wurde kommunistisch inspiriert mit der Idee von Gemeinschaftlichkeit und Solidarität verbunden. Lassalle gab den Arbeitern mit solchen Worten Selbstbewusstsein in ihrer Rolle in der Geschichte und in den täglichen Auseinandersetzungen. Ganz in diesem Sinne setzte sich Lassalle mit einem nicht minder wichtigen Problem auseinander – mit dem Verhältnis von Ziel und Mitteln des revolutionären Kampfes. Er lehnt Täuschung und Selbsttäuschung über die eigenen Ziele ab. Für die kommunistische Tradition ist wichtig, dass er in diesem Zusammenhang betont, dass Täuschung und Selbsttäuschung über eigene Ziele, auch wenn Revolutionäre meinen, so den Klassenfeind übertölpeln zu können, jede Revolution »ruinieren« müsse (vgl. Mehring 1960, 602).

Lassalle war ein radikaler Demokrat und philosophischer Idealist mit kommunistischen Anschauungen – das war seine Stärke und zugleich seine Schwäche. Er war in der Lage, die politische und organisatorische Ablösung der Arbeiter von der politisch liberalen Fortschrittspartei durchzusetzen, blieb aber gleichzeitig staatsfixiert. Staatshilfe und das

»eherne Lohngesetz« standen in seiner politischen Konzeption im Widerspruch zum Anspruch der Überwindung der Klassenherrschaft. In Auseinandersetzung mit Schulze-Delitzsch bekämpfte er z.B. teils offen, teils verdeckt den von diesem vertretenen kleinbürgerlichen Genossenschaftsgedanken gerade wegen seines ökonomisch kapitalismusapologetischen Gehaltes. In kommunistischer Tradition orientiert er auf die Überwindung des Privateigentums an Produktionsmitteln: »Was also der Sozialismus will, ist nicht das Eigenthum aufheben, sondern im Gegentheil individuelles Eigenthum, auf die Arbeit gegründetes Eigenthum erst einführen!« (Lassalle 1912, 216) Er meinte hier tatsächlich anknüpfend an Marx das gesellschaftliche, gemeinschaftliche Eigentum in völlig neuer Art. Dazu im Widerspruch stehen dann allerdings die Mittel – Produktivgenossenschaften mithilfe des preußischen Staates und sein eigenes Handeln als Parteiführer.

Dieses Nebeneinander an sich unvereinbarer Momente machte Lassalles Aussagen, so merkwürdig dies scheint, kompatibel zu den Erfahrungen des Alltagskampfes, zu den positiven Resultaten genossenschaftlicher Experimente und zu der Erfahrung des übermächtig scheinenden preußisch-deutschen Staates. Anders ist nicht zu erklären, mit welcher Geschwindigkeit sich angesichts des praktisch völligen Verschwindens des Kommunismus Lassalles Ideen in der deutschen Arbeiterbewegung verbreiten konnten und warum sie auf lange Jahre das Weltbild der SozialdemokratInnen prägten. August Bebel bemerkte dazu in einem Brief an Friedrich Engels 1873: »Sie dürfen nicht vergessen, dass die Lassallschen Schriften ... durch ihre populäre Sprache die Grundlage der sozialistischen Anschauungen der Massen bilden. Sie sind zehnfach, zwanzigfach mehr wie irgendeine andere sozialistische Schrift in Deutschland verbreitet...« (Bebel 1978a, 586f.) Die Wirksamkeit der Marxschen kritisch-kommunistischen Auffassungen, die später an Einfluss gewannen und wenigstens offiziell in der deutschen Sozialdemokratie zu den herrschenden Ideen wurden, setzten auf die Erfahrungen mit den Lassallschen Handlungsempfehlungen auf, waren eine praktische Kritik dieser programmatischen Richtung.

Ein neues Selbstbewusstsein braucht eine neue Organisation

In gewisser Weise vollzieht sich in den 1860er und 70er Jahren noch einmal dass, was zur Schaffung des Bundes der Kommunisten geführt hatte: Angesichts der realen Verhältnisse gehen bereits bei der Abspaltung des Vereins »Vorwärts« vom Gewerblichen Bildungsverein vor allem die proletarisierten Handwerker in ihren Forderungen über die bürgerlichen Demokraten hinaus. Sie übernehmen von ihnen das »Ferment demokratischer Willensbildung«, verbinden aber die Forderung nach politischen Rechten mit der nach sozialen Rechten (Höppner/Seidel-Höppner 2002a, 60f. und 68). War das Liberale bis dahin ein von den Eigentumsrechten der Unternehmer bestimmtes Demokratiekonzept, bedeutet die Forderung nach der politischen Fundierung sozialer Rechte eine völlig neue Qualität. Die Arbeiter entwickelten auf dem Boden und in Abnabelung von den bürgerlich-liberalen Bildungsvereinen ein »antibürgerliches Selbstbewusstsein« (Gotthardt 1991, 73).

Mit der Forderung nach der politischen Fixierung der sozialen Rechte ist auch die Frage nach der Art der Regulierung der gegenseitigen (Konkurrenz-)Verhältnisse unter den Arbeitern gestellt. Die Durchsetzung solidarischen Verhaltens ist Voraussetzung für den Kampf um soziale Rechte. Daher sind bis heute die »innerparteiliche Demokratie« und die organisatorische Eigenständigkeit zwei gleichgewichtige Bedingungen des Erfolges einer kommunistischen Arbeiterbewegung. Nicht nur die Gründung des ADAV, sondern auch die 1869 erfolgende Gründung der SDAP in Abgrenzung zum ADAV ist mit der Organisationsfrage verbunden. Genau genommen ist dies ein entscheidender Anlass (nicht alleinige Ursache) der Parteibildung durch die Gruppierung um Bebel und Liebknecht neben dem Lassallschen ADAV. Wenn sich das Kommunistische in den 1860er Jahren vor allem in der Organisationsfrage brach, muss man die Suche nach der den Interessen der Arbeiterbewegung adäquaten Organisationsform in den Spaltungs- und Vereinigungsprozessen dieser Jahre näher betrachten. In der gleichen Zeit, in der sich der ADAV als ausdrücklich in kommunistischer Tradition stehende sozialistische Partei (mit allen ihren Problemen) gründete, war August Bebel noch auf Orientierungssuche. »Die ›Bebel-Liebknechtsche Richtung‹ erstand aus einer breiteren demokratischen Tradition, die sie schrittweise in sozialistische Orientierung umzusetzen verstand...« (Schröder 1993, 32)

Michels beschreibt das Parteiverständnis Lassalles folgendermaßen: Er sei dafür eingetreten »... dass die tatsächlich bestehende persönliche Diktatur in dem von ihm präsidierten Verein auch als theoretisch gerechtfertigt und praktisch unerlässlich erklärt werde...« (Michels 1925, 50). In seinem Referat zu Programm und Organisation der neuen Partei SDAP hob Bebel dagegen hervor: »Es gibt demnach in unserer Parteiorganisation keinen Führer mehr, und das ist notwendig; sobald eine Partei bestimmte Personen als Autorität anerkennt, verlässt sie den

Boden der Demokratie; denn der Autoritätsglaube, der blinde Gehorsam, der Personenkultus ist an sich undemokratisch. Deswegen wollen wir statt einer Person fünf Personen an die Spitze setzen.« Er fordert ein Programm, das nicht nur sozialistisch, sondern auch demokratisch sein müsse (Bebel 1978c, 53f.). Die Organisationsstruktur sollte dies, und hier liegt eine klare Abgrenzung zum Lassallschen Parteiverständnis, widerspiegeln.

Lassalle, später August Bebel und Wilhelm Liebknecht, begründen so eine neue, an kommunistischen Werten orientierte Massenbewegung. Erst hier kann man davon sprechen, dass sich Kommunismus als Idee mit Kommunismus als Massenbewegung und als gesellschaftlich wirksame politische und kulturelle Praxis vereinigt. Das Kommunistische wird selbstverständlicher Teil des Sozialdemokratischen.

Es sind vor allem drei Elemente, die diese »Integration« charakterisieren: Erstens betrifft dies das Verhältnis zur IAA und die Rezeption der Pariser Kommune. Die Kommune wirft die Frage der Realisierung des Kommunistischen und eines proletarischen Internationalismus in zugespitzter Form erstmals als praktische Frage auf. Mit der Gründung der Internationalen Arbeiterassoziation (später auch I. Internationale genannt) 1864 schlossen sich Strukturen des ADAV dieser Organisation an. Die Losung »Proletarier aller Länder, vereinigt euch« aus dem damals weitgehend unbekannten Kommunistischen Manifest erhielt so eine praktische Dimension. Die IAA »orientierte die im nationalen Rahmen wirkenden Arbeiterorganisationen von Anfang an auf die gegenseitige Unterstützung in ökonomischen und politischen Klassenauseinandersetzungen, auf gemeinsame Aktionen gegen die Kriegspolitik, auf internationale Kommunikation und Diskussion« (Seidel 2010, 96).

Marx reflektiert diese praktische Politik in der *Kritik des Gothaer Programms* und im *Bürgerkrieg in Frankreich* auch als wissenschaftliche Herausforderung. Die Frage der täglichen Organisationsarbeit beginnt, sich mit der Frage des revolutionären Aktes selbst zu verbinden. Fragen nach dem Charakter und dem Inhalt des Begriffes der Gleichheit, nach dem Akteur des Übergangs, damit aber auch nach dem Umgang mit den Differenzierungen in der Gesellschaft wie auch im Proletariat werden als unmittelbar brennende Fragen thematisiert. Es geht weiter um die Rolle des Staates, der Demokratie und der Gewalt in diesem Übergang. Damit muss sich das Konzept des Kommunismus selbst ändern. Heine hatte diese Fragen bereits einige Jahrzehnte zuvor aus der Perspektive eines politischen Künstlers reflektiert (Bock 2006, 111ff.). Mit dem *Kommunistischen Manifest* wurde eine Programmatik vorgeschlagen und mit der Gründung der Sozialdemokratie ein Organisationsprinzip versucht. Nun standen mit der Pariser Kommune und später mit der Verwandlung der Sozialdemokratie in eine Massenpartei die unmittelbare Realisierung auf der Tagesordnung – wenn auch nur für einen historischen Moment. Das wird zweitens besonders deutlich in der Bebelschen Gesellschaftskonzeption, die er in seinem Buch »Die Frau und der Sozialismus« (1879) entwirft. Sozialismus und Kommunismus sind bei ihm nicht sichtbar geschieden, die Begriffe werden synonym verwendet. Der Begriff des Kommunistischen taucht auf, wenn die Gleichheit und besonders die Gleichheit in Bezug auf das Eigentum betont werden soll. Gleichwohl erfasst sein Gesellschaftsbild ein breites Spektrum – der Ausgangs- und Bezugspunkt sind die Geschlechterbeziehungen; er erfasst davon ausgehend die Produktion, die Arbeitsbedingungen, die Verteilung, die Erziehung, die häusliche Arbeit usw. usf. Er greift dabei auf die ganze Breite kommunistischer Ideen zurück. Demokratie, Solidarität und Interessenharmonie (diese im Gleichklang unterschiedlicher Interessen, nicht als Interessenidentität verstanden) sind für ihn zentrale Elemente dieses neuen, auf kommunistischen Prinzipien fußenden Gesellschaftsentwurfs. Aus ihnen soll die neue Ordnung ihre Dynamik schöpfen.

> »Die auf voller Freiheit und demokratischer Gleichheit organisierte Arbeit, bei der einer für alle und alle für einen stehen, also die volle Solidarität herrscht, wird eine Schaffenslust und einen Wetteifer erzeugen, wie sie in dem heutigen Wirtschaftssystem nirgends zu finden ist... Ferner haben alle das Interesse, da sie gegenseitig füreinander arbeiten, dass alle Gegenstände möglichst gut und mit möglichst geringem Aufwand an Kraft und Arbeitszeit hergestellt werden, sei es, um Arbeitszeit zu sparen oder um Zeit für die Erzeugung neuer Produkte zur Befriedigung höherer Ansprüche zu gewinnen.«
> (Bebel 1959, 462)

Das Kommunistische wird damit als lebbare Praxis fassbar gemacht, deren utopischer Gehalt im sozialdemokratischen Vereinsleben bereits aufzuscheinen scheint. Die massenhafte Verankerung des Kommunistischen im alltäglichen Leben als Ringen um die Einheit von politischer Aktion, Kampf gegen Staat und Unternehmer um soziale und ökonomische Rechte als gelebte Solidarität, Bildung und offene strategisch-theoretische Diskussionen im letzten Drittel des 19. Jahrhunderts markieren die Hochzeit des »kritischen Kommunismus« Marxscher Prägung. Die SPD der 1890er Jahre war eine kommunistische Partei, die modernste vielleicht, die es je gegeben hat. Die Gründungen nach dem Ersten Weltkrieg konnten diese Einheit nie wieder auch nur annähernd herstellen. Drittens dürfte die Rezeption des vormarxschen Kommunismus, die zum Ende des 19. Jahrhunderts an Intensität zunahm, das Kommunismusbild der sozialdemokratischen Massen entscheidend geprägt haben. Autoren mit hohem Ansehen in der Partei prägten diesen Prozess. Zu erwähnen ist z.B. Kautsky mit den beiden Schriften »Thomas More und seine Utopie« (Kautsky 1947a) sowie »Vorläufer des neueren Sozialismus« (Kautsky 1947b). 1888 erschien eine Arbeit von August Bebel über Charles Fourier (Bebel 1978b). Fourier wird damit nach Auffassung des Herausgebers Joachim Höppner überhaupt erst den deutschen Arbeitern breiter bekannt. Wilhelm Liebknecht, der Owen als seinen Lehrer bezeichnete, publizierte 1892 zwei in den Jahren 1874 und 1876 bereits veröffentlichte Skizzen zum Leben und Wirken Robert Owens (Liebknecht 1892). Franz Mehring gab 1908 Wilhelm Weitlings »Garantien der Harmonie und Freiheit« neu heraus und würdigt in einem Vorwort ausführlich dessen Rolle (Mehring 1980a). In Rosa Luxemburgs Bildungskonzept spielte die Auseinandersetzung mit der Geschichte des Kommunistischen eine zentrale Rolle. In Überlegungen zu einem Kurs der Geschichte des Sozialismus an der SPD-Parteischule waren acht der 24 Vorlesungen der Entwicklung des Kommunistischen in Theorie und Praxis gewidmet (Luxemburg 1984, 95f.). In der *Neuen Zeit*, dem theoretischen Organ der Sozialdemokratie, gab es allerdings zum Kommunistischen unter diesem Begriff selbst nur wenige Diskussionen. Neben verschiedenen Rezensionen sind Beiträge zur Kritik an der These des Bestehens eines Urkommunismus (1908) und eine Analyse der Entwicklung der Herrenhuther Gemeinde (1902) zu nennen. Gleichzeitig wurde international eine Vielzahl von Analysen zu kommunistischen Kolonie-Projekten publiziert (vgl. Höppner/Seidel-Höppner 2002b, 361ff.).

Die kommunistische Erzählung

Diese forcierte Rezeption des Kommunistischen folgte keinem akademisch-ideengeschichtlichen Bedürfnis oder einer bloßen Legitimation aus der Geschichte. Es ging um das Verstehen der Geschichte der Bewegung als lebendiger Auseinandersetzung. Daher Mehrings ausführliche Artikel zur Geschichte der Arbeiterbewegung und der Sozialdemokratie, in der mit heute oft unverständlicher Breite die verschiedenen Verästelungen der Auseinandersetzungen behandelt werden. Anlässlich einer Kontroverse um die Bewertung des *Kommunistischen Manifests* stellte Franz Mehring die Aufgabe unter dem Gesichtspunkt der Theorieentwicklung so: »Dies ist aber bei einem welthistorischen Dokument wie dem Manifest nicht in der Form möglich, dass die überholten Sätze einfach gestrichen oder an Hand der späteren Werke von Marx und Engels interpoliert werden, sondern es bedarf eines kritischen Kommentars, der aus dem Entstehen der Urkunde bis in letzte einzelne nachweist, was von ihrem gedanklichen Gehalt unhaltbar geworden ist und was nicht.« (Mehring 1980b, 220)

Mit literarischen Mitteln etablierten Bebel, Kautsky, Mehring, Liebknecht u.a., wie auch schon Engels (im Anti-Dühring unter Mitarbeit von Marx), die kommunistische Erzählung in der Geschichte des Proletariats. Dabei geht es auch um die Verteidigung der eigenen Traditionen gegen Vereinnahmungen durch den bürgerlichen Liberalismus. So verweist Liebknecht darauf, dass die Produktiv- und Konsumgenossenschaften zuerst vom Kommunisten Owen entwickelt wurden (vgl. Liebknecht 1892, 9). Theoretisches und Kulturelles verflechten sich in diesen Schriften. Orientiert am Marxschen kritischen Kommunismus sind sie immer auch Kritik bzw. Selbstkritik eigener Geschichte. Nach der Rücknahme des Sozialistengesetzes gab sich die von da an unter dem Namen Sozialdemokratische Partei wirkende Organisation ein neues Programm (Erfurter Programm 1891). Dieses Programm bestätigt die Einheit des Sozialdemokratischen und des Kommunistischen in dieser Etappe. Es schloss an das *Kommunistische Manifest* wie auch an das Vermächtnis der IAA an.

> »Nur die Verwandlung des kapitalistischen Privateigentums an Produktionsmitteln [...] in gesellschaftliches Eigentum und die Umwandlung der Warenproduktion in sozialistische, für und durch die Gesellschaft betriebene Produktion kann es bewirken, dass der Großbetrieb und die stets wachsende Ertragsfähigkeit der gesellschaftlichen Arbeit für die bisher ausgebeuteten Klassen aus einer Quelle des Elends und der Unterdrückung zu einer Quelle der höchsten Wohlfahrt und allseitiger, harmonischer Vervollkommnung werde... Die Sozialdemokratische Partei Deutschlands kämpft also nicht für neue Klassenprivilegien und Vorrechte, sondern für die Abschaffung der Klassenherrschaft und der Klassen selbst und für gleiche Rechte und gleiche Pflichten aller ohne Unterschied des Geschlechts und der Abstammung. Von diesen Anschauungen ausgehend, bekämpft sie in der heutigen Gesellschaft nicht bloß die Ausbeutung und Unterdrückung der Lohnarbeiter, sondern jede Art der Ausbeutung und Unterdrückung, richte sie sich gegen eine Klasse, eine Partei, ein Geschlecht oder eine Rasse.« (Dowe/Klotzbach 1973, 177f.; siehe auch SPD 1891)

Dieses neu gewonnene Selbstbewusstsein und die sich ändernden politischen Verhältnisse gaben auch der kommunistisch inspirierten Kunst neue Spielräume und eine neue Bedeutung. Zu den Mitgliedern und zum Umfeld der »kritischen Kommunisten« Marxscher Richtung gehörten schon in der ersten Hälfte des 19. Jahrhunderts Dichter wie Heinrich Heine, Georg Weerth oder Georg Herwegh. In einem zeitlich weiteren Sinne gehört auch Georg Büchner dazu, der mit dem *Hessischen Landboten* und *Dantons Tod* zwei unterschiedliche Seiten des Kampfes um eine andere Gesellschaft im kommunistischen Sinne betrachtete und problematisierte. Aus Arbeiter-Autobiografien ist überliefert, dass u.a. Heine bei der Bildung und Bestärkung des neuen kommunistisch-sozialdemokratischen Weltbildes eine wichtige Rolle spielte (vgl. Münchow 1973, 174f.). In ihren Werken und in ihrem Wirken sind viele Widersprüche, die die sich kommunistisch definierenden Bewegungen später mit sich tragen werden, schon deutlich sichtbar. Auch »moderne« Schriftsteller fühlen sich angeregt, sich mit dem Kommunistischen auseinanderzusetzen. Émile Zola widmet in seinem Werk »Das Geld«, in dem er nach akribischen Recherchen die ökonomischen und sozialen Mechanismen der Finanzspekulation beleuchtet, einer Darlegung der seiner Meinung nach zentralen Elemente der Marxschen Kommunismusauffassung mehrere Seiten (Zola 1981, 40-43). Edward Bellamy veröffentlicht 1888 eine Utopie unter dem Titel »Ein Rückblick aus dem Jahr 2000« (Bellamy 1980), die deutlich von kommunistischen Ideen inspiriert war. 1893 erschien die »Kunde von Nirgendwo, ein utopischer Roman« von William Morris, herausgegeben von Wilhelm Liebknecht. Bemerkenswert an diesem Roman ist, dass das kommunistische Zukunftsbild in Beziehung zu den Potenzen und Grenzen des Sozialistischen – im Sinne von Wohlfahrtsstaatlichkeit (Staatssozialismus) – gesetzt wird (Morris 1920, 90ff.). Die kommunistische Erzählung findet sich als »Ansprache« der Nachgeborenen an den Vertreter der Gegenwart, der die Zukunft bereist hatte. Diese kommunistische Utopie schöpft ihre Kraft aus der Entwicklung, der Selbstorganisation und dem Handeln der Massen – sie markiert den großen Sprung, der sie selbst von der Owenschen Gesellschaftsvorstellung trennt, wahrscheinlich deutlicher und besser als jedes sozialwissenschaftliche Pamphlet.

> »Gehe zurück, du hast uns nun gesehen, und deine äußeren Augen haben gelernt, dass trotz aller unfehlbaren Lehrsätze deiner Tage doch noch eine Zeit des Glückes für die Welt in Aussicht ist – eine Zeit, die kommen wird, wenn es nur noch Menschen und keine Herren und Knechte mehr gibt – nicht früher. Gehe deshalb wieder zurück, und

> solange du lebst, ringe mit all deiner Kraft für die Gleichheit der Menschen und schichte Stein auf Stein zu dem großen Bau der Genossenschaft des Friedens und des Glückes.« (Ebd., 151)

Die Presse der Sozialdemokratie druckte kämpferische Gedichte, Lieder, Erzählungen ab, die teilweise von Arbeitern verfasst waren oder die den Alltag, den Widerstand und die Kämpfe zum Gegenstand hatten. Eine Untersuchung dieser Literatur kommt zu dem Ergebnis: »Von 1860 bis 1914 haben schätzungsweise gegen sechshundert namentlich identifizierbare Autoren geschrieben. Gedichte überwogen, die oft anstelle eines Leitartikels unmittelbar auf die Leser wirkten, auch Lieder, für marschierende Arbeiterbataillone und Massenversammlungen geschrieben. Von den siebziger Jahren an gab es umfangreiche historische und aktuelle Gegenwartsromane sowie eine reichhaltige Erzählliteratur. Diese Entwicklung wurde nach der Jahrhundertwende von über fünfzig autobiografischen Werken gekrönt. Bis heute sind zudem über dreihundert Arbeitertheaterstücke erfasst.« (Münchow 1982, 408) Neben den reisenden Agitatoren waren die Zeitungen und Zeitschriften der SPD die einzigen Medien, die sozialdemokratisch-kommunistisches Gedankengut zu den Arbeitern überall im Deutschen Reich transportieren konnten.

Die Niederlage

Dies wirft aber die Frage auf, warum das Kommunistische sich nicht durchsetzen konnte und die Sozialdemokratie innerhalb von 20 Jahren von der radikalen Opposition zur entscheidenden Stütze des deutschen Kaiserreiches im Jahr 1914 wird. Was bewegt die GründerInnen der KPD, sich – gegen die Empfehlung von Rosa Luxemburg – »kommunistisch« zu nennen? Weiter oben wurde festgehalten, dass das Kommunistische der deutschen Sozialdemokratie sich in einem (dynamischen, vielleicht auch labilen) Gleichgewicht zwischen kommunistischem Gleichheitsanspruch, Kampf um politische Rechte, innerer Demokratie, Realisierung sozialer Interessen sowie Kultur, Bildung und politischem Lernen entfaltete. Das Kommunistische (in der Form der Sozialdemokratie) war primär eine Lebensweise, keine Theorie, bestenfalls theoriebasiert.[2] Das

---

[2] Daran änderte sich auch später nicht viel. Eumann schrieb in einer sehr fundierten Analyse zur Mitgliedschaft der KPD in den 1920er Jahren: »Der Marxismus-Leninismus der ›einfachen‹ Parteimitglieder war … eine Melange aus einigen eher

machte es für die Massen zugänglich und damit potenziell gesellschaftsverändernd wirkungsmächtig. Allerdings änderte dies alles erst einmal nichts daran, dass trotz dieses durch die Arbeiterorganisationen und in der Nicht-Arbeitszeit vermittelten und erlebten »kommunistischen Potenzials« in der Arbeitszeit (die oft 10 bis 14 Stunden, also die meiste Zeit des Tages umfasste) die Arbeiter auch Konkurrenten blieben, sich entsprechende Hierarchien und Werte durchsetzten (Ritter/Tenfelde 1992, 810f.). Konkurrenz und Solidarität waren gleichermaßen überlebensnotwendige Verhaltensweisen.

Die Debatten bis in die 1890er Jahre stellten dieses Gleichgewicht nicht grundsätzlich infrage. Wohl aber nahmen die Spannungen um die Bewertung des Kommunistischen in Partei und Bewegung zu. Unter den Bedingungen des Sozialistengesetzes war die Reichstagsfraktion praktisch der Parteivorstand – innerparteiliche Demokratie konnte im gegebenen politischen Umfeld kaum realisiert werden. Arbeiter hatten selten die Möglichkeit, Abgeordnete zu werden – unter anderem auch, weil es noch keine Diäten gab. So wurden die Fraktion und dann auch der Parteiapparat zunehmend von Intellektuellen und Kleinbürgern dominiert. In den Jahren 1884 und 1885 kam es zu einer scharfen Diskussion um das Verhältnis zum deutschen Staat, die sich am Verhältnis der Fraktion zur Subventionierung der Dampfschifffahrt entzündete. Es ging nicht nur um die Frage des Verhältnisses kommunistischer Ziele und Werte zu praktischer Politik, die Art ihrer Umsetzung in praktische Politik, sondern auch darum, wer in der Organisation diese Art der Umsetzung zu bestimmen hätte. Es entwickelte sich eine Strömung, die meinte, dass durch Zugeständnisse an den deutschen Staat, durch Zustimmung zum Haushalt, zu Zöllen u.ä. soziale Rechte »zu erhandeln« wären. Der Revisionismusstreit ab 1896 und die Veränderungen im Parteiapparat auf der einen Seite und die Auseinandersetzungen um die Organisationsfrage in der russisch-polnischen Sozialdemokratie (insbesondere zwischen Lenin und Luxemburg) auf der anderen Seite zerstörten dieses Gleichgewicht und führten zum Scheitern des kritischen deutschen Kommu-

fragmentarischen Leseeindrücken und einem starken Fundament an früh verinnerlichten emotional aufgeladenen proletmoralischen Wertvorstellungen, zu denen es sich eventuell über die Lektüre nur einen luftigen ideologischen Überbau gebastelt hat.« (Eumann 2007, 231) Der Autor hebt gegenüber den Mitgliedern anderer Parteien die Bedeutung des Wertes Gerechtigkeit hervor (ebd., 354). Gotthardt zeigt u.a. auch die relative Autonomie der kommunistischen Milieus an der Parteibasis gegenüber dem Parteiapparat (Gotthardt 2007, 8). Im Zuge der Bolschewisierung wurden diese Spielräume allerdings immer enger (ebd., 77).

nismus. Mit der Zustimmung der sozialdemokratischen Reichstagsfraktion zu den Kriegskrediten 1914 und der Unterstützung des Kriegskurses der Regierung verliert diese Richtung ihre organisatorische Basis. Der Spartakusbund, die USPD und schließlich die KPD versuchten eine solche Basis wiederherzustellen. Die KPD scheiterte mit diesem Versuch im Zeitraum 1923 bis 1927 und wurde zu einer bolschewistisch-kommunistischen Organisation, die die Tradition des kritischen deutschen Kommunismus nur halbherzig aufgriff und weitgehend verleugnete. Die Mehrheits-SPD trennte sich radikal von den eigenen kommunistischen Wurzeln. Sie wurden diskreditiert: In seiner Polemik mit der bolschewistischen Strategie 1917/18 behauptete Kautsky, dass sich die Bolschewiki wegen ihrer Absage gegenüber der parlamentarischen Demokratie im Januar 1918 aus »Sozialdemokraten« in »Kommunisten« umbenannt hätten. Unabhängig davon, dass das aus den Quellen schlecht belegt scheint – und aus dem Umfeld Lenins auch andere Interpretationen überliefert sind (siehe Balabanoff 2013, 27f.; Tynjanow 1970, 105) –, machte sich Kautsky hier ein rohes Kommunismusverständnis zu eigen und gab damit von sozialdemokratischer Seite der Feindschaft zum Kommunismus die Formel, die bis heute jeden Versuch der grundlegenden Gesellschaftsveränderungen im kommunistischen Sinne unter Generalverdacht des Terroristischen und Undemokratischen stellt (Kautsky 1990, 47). So entstand die paradoxe Situation, dass zwei Propagandisten des Kommunistischen und Marxistischen um die Jahrhundertwende (Kautsky und Lenin) zu Kontrahenten wurden, deren Wirken nach 1917 wiederum analoge Ergebnisse hatte: die Kautskysche Interpretation des Marxschen Erbes bedeutet die unendliche Verlängerung des Lernens von Regieren und des Vorbereitens einer Gesellschaft der Gleichen. Lenins Interpretation (wenigstens bis Mitte 1921) läuft auf eine »Bekehrung« der Massen auch unter Zwang hinaus. In der Kontroverse zwischen Kautsky auf der einen und Lenin und Trotzki auf der anderen Seite (beide Seiten scheitern schließlich) konnte nur die Praxis entscheiden. Damit ist die Frage nach der Möglichkeit, den Akt der Befreiung in einen nachhaltigen Prozess überzuleiten, in völlig neuer Brisanz gestellt. Letztlich geht es um die Frage, ob und wie das Kommunistische sich selbst reproduzieren, immer wieder in der Praxis bestätigen und erneuern kann (siehe Brangsch 2015).

Lutz Brangsch

Ist das Kommunistische ökonomisch möglich? Vom Umgang mit dem Scheitern

Die Zeit der Projekte und Konzepte (bis 1914)

Gemeinhin wird heute das Kommunistische mit Verteilungsgerechtigkeit verbunden. Die von Marx in der Kritik des Gothaer Programms gegebene Bestimmung »Jeder nach seinen Fähigkeiten, jedem nach seinen Bedürfnissen!« (Marx 1987, 21) hat jedoch eine Reihe von Vorbedingungen, die heute gewöhnlich unterschlagen werden. Als Vorbedingungen nennt Marx das Verschwinden der »knechtenden Unterordnung der Individuen unter die Teilung der Arbeit« und des Gegensatzes zwischen geistiger und körperlicher Arbeit, die Verwandlung der Arbeit aus einem »Mittel zum Leben« in ein erstes Lebensbedürfnis sowie ein durch die allseitige Entwicklung der Individuen mögliches Wachstum der Produktivkräfte, das alle »Springquellen des genossenschaftlichen Reichtums« reicher fließen lässt (ebd.). Die Marxsche Bestimmung der ökonomischen Grundlage einer kommunistischen Gesellschaft ging weit über jede Verengung auf den Aspekt der Verteilung hinaus.

Marx betrachtete die nachkapitalistische, kommunistische Art des Wirtschaftens als aus dem Kapitalismus hervorwachsend, als »historische Tendenz der kapitalistischen Akkumulation«. Damit formuliert er Vorbedingungen für einen Übergang: »Hand in Hand mit dieser Zentralisation oder der Expropriation vieler Kapitalisten durch wenige entwickelt sich die kooperative Form des Arbeitsprozesses auf stets wachsender Stufenleiter, die bewusste technische Anwendung der Wissenschaft, die planmäßige Ausbeutung der Erde, die Verwandlung der Arbeitsmittel in nur gemeinsam verwendbare Arbeitsmittel, die Ökonomisierung aller Produktionsmittel durch ihren Gebrauch als Produktionsmittel kombinierter, gesellschaftlicher Arbeit, die Verschlingung aller Völker in das Netz des Weltmarkts und damit der internationale Charakter des kapitalistischen Regimes... Aber die kapitalistische Produktion erzeugt mit der Notwendigkeit eines Naturprozesses ihre eigne Negation. Es ist Negation der Negation. Diese stellt nicht das Privateigentum wieder her, wohl aber das individuelle Eigentum auf Grundlage der Errungenschaft der kapitalistischen Ära: der Kooperation und des Gemeinbesitzes der Erde und der durch die Arbeit selbst produzierten Produktionsmittel.« (Marx 1890, 790f.)

Es geht, so Marx dann 1881, um eine »höhere Form des archaischen Eigentumstyps, d.h. ... das kommunistische Eigentum...« (Marx 1881b, 398). Zu den Vorbedingungen zählt aber genauso – und vor allem – eine »durch den Mechanismus des kapitalistischen Produktionsprozesses selbst« geschulte, vereinte und organisierte Arbeiterklasse. Damit stellt Marx eine praktische Frage, die theoretisch nicht zu beantworten ist: Wie sieht der »Negationsprozess« als Prozess der Entstehung des praktisch-ökonomischen Kommunistischen letztendlich aus?

Der praktische Kommunismus

Betrachten wir, welche Praxen aus der kommunistischen Bewegung selbst hervorwuchsen. Das Kommunistische möglich zu machen und damit sich selbst zu helfen war z.B. ursprüngliches Anliegen des Genossenschaftswesens, auch und nicht zuletzt in Tradition des Kommunisten Owen (siehe Brie 2015c). Im 19. Jahrhundert war noch präsent, dass das Genossenschaftswesen in erster Linie kommunistische Wurzeln hatte und erst später in größeren Teilen auf die Gleise bürgerlich-sozialreformerischer Vorstellungen gelenkt, tatsächlich durch die Liberalen (die Fortschrittspartei – die maßgebliche bürgerliche Partei dieser Zeit in Deutschland) »enteignet« wurde.

Wilhelm Liebknecht bemerkte dazu: Es sei »hervorgehoben, dass – was von den fortschrittlichen Genossenschaftsaposteln hartnäckig verschwiegen wird – das moderne Genossenschaftswesen das Werk Robert Owens ist... Wenn die Socialdemokraten Genossenschaften errichten, so begehen sie damit also nicht ... ein Plagiat am bürgerlichen Liberalismus, sondern umgekehrt ist das Schulze-Delitz'sche Genossenschaftssystem ein Plagiat an der Socialdemokratie.« (Liebknecht 1892, 8f.) Genossenschaftliches Arbeiten in diesem kommunistischen Sinne stand nicht zuletzt in der Tradition der deutschen Dorfgemeinde (Allmende), der *Obščina* in Russland oder der *alluy* in Lateinamerika. Quellen dieser Art scheinen immer wieder auf – so etwa in den Diskussionen um die Zukunft Venezuelas (vgl. Azzelini 2014) oder Boliviens bzw. in der zapatistischen Bewegung.

Das 19. Jahrhundert brachte eine Vielzahl kommunistischer Projekte hervor, in denen soziale, ethische, politische und wirtschaftliche Ziele gleichermaßen verfolgt wurden. Warum aber scheiterten sie ökonomisch, wenn doch ihre Ziele so sehr in den Wünschen und Hoffnungen der Massen verankert schienen? Natürlich kann man dafür die Verlockungen des kapitalistischen Marktes und politischen Druck verantwortlich machen. Letzteres trifft auf jeden Fall auf die Pariser Kommune zu. Ihre Niederlage war in erster Linie durch den konzertierten Angriff der französischen und deutschen Reaktion verursacht.

Betrachten wir die praktischen Versuche der kommunistischen Gemeinden näher. Das Scheitern kommunistischer Projekte wie die Owens oder Cabets resultierte auch und vor allem aus inneren Widersprüchen. Sehr gründlich ist der Niedergang der ikarischen Kolonien Cabets in den USA analysiert worden (Höppner/Seidel-Höppner 2002b, 306-326). Die AutorInnen stützten sich dabei nicht nur auf die offiziellen Dokumente, sondern setzten sie in Beziehung zu Briefen von Gemeindemitgliedern an Verwandte und Freunde in Deutschland und in den USA. Sie verweisen auf folgende Faktoren:

- der »moralische Rigorismus« (bezogen auf Rauchen, Alkohol, Kleidung) eng verbunden mit einem dichten Netz der Überwachung; diese Überwachung wurde von Cabet als wichtiger erachtet als die Beschäftigung mit der »materiellen Produktion« – also Leitung vorrangig als soziale Kontrolle;
- Trennung der Kinder von den Eltern, um ihre moralisch einwandfreie Erziehung zu sichern;
- die Publizistik diente »allein ihm [also Cabet] als Sprachrohr«;
- Aufbauschen kleiner Disziplinverstöße mit dem Vorwurf, die meisten Mitglieder seien keine »richtigen Kommunisten«;
- Unfähigkeit, mit Kritik und Opponenten umzugehen; Cabet vermochte nie, Person und Sache zu trennen und verlangte diktatorische Vollmachten;
- Unterschiedliche Behandlung von Mitgliedern, um Zuwachs von außen und das Einbringen von Geld anzuregen, verbunden mit einer sozialen Differenzierung bei der Verteilung der Arbeit und dem Versuch, Leitungspersonal und Hochqualifizierte gegen den Willen der Mehrheit einzusetzen;
- Bevorzugung der intellektuellen Arbeit gegenüber der körperlichen durch Cabet selbst.

Diese Faktoren untergruben Schritt für Schritt das Projekt, indem durch diese Umstände »Feindschaft unter den Mitgliedern« erzeugt wurde (ebd., 308). Ökonomisch betrachtet scheiterte also das Projekt vor allem an den durch die »innen«politischen Verhältnisse gesetzten Begrenzungen, die das Interesse an und die Antriebe kollektiver Arbeit untergruben. Gleichzeitig verweisen diese Analysen noch auf andere Punkte. Sieht man von den Versuchen Cabets, »SpezialistInnen« und »InvestorInnen« gegen den Willen der Mehrheit zu bevorzugen, ab, verweist das dahinter stehende Problem des Mangels an SpezialistInnen aus den eigenen Reihen auf die Frage, wie in einer auf Gleichheit gegründeten Gemeinschaft Qualifikation und Lernen angeregt werden können.

Schon 1851 bemängelte ein anderer Kommunist, Wilhelm Weitling, die ungenügenden ökonomischen Resultate und sagte: »Alle aber, welche für das Princip des Kommunismus wirkten, haben ein Interesse, einen Zustand nicht als Modell der Zukunft zu empfehlen, in welchem die Verwendung von Geld und Arbeit sich bisher in materieller Beziehung weniger fruchtbringend zeigten als in der alten verrotteten Gesellschaft.« (Ebd., 356f.)

Die Entwicklung der ikarischen Kolonie warf darüber hinaus die Frage auf, ob ein selbstgenügsames Projektleben entsprechend den kommunistischen bzw. ikarischen Grundsätzen sinnvoll sei, ob er Ausdruck eines zeitgemäßen Kommunismus sein könnte. Das wird von der jüngeren Generation verneint, sie fordert Mitte der 1870er Jahre »die Gründung des ikarischen Kommunismus auf Wissenschaft und Erfahrung statt auf Glaubensartikel und die Entwicklung der Produktion über die Landwirtschaft hinaus« (ebd., 339). Der daraufhin einsetzende Streit war mit weiterem Niedergang verbunden. Gerade die ökonomischen Herausforderungen machen das Kommunistische als Problem der eigenen Reproduktion, seiner Erhaltung und Entwicklung, nicht einfach des »Aktes« oder »Momentes« der Gründung oder des Bekenntnisses relevant. Das Kommunistische als Gleichheitsanspruch sah sich mit den unterschiedlichen und teilweise widersprüchlichen Interessen der Akteure konfrontiert. Die Projekte scheiterten hinsichtlich ihrer inneren Verfasstheit nicht an der Unfähigkeit, effektive Verwaltungs- und Planungsabläufe zu installieren, sondern vielmehr an den Interessen der Handelnden und den damit verbundenen Widersprüchen, für die keine dauerhaft überzeugenden Lösungen gefunden wurden.

Drei auf das engste miteinander verbundene Faktoren bedingten dieses Scheitern: *erstens* die Unmöglichkeit, gegen das kapitalistisch wirtschaftende bzw. nach bürgerlichen Maßstäben lebende Umfeld zu bestehen (letztlich auch ein kulturelles Scheitern), *zweitens* der Zuschnitt der Projekte auf die Führungspersönlichkeiten, weiter gefasst die politische Verfasstheit, die eine reale Gleichheit in Arbeit und Politik nicht gewährleistete, *drittens* Verhalten und Interessen der Mitglieder dieser Projekte. Sie waren nicht und konnten nicht gesellschaftlich sein (oft wollten sie es auch nicht). Es waren – und sind – »Halbinseln« (Habermann 2009). Aus diesem Halbinsel-Charakter resultiert ihr Problem – aber dieses »Halb« war auch die Voraussetzung für ihre gesellschaftliche Wirksamkeit.

In der *Kritik des Gothaer Programms* nimmt Marx in dieser Hinsicht eine Konkretisierung früherer Auffassungen vor. Das Kommunistische als unbedingter Gleichheitsanspruch realisiert sich unter diesem Gesichtspunkt als Werden *aus* dem und *im* Ungleichen – und in diesem Werden *im* Ungleichen lernen Menschen, sich anders zu verhalten. Das gemeinsame, unmittelbar-gemeinschaftliche Aneignen von Natur und Gesellschaft, wie es sich auch in der Veränderung der Eigentumsverhältnisse zeigt, erfordert Selbstveränderung, also gesellschaftliches Lernen (Luxemburg), die Ausprägung »neuer Gewohnheiten« (Lenin/Lukácz) – und somit einen schmerzhaften Prozess. Das Kommunistische bezeichnet eine andere Art der Aneignung, nicht einfach des Eigentums in seinem juristischen Sinne – es geht bei der Eigentumsfrage um »das ganze Leben«. Es geht um das Verhalten im Reproduktionsprozess, also in Produktion wie auch in Konsumtion und dazwischen. Das Dazwischen wird durch die Sozialpolitik erfasst. Aber das Kommunistische, der unbedingte Gleichheitsanspruch, wird nur möglich, wenn es die Totalität der Reproduktion erfasst. Die schließt aber Ungleichheiten, wie sie aus dem Arbeitsprozess entstehen, auf dem gegebenen Entwicklungsniveau von Technik und Technologie mit ein.

Die »ökonomische Essenz« des Kommunistischen im Sinne des »deutschen kritischen Kommunismus«, des Marxschen Kommunismus, stützte sich also auf Erfahrungen und Auseinandersetzungen mit praktischen und theoretischen Fragen, die aus verschiedenen Blickwinkeln das Werden des Kommunistischen beleuchteten: die Marxsche Kritik der Politischen Ökonomie als Abklopfen von Theorie und Praxis der bürgerlich-kapitalistischen Ordnung auf Elemente ihrer Überwindung, die Kritik der kommunistischen Vorgänger (»utopische Sozialisten« bzw. »Kommunisten«) und die Analyse der Praxen der ArbeiterInnen (z.B. Genossenschaften und politisch-soziale Bewegungen wie die Chartisten oder auch die Pariser Kommune) als Momente, die als Neues eine andere Gesellschaft andeuteten. Die Verankerung im Werden und die klare Verbindung zwischen Ökonomie und Politik unterscheiden den Marxismus von den bis hierher dargestellten kommunistischen Projekten oder den hier nicht betrachteten, von Proudhon oder Lassalle propagierten Formen genossenschaftlichen Wirtschaftens.

Die Vielfalt der (denkbaren) Wege

Bis hierhin schien und scheint die Verwirklichung des Kommunistischen eine westeuropäische Angelegenheit zu sein, bezogen auf die Resultate der industriellen Revolution und die klassisch-bürgerliche Ordnung. Im ausgehenden 19. Jahrhundert entstand die Frage, ob er tatsächlich an die so definierten ökonomischen und politischen Voraussetzungen gebunden ist: Wenn das Kommunistische etwas Werdendes ist und nicht linear, unvermittelt aus einem bestimmten Gesellschaftszustand entspringt, wie sind dann die Bedingungen ökonomisch zu fassen?

Mit dieser Frage sahen sich die Linken ganz praktisch konfrontiert, als Länder wie Russland, Indien oder die südamerikanischen Staaten in den Sog der kapitalistischen Entwicklung gerieten. Sollte man eigenständig gegen die herrschenden Verhältnisse auftreten und eine andere Wirtschaft fordern, auch dann, wenn die Gesellschaft noch nicht völlig »durchkapitalisiert« war? Diese Frage wurde vor allem in Russland diskutiert. Hier drehte sich die Diskussion um die Frage, ob die Reste der naturwüchsig-kommunistischen Dorfgemeinde, die Obščina, Ansätze für eine nachkapitalistische Entwicklung bieten könnte oder ob die russische Landwirtschaft erst nach westeuropäischem Muster völlig kapitalistisch geworden sein müsste, um eine sozialistische oder kommunistische Umwälzung auf die Tagesordnung setzen zu können. Nikolaj Gavrilovič Černyševskij (1828-1889) als der bedeutendste sozialistische russische Denker und Ökonom des 19. Jahrhunderts hatte bereits in den 1860er Jahren diese Frage diskutiert. Er vertrat die Auffassung, dass die Potenziale der Obščina im Zuge der gemeinsamen Revolution der »Werktätigen« (Bauern und Arbeiter) in emanzipatorischer Art zum Tragen kommen könnten (Černyševskij 1948, 108-110). Černyševskij repräsentiert eine widerständige Tradition, die über die Jahrhunderte von den russischen Bauern und auch von Teilen der Eliten getragen wurden. Entgegen den landläufigen Vorstellungen war der russische Bauer bei Weitem nicht so passiv und duldsam, wie ihm nachgesagt wurde und wird.

Das 17., 18. und frühe 19. Jahrhundert war auch eine Zeit der Bauernerhebungen mit starken egalitären und demokratischen Zügen. Auch wenn durch das spezifische Bündnis von Thron und Altar in Russland aufklärerische Strömungen sich nicht entfalten konnten, entwickelte sich doch eine von bürgerlichen Idealen getragene Opposition, die z.B. in den 1820er Jahren in der Bewegung der Dekabristen und einem Aufstand dieses radikal-demokratischen Flügels der russischen bürgerlichen Strömung mündete. Intellektuelle wie Černyševskij, Herzen, Belinski oder Dobroljubow leisteten eigene Beiträge zur Entwicklung linken Denkens, die heute allerdings weitgehend vergessen sind. Dobroljubow schrieb 1857: »Ich bin ein verwegener Sozialist, meinetwegen sofort bereit, einer wenig bemittelten »Gesellschaft, mit gleichen Rechten und Gemeinbesitz aller Mitglieder beizutreten; ...Für mich ... gibt es noch kein Ideal auf Erden, es sei denn etwa die demokratische Gesellschaft, deren Meeting Herzen geschildert hat.« (Zit. in Jowtschuk 1949, 33) Er bezieht sich hier auf einen Artikel von Herzen über eine Volksversammlung im Gedenken an die Revolution von 1848.

Das Schwergewicht der sozialen Auseinandersetzungen in Russland verlagerte sich in den sechziger und siebziger Jahren des 19. Jahrhunderts vom antifeudalen demokratischen Radikalismus zum antikapitalistischen Agrarsozialismus, Letzterer verbunden mit der Richtung der *Narodniki* (Volkstümler) (Lemke 1977, 177). Gleichzeitig entstand eine Arbeiterklasse, die zwar noch in Vielem mit ihrer bäuerlichen Herkunft verbunden war, aber durchaus zunehmend selbständig eigene Interessen artikulieren konnte. Seit etwa 1885, so Martow, ein früherer Mitstreiter und späterer Kontrahent Lenins, kann in Russland von einer »Arbeiterfrage« als einer von der »Bauernfrage« verschiedenen Frage gesprochen werden (Martow 1973, 12). Allerdings war und blieb die »Arbeiterfrage« viel enger mit der »Bauernfrage« verknüpft als etwa in Deutschland. Dies sollte den Charakter der kommunistischen Bewegung in Russland und in der Sowjetunion nachhaltig prägen.

Diese Konstellation warf natürlich die Frage auf, ob die westeuropäische Sicht auf den Kapitalismus und damit auch die Organisation und Agitation kommunistischer Bewegung auch in anderen Teilen der Welt der Modellfall wäre, dem man unbedingt folgen müsse. Im Jahr 1877 beantwortet Karl Marx diese Frage wie folgt: »Fährt Russland fort, den Weg zu verfolgen, den es seit 1861 eingeschlagen hat, so wird es die schönste Chance verlieren, die die Geschichte jemals einem Volk dargeboten hat, um dafür alle verhängnisvollen Wechselfälle des kapitalistischen Systems durchzumachen.« (Marx 1978, 108)[1] Damit beschreibt er selbst die Grenzen seiner Überlegungen zur Entwicklung des Kapitalismus – und damit auch der Beschreibung der geschichtlichen Tendenz, die in das Kommunistische führt: »Das Kapitel über die ursprüngliche Ak-

---

[1] 1861 wurde in Russland die Leibeigenschaft aufgehoben und damit der Weg in eine kapitalistisch organisierte Landwirtschaft eröffnet. Die Lasten trugen die Bauern.

kumulation [im »Kapital« – Lutz Brangsch] will nur den Weg schildern, auf dem im westlichen Europa die kapitalistische Wirtschaftsordnung aus dem Schoß der feudalen Wirtschaftsordnung hervorgegangen ist.« (ebd.) Er betonte, dass seine »historische Skizze von der Entstehung des Kapitalismus in Westeuropa« keine »geschichtsphilosophische Theorie des allgemeinen Entwicklungsganges« auf dem Weg zu »jener ökonomischen Formation ... die mit dem größten Aufschwung der Produktivkräfte der gesellschaftlichen Arbeit die allseitige Entwicklung der Menschen sichert« (also des Kommunismus) sei (ebd., 111).

Die Frage, inwieweit das konstituierend für eine neue Revolutionstheorie hätte sein können (Pradella 2010, 100), muss offen bleiben. Marx formulierte jedenfalls einen hohen Anspruch an die revolutionäre Bewegung: »Wenn die Revolution zur rechten Zeit erfolgt, wenn sie alle ihre Kräfte konzentriert, um den freien Aufschwung der Dorfgemeinde zu sichern, wird diese sich bald als ein Element der Regeneration der russischen Gesellschaft und als ein Element der Überlegenheit über die vom kapitalistischen Regime versklavten Länder entwickeln.« (Marx 1881b, 395) Aus Marx' Sicht der Jahre 1877 bis 1881 war die Dominanz des Bäuerlichen eine Herausforderung, aber kein Ausweis der Unmöglichkeit einer gesellschaftlichen Umwälzung über eine bürgerlich-demokratische Ordnung hinaus. A.V. Čajanov, einer der wichtigsten russischen und sowjetischen Agrarwissenschaftler in der ersten Hälfte des 20. Jahrhunderts, konstatierte 1925 rückblickend, dass sich gegenüber den Debatten um die Potenzen der Obščina in der zweiten Hälfte des 19. Jahrhunderts die Bedingungen nach der Jahrhundertwende grundlegend geändert hätten. Vor allem nach der russischen Revolution 1905-1907 sei die Durchdringung der Landwirtschaft mit Waren- und kapitalistischen Beziehungen schnell vorangeschritten (Čajanov 1989, 196f.).

Das Kommunistische als ökonomische Möglichkeit und Notwendigkeit

Stellt man diese verschiedenen Seiten und Quellen kommunistischer Konzeption und Praxis in Rechnung, wäre unsere Zusammenfassung zur Essenz des »deutschen kritischen Kommunismus«, wie er sich als ein wichtiger Repräsentant des Kommunistischen vor dem Ersten Weltkrieg darstellt, zu erweitern:

- Die ökonomische Möglichkeit des Kommunistischen ist eine historisch-konkrete, nicht linear aus einem bestimmten Entwicklungsstand der Produktivkräfte allein ableitbare Größe. Die industrielle Großproduktion ist in Westeuropa Ausgangspunkt einer nachkapitalistischen Gesellschaft, für andere Regionen ist diese Frage offen (Obščina-Diskussion). Allerdings kann der Umbruch nur im globalen Kontext der bürgerlichen Produktionsweise verlaufen, nimmt aber dabei auch auf ökonomischem Gebiet spezifische regionale (nicht nur nationale) Züge an.

- Damit untrennbar verbunden ist die Frage nach den Wirkungen von Mangel auf die Realisierbarkeit des Kommunistischen. Marx und Engels problematisieren die Frage des Mangels schon in der *Deutschen Ideologie*, wo sie feststellen, dass ein hoher Entwicklungsstand der Ökonomie unabdingbar für eine nachkapitalistische Gesellschaft sei, weil andernfalls »nur der Mangel verallgemeinert, also mit der Notdurft auch der Streit um das Notwendige wieder beginnen und die ganze alte Scheiße sich [erneut] herstellen müsste« (Marx/Engels 1981, 34f.).
- Das Kommunistische ist auf das Engste mit der Veränderung der *Arbeitsteilung* und ihrer Gestaltung durch bewusstes, planmäßiges Handeln verbunden. Es geht um eine bewusste *Vergesellschaftung*, bewusste *Aneignung* der eigenen Lebensbedingungen. Seinen Ausdruck findet das in den Vorstellungen von Eigentum nicht als juristischer, sondern sozialer Erscheinung. Der Inhalt dessen, was unter kommunistischen Vorzeichen als Eigentum bezeichnet werden kann, ist *abgeleitet* aus sehr verschiedenen Bedingungen und Voraussetzungen. Anders gesagt: Kommunistisches Eigentum schafft man nicht einfach und errichtet dann den Kommunismus auf dessen Basis. Indem der kritische deutsche Kommunismus das Kommunistische als Möglichkeit und Notwendigkeit aus der Vergesellschaftung heraus bestimmt, also aus der Feststellung, dass die Produktivkräfte sich nur noch als gemeinsame anwenden lassen, und dass diese gemeinsame Anwendung bewusst gemeinsam erfolgen muss, wenn sie sich nicht in Destruktivkräfte verwandeln sollen, stellt er das Kommunistische als gesellschaftliche Aufgabe dar, nicht mehr als Erfüllung der Weisungen einer erhabenen und wissenden Elite. Das ist eine völlig andere Sichtweise als die der kommunistischen Projekte und Doktrinen, die vor allem moralische Empörung ausdrückten und praktisch handhabbar machten. Damit wird das Kommunistische aber auch zu einem Suchprozess nach Formen des Wirtschaftens, die die Produktivkräfte nicht zu Destruktivkräften werden lässt. Das Kommunistische ist so neuen, selbst hervorgebrachten Maßstäben ausgesetzt. Die mögliche

materielle Gleichheit muss in Wechselwirkung stehen zu politischer Gleichheit, zur Zugänglichkeit aller Entscheidungsprozesse, die Ziel und Wege des Wirtschaftens bestimmen.

- Dieser kommunistische Vergesellschaftungsprozess bedeutet *eine neue Einheit von Arbeit und Leben,* ohne dass Unterschied und Widerspruch verschwinden. Der Charakter der Arbeit und das Arbeitsethos verändern sich, die Menschen verhalten sich wissenschaftlich zum Prozess der Reproduktion und die Arbeit selbst nimmt zunehmend wissenschaftlichen Charakter an, der Mensch lässt Sachen für sich arbeiten.
- In der bürgerlichen Gesellschaft stellen sich vor allem Genossenschaften als *Orte des Lernens* dar. Mit seiner »Kulturfunktion« (Luxemburg) ist der bürgerliche Staat selbst als ein Ort des Lernens zu verstehen.
- *Der Übergang zum kommunistischen Wirtschaften wird über den Staat* als Diktatur des Proletariats erfolgen müssen, und das in einem *langdauernden Prozess,* der nur als *Bündnisprojekt* – insbesondere mit den Bauern – möglich sein dürfte.

In den Revolutionen am Ende des Ersten Weltkrieges wird das Kommunistische davon ausgehend neu bestimmt werden – als Praxis des Werdens unter veränderten Machtverhältnissen, also konstruktiv, und als auf diese Praxis hin orientierte Bewegung von Widerstand, als Praxis der Negation des Alten im Neuen. Das Neue selbst ist keimhaft; selbst das, was im Neuen an Altem besteht, ist in einen neuen Kontext gestellt. Es ging nun um eine gesellschaftliche Reproduktionsweise, die das Kommunistische tagtäglich neu erzeugen könnte – in den Beziehungen im Prozess selbst, hinsichtlich der Bereitstellung von Gütern und Leistungen und in der Art der Distribution und Konsumtion als Gleiche.

Neue Konstellationen

Mit dem Ende des Ersten Weltkrieges erfolgt eine Verdopplung der Problemkonstellation: in Sowjetrussland mit Kriegskommunismus und NÖP, in Deutschland und anderen kapitalistischen Staaten mit dem wachsenden Stellenwert wirtschaftsdemokratischer bzw. sozialpartnerschaftlicher Ansätze. In den Jahren 1917 bis 1919 eröffneten die Aktionen der ArbeiterInnenbewegung neue Horizonte der Realisierung des Kommunistischen, auch in ökonomischer Hinsicht.

Das Kommunistische unmöglich machen – Die Wendung der deutschen Sozialisierungsdebatte

Kautsky verzichtete 1918 ausdrücklich auf Erörterungen zu einem nichtkapitalistischen Übergang (Kautsky 1918, IV). Das ist in gewisser Weise unverständlich, widmete er doch 16 Jahre zuvor den zweiten Teil seiner Schrift »Die soziale Revolution« sehr ausführlich »dem Tag danach« (Kautsky 1902). In einer Schrift aus dem Jahr 1922 schließlich verschiebt er die ökonomische Realisierung des Kommunismus auf den jüngsten Tag und unterstellt dem Kommunismus einen »Gewaltkultus«, dessen »Illusionen« bei den Massen durch »ökonomische Einsicht« ersetzt werden müssten (Kautsky 1922, 193). Kautsky wiederholt die richtige Forderung des Lernens der Massen – allerdings wird dieses Lernen in den Schriften ab 1918 ziellos. Es wird, scheinbar an Marx anknüpfend, zwar betont, dass der Kapitalismus »intelligente Arbeitskräfte« hervorbringt, die fähig sind, die Produktion zu leiten (Kautsky 1902, 47), aber den Sprung wie in Russland sollen sie offensichtlich nicht tun. Letztlich bedeutet das die Erklärung der ökonomischen Unmöglichkeit des Kommunismus und die Aufgabe der Position, die Arbeiter seien selbst fähig, die Produktion zu organisieren. Unter dem Banner der Sozialisierung wird den Arbeitern mitgeteilt, sie seien dazu noch nicht in der Lage, sie müssten lernen, lernen, lernen – aber auf keinen Fall jetzt die Macht übernehmen. Die Marxsche Formel, dass sich der Kommunismus aus dem höchsten Stand der im Kapitalismus möglichen Entwicklung der Produktivkräfte ergibt, verwandelt sich in der Mehrheitssozialdemokratie anschließend an die Revisionismusdebatte in die Postulierung der ökonomischen Unmöglichkeit des Kommunismus – weil innerhalb der bürgerlichen Verhältnisse immer noch »Fortschrittspotenziale« entfaltet werden könnten. Der Ökonomismus ist eine Geburt der revisionistischen Sozialdemokratie, nicht der kommunistischen. Hier bricht die Sozialdemokratie offen mit dem kommunistischen Emanzipationsanspruch.

Allerdings setzte sich der sozialpartnerschaftliche Kurs der SPD erst nach harten Auseinandersetzungen mit rätekommunistischen Strömungen, die vor allem von Richard Müller vertreten wurden, durch. Das Müllersche Modell der Arbeiterräte ging von einer unmittelbaren Vergesellschaftung aus, die durch ein Geflecht von territorialen und betrieblichen Arbeiterräten realisiert werden sollte. Dies war in der sich kommunistisch verstehenden Tendenz mit einer Ablehnung des Parlamentarismus verbunden (Hoffrogge 2008, 108ff. sowie 147f.). Im Frühjahr 1919 standen sich auf dem 2. Reichsrätekongress zwei Anträge gegenüber. Der Antrag der USPD (Reichsrätekongress 1966a) erstreckte das Rätesystem sowohl auf die politische Sphäre (Arbeiterräte, die die Verwaltung kontrollieren sollten) wie auch auf die Wirtschaft (Betriebsräte). Der Antrag der SPD, der schließlich beschlossen wurde (Reichsrätekongress 1966b), beschränkte sich auf ein Kammern- und Rätesystem im wirtschaftlichen Bereich. Gemeinsam mit dem wenige Wochen zuvor angenommenen Sozialisierungsgesetz, das die mehr oder weniger vage Möglichkeit der Enteignung von Unternehmen vorsah, und eines Gesetzes zur Regulierung der Kohlebewirtschaftung wurde der Rätebewegung die Spitze genommen. Ideologisch wurde dies von der SPD als »Schritt zum praktischen Sozialismus« verkauft, als »langsame, stetige Durchsetzung des Sozialismus im Staate« (Vorwärts 1966, 52f.).

Das Rätemodell als Verbindung von Ökonomie und Politik sowie Teile der Sozialisierungsdebatte reichten bis hinein in die Kommunalverwaltungen (Bey-Heard 1969, insbes. 240). Die Autorin konstatiert, dass ein Nebeneinander von Räten und (repräsentativer) Selbstverwaltung sich als nicht möglich erwies. Das ist verständlich, wurden doch die politischen, wirtschaftlichen und militärischen Machtpositionen der alten Eliten schon wenige Monate nach der Ausrufung der Republik in wichtigen Teilen wiederhergestellt.

1923 trennt sich die KPD vom kritischen deutschen Kommunismus (der Luxemburgschen Richtung) und verzichtet auf die ernsthafte Diskussion der ökonomischen Dimension des Kommunistischen. Letztlich bedeutet die Diffamierung des reformerischen Aspekts Verzicht auch auf »ökonomische Alphabetisierung« – Ökonomie wird auf die theoretische Widerlegung des Kapitalismus reduziert. Das mindert nicht die Bedeutung des Kampfes der kommunistischen Bewegungen für die Verbesserung der Lebensbedingungen der Beschäftigten, verweist aber auf Defizite, die in der Sowjetunion und dann im entstehenden Realsozialismus zu schweren ökonomischen Problemen führen sollten.

Lutz Brangsch

Sowjetrussland: Der große kommunistische Aufbruch

Russland – Zuerst schien das ganz einfach

Situation und Konflikte um das Kommunistische nach der Oktoberrevolution unterschieden sich grundlegend von den bis dahin bekannten Problemen des Kommunistischen. Die Machtfrage stand nun als praktische Frage im Raum. Nicht nur die kommunistischen Ziele, auch die Mittel wurden in gesellschaftlicher Dimension erlebbar. Es entstanden neue Konflikte innerhalb einer Arbeiterbewegung, die eine weltweite Massenbewegung geworden war. Und es entstand eine neue globalpolitische Situation, in der sich der bisherige innere Klassengegensatz als Gegensatz zwischen Staaten in einer sich mehr und mehr verflechtenden Weltwirtschaft zeigte. Mit dem politischen Sieg der Bolschewiki schien eine Reihe von Faktoren, die das Scheitern kommunistischer Projekte verursacht hatten, ausgeschaltet: politische Schranken, ideologische und moralische Hindernisse, Abdrängen oder Ausweichen kommunistischer Projekte in wirtschaftlich weniger entwickelte Gebiete. Eine ganze Volkswirtschaft mit unermesslichen Ressourcen und die Staatsmacht eines Imperiums standen einem kommunistischen Projekt zur Verfügung und boten offensichtlich die Gewähr, die bisherigen Begrenzungen kommunistischer Projekte auch in ökonomischer Hinsicht sprengen zu können.

Allerdings mussten sie auch gesprengt werden, wenn das Kommunistische mit dem höchsten Stand der Produktivkräfte verbunden sein und Dauer haben sollte. Für die alte Ordnung konstatierte Lenin, dass der Kommunismus »buchstäblich aus allen Zweigen des öffentlichen Lebens« emporwachse, seine »Triebe« seien »überall zu finden« (W.I. Lenin 1974a, 88). Wenn dem so war – was bedeutete das für eine Partei, die durch die Welle der revolutionären Ereignisse die Macht ergreifen konnte? Zudem entsprach die Situation überhaupt nicht den an Marx anknüpfenden Erwartungen der Exponenten der II. Internationale. In deren Sicht war der Übergang zum Kommunismus nur im globalen Maßstab möglich. Es ging also um ein völlig neues Unternehmen. Im Unterschied zur Pariser Kommune konnte sich das neue Regime, gestützt auf proletarische und bäuerliche Massen wie auch auf Teile der Intelligenz, erst einmal politisch und militärisch durchsetzen. Freilich waren die Erwartungen der an der Revolution beteiligten Gruppen und die Gründe für die Unterstützung des Umbruchs naturgemäß unterschiedlich.

> »Alle Schichten der Bevölkerung sangen ihr Gebet, nirgends war aber die Melodie der Internationale zu hören; höchstens in Kasernen, Polizeistuben, in kommunistischen Parteipalästen, bei Begrüßung ausländischer Freunde und Kostempfänger. Er [Lenin] schien den schweren Sieg nach dreijährigem Kampf an allen Fronten nur deshalb errungen zu haben, um jetzt der Macht entsagen zu müssen. Die Herrschaft wurde wieder einsam. Eine Diktatur in überliefertem Sinne wird in einer solchen Lage nur noch blutiger. Uljanow [Lenin] versuchte aber, den Knoten der Widersprüche durch Politik zu lösen.« (Marcu 1927, 340)

Das Problem konzentrierte sich auf drei Fragen:

1. *Wer* würde sich als Träger des Kommunistischen im Umbau der gegebenen Wirtschaft erweisen? Damit ist letztlich auch die Frage nach den Elementen im Kapitalismus, die den Kommunismus möglich machen, nicht mehr abstrakt (auf der Ebene des Klassenwiderspruchs), sondern konkret (also auf der Ebene des tatsächlichen Handelns) gestellt.
2. *Wie* soll die Leitung einer auf die Realisierung kommunistischer Zielstellungen orientierten Wirtschaft aussehen, welche Richtungen sollen ihre materiellen Strukturen nehmen? Wie ist der Übergang von einem überschaubaren, unmittelbar erlebbaren kommunistischen Projekt (wie bei den ikarischen Kolonien) zu einer kommunistischen Volkswirtschaft zu bewerkstelligen? Wie ordnet sie sich dann auch noch in eine kapitalistisch dominierte Weltwirtschaft ein? Also: Was bedeutet bewusste und rationale Gestaltung des Stoffwechselprozesses zwischen Mensch und Natur konkret?[1]
3. *Was* sind die Triebkräfte einer solchen Wirtschaft – *warum* sollen Menschen auf andere Art und in andere Richtungen wirtschaften?

Im Mittelpunkt der Debatte standen neben der Frage der Verteilungsgerechtigkeit solche nach der ökonomischen Tragfähigkeit von Unternehmensstrukturen, nach deren rechtlichem Status, nach der Rolle des Geldes und vor allem auch nach den Triebkräften, den Motiven des Handelns der Leiter, der Beschäftigten und der Unternehmen selbst. Im April

---

[1] Diesem Aspekt widmete sich Friedrich Pollock 1929 in immer noch erhellender Weise mit nicht wieder erreichter Qualität in seinem Buch »Die planwirtschaftlichen Versuche in der Sowjetunion 1917-1927« (Pollock 1971).

1918 beschrieb Lenin die Aufgaben der Sowjetmacht nach dem Chaos der ersten Monate und versuchte diese drei Fragen zu beantworten:

> »Führe genau und gewissenhaft Buch über das Geld, wirtschafte sparsam, faulenze nicht, stiehl nicht, beobachte strengste Disziplin in der Arbeit – gerade solche Losungen, die von den revolutionären Proletariern damals, als die Bourgeoisie mit derartigen Reden ihre Herrschaft als Ausbeuterklasse bemäntelte, mit Recht verlacht wurden, werden jetzt, nach dem Sturz der Bourgeoisie, zu den nächsten und wichtigsten Losungen der Gegenwart.« Es gehe darum, »einen vollständigen Umschwung in den Stimmungen der Massen und ihren Übergang zu einer richtigen, ausdauernden und disziplinierten Arbeit herbeizuführen.« (Lenin 1960, 233f.) Er vermerkte hier, wie der letzte Satz zeigt, eine offensichtlich weit verbreitete Unterschätzung dieser »Kleinarbeit« des ökonomischen Aufbaus.

Ausgehend von dieser Kernforderung skizzierte er ein Programm des ökonomischen Aufbaus: Es gehe um die Hebung der Arbeitsproduktivität sowie des Bildungs- und Kulturniveaus der Masse der Bevölkerung, die Vereinigung der Bevölkerung in Konsumgenossenschaften, man müsse den Stücklohn erproben, die Fähigkeiten der bürgerlichen Spezialisten nutzen (und sie dafür gut bezahlen) und schließlich »um jeden Preis alles Wertvolle übernehmen, was Wissenschaft und Technik [...] errungen haben. Die Realisierbarkeit des Sozialismus hängt ab eben von der Verbindung der Sowjetmacht und der sowjetischen Verwaltungsorganisation mit dem neuesten Fortschritt des Kapitalismus.« (Ebd., 249f.) Es seien Wettbewerb und Erfahrungsaustausch zu organisieren und Menschen als Leiter zu gewinnen, die »mit nüchternem Verstand und praktischer Ader« ausgestattet sind und »die die Treue zum Sozialismus mit der Fähigkeit verbinden, ohne Lärm [...] eine feste und einmütige gemeinsame Arbeit einer großen Zahl von Menschen im Rahmen der sowjetischen Organisation zustande [...] [zu] bringen« (ebd., 253). Als politische Bedingung hob er hervor: »Unser Ziel ist, dass jeder Werktätige nach Erfüllung des achtstündigen ›Pensums‹ produktiver Arbeit unentgeltlich an der Ausübung der Staatspflichten teilnimmt...« (Ebd., 264) Der Gefahr der Bürokratisierung sei nur durch eine so zu erreichende »Geschmeidigkeit und Elastizität« der Verbindung der Sowjets mit dem »Volke« (bei Lenin auch in Anführungszeichen) zu begegnen (ebd., 265). Eine Grundlage für diese neue soziale Organisation sollte die Allgemeinheit der Arbeit sein. Arbeiter davon zu überzeugen, schien zu diesem Zeitpunkt nicht wichtig – und die nichtproletarischen Schichten wurden durch Arbeitspflicht und durch Führung von »Arbeits- und Konsumbüchern« zwangsweise herangezogen. Das Kommunistische zu erreichen bedeutete also, sich selbst zu verändern, zu lernen, »anders zu arbeiten«, und dann auch noch an der Staatsmacht teilzunehmen, und zu akzeptieren, dass das Kommunistische nur in kleinen Schritten in einem Land, das weit hinter dem technologischen Entwicklungsniveau Westeuropas zurücklag und zudem noch weitgehend zerstört war, zu verwirklichen war.

Bucharin fügte dieser Fragestellung eine weitere Dimension hinzu, indem er bereits 1920 das Problem aufwarf, was eigentlich die Belegschaften *nachhaltig* an effektivem Wirtschaften interessieren könnte, wenn sich technologische Abläufe und Maschinerie gegenüber dem Kapitalismus nicht wesentlich veränderten. Er betonte, dass die Zerschlagung des Kapitalismus die Realität der Verwirklichung des Kommunismus noch nicht beweise: »Die Frage nach seinen Voraussetzungen und der Wahrscheinlichkeit seiner Realisierung – diese Frage deckt sich logisch keineswegs mit der Frage nach dem Zusammenbruch des Kapitalismus. Theoretisch ist eine weitere Zersetzung denkbar, ein ›Untergang der Kultur‹, eine Rückkehr zu den primitiven Formen der mittelalterlichen Halbnatural-Wirtschaft, kurzum, jenes Bild, das Anatole France am Schluss seiner ›Insel der Pinguine‹ ausmalt.«[2] (Bucharin 1990, 82) Dahinter steht die Frage nach der tatsächlichen Vergesellschaftung und nach den Wegen, auf denen die Möglichkeiten der Entwicklung der Produktivkräfte, von Technik, Technologien, Wissenschaft und des Menschen selbst in kommunistische Gesellschaftlichkeit umgesetzt werden können. Das bedeutet auch, politische und kulturelle Formen zu finden, in denen Ziel und Mittel in konstruktive Wechselwirkung treten können.

Wer will eigentlich das Kommunistische – und warum?

Aus geschichtlicher Sicht waren an die RevolutionärInnen des Oktober 1917 in Russland folgende Fragen gestellt: Wie können sich unter widrigen Bedingungen ArbeiterInnen und Bauern/BäuerInnen so organisieren, dass sie sich das kommunistische Projekt in ihrem täglichen Leben aneignen, es zu dem ihren machen, sich trotz Anfeindungen, Misser-

[2] Die »Insel der Pinguine« (1908) von Anatole France beschreibt satirisch die Entwicklung Westeuropas bis in die damalige Zeit, wobei er auf aktuelle politische Kämpfe und Skandale eingeht. Aus dieser Analyse einer »kranken« Gesellschaft heraus zeichnet er das Bild eines apokalyptischen Zusammenbruchs der Zivilisation, in der keine soziale Gruppe fähig ist, die die Gesellschaft zerreißenden Widersprüche zu lösen (siehe France 1991).

folgen und Versuchungen des angenehmen Lebens als LohnarbeiterIn in einem kapitalistischen Unternehmen der Konkurrenz gegen Schwächere in der Gesellschaft enthalten und so dem Kommunistischen im Unterschied zu allen früheren Versuchen der Realisierung kommunistischer Projekte eine nachhaltige Basis geben? Wie kann die Initiative, das Schöpferische, der Mut und der Wille, sich Unbekanntem zu stellen, ohne die Aussichten bürgerlicher Wohlhabenheit und ohne den Druck von Existenzunsicherheit und sozialer Kälte geweckt und stabil erhalten werden?

Lenin erwartete, dass die »Masse der armen Bevölkerung (der Proletarier und Halbproletarier)« den Übergang zu »einer richtigen, ausdauernden und disziplinierten Arbeit« durchführen müsste (Lenin 1960, 234). Auffällig ist, wie sich Lenin hier auf die Rolle der »armen Bevölkerung (der Proletarier und Halbproletarier)« konzentrierte. Gegen jede Erwartung früherer Kommunisten sollten nun ausgerechnet diejenigen Träger des Kommunistischen werden, die ihm meist denkbar fern standen.

Was war die Erzählung kommunistischen Wirtschaftens, mit der vor allem die armen Arbeiter und Bauern angeregt werden sollten, Schritte in die Zukunft zu machen? Die naheliegendste Erzählung war die von der Gleichheit – und das in ihrer einfachsten Form, der Gleichmacherei unter bewusstem Ausschluss der verbliebenen Unternehmer und anderer nichtproletarischer Schichten. Zu den ersten Schritten gehörte die Milderung der Ungleichheiten durch die Einführung bzw. Ausweitung sozialer Sicherungssysteme. Mit den Dekreten vom 30.10.1917 und 31.10.1918 wurde ein für diese Zeit umfassendes System sozialer Sicherung geschaffen, das aber, so eine Einschätzung aus dem Jahr 1921, nicht durch die ökonomischen Möglichkeiten des Landes abgesichert war (Winokurow 1921, 29f.). Durch den Krieg und die Kämpfe seit der Revolution im Februar 1917 waren die wirtschaftliche Basis und damit natürlich auch die Staatsfinanzen zerrüttet. In der hier angeführten Darstellung der sozialen Absicherung aus dem Jahr 1921 betont der Autor aber noch einen weiteren Aspekt, der für die weitere soziale, aber auch wirtschaftliche Entwicklung wesentlich werden sollte – die Verstaatlichung der sozialen Absicherung unter dem Terminus »Sozialfürsorge« als Überwindung des bürgerlichen Prinzips der Sozialversicherung mit den Dekreten von 1918: »Gegenwärtig, da das Proletariat die Macht in Händen hat, [...] erscheinen die parallelen Versicherungsorgane [...] als vollständig überflüssig, und ihre Funktionen müssen an die Sowjets und deren Abteilungen übergehen.« Es ging ausdrücklich um die Verstaatlichung des sozialen Fürsorgewesens (ebd., 14). Das wurde als Schritt zum Kommunismus verstanden. Eher aus den Nöten dieser Zerrüttung als aus dem Versuch der Errichtung des Kommunismus wurde dann die unmittelbare Verteilung von Waren und die Unentgeltlichkeit von öffentlichen Leistungen erweitert, weil ansonsten gerade den städtischen Arbeitern absolutes Elend gedroht hätte.

Kommunistische Gleichheit bedeutete unter diesen Bedingungen allerdings tatsächlich nicht in erster Linie Vergesellschaftung des Reproduktionsprozesses (also gemeinschaftliche Organisation und Leitung der volkswirtschaftlichen Prozesse), sondern Verallgemeinerung des Mangels – ein Zustand, den Marx und Engels als mit dem Kommunismus als unvereinbar betrachteten. Die Lösung der dringendsten wirtschaftlichen Probleme der jungen Sowjetmacht lag allerdings in erster Linie in der Landwirtschaft, weniger in der Stadt.

Die Bolschewiki waren mit dem städtischen Proletariat und den Intellektuellen verbunden, und misstrauten genau aus diesen Gründen den »Neuunternehmern«, den Bauern. Das markiert die starken wie auch schwachen Seiten der Bolschewiki und das für Russland entscheidende wirtschaftliche Problem (Kagarlickij/Sergeev 2013, 334). Sie hatten keine Beziehung zu den alten Oberschichten, aber zu modernen städtischen Gruppen und keine Basis auf dem Dorfe. Das Misstrauen der Bolschewiki gegenüber den Bauern erschien umso berechtigter, als dass der bürgerliche Status der russischen Bauern im Rahmen der Stolypinschen Reformen ja nicht durch die Zerschlagung des feudalen Grundbesitzes, sondern durch die Zerschlagung der Obščina, der alten Dorfgemeinschaft mit kommunistischen Elementen, erlangt wurde. Bis 1906 war die Obščina als Kern der Agrarverhältnisse nicht angegriffen worden. Die Aufhebung der Leibeigenschaft in Russland (1861) hatte erst einmal die Dorfgemeinschaft, das heißt die gemeinsame Entscheidung über die Bewirtschaftung des Gemeindelandes durch die Gemeindemitglieder, und den Status der Großgrundbesitzer nicht angetastet. Um der revolutionären Bewegung die Spitze zu nehmen und das Land zu befrieden, sollte nach 1905 im Rahmen einer Agrarreform eine neue massenhafte Schicht von Privateigentümern unter den Bauern geschaffen werden, nicht zuletzt um die soziale Basis des Zarismus, der Monarchie, zu erweitern. Woher aber das Land nehmen? Den herrschenden Kreisen war es nicht denkbar, dazu den Großgrundbesitz anzutasten. So wurde das Gemeindeland privatisiert – wodurch aber klar wurde, wie schwach die entstehenden Privatbetriebe sein würden. Diese Konstellation wurde von den Bauern durchaus erkannt, weshalb lediglich 26 Prozent der Bauern diese

Möglichkeit nutzten und damit 22 Prozent des Bodens aus der Obščina entnommen wurde. Auch wenn nach den Reformen der Jahre 1906 bis 1911 die landwirtschaftliche Produktion stieg, ist nach Einschätzungen der Historiker das politische Ziel, die Schaffung einer neuen sozialen Basis für die Monarchie, nicht erreicht worden. (Bezborodov 2004, 45ff.) Im Jahr 1916 führte die zaristische Regierung dann die zwangsweise Eintreibung von Getreidelieferungen ein, wodurch die Bindung der Bauern an die Monarchie weiter sank und die bevorstehende Revolution eine massenhafte Basis gewann. Diese revolutionäre Gefahr auf dem Lande blieb nicht unbemerkt: In einer Resolution des Städteverbandes vom Dezember 1916 heißt es: »Der Städteverband ruft [...] alle organisierten Gruppen der Bevölkerung auf – die Städte, die Semstwo,[3] die Landwirtschaft, den Handel, die Industrie, die Militärindustrie-Komitees, die Kooperative, die Arbeiter – sich vor allem zur Neuordnung der Lebensmittelversorgung zusammenzufinden...« (Städteverband 1964, 90) Ein frommer Wunsch, der keine Bedeutung erlangte.

Gleichzeitig wurde aber mit diesen Maßnahmen der Gegensatz zwischen Land und Stadt zugespitzt – denn die Zwangsablieferung war ja für die städtische Bevölkerung und vor allem für die Armee vorgesehen. Aus der Sicht der Bauern war die »Ernährungsdiktatur« der Bolschewiki ab Mitte 1918 im Rahmen des Kriegskommunismus nichts anderes als die Wiederholung des Versuches der Errichtung der »Diktatur der Stadt über das Land« unter dem Zarismus, zumal die Eintreibung der Abgabe in erster Linie durch »Städter« realisiert wurde – nicht von Organen der Bauernschaft.

Der Begriff Kriegskommunismus beschreibt Gleichheit in den Pflichten und politisch bestimmte Unterschiedlichkeit in den Rechten, in der Zuteilung von Überlebensmitteln im Kampf um die Sicherung der politischen Macht. Er war allerdings nicht nur eine Entscheidung aus Not, sondern wurde durchaus auch als eine Verwirklichung kommunistischer Ideale angesehen. Allerdings waren es vor allem die Geringqualifizierten, die dem folgten – das ist verständlich, weil sie davon am meisten profitierten. Die Privilegierung der Arbeiter in Fragen der Nahrungsmittelzuteilung, die Liquidierung der Arbeitslosigkeit und die Durchsetzung der Arbeiterkontrolle in den Betrieben erreichten auch Besserqualifizierte und legitimierten die Sowjetmacht (wenn auch in geringerem Maße) von dieser Seite (Postnikov/Fel'dman 2009, 311). Die Abwertung des ingenieur-technischen Personals und der Ausschluss dieses Teils von den neuen

---

[3] Die *Semstwo* war eine Form ländlich-ständischer Interessenvertretung.

Privilegien waren aus den negativen Erfahrungen mit den alten Vorgesetzten bzw. privilegierten Technikern gespeist und entsprach durchaus dem Weltbild einer Schicht der Arbeiterschaft (ebd., 309). Die unvermittelte Übertragung dieser Erfahrungen aus früheren Zeiten auf den »Spezialisten als solchen« auch nach der Revolution und die beständige Bekräftigung dieses Feindbildes durch die neuen Machthaber (auch Lenin) sollte sich aber langfristig als fatale Weichenstellung erweisen. Höhere Qualifikation sollte sich über die gesamte Zeit der Existenz des Realsozialismus als soziale und politische Falle erweisen. Bis zu den Stalinschen Säuberungen ist die Fiktion des ehrlich mit dem Kommunismus verbundenen »einfachen« Arbeiters Argument der Staats- und Parteiapparate im Kampf gegen jede tatsächliche oder vermeintliche Opposition. Bereits für die Zeit Anfang der 1920er Jahre kann aus den Quellen ein alle Regionen betreffendes »angespanntes Verhältnis« zwischen Arbeitern und Spezialisten konstatiert werden (ebd., 318). Schon zu dieser Zeit bestand die Tendenz, Fehler in erster Linie bei den »Schädlingen«, vor allem den ausgebildeten bürgerlichen Fachkräften, zu suchen.

Wer wird der Träger des Kommunistischen?

Im Überlebenskampf 1918 bis 1920 hatten die Bolschewiki die Tiefe der Differenzierungen der eigenen, ohnehin schmalen Basis unterschätzt. Die skizzierten Tendenzen erfasste Lenin in der Tragweite erst mit dem Kronstädter Aufstand und den Bauernaufständen, wobei er auch hier das Banditentum in den Vordergrund stellte (wieder ganz Machtpolitiker). Dessen ungeachtet war seine Kritik des Kriegskommunismus grundsätzlich und vernichtend. Unter dem Druck der Erfüllung von Kriegsaufgaben stünden die Demobilisierten nun »vor dem Nichts..., gewohnt, sich mit Krieg zu beschäftigen und diesen beinahe als ihr einziges Handwerk zu betrachten... Es war zweifellos ein Fehler des ZK, dass das Ausmaß dieser mit der Demobilisierung zusammenhängenden Schwierigkeiten nicht in Rechnung gestellt wurden.« (Lenin 1982a, 170)

Lenin ging davon aus, dass man besser werden und den Kampf ökonomisch gewinnen müsse: »Die kommunistische Gesellschaft mit den Händen der Kommunisten aufbauen zu wollen, ist eine kindische, eine ganz kindische Idee. Die Kommunisten sind ein Tropfen im Meer, ein Tropfen im Volksmeer.« (Lenin 1962, 277) Es ginge darum, die Konsequenzen daraus zu ziehen, dass der Kommunismus »mit nichtkommunistischen Händen« aufzubauen sei (ebd., 278). Lenin kannte den Bürokratismus und dessen Konsequenzen gut, die Unfähigkeit der Sowjetinstitutionen, kommunistisch zu handeln. Ihm war auch gut bekannt, dass Korruption und Amtsmissbrauch übliche Praxis der Apparate war. Damit wurde der Blick der »Volksmassen« auf den Kommunisten als den »Anderen«, »Fremden« noch verstärkt. Eine Analyse des Blicks des »Volksmeeres«, der »nichtkommunistischen Hände« auf die Kommunisten zeigt, dass sie – unabhängig von kommunistischen Momenten der eigenen Traditionen – als Vertreter einer anderen sozialen Gruppe (teilweise mit den Gutsbesitzern assoziiert), als Un- oder Andersgläubige, als Fremde (»Juden«) und Nichtmenschen (»Antichrist«) betrachtet wurden (Petrova 2014, 134). Das macht es umso verständlicher, dass Lenin einen Lernprozess forderte, der sich im Wettbewerb von Kapitalismus und Kommunismus realisieren sollte.

Wenn sich das Kommunistische des Wirtschaftens in einem hohen Maß an Planmäßigkeit und Bewusstheit der ProduzentInnen und KonsumentInnen selbst realisieren sollte, so jedenfalls die Vermutung in der Marxschen Richtung, erlangt der Mensch und sein Verhalten in der neuen Ordnung einen anderen Stellenwert, eine andere Bedeutung als in der kapitalistischen Ära. Betrachten wir die Arbeiterschaft, die als Träger des Kommunistischen in diesen Wettbewerb treten sollte.

Der Kreis der Aktivisten selbst umfasste vielleicht fünf bis sieben Prozent der Industriearbeiterschaft (Postnikov/Fel'dman 2009, 305), also eine verschwindende Minderheit – tatsächlich ein »Tropfen im Volksmeer«. Überhaupt stand die Einschätzung der Massen und der einfachen Parteimitglieder durch die Führung in krassem Widerspruch zur Propaganda. Stalin und andere führende Funktionäre beklagten, dass die Parteimitglieder noch unkultivierter seien als viele Parteilose (Stalin sprach von 99 von 100 Fällen) (zit. bei ebd., 326). Gleichzeitig beklagten Parteiorganisationen, dass Arbeiter, die (wie gewünscht und gefördert) in Verwaltungspositionen gelangten, in kürzester Zeit sich »verbürokratisierten« (ebd., 327). Dieser Prozess wurde auch in der Kunst zum Gegenstand heftigster Kritik und Polemik.

Die Arbeiterschaft war sehr differenziert – man erinnere sich auch an die eingangs wiedergegebene Einschätzung der Situation der Demobilisierten durch Lenin. Untersuchungen zur Sozialstruktur der Arbeiterschaft in den Jahren 1917 bis 1921 kommen zu folgenden Ergebnissen:

- etwa 5.000 frühere Arbeiter und Handwerker (davon vielleicht die Hälfte Industriearbeiter) stiegen in führende Organe auf und bildeten damit eine Minderheit in dieser 14.828 Personen umfassenden Gruppe;

- kriegsbedingt stammten viele Arbeiter (in Petrograd 76 Prozent), und auch viele der Aktivisten, aus dem Dorf oder waren erst in den Kriegsjahren in das arbeitsfähige Alter eingetreten;
- 20 Prozent der »alten« Industriearbeiter gingen in dieser Zeit ins Dorf zurück;
- abgesehen von den in die Rote Armee eingetretenen Arbeitern verteilen sich 55 Prozent der Arbeiter, die ihre Betriebe verlassen hatten, weiterhin auf folgende Gruppen: Handwerker, Weißgardisten, Partisanen aller Art, Arbeitslose, Deklassierte;
- Die Unterstützung für die Sowjetmacht auf der einen und die Konterrevolution auf der anderen Seite hielt sich in großen Industriezentren die Waage, in Gebieten mit weniger entwickelten Betrieben überwog tendenziell die Unterstützung der Sowjetmacht (ebd., 308ff.).

Lenin meinte daher sicher nicht zu Unrecht, dass die Fabrikarbeiter damals keine Proletarier, sondern »allerlei zufällige Elemente« seien (Lenin 1962, 286). Das propagierte Menschenbild des klassenbewussten Proletariers, der die unwissenden, aber im Grunde doch revolutionär-bolschewistischen Bauern an die Hand nimmt und mit ihnen gemeinsam die Revolution durchführt und verteidigt, war eher Zielvorstellung und markierte sowohl eine soziale Herausforderung als auch ein vermutetes ökonomisches Potenzial (analysiert bei Tetzner 2013). Große Wirkung hatten auch Künstler, z.B. Wladimir Majakowski, der in seinen Werken schon kurz nach der Revolution den Menschen, wie er noch werden sollte, als den schon seienden Menschen setzte. Er selbst wurde vor allem auch im Ausland als »Quintessenz des Sozialismus«, als »fertiges Resultat des noch nicht errichteten Sozialismus« verstanden (Bulavka 2006). So prägte er für die kommunistische Bewegung (und auch darüber hinaus) ein bestimmtes Bild der Sowjetunion und der in ihr präsenten wirtschaftlichen Möglichkeiten der schnellen Lösung der sozialen Fragen (vgl. Loew/Tschistowa 1986).

> In einem seiner Stücke zeichnet Majakowski, deutlich in Übereinstimmung mit den Kommunismus-Vorstellungen früherer Schriftsteller, das Bild der kommunistischen Gesellschaft (das »gelobte Land«): »Aber welch eine Stadt! Zum Himmelsgewölbe hochgetürmt und aufgetan, stehen die Riesenleiber durchsichtiger Fabriken und Wohnhäuser. Umwunden mit Regenbogen-Fluoreszenzen geistern Eisenbahnzüge, Straßenbahnen, Kraftwagen [...] Aus den Schaufenstern sieht man die besten Sachen heraustreten...« (Majakowski 1967, 109)

Die Frage war also: Gelingt eine Vergesellschaftung, die Lösung aus der Vereinzelung als Privatpersonen, die sich ihrer Abhängigkeiten bewusst werden und kommunistisch gestalten? Die Neue Ökonomische Politik (NÖP), die Lenin vorschlug, war ursprünglich eine pragmatische Lösung. Der Kriegskommunismus hatte das Vertrauen der Bauern in den Sinn eines kommunistischen Projektes auf dem Lande nachhaltig untergraben. Die Sowjetmacht begegnet vielen Bauern erst zu Beginn des Jahres 1918 – und dann durch die Schaffung der Komitees der Dorfarmut, die Beschlagnahme von Getreide und die Rekrutierung für den Kampf gegen Intervention und Konterrevolution. Der Unterschied zu früheren Herrschern ist für die Bauern nicht deutlich auszumachen. Varga zitiert in einem Aufsatz über die NÖP Losungen der Bauernaufstände: »Hoch die Bolschewiki (die uns das Land gegeben haben)! Hoch der Freihandel! Nieder mit den Kommunisten (die das Getreide requirieren)! Der Zwiespalt zwischen dem privaten Bodenbesitz und der gemeinschaftlichen Verteilung des Bodenertrages muss beseitigt werden.« (Varga 1921, 31) Die Realität der Beteiligung erheblicher Teile der Arbeiterschaft an den Kämpfen gegen die Bolschewiki machte aber auch deutlich, dass es nicht nur um die Gewinnung der Bauern gehen musste, sondern auch der Arbeiter selbst. Schon die Auflösung der Verfassungsgebenden Versammlung, der Konstitutante, im Januar 1918 hatte auch unter den Arbeitern, und hier wiederum unter den qualifizierteren und politisch erfahrenen Arbeitern, Widerstand ausgelöst, während die weniger qualifizierten eher zustimmten. Der Aufstand in Kronstadt war vor diesem Hintergrund Ausdruck von Widersprüchen, die alle Schichten der Gesellschaft durchzogen. Die NÖP musste so mehr als nur Ausdruck einer den Mittelbauern entsprechenden Politik sein (so meinte Varga übereinstimmend mit Lenin in dem erwähnten Aufsatz). Sie musste gleichermaßen den Interessen der Arbeiterschaft und der Intelligenz (der »Spezialisten«) Rechnung tragen. Sie konnte dies aber nicht – zwar stieg das Sozialprestige der Arbeiter, ohne dass sich dies für die Mehrheit in besseren Lebensverhältnissen niederschlug. Streiks und andere Kampfaktionen waren bis zum Ende der zwanziger Jahre verbreitet.

Die modernsten Produktivkräfte entwickeln

Fixpunkt des Konzeptes, wie es in der Tradition der II. Internationale bei Lenin und vielen seiner Mitstreiter verankert war, war die Rolle der Industrie, vor allem des Maschinenbaus und anderer Bereiche der Schwerindustrie. In ihr wurde die entscheidende materielle Grundlage der Emanzipation im Sinne der kommunistischen Zukunft gesehen. Bis heute lebt das Suggestive der Formel »Kommunismus – Das ist Sowjetmacht plus Elektrifizierung des ganzen Landes«, mit dem das erste planwirtschaftliche Modell, der GOELRO-Plan, politisch umschrieben wurde, fort (W.I. Lenin 1974b, 513). Das Kommunistische war industriell – man erinnere sich an die weiter oben zitierten Vorstellungen Majakowskis. Auch die Landwirtschaft wurde in diesem Sinne betrachtet. Die Landwirtschaft und die Bauernwirtschaften wurden vor allem als Objekt der Umgestaltung gesehen, nicht als Moment dieser Umgestaltung selbst. Eine Darstellung aus der Frühphase der NÖP (wahrscheinlich Mitte 1921) legt auf jeden Fall nahe, dass eine Bezugnahme auf die Erfahrungen der Obščina nicht mehr aktuell schien. Von politischer Seite wurde der Druck auf die Bauern, bestenfalls gestützt auf die Komitees der Dorfarmut, als Mittel präferiert. Auf einer anderen Seite wurde die berechtigte Forderung der Rekonstruktion der Industrie als Partner der Bauernwirtschaften, nach der Proportionalität von Landwirtschaft und Industrie aufgemacht – aber auch getrieben vom Glauben an einen »technischen Sachzwang«.

> »... erst durch die Wiederherstellung der Industrie und des Transportwesens, durch die Verpflegungssteuer, gelangen wir zur Wiederherstellung der Ackerbauproduktion und zur Regelung der Aufgaben einer Sozialisierung des Ackerbaues. Eine Vertagung der Aufgaben bedeutet keinen Verzicht auf ihre Lösung. Sie werden gelöst werden, wenn alle die erfolgreiche Lösung dieser Aufgabe fördernden Bedingungen vorbereitet sein werden. Dann wird das Vorhandensein machtvoller technischer Kräfte, die angesichts der Tatsache ihrer Arbeit zwingen werden, den neuen Produktionsformen den Vorzug zu geben und die schöpferischen Prozesse außerhalb einer direkten Abhängigkeit von der lebendigen Arbeit zu regeln, diese letztere auf ein Mindestmaß beschränken und sie der Regelung durch einen klassenlosen Staat unterordnen.« (Chrjaschtschjew 1921, 45)

Die NÖP und die ihr folgende Phase der Industrialisierung sind überhaupt vor diesem Hintergrund der Betonung der Rolle der Entfaltung der Produktivkräfte in der Industrie zu sehen. Die Zulassung des Handels, die Verpachtung von Betrieben an Unternehmer oder die Erteilung von Konzessionen an ausländische Investoren waren ja kein Selbstzweck. Es ging vielmehr um die Schaffung von Voraussetzungen dafür, dass sich die neue Ordnung unabhängig vom Kapital, auch vom internationalen Kapital, reproduzieren kann. NÖP und der GOELRO-Plan zur Elektrifizierung des Landes liefen nicht zufällig parallel. Unter dem Gesichtspunkt des kommunistischen Ziels bedingten sie einander.

Die unmittelbare Kooperation zwischen den Produzenten der Maschinen und anderer Produzenten von Gütern für die Landwirtschaft auf der einen und den Abnehmern dieser Produkte auf der anderen Seite hätte tatsächlich eine bewusste Gestaltung des Reproduktionsprozesses, eine völlig neue Etappe der gesellschaftlichen Anwendung gesellschaftlicher Produktivkraft – von Vergesellschaftung also – bedeuten können. Diese Richtung, die übrigens erkennbar an Lenins Untersuchungen zur Entwicklung der russischen Landwirtschaft vor der Revolution anknüpfte (Čajanov 1989, 429ff.), konnte sich allerdings nicht durchsetzen.

Der Weg der Kollektivierung war nicht zuletzt Ausdruck überzogener Erwartungen an die Geschwindigkeit eines Übergangs zu einer quasi-industriellen Produktions- und Lebensweise (Suslov 1989, 91). Er führte zu einer Entfremdung des Bauern von der Natur und den spezifischen landwirtschaftlichen Kreisläufen (zur »Entbauerung des Dorfes« (Il'inych 2011, 178) und zu einer Loslösung der Produzenten landwirtschaftlicher Maschinen und Ausrüstungen von den Bedürfnissen landwirtschaftlicher Produktion. Das Ergebnis dieses Kurses war, so der sowjetische Agrarökonom Suslov, dass im Zuge der Industrialisierung Ende der 1920er/ Anfang der 1930er Jahre die Kontinuität der Produktion nur durch den Hunger der Landbevölkerung aufrechterhalten werden konnte (Suslov 1989, 87). Die Folgen dieser Lösung wirken, wie die Entwicklungen in der Ukraine und deren ideologische Erklärung etwa aus den Hungersnöten Anfang der 1930er Jahre zeigen, bis heute fort.

Was ist das »kommunistische Unternehmen«?

In den bis dahin realisierten kommunistischen Projekten waren Unternehmen und Projekt meist weitgehend identisch. Nun zeigte sich, dass die Umwandlung der ganzen Volkswirtschaft in eine einzige »Fabrik« schlichtweg unmöglich war. Was also tun? Die ersten Erfahrungen der Sowjetmacht zeigten, dass die Bauernwirtschaften in der ursprünglich vermuteten Weise nicht zu organisieren waren. Sollten nun wenigstens die Industrieunternehmen, die einzelnen Produktionsstätten, den Beschäftigten gehören? Die Einführung der Arbeiterkontrolle nach der Revolution schien diese Lösung zu bestätigen. Das Kommunistische der Gesellschaft würde sich in der Multiplikation vieler kleiner kommunistischer Projekte manifestieren. Tatsächlich wurde diese Lösung durch Teile der (wie gesehen kleinen) revolutionären Bewegung vertreten, insbesondere von der Fraktion der Arbeiterkommunisten (die vor allem aus Intellektuellen bestand).[4] Nach Auffassung der Mehrheit der Bolschewiki bewährte sich dieser Ansatz nicht, was angesichts des Profils der Arbeiterschaft auch nicht verwunderlich war. Wenn also die ganze Volkswirtschaft nicht als eine einzige Fabrik zu organisieren war, auf der anderen Seite sie auch nicht einfach die Summe kleiner, sich nach innen kommunistisch betrachtender Projekte sein konnte, wo war dann eine Lösung zu finden?

Die von Lenin geforderte strengste wirtschaftliche Rechnungsführung und Kontrolle reichte nicht aus. Es ging um die Frage, wie Unternehmen zu organisieren wären, die eine volkswirtschaftlich rationelle Arbeitsteilung unter den Vorzeichen der Realisierung kommunistischer Ansprüche in der Verteilung aber auch in der Gestaltung der Arbeitsbedingungen für alle Menschen realisieren könnten. Die in den bisherigen kommunistischen Projekten gegebene unmittelbare Einheit von Arbeit und Leben als Motiv und Bestätigung der Beteiligung an diesem Projekt entfiel damit. Es kam also die Frage hinzu, wie unter diesen Bedingungen sich neue Antriebe für effektives Arbeiten und für Innovationsgeist freisetzen könnten. Die Suche nach der Möglichkeit, das Kommunistische gesellschaftlich möglich zu machen, vollzog sich auf diesem Teilgebiet des Wirtschaftens nicht nur intensiv, sondern auch in besonders dramatischen Formen. Die NÖP gab neben den Versuchen der entsprechenden Gestaltung der Verhältnisse in den Industriebetrieben zahlreichen Genossenschaftsprojekten, Kommunen und anderen selbstorganisierten Projekten Raum.

Mit der NÖP wurde das Einkommen immer stärker an die Arbeitsleistung gebunden, die Betriebe erhielten einen definierten rechtlichen Status und die Beziehungen zwischen ihnen und zwischen ihnen und den Leitungs- und Planungsorganen wurden schrittweise rechtlich ausgestaltet. Gleichzeitig aber wurden die Positionen der entstehenden Bürokratie gestärkt. Wie bereits angesprochen, installierte die NÖP darüber hinaus aber auch den von Lenin geforderten Wettbewerb zwischen Kapitalismus und Kommunismus durch Wiederzulassung des privaten Handels und des privaten Unternehmertums in der Industrie sowie die Vergabe von Konzessionen an ausländische Investoren. Der so entstehende Privatsektor sollte auch ein Stachel im Fleisch der selbstgenügsamen sowjetischen Verwaltungspraxis sein.

---

[4] Auch das Modell der Arbeiterselbstverwaltung in Jugoslawien folgte im Kern dieser Vorstellung. Darauf wird im weiteren Verlauf noch einzugehen sein.

Der Apparat allerdings war in wesentlichen Teilen nicht bereit oder nicht fähig, diesen Wettbewerb anzunehmen und den »Stachel« zu akzeptieren. Statt der Einbeziehung in die Planwirtschaft wurde in der Praxis ein Weg der politischen und ökonomischen Schikane gewählt, dessen Kehrseite die Korruption und die Verunmöglichung des Lernens wurden. Die neuen Kontrahenten (tatsächliche wie vermeintliche) in den Reihen der Bauern, der Intelligenz, des Kleinkapitals wurden nicht als Resultate des revolutionären Prozesses, sondern als Importe aus dem Gestern gesehen. Entsprechend restriktiv und willkürlich waren die Bedingungen für unternehmerische Tätigkeit. Dokumentiert ist auch die Gegnerschaft aus Reihen der Arbeiter. Es gab in den staatlichen Unternehmen und Apparaten Angst vor der Konkurrenz seitens der privaten und der Konzessionsbetriebe, die eine zwar begrenzte, aber doch reale Eigenständigkeit hatten. Dabei muss in Rechnung gestellt werden, dass die überwiegende Zahl der ohnehin nicht zahlreichen Privatbetriebe kaum über die Größe von Handwerksbetrieben hinausging.

Auf dem XII. Parteitag im April 1923 wurde die Forderung abgelehnt, zum Aufbau der Schwerindustrie verstärkt ausländische Kredite und die Vergabe von Konzessionen heranzuziehen. Die Argumente zur Ablehnung seitens Sinowjews, Trotzkis und Bucharins waren eher ideologischer Natur. In Vorbereitung auf diesen Parteitag ergab eine Analyse, dass die Vergabe von Industriebetrieben an ausländische Konzessionäre durch den Widerstand von Betriebsleitungen und leitenden Organen der Verwaltungen der entsprechenden Industriezweige behindert wurde. Sie hofften auf Hilfe aus dem Staatshaushalt ohne Hinzuziehung ausländischen Kapitals (Goland 2006, 227). Das führte in einen tödlichen Kreislauf – höhere Aufwendungen für die Rekonstruktion der Betriebe aus Mitteln des Staatshaushaltes setzten ohne Hinzuziehung äußerer Quellen höhere Einnahmen voraus, höhere Einnahmen aber eine halbwegs intakte Wirtschaft. Wollte man keine Konzessionen vergeben, wären höhere Exporte nötig – aber für die brauchte man auch wieder eine intakte Wirtschaft. Zudem musste das zerstörte Land wieder Anschluss an den technischen Fortschritt gewinnen – und auch dies setzte Exporte eigener Waren voraus. Die Goldreserven, die der Sowjetmacht zur Verfügung standen, waren weitgehend erschöpft.

Die Entscheidungen um 1923 und der inkonsequente Umgang mit den Widersprüchen der Konzessionen trugen so schon den Keim einer neuen »kriegskommunistischen« Lösung in sich, wie sie dann mit dem Abbruch der NÖP, der Kollektivierung und der forcierten Industrialisierung ab Ende der 1920er Jahre realisiert wurde. War der Kriegskommunismus 1918-1921 jedoch in hohem Maße dem Druck von außen geschuldet, war seine Rückkehr selbst organisiert. Die NÖP führte zwar zu einer Belebung der Wirtschaft, die grundlegenden Probleme konnte sie aber nicht lösen. Der Apparat, der geschaffen worden war, um den kommunistischen Aufbau zu organisieren, erwies sich trotz aller Bemühungen und interessanten Entwicklungen letztendlich als Bremse der Umgestaltung. Die Selbstgenügsamkeit des Apparates und die nichtkommunistischen Elemente des gesellschaftlichen Seins und Bewusstseins gingen eine Koalition ein, die zwar durch soziale und ökonomische Innovationen immer wieder infrage gestellt und zeitweise geschwächt, aber nie gebrochen werden konnte.

Solidarität, Ideologie und Weltmarkt – Das Kommunistische und die globale Wirtschaft

Die Kehrseite der Entwicklung einer nachkapitalistischen Gesellschaft »in einem Land« war die Frage nach der Rolle und den Wegen der Einfügung einer an nichtkapitalistischen Maßstäben orientierten Wirtschaft in eine kapitalistisch dominierte Weltwirtschaft. Der kommunistische Aufbau musste, nach dem Ausbleiben der Revolution in Deutschland und anderen entwickelteren Staaten, hochgradig pragmatisch zwischen den Notwendigkeiten des puren Überlebens, des Schutzes kommunistischer Momente und der Sicherung der Parteiherrschaft hin und her schwanken. Natürlich wurden dabei alle illegalen Instrumente des Unterlaufens des Boykotts genutzt: Industriespionage, Produktpiraterie und Bestechung waren pragmatische Instrumente und aus dem Klassenantagonismus begründbar – aber sie waren nicht gerade kommunistisch. Daneben standen Kooperationsabkommen mit dem Ausland, aber auch die Heranziehung ausländischer Arbeiter. Solidarität und kommerzielle Interessen verbanden sich in der NÖP auf interessante Weise.

Unter den Versuchen im Rahmen der NÖP durch die Einbeziehung ausländischen Kapitals »Wirtschaften zu lernen«, ragen in diesem Sinne zwei Projekte hervor, die wegen ihres politischen und ökonomischen Gehaltes gleichermaßen geeignet sind, die Probleme einer Wirtschaft im Übergang zu beschreiben. Es handelt sich dabei erstens um ein von US-amerikanischen Kommunisten, selber Arbeiter, initiiertes Projekt, das durchaus an die Traditionen der kommunistischen Gemeinschaften/Siedlungsprojekte des 19. Jahrhunderts anknüpft. Zweitens geht es dabei um die Aktivitäten der Internationalen Arbeiterhilfe (IAH).

Im Rahmen der Konzessionspolitik wurde ein Vertrag mit einer Gruppe US-amerikanischer Arbeiter geschlossen, der die Schaffung einer »Autonomen industriellen Kolonie« im Kuzbass[5] (Автономная индустриальная колония - АИК »Кузбасс«) zum Gegenstand hatte. Die Aktivitäten erfassten die Förderung bzw. Verarbeitung von Steinkohle und Betriebe der metallurgischen und chemischen Industrie. Es handelte sich dabei um eine »gemischte Konzession«, an der der sowjetische Staat beteiligt war. Dieser steuerte einen Anteil von 300 Tsd. US-Dollar und Nahrungsmittel bei, die US-amerikanischen Arbeiter brachten Ausrüstungen, Werkzeuge, Kleidung und Nahrungsmittel im Wert von 200 US-Dollar pro Kopf mit. Vor allem aber stellten sie ihre Qualifikation dem kommunistischen Aufbau zur Verfügung. Insgesamt waren in der Zeit des Bestehens dieser Konzession 20 Tsd. ausländische ArbeiterInnen hier tätig (Balašov 2012, 82ff.).[5]

Aber auch diese Konstellation und die offensichtlichen Erfolge bei der Entwicklung der Arbeitsproduktivität, der Löhne, der Arbeitsbedingungen, der Arbeitsorganisation und der Qualität der Produkte bewahrten das Projekt nicht vor der Vermutung »feindlicher« Umtriebe. Dabei spielte das staatliche Unternehmen »Kuzbasstrest« (auf den gleichen Gebieten tätig, insofern potenzieller Konkurrent) und die mit diesem verbundenen Verwaltungen eine aktive Rolle, während der zuständige Vertreter der regionalen Parteiorganisation die Verdienste des Projektes in dem o.g. Sinne würdigte. Vor allem die Erhöhung der Intensität der Arbeit und die Durchsetzung einer konsequenten Arbeitsorganisation (für Lenin zentrale Voraussetzungen für den Aufbau des Kommunistischen) trafen auf Sabotage und »skeptisches Misstrauen« aus den Reihen der sowjetischen Beschäftigten (ebd., 86). Im Jahr 1927 wurde das Unternehmen »reorganisiert« – das heißt in einen staatlichen Betrieb umgewandelt.

Auch die Projekte der Internationalen Arbeiterhilfe waren mit ähnlichen Problemen konfrontiert. Die IAH wurde 1921 in Berlin zur Unterstützung des Kampfes gegen die Hungersnot in Sowjetrussland gegründet. Sie definierte sich nicht als kommunistische Organisation, wurde aber von der Sozialdemokratie und den Gewerkschaften in Deutschland so bezeichnet. Mit ihrem Wirken als »Säule der proletarischen

---

[5] Das Kuznecbecken liegt in Westsibirien, östlich von Novosibirsk; der Reichtum an Bodenschätzen, vor allem Steinkohle, war der Ausgangspunkt für das Interesse der sowjet-russischen Regierung an diesem Projekt; später war es auch Zentrum der Schwer- und Rüstungsindustrie.

Selbsthilfe« wollte sie den Kampf der Arbeiter unterstützen, nicht nur soziale Not lindern (Münzenberg 1926, 25). Im Rahmen dieser Organisation fanden soziale Aktivitäten, wirtschaftliche Kämpfe, kulturelle Bewegungen und Bildung gleichermaßen einen Raum – ähnlich wie in der Sozialdemokratie im letzten Drittel des 19. Jahrhunderts. Die internationale Solidarität war in ihr gelebte Praxis. In diesem Sinne war sie kommunistischer als die entstandenen Kommunistischen Parteien (vgl. zusammenfassend Münzenberg 1931).

Zur Unterstützung der Hungernden in Sowjet-Russland brachte die Organisation bis 1923 immerhin fünf Mio. Dollar an Hilfen in Form von Bargeld und Sachspenden auf (Münzenberg 1926, 46). Auch wenn das im Vergleich zu anderen Organisationen wenig scheint (die US-amerikanische Hilfe betrug 63 Mio. Dollar (Sommer 1986, 4), ein von F. Nansen geschaffener Hilfsfonds brachte 10 Mio. Dollar auf (Gross 1991, 203), war der politische Effekt enorm – zumal die Spenden von westeuropäischen Arbeitern kamen, die selbst unter z.T. katastrophalen Bedingungen lebten. Später erweiterte sich das Spektrum der Kooperation mit der Sowjetmacht. Bei diesen wirtschaftlichen Unternehmungen handelte es sich um landwirtschaftliche und Industriebetriebe sowie um Infrastruktureinrichtungen (Münzenberg 1931, 495ff.).

> In dem 1925 angenommenen Programm heißt es: »Die IAH ist auch heute noch bestrebt, Sowjet-Russland bei seinem wirtschaftlichen Aufbau zu unterstützen, besonders durch Erhaltung und Aufbau eigener wirtschaftlicher Unternehmungen in Rußland, die sie mit Hilfe des Weltproletariats zu erweitern und zu verbessern sucht. Durch eigene, von der internationalen Arbeiterklasse unterhaltenen Unternehmungen in Sowjet-Rußland wird den Massen der Arbeiter in den westlichen Ländern die praktische Möglichkeit geboten, sich direkt und unmittelbar am Wiederaufbau im Arbeiterstaat zu beteiligen.« (Münzenberg 1926, 22)

Natürlich waren diese Unternehmen mit den gleichen Problemen wie alle anderen Unternehmen konfrontiert – und konnten sich bei der Beschaffung eigener Mittel aus dem Ausland nur auf Spenden stützen, die oft in Kleidung und anderen Konsumgütern bestanden (Barthel 1950, 169ff.). Es wurde der Versuch unternommen, mit einer internationalen Arbeiteranleihe das fehlende Kapital aufzubringen und gleichzeitig den Boykott der internationalen Finanzwelt zu unterlaufen. Allerdings gestaltet sich das wegen der schwierigen sozialen Lage der westeuropäischen Arbeiter, Verboten in vielen Ländern und aus in der sowjetischen Bankenpolitik liegenden Gründen kompliziert und brachte nicht den durchschlagenden Erfolg, den der Initiator Willi Münzenberg erhofft hatte (Gross 1991, 205f.). Insgesamt wurden trotzdem 250 Mio. US-Dollar auf diesem Wege aufgebracht (Münzenberg 1931, 495). Die Unternehmen und die Güter gingen 1925 zurück an den sowjetischen Staat (Sommer 1986, 4).

In gewisser Weise wiederholen sich in der NÖP, wie auch in den folgenden Versuchen realsozialistischen Wirtschaftens, alle Probleme der ersten kommunistischen Projekte – allerdings in gesellschaftlicher Dimension. Die Freisetzung des Kommunistischen scheint auf jeder Stufe nur klein zu sein. Das Scheitern ist immer von vielen Faktoren bedingt. Das Scheitern der NÖP ist nicht Beweis der Unmöglichkeit des Kommunistischen, sondern Ausweis der großen Rolle, die ein bewusstes Verhalten zu den Bedingungen der Reproduktion, eine bewusste Selbst-Vergesellschaftung der Menschen gerade hier spielt. Es ist Ausweis der großen Rolle der Kultur und der Bildung, der Fähigkeit zu Selbstkritik und ethischem Handeln.

Lutz Brangsch

Das Räte-System wird praktisch: Arbeiterselbstverwaltung in Jugoslawien

Nach dem Zweiten Weltkrieg konnten Länder mit sehr verschiedenen Ausgangspositionen den Versuch unternehmen, eine nachkapitalistische Gesellschaft aufzubauen. Wieder stand die Frage im Raum, wie »kommunistische Triebe« entfaltet werden können. Bezugspunkt war dabei in der Regel das »sowjetische Modell«, ohne dass ursprünglich zwingend eine Kopie im Detail angestrebt wurde. In allen Ländern gab es starke Strömungen, anknüpfend an Marx einen Weg entsprechend den spezifischen Bedingungen der eigenen Traditionen zu beschreiten. In der sowjetischen Besatzungszone, der späteren DDR, steht dafür Anton Ackermann, der 1946 die Mehrheitsmeinung der SED (einschließlich der Führung) formulierte: »Die Frage nach einem besonderen deutschen Weg zum Sozialismus ist ... weniger eine theoretische Frage als eine der praktischen Politik, d.h. ist die Frage, ob die deutsche Arbeiterschaft im Bunde mit allen fortschrittlichen Schichten des schaffenden Volkes den entscheidenden Einfluss auf die demokratische Neugestaltung Deutschlands gewinnt oder nicht.« (Ackermann 2005a, 191)

Kurz darauf, im März 1947, zog Ackermann Jugoslawien als ein Beispiel für die Gründe für die spezifischen Entwicklungen hin zum Sozialismus heran – etwa die Rolle der Partisanenarmee bei der (Selbst-)Befreiung des Landes (Ackermann 2005b, 201f.). Die Räteverfassung der deutschen Revolution von 1918/19 war ähnlich wie die anarchistischen föderalen Vorstellungen, die Kommune-Projekte in den frühen Sowjetrepubliken und die Auseinandersetzungen um die Ausgestaltung der Arbeiterkontrolle in der Sowjetunion der NÖP-Zeit ein Versuch, den Enthusiasmus der Unmittelbarkeit des Kommunistischen, wie sie in den Projekten des 19. Jahrhunderts manifest war, zu verallgemeinern und die »Kraft des Beispiels« im individuellen Handeln auf eine gesellschaftliche Ebene zu heben. Die Debatten drehten sich immer auch um die Rolle des Arbeitskollektives, des einzelnen Unternehmens in der Gesellschaft und in den wirtschaftlichen Kreisläufen. Bedeutet die Verwirklichung des Kommunistischen, dass der Betrieb der Belegschaft (genauer: den ArbeiterInnen) gehört? Anarchistisch-föderalistische Positionen und die Vorstellungen der sowjetischen Arbeiterkommunisten wie auch das Modell der Arbeiterselbstverwaltung tendieren in diese Richtung.

Im Unterschied zu den an sowjetischen Praxen orientierten realsozialistischen Konzepten, die die Vermittlung der kommunistischen Elemente in der Entfaltung vor allem staatlichen und genossenschaftlichen Eigentums sahen, setzte das jugoslawische Modell der Arbeiterselbstverwaltung auf die Unmittelbarkeit der Beziehungen der Beschäftigten zu ihrem Arbeitsplatz. Rechtliche Rahmen und Planungsprozeduren sollten den gesellschaftlichen Zusammenhalt gewährleisten.

Die Begründung dafür hatte vor allem einen ernst zu nehmenden politischen und sozialen Hintergrund. In Auseinandersetzung mit den Erfahrungen der sowjetischen Wirtschaft sollte verhindert werden, dass die Arbeiter durch den Planungs- und Leistungsapparat (die Bürokratie) praktisch enteignet würden. Diese Erfahrung betonte Tito bei der Begründung des »Gesetzes über die Verwaltung der staatlichen Wirtschaftsunternehmen und höheren wirtschaftlichen Vereinigungen durch die Arbeitskollektive« im Sommer 1950 (Tito 1976b, insbes. 146f.). Tito und sein Umfeld gingen davon aus, dass die Übergabe der Betriebe in die Verantwortung der Arbeitskollektive sowie die politische Dezentralisierung durch die damit verbundenen Lern- und kulturellen Prozesse unter den Arbeitern und Bauern die Entstehung einer verselbständigten Bürokratie verhindern könnten und so den Aufbau einer kommunistischen Gesellschaft entsprechend den eigenen Bedingungen Jugoslawiens möglich machen würde (vgl. ebd., 141ff.).[1] Dabei bezogen sie sich ganz im traditionellen Sinne auf Aussagen von Marx, Engels und Lenin. Gleichzeitig aber stand dieses Herangehen im Widerspruch zu anderen Aussagen der gleichen Autoren, die ja die Rolle des Staates und des staatlichen Eigentums in einer nachkapitalistischen Gesellschaft betont hatten. Lenins letzte Lebensmonate wiederum waren durch seinen Kampf gegen den entstandenen Sowjet-Bürokratismus bestimmt – eine Problematik, die durch Trotzki dann in seiner Bürokratismus-Konzeption aufgegriffen wurde (Trotzki 2009). Bei der Abwägung von Theorie und Praxis war es redlich, die Praxis zum Ausgangspunkt zu nehmen, zumal die Versuche der forcierten Verstaatlichung und Kollektivierung in den ersten Jahren Jugoslawiens keine erfreulichen Ergebnisse gebracht hatten. Die Kollektivierung traf (auch hier) auf den erbitterten Widerstand

---

[1] In einer Analyse des »Bürokratie-Problems« betont Kuljić, dass die Bürokratie zum »flexiblen Feind« wurde, der das Kapital als Gegner ablöste. Entstehende Widersprüche wurden vor allem als Auswuchs von Bürokratie stigmatisiert, der eine idealisierte Einheit der Arbeiter und Bauern gegenübergestellt wurde (vgl. Kuljić 2011, 67).

der Bauern, sodass dieser Kurs 1953 endgültig aufgegeben wurde. Zudem war auch hier eine Ausrüstung der Kollektivwirtschaften mit entsprechender Technik ökonomisch unmöglich. Mit der Institution der Arbeiterräte wurde seit 1949 experimentiert (Zakošek 1984, 16f.).

Jugoslawien war zu diesem Zeitpunkt, wie auch die Sowjetunion der zwanziger Jahre, vor allem ein Agrarland mit enormen regionalen (und ethnischen) Differenzierungen (zu den geschichtlichen Bedingungen vgl. Herbert 1988, 141f.). Das Kommunistische lebte bestenfalls in den Erfahrungen einer kleinen Gruppe der ArbeiterInnnen und BerufsrevolutionärInnen, als Ideologie in Teilen der früheren Partisanenarmee und in den ursprünglich-kommunistischen Praxen der Dorfgemeinschaften (Herbert 1982, 21ff.). Die »Triebe« des Kommunistischen lagen kaum in der Praxis industrieller Arbeit, eher in der Ideologie und in dörflicher Gemeinschaftlichkeit. Als Gesellschaftsprojekt und Lebensweise musste es also fundamental gelernt werden, musste sich in neuen Gewohnheiten, neuem Verhalten niederschlagen. Ein wesentlicher Unterschied zur Situation Sowjetrusslands bestand darin, dass ein sozialistisches Weltsystem bestand, zu dem die politischen Beziehungen allerdings gespannt waren und das selbst nicht das Zentrum des wissenschaftlich-technischen Fortschritts darstellte.

Das Modell der Arbeiterselbstverwaltung hatte also das Potenzial (und stand gleichzeitig vor der Herausforderung), auf zwei Fragen neue Antworten zu finden: auf die nach der Nutzung der Traditionen, der »kommunistischen Triebe«, beim Aufbau einer neuen Gesellschaft und auf die negativen Erfahrungen des sowjetischen Versuches besonders hinsichtlich der nachhaltigen Aktivierung des Schöpfertums »der Massen« und der Entwicklung eines demokratischen politischen Systems. Dabei musste aber gleichzeitig die »Falle« umgangen werden, selbstverwaltete Betriebe unter der Hand zu Ausgangspunkten einer Neuetablierung kapitalistischer Konkurrenzverhältnisse werden zu lassen. Branko Horvat vertrat in seiner Arbeit über die Selbstverwaltungswirtschaft (Erstauflage 1958) ganz in diesem Sinne die These:

> »Eine staatseigene Wirtschaft bedeutet eine bürokratische Wirtschaftsorganisation, die auf dem Hierarchieprinzip aufgebaut ist. Wir werden zeigen, dass die Institution des Staatseigentums (und die daraus abgeleitete Bürokratie) die mögliche Effizienz des Wirtschaftssystems in ähnlicher Weise hemmt wie die Institution Privateigentum. Die Koordinierung ist nicht optimal. Die soziale Mobilität ist geringer als möglich, da die Söhne der Amtsinhaber, wie die Söhne der Besitzer von Reichtum, in einer hierarchischen Gesellschaft notwendig privi-

legiert sind. Und grundsätzlich bringen Hierarchien gesellschaftliche Polarisierung mit sich, diese bringt Konflikte hervor, und Konflikte sind der Effizienz nicht dienlich.« (Horvat 1973, 12f.)

Die von Horvat entwickelte Vorstellung (er selbst spricht von einer Prolegomena, also einer Vorschau auf eine zukünftige allgemeine Theorie der Planwirtschaft (ebd., 14)) dreht sich in dem uns hier interessierenden Zusammenhang um die Frage, inwieweit »gezeigt werden kann, dass eine geplante Wirtschaft ohne Staatskontrolle« möglich ist. »Die Herrschaft über die Produktion ohne die Vermittlung des Staates bedeutet die Herrschaft durch die direkten Produzenten, was wiederum bedeutet, dass sich die Gleichheit von Proletariern in die Gleichheit von Herren verwandelt. Der Prozess der menschlichen Entfremdung [...] findet sein Ende.« (Ebd., 91) Die Ineffizienz könne überwunden werden. Damit wirft Horvat aber wiederum ein zentrales Problem aller bisherigen kommunistischen Projekte auf: Wie ist die Abstimmung eines gemeinsamen »Produktionsplans« zwischen den Unternehmen im Interesse der Realisierung der kommunistischen Werte für Alle möglich? Oder auch: Inwieweit ist Arbeiterselbstverwaltung primär ein kommunistischer Weg zu einem kommunistischen Ziel oder ist sie vor allem ein Weg effizienten marktbezogenen Wirtschaftens?[2]

Auch in Jugoslawien wurden sozialpolitische Probleme vor allem durch die Umverteilung von Mitteln realisiert, die den Kollektiven in der einen oder anderen Art (Steuern oder Abgaben) entzogen wurden. Nur so war es möglich, die großen regionalen Disproportionen im Entwicklungsstand der verschiedenen Regionen schrittweise zu mildern. Marktbeziehungen und planmäßige Elemente entwickelten sich also in nur lockerer Verbindung. Tatsächlich erreichte Jugoslawien nach der Einführung der Selbstverwaltung erhebliche Wachstumsraten. Marković

---

2 Herbert beschreibt anknüpfend an Miljkovic vier Typen von Vorstellungen zur Arbeiterselbstverwaltung: als Organisationssystem, als »liberalistisches« Konzept, das Arbeiterselbstverwaltungen ausdrücklich als marktbezogene Subjekte betrachtet, als normativistisches Konzept, also als »System institutioneller Formen, Normen und Rahmenbedingungen«, und als abstrakt-humanistische Position, die die Arbeiterselbstverwaltung lediglich vom Ziel der klassenlosen Gesellschaft aus (insoweit also abstrakt) betrachtet (Herbert 1988, 146-148). Gemeinsam scheint diesen Positionierungen zu sein, dass die Arbeiter selbst als Gegenstände, nicht als die eigentlichen Akteure betrachtet wurden. Miljkovic stellte dem das Konzept der Selbstverwaltung als System der Herrschaft der Arbeiterklasse entgegen (ebd., 148f.). Aber auch dieses Konzept lässt die Frage nach dem Wie, dem Inhalt, den Formen der Herrschaft (über wen übrigens?) offen. Die Vermittlung bleibt ein »blinder Fleck«.

beschrieb die Zeit zwischen 1950 und 1965 als »Übergang von einer Form der asketischen Unterordnung des Individuums unter die Gesellschaft zu einer stärkeren Betonung der individuellen Selbstverwirklichung«. Weiterhin betonte er die Stabilität der ethnischen und interreligiösen Beziehungen. Erst die »marktwirtschaftlichen« Reformen hätten diese Tendenz hin zu einer hedonistischen, konsumorientierten Gesellschaft gewendet (Marković 1986, 169f.). Die Symptome analysierte Tito in einem Interview mit der Zeitschrift »Vjestnik« im Jahre 1972 ausführlich – er sprach von Milliardären, die durch Spekulation und Korruption reich geworden seien, und davon, dass in wichtigen Positionen feindliche Technokraten und Bürokraten säßen, die einen Kampf gegen die kommunistische Substanz der Selbstverwaltung führten (vgl. Tito 1976c). Hintergrund waren der Ausbau marktwirtschaftlicher Elemente und die Einschränkung der regionalen Umverteilungen ab 1965 (eigentlich beginnend 1963, vgl. Zakošek 1984, 43ff.), wodurch die soziale Lage sich zuspitzte. Vor diesem Hintergrund wurde die Forderung einer »Selbstverwaltung von unten nach oben« in allen Bereichen der Gesellschaft zur Losung von Protesten. Das Politische Aktionsprogramm der Belgrader Studentenbewegung vom 5. Juni 1968 hob für den wirtschaftlichen und sozialen Bereich folgende Forderungen hervor:

- schnelle Verringerung der »großen sozialen Ungleichheiten« und eine »konsequente Anwendung des sozialistischen Prinzips der Aufteilung der Arbeitseinkommen; eine klare und genaue Definition der Kriterien für die Bemessung der persönlichen Einkommen; die Bestimmung von Mindest- und Maximalgrenzen persönlicher Einkommen sowie die Aufhebung der Unterschiede bei denjenigen Einkommen, die sich auf monopolistischen Positionen gründen; eine energische Aktion gegen den Erwerb von Immobilien auf unsozialistische Art und Weise und die Nationalisierung unrechtmäßig erworbener Immobilien«, die Beseitigung von »Privilegien in unserer Gesellschaft« und die progressive Besteuerung von Einkommen, die das Einkommensmaximum überschreiten;
- die Erarbeitung eines nachhaltig ausgelegten Konzeptes der wirtschaftlichen Entwicklung zur »effektiveren und schnelleren Beseitigung der Arbeitslosenproblematik« bei Sicherung des Rechtes auf Arbeit;
- »Alle Versuche, gesellschaftliches Eigentum aufzulösen und es in Aktionärseigentum zu überführen, müssen energisch verhindert werden.«
- Verhinderung der Spekulation mit Wohnraum;

- Verhinderung der Kommerzialisierung des kulturellen Sektors. (Aktionsprogramm 2008)

Hinter diesen Forderungen stand aber auch ein viel tiefergehendes Problem. Der Bruch mit dem bürokratisch-stalinistischen Kommunismuskonzept war »mehr formalen denn praktischen Zuschnitts ... Am politischen Habitus der Parteifunktionäre und ihrer ›Weltsicht‹ änderte die Abkehr von Moskau zunächst nur relativ wenig ... Die Unternehmen in gesellschaftlichem Eigentum waren weit davon entfernt, von den ›direkten Produzenten‹ demokratisch verwaltet zu werden...« (Kanzleiter/Stojaković 2008, 17; siehe zur Machtausübung in Jugoslawien Djilas 1969) Das kam auch in den politischen Forderungen des Aktionsprogramms zum Ausbau der Selbstverwaltung in allen gesellschaftlichen Bereichen zum Ausdruck. Ein Jahr später erschien aus dem gleichen Kreis das »Manifest 3000 Wörter«, das konstatierte, dass die Forderungen weder in ökonomischer noch in politischer Hinsicht erfüllt seien (Manifest 2008).

Nach 1971 wurden die Reformen wieder reformiert. Allerdings vermied man es auch in dieser Zeit, der Selbstverwaltung selbst nachhaltig »eine gemeinsame Stimme zu geben« – d.h. dass in Jugoslawien die Selbstverwaltungsorgane der Betriebe praktisch nie eine gemeinsame Position entwickeln konnten. Lediglich 1957 und 1971 gab es Kongresse der »Selbstverwalter«. Ob und inwieweit die Verstetigung dieser Institution zu einer neuen Art gesellschaftlicher Planung geführt hätte, ist nicht zu beantworten. Horvat als einer der Theoretiker der Selbstverwaltung wirft diese Frage auch nach den Auseinandersetzungen der sechziger und siebziger Jahre nicht konsequent auf: In seinem Buch zur Politischen Ökonomie des Sozialismus, erschienen Anfang der achtziger Jahre, sieht er die Realisierung des Kommunistischen nachwievor auf der betrieblichen, nicht auf der gesellschaftlichen Ebene. Die »Firma« sei der Ort der Überwindung der Entfremdung (Horvat 1983, 190). Der Staat und die Partei(en) als Hierarchien stehen seiner Auffassung nach dem kommunistischen Anspruch entgegen. In ähnlicher Weise versucht Mihailo Marković die Perspektive der Selbstverwaltung zu beschreiben: Er betont ihren Inhalt als Selbst*bestimmung*, die durch die beständige Erweiterung der Prinzipien der Wählbarkeit und Rotation auf alle Bereiche zu erreichen sei (Marković 1974, 96).

Die politische Brisanz macht er 1986 nochmals deutlich, indem er die Selbstverwaltung nur als kompatibel mit einem politischen System charakterisierte, in dem politische Organisationen lediglich die Funktion haben, politische Bildungsarbeit zu betreiben, Interessen auszudrücken und zu vermitteln, langfristige politische Programme zu formulieren und dafür Unterstützung zu organisieren. Parteitypen, die darauf gerichtet sind, politische Macht zu gewinnen und zu sichern, seien demgegenüber nicht mit dem Selbstverwaltungssystem kompatibel (Marković 1986, 159).

Die Reformen der siebziger Jahre entsprachen diesem Geist. Das System der Selbstverwaltung wurde nach den Beschlüssen des X. Parteitages 1974 und der Annahme einer neuen Verfassung im gleichen Jahr im Sinne der Schaffung eines »allumfassenden Gesellschaftssystems«, also offensiv gegen Versuche ihrer etatistischen oder marktwirtschaftlichen Untergrabung, der Möglichkeit nach ausgeweitet. »Wir haben uns an den Aufbau einer freien Produzentengemeinschaft, der klassenlosen kommunistischen Gesellschaft gemacht.« (Tito 1976a, 269) Diesem Anspruch sollte dadurch Genüge getan werden, dass unterhalb der betrieblichen Ebene, in den unmittelbaren Arbeitskollektiven, Selbstverwaltungen gewählt wurden: die »Grundorganisationen der vereinten Arbeit« (OOUR) (Verfassung 1974, 344). Diese sollten miteinander über Grenzen der Betriebe und Regionen Verträge schließen, die wiederum die Planmäßigkeit der Entwicklung sicherstellen sollten. Dass die Arbeiter und ihre Kollektive dabei in einer widersprüchlichen Situation stehen, war durchaus präsent:

> »Der Arbeiter hat in seiner Grundorganisation assoziierter Arbeit eine zweifache, widerspruchsvolle Rolle und Charakter. Erstens ist er ein freier, vereinigter Produzent, der an der gemeinsamen Arbeit beteiligt ist… Von dieser Stellung aus erweist sich die gesellschaftliche Akkumulation und erweiterte Reproduktion als eine bewusste Aktivität des Arbeiters bei der Verwirklichung seiner individuellen und gesellschaftlichen, laufenden und langfristigen Interessen. Zweitens ist der Arbeiter ein kollektiver Unternehmer, der gesellschaftliche Produktionsmittel verwaltet und der für seine Beschlüsse die wirtschaftliche Verantwortung trägt…« (Todorović 1974, 24) Die dabei entstehenden Gegensätze, so hieß es wenige Zeilen weiter, müssen bewusst unter gesellschaftlicher Kontrolle gehalten werden. Es bedürfe der ununterbrochenen organisierten Aktion der bewussten, sozialistischen Kräfte. (Ebd., 26)

Diese recht verschwommene Formulierung wird in den Grundsätzen der Verfassung selbst konkretisiert, indem dort festgehalten wird, dass der Bund der Kommunisten Jugoslawiens »durch die Gesetzmäßigkeiten der geschichtlichen Entwicklung die organisierte, leitende, ideelle und politische Kraft der Arbeiterklasse und aller Werktätigen« geworden sei.

Auf diese Weise wird die Idee der nicht nur führenden, sondern auch herrschenden Rolle der Partei quasi durch die Hintertür wieder eingeführt (Verfassung 1974, 85).

Offensichtlich gelang es auf diesem Wege, wieder neue Potenziale des Emanzipatorischen freizusetzen – auch wenn auf der anderen Seite die Wurzeln des Systems untergraben wurden. In einer Analyse zur Krise Jugoslawiens Ende der 1980er Jahre verweist Gabriele Herbert darauf, dass »die sozialistischen Ziele der Gesellschaft keineswegs aufgegeben [wurden]: Solidarität, Gleichheit, eine klassenlose Gesellschaft, sozial verantwortliches Handeln und nicht zuletzt die Verwirklichung der Selbstverwaltung in allen gesellschaftlichen Bereichen sind immer noch die Ziele, auf die die gesellschaftliche Entwicklung hinstreben soll...« Gleichzeitig stellte sie fest: »Eine Unübersichtlichkeit der Machtstrukturen entstand durch den ständigen Wechsel der Strukturen, Verfassungen und Entscheidungsgrundlagen, die die Kontrolle der Machtzentren sehr erschwerte oder gar verunmöglichte: dass Dezentralisierung nicht identisch ist mit Demokratisierung, wie viele westliche Forscher annehmen, kann an der jugoslawischen Entwicklung exemplarisch gezeigt werden. Zum heutigen Zeitpunkt besteht der Eindruck, dass niemand so recht entscheiden will, um nicht später zur Verantwortung gezogen zu werden.« (Herbert 1988, 143f.)

In der Realität diente der Kampf gegen den »flexiblen Feind« Bürokratie als Deckmantel für das Austragen von regionalen, ethnischen, ökonomischen und sozialen Interessenwidersprüchen, die nicht offen als solche benannt wurden. Die Verquickung ökonomischer und politischer Fragen unter der Decke der nationalen Frage kam schon 1971 deutlich zum Ausdruck, als im »Kroatischen Frühling«, angestoßen von der Frage der Verwendung der kroatischen Deviseneinnahmen aus dem Tourismus (die zu einem großen Teil staatlich umverteilt wurden), starke nationalistische Tendenzen sichtbar wurden: Einer der Führer der »kroatischen Universitätsangehörigen« kritisierte die Proteste 1968 als Bewegung von »Söhnen der Bourgeoisie«, die ein »anationales Programm« vertreten würde und hob dieser gegenüber die eigene, in der Tat nationalistische Bewegung hervor, die von den »Söhnen der Bauern und Arbeiter« geführt werde (vgl. Kanzleiter 2011, 380).

Der Versuch eines auf Selbstverwaltung und Selbstbestimmung – also auf zwei elementar-kommunistischen Grundsätzen – beruhenden Gesellschaftsprojektes bewährte sich (auch) ökonomisch nicht. Letztlich kam die Praxis der »Gleichheit der Produzenten« nicht über den früheren »Projektekommunismus« hinaus. Wie der Markt tatsächlich ohne den Staat mit den kommunistischen Ansätzen in den Betrieben auf der einen Seite und den Ansprüchen von Gleichheit in der Gesellschaft *insgesamt* zu verbinden wäre, bleibt offen. Vor allem lassen auch Konzept und Realität der Arbeiterselbstverwaltung die Frage nach nachhaltigen (!) Motiven und Triebkräften einer Wirtschaft mit kommunistischen Ansprüchen offen.

In den Erklärungsversuchen zum Zusammenbruch Jugoslawiens spielte die Selbstverwaltung als Moment des Kommunistischen keine eindeutige Rolle. Einige Autoren erklärten Selbstverwaltung als nur unter Marktbedingungen für möglich, andere vertraten die Auffassung, dass die Selbstverwaltung die Oligarchisierung der Macht auf gesellschaftlicher Ebene beförderte (vgl. Stanojević 1990, 91 bzw. 101).

Wie auch in den anderen Ländern des Realsozialismus vollzog sich die Entwicklung in Kreisen – Konkurrenz bringt Ungleichheit hervor, die dann staatlich gemildert wird, aber die Initiative zur Innovation erlahmen lässt, was wiederum eine Stärkung »marktwirtschaftlicher« Elemente nach sich zieht, deren Konsequenzen wieder zu heilen sind. Das »Gelernte« oder die »neuen Gewohnheiten« (so Tito, Lenin und viele andere) entsprechen nicht unbedingt dem Erwarteten und sind nicht identisch mit den Interessen – doch diese siegen am Ende. Letztlich ist das auch das Problem des »Projektekommunismus« gewesen. Die Sucht, dieses Problem kurzfristig ein für alle Mal zu lösen, führt zu Katastrophen der einen (Stalin und ein zentralisiertes System) oder der anderen Art (wachsende soziale Ungleichheit, Oligarchieentstehung, nationaler Zerfall wie in Jugoslawien). Die immer neuen Versuche, das reale Vergesellschaftungsniveau, das heißt auch das Niveau der Produktivkraftentwicklung, durch »Strukturen« und durch Wollen »überlisten« zu wollen, ist die zweite Gemeinsamkeit. Eine dritte Gemeinsamkeit ist die »Angst vor dem Widerspruch«, die faktische Leugnung oder verbale Verkleisterung von Interessenwidersprüchen, die nicht kurzfristig aufhebbar sind, da sie ihre Wurzel in materiellen Verhältnissen, dem Stand der Produktivkräfte und alten oder unerwartet neu entstandenen Gewohnheiten haben. Immer wieder wird das Kommunistische auf eine bloße Wollensfrage reduziert und werden die Grenzen des »Wollen-Könnens« unterschätzt bzw. ignoriert. Die Frage, wie Bedingungen gestaltet werden, unter denen Kommunismus »gewollt werden kann«, tritt hinter die Frage, warum denn so viele ihn (scheinbar) nicht wollen (oder nicht leben), zurück. Die Kommunisten verbeißen sich in die Überzeugungsarbeit, die dem Kommunistischen dann zwangsläufig einen quasireligiösen Charakter geben muss. Die tatsächlichen »kommunistischen

Triebe« können in diesem Kontext nur nonkonformistisch sein und geraten so ins gesellschaftliche Abseits – von den einen verlacht, von den anderen als zu radikal (und die Machtstrukturen infrage stellend) misstrauisch beobachtet.

Es bleibt also weiter offen, wie gesellschaftliche Arbeitsteilung und Selbstverwaltung des Betriebes unter der Wirkung von Marktbeziehungen ohne ein repräsentativ gestaltetes politisches System mit einem handlungsfähigen Staat vermittelt werden können. Die optimistische Sicht Horvats, der die Vermittlung primär im Markt sah, ist durch die Realität komplett widerlegt worden. Die Praxis zeigte, dass die Verstärkung von traditionellen kapitalistischen Marktelementen und die klassische Marktkonkurrenz immer die Stellung des Managements im Unternehmen stärkten (Zakošek 1984, 46). Offensichtlich besteht die Aufgabe weiter darin, Wege zu finden, die eine Verbindung von Planung und Marktbeziehungen (letztere als Ausdruck des erreichten Vergesellschaftungsstandes) bei Realisierung kommunistischer Prinzipien sichert. Diese Vermittlung ist in hohem Maße eine politische Vermittlung – wie diese aussehen muss, lassen die Versuche der jugoslawischen wie auch die in den anderen realsozialistischen Ländern verfolgten Wege unbeantwortet. Dieses hohe Gewicht des Politischen bringt aber ein ebenso hohes Gewicht des Kulturellen mit sich – Kanzleiter hebt als ein wichtiges Moment der Auseinandersetzungen das »Streben nach mehr Ehrlichkeit und Wahrheit« hervor (Kanzleiter 2011, 368); die Widersprüche zwischen der behaupteten Arbeiterselbstverwaltung und dem realen Management, verbunden mit der propagandistischen Idealisierung »des Arbeiters«, den es in dieser gesellschaftlichen Stellung nicht gab, und eine Bürokratiekritik, die die realen Herrschaftsverhältnisse verdeckte, entwickelten in allen realsozialistischen Ländern in ähnlicher Weise gesellschaftliche Sprengkraft und führten zum Austrocknen von Potenzialen, die eine nachhaltige Bearbeitung dieser Widersprüche auf emanzipatorische Weise vielleicht hätten möglich machen können.

Michael Brie

Die Tragödie des Parteikommunismus[1]

»Ich beneide nicht, die draußen in Freiheit sind. Die in ein deutsches Konzentrationslager geraten sind, die beneide ich. Wie schön, wenn man einsitzt und weiß, dass man von einem Faschisten geprügelt wird. Wir sind hier doch in der schrecklichsten Lage, werden von unseren eigenen Leuten misshandelt.« Kommunistischer Häftling im sowjetischen Lager (Grossman 2008, 219)

Niemals hat eine politische Bewegung in so kurzer Zeit so viele Menschen in ihren Bann gezogen und so viele Gesellschaften nach ihrem Bilde geformt, wie der von Lenin begründete Parteikommunismus des 20. Jahrhunderts. Und niemals zuvor wurden so viele Anhänger einer solchen Bewegung von deren Führern und ihren Apparaten unterdrückt, verfolgt, eingekerkert, gefoltert und ermordet wie in jener Zeit, die mit dem Stalinismus (und auch Maoismus) verbunden war. Die Größe und das Elend des Parteikommunismus sind weltgeschichtlich beispiellos.

Der Leninismus – die Verbindung der radikalsten humanistischen Vision mit der wirkungsstärksten politischen Kampfform der Neuzeit

Anders als das Elend, kann die Größe des parteikommunistischen Projekts heute schnell vergessen werden. Sie ergab sich aus der Verbindung der radikalsten humanistischen Vision, die es jemals gegeben hat (dem Kommunismus der Freien und Gleichen), mit der wirkungsstärksten politischen Kampfform der Neuzeit – der leninistischen Partei und der von ihr geführten militärischen, sicherheitspolitischen, sozialen und kulturellen Organisationen. Der Kommunismus versprach, jede Form von Ausbeutung, Unterdrückung, Diskriminierung und Gewalt auszurotten, indem er radikal war, an die Wurzel der Übel ging – an die Eigentumsverhältnisse, aus denen die Interessen und die Macht erwuchsen, so die Überzeugung, die alleinig Kapitalismus, Rassismus, Patriarchat und Krieg am Leben hielten. Und welche Schwächen die sowjetische Ordnung ganz offensichtlich haben mochte, ein Versprechen hielt sie unter Führung

---

[1] Gekürzter Nachdruck eines Artikels in den *Blättern für deutsche und internationale Politik*, Heft 11/2014.

Stalins, der die Neue Ökonomische Politik 1929 jäh beendete, tatsächlich ein: Sie brach mit dem Privateigentum an den Produktionsmitteln in aller Konsequenz. Die Erfahrungen des Ersten und Zweiten Weltkriegs, der Kampf gegen Kolonialismus, Imperialismus und Faschismus begründeten die kommunistische Radikalität. Ganze Generationen von Revolutionären und Freiheitskämpfern schworen der »Vision der Weltrevolution unter der Fahne des Roten Oktober« (Hobsbawm 1994, 71) ihre Treue. Es waren viele der konsequentesten Kämpfer gegen Krieg, Unterdrückung und Faschismus, jene, die sich mit aller persönlichen Folgerichtigkeit einbrachten, zu den größten Opfern bereit waren, sich von höchster Selbstlosigkeit leiten ließen, viele jener, die Humanismus absolut ernst nahmen, die in dieser Zeit zu Kommunisten wurden. Die kommunistischen Bewegungen waren also vor allem auch moralische Bewegungen. Es gab in der ganzen Neuzeit wohl keine politische Strömung, die derart ganz und mit solcher Dauer auf dem millionenfachen Ethos ihrer Anhänger aufgebaut war.

Zu *dem* Mittel, das die Erreichung der großen Ziele verbürgen sollte, wurde für die Kommunistinnen und Kommunisten Lenins zentralisierte und disziplinierte Partei neuen Typus – die Partei der Berufsrevolutionäre und der von ihr geführten Massen, deren absoluter Vormachtanspruch auf wissenschaftlich unumstößlicher Wahrheit begründet wurde, deren durchschlagende Wirkung sich aus der Einheit von Bewusstsein, Willen und Handeln ihrer Mitglieder und Anhänger ergeben sollte. Außerhalb und jenseits dieser Partei schien Kommunismus nichts zu sein als ein leeres Wort. Diese Partei war ein Widerspruch in sich: Sie sollte zugleich die künftige Gesellschaft der Freien und Gleichen vorwegnehmen *und* durch blindes Vertrauen in die Führung und blinden Gehorsam ihr gegenüber geprägt sein. Beides wurde statuarisch verankert – die höchste Freiheit und die bedingungslose Unterordnung.

Höchste Freiheit und völlige Unterordnung

Die Identität der Kommunisten mit sich selbst hing ganz von ihrer Verbundenheit mit einer solchen Partei ab. Was von ihnen selbst spät oder nie erkannt wurde, war die Tragödie dieses Kommunismus: So sehr dieser Typ von Organisation sich unter sehr spezifischen Umständen von Krieg und Bürgerkrieg dazu eignen mochte, die Macht zu ergreifen, so sehr machte er zugleich jeden dauerhaften Fortschritt auf dem Weg der Befreiung unmöglich. Im Augenblick der Errichtung der parteikommunistischen Herrschaft, des Leninismus, wurde zugleich die Quelle jeder politischen Freiheit ausgerottet – die Möglichkeit von Menschen, sich frei und selbstbestimmt zu artikulieren und zu organisieren.

Die humanistischen Motivationen, die zum Aufbegehren gegen Kapitalismus, Imperialismus und Krieg geführt hatten, sollten unterdrückt werden, wenn der Stiefel im Gesicht der Arbeiter, Bauern und Intellektuellen von Mitgliedern einer kommunistischen Partei und ihrer Organe getragen wurde. Den Widerspruch zwischen Freiheitsanspruch und Diktatur erfuhren nicht nur die politischen Gegner, sondern zunehmend auch die Kommunistinnen und Kommunisten selbst, sofern sie sich als Individuen nicht aufgaben, sondern den Weg der Befreiung als Weg wachsender Freiheit gestalten wollten. Das Überleben des Parteikommunismus wurde davon abhängig, dass genau jener emanzipatorische Aufbruch erstickt wurde, aus dem doch die Energie für den kommunistischen Einsatz gekommen war. Die Verneinung des Ziels einer freien Gesellschaft im Prozess der leninistischen Verwirklichung eben dieses Ziels war unvermeidlich. Der Parteikommunismus verbot, dass Marxens kategorischer Imperativ, »alle Verhältnisse umzuwerfen, in denen der Mensch ein erniedrigtes, ein geknechtetes, ein verlassenes, ein verächtliches Wesen ist« (Marx 1844, 385) radikal kritisch auf die Verhältnisse der entstandenen staatssozialistischen Gesellschaft angewendet wurde, die doch eigentlich diesen Imperativ einlösen sollten.

> »Die kommunistische Bewegung trat an mit dem Versprechen, die Grundprobleme der modernen Menschheit zu lösen, die Antagonismen der menschlichen Existenz zu überwinden. Die Länder, die sich selbst sozialistisch nennen, bekennen sich offiziell unverwandt zu diesem Programm. [...] Wir wollten eine andere, höhere Zivilisation schaffen! [...] Einstweilen hat sich herausgestellt, wir bauen die alte Zivilisation nach... Aus unserer Revolution ging ein Überbau hervor, der nur dazu gut zu sein scheint, dies so unentrinnbar systematisch und bürokratisch geordnet wie möglich zu tun... Die Entfremdung, die Subalternität der arbeitenden Massen dauert auf neuer Stufe an.« (Bahro 1977, 7f.)

Die Bekämpfung des Bösen und die »Dialektik des Guten«

Die parteikommunistische Strömung des 20. Jahrhunderts war derart konsequent auf die Bekämpfung des radikal Bösen fixiert, dass sie glaubte, sich der Dialektik des Guten entziehen zu können. Es gehört jedoch zur *conditio humana*, dass Menschen als soziale Wesen gezwungen sind, »Zwang als Nutzung von Mitteln des Bösen« (Ostrom 1982, 2) akzeptieren zu müssen, um soziale Beziehungen zu stabilisieren. Ordnung kann nur verwirklicht werden, wenn sie sich – auch – der Gewalt bedient. Eine völlige Trennung des Guten vom Bösen ist prinzipiell unmöglich. Damit muss der Zweck immer im Zusammenhang und im Verhältnis zu den Mitteln bedacht werden. Der Parteikommunismus geriet in Versuchung, sich genau dem zu entziehen. Jeder Konflikt wurde fast ohne Grautöne in den Gegensatz Sozialismus oder Barbarei, Sozialismus oder Faschismus übersetzt. Das schlimme Unwort vom Sozialfaschismus, als Diffamierung der Sozialdemokratie, war nur einer der Ausdrücke dieses manichäischen Reduktionismus. Die entstehende Bundesrepublik erschien in der Propaganda als Fortsetzung des deutschen Faschismus durch die Bourgeoisie mit anderen Mitteln.

Unter den Bedingungen einer solchen Zuspitzung wurde Gewalt gegen Menschen zu einem kleineren Übel, zu einem notwendigen Übel oder sogar zu etwas Gutem. Und als Inkarnation des absolut Bösen verlor der Andersdenkende, Andershandelnde auch die Menschenwürde. Stalins Chefankläger der Moskauer Prozesse, Wyschinski, beendete sein »Plädoyer« im Prozess gegen Kamenew und Sinowjew mit den Worten, sie seien tollwütige Hunde, die man erschießen müsse. Und Stalin hob zum 20. Jahrestag der Oktoberrevolution, am 7. November 1937, nachdem er die Einheit der UdSSR beschworen hatte, zu einem Trinkspruch an, der den alten Kampfgefährten den Tod verhieß: »Deshalb ist jeder, der versucht, diese Einheit des sozialistischen Staates zu zerstören [...], ein Feind, ein geschworener Feind des Staates, der Völker der UdSSR. Und wir werden jeden dieser Feinde vernichten, sei er auch ein alter Bolschewik, wir werden seine Sippe, seine Familie komplett vernichten. [...] Auf die Vernichtung aller Feinde, ihrer selbst, ihrer Sippe – bis zum Ende!« (Dimitroff 2000, 162) Dimitroff, ein Führer der kommunistischen Internationale, der diesen Trinkspruch in seinen Tagebüchern vermerkt, fügt hinzu: »Zustimmende Ausrufe: Auf den großen Stalin!« (Ebd.)

»Der bürgerlich-parlamentarischen Republik einen Kampf auf Leben und Tod«

Das Bewusstsein, dass Gewalt immer etwas Böses ist, immer die Menschenwürde verletzt, deshalb der äußersten Kontrolle bedarf – der schärfsten moralisch-sittlichen wie der institutionellen Hemmung –, konnte im Leninismus verloren gehen. Die innere Widersprüchlichkeit zwischen Ziel und Mittel wurde immer wieder auf die Unbarmherzigkeit der kommunistischen »Sache« und ihrer politischen Zweckmäßigkeit reduziert. Zugleich aber rief dies das Unverständnis, den Unwillen und schließlich auch Protest genau jener hervor, die aus Humanität zu Kommunistinnen und Kommunisten geworden waren. Wie konnten sie menschlich bleiben, wenn das kommunistische Projekt im Prozess seiner politischen Verwirklichung nicht menschlicher, sondern unmenschlicher wurde?!

Schon im Januar 1918 hatte Nikolai Bucharin, ein führender Bolschewik, bei der ersten und letzten Sitzung der Konstituierenden Versammlung Russlands »der bürgerlich-parlamentarischen Republik einen Kampf auf Leben und Tod« erklärt (Hedeler et al. 1997, 412). Den frei gewählten Volksvertretern wurde das Ultimatum gestellt: Übernahme aller Beschlüsse der Sowjetregierung und Selbstauflösung oder aber Auflösung durch die von Bolschewiki und linken Sozialrevolutionären gebildete Regierung. Ab Februar 1918 wurden die Vertreter der anderen Parteien, beginnend mit den rechten Sozialrevolutionären und Menschewiki, die in der Konstituierenden Versammlung die Mehrheit gehabt hatten, mit administrativen Mitteln aus allen politischen Ämtern entfernt. Die zivile Austragung von politischen Konflikten wurde unmöglich. Jetzt sprach nur noch der »Genosse Mauser« (Majakowski 1918). Die Auflösung der Konstituierenden Versammlung machte den totalen Bürgerkrieg unvermeidlich. Ihm fielen rund eine Million Menschen als Soldaten direkt und durch den Terror beider Seiten sowie durch antijüdische Pogrome zum Opfer. Die Zahl der zivilen Opfer (Seuchen, Hunger usw.) liegt bei geschätzten acht Millionen (Wikipedia 2014). Die »Freiheit der Andersdenkenden« fand ein blutiges Ende. Lenin ging davon aus, dass zumindest im ersten Anlauf in Russland – und unter den Bedingungen internationaler Isolierung, sogar von ausländischer Intervention – Sozialismus und Demokratie nicht zugleich möglich sein würden, und er entschied sich für die Diktatur. Um sie zu sichern, ging er jeden Kompromiss ein – in der nationalen Frage gestand er Finnland und den baltischen Ländern die staatliche Selbständigkeit zu. Er übernahm die Position der Sozialrevolutionäre und verteilte das Land an die Bauern. Er schloss sogar einen Sonderfrieden mit dem kaiserlichen Deutschland. In der Ergreifung und Sicherung der politischen Macht der kommunistischen Partei sah Lenin den entscheidenden Schlüssel, das Tor zum Sozialismus und Kommunismus endlich aufzustoßen. Dafür war er bereit, jeden Preis zu zahlen und verlangte Anderen jeden Preis ab.

Hier zeigt sich: Die Leninsche Politik war nicht prinzipienlos, sondern hatte ganz im Gegenteil nur ein Prinzip – die Sicherung der Macht der Bolschewiki als Garant einer kommunistisch orientierten Umgestaltung der Gesellschaft. Der Aufbau einer welthistorisch so noch nie gesehenen Geheimpolizei, der Ausbau eines umfassenden Lagersystems zu einer permanenten Form der Internierung von aktuellen oder potenziellen Gegnern, systematischer Terror, militärische Zwangswirtschaft und die Unterdrückung der letzten Reste innerparteilicher Demokratie schienen durch dieses eine Prinzip legitimiert. Und die Mittel waren letztlich zumindest in dem einen entscheidenden Punkt erfolgreich: Diktatorisch wurde die Macht der kommunistischen Partei in Russland gesichert. Allgemeine Wahlen, verfassungsgebende Versammlungen, Freiheit der Rede und der politischen Organisation führten dagegen in den meisten west- oder zentraleuropäischen Ländern Europas nach 1918 in eine bürgerliche Demokratie. Und die bewaffnete Reaktion, deren Opfer Rosa Luxemburg, Karl Liebknecht und viele andere wurden, tat das Übrige, um Sozialismus zu verhindern.

Menschen als Sachen

Der Schrecken des Leninismus liegt darin, dass er mit der wichtigsten Maxime der Aufklärung gebrochen hatte und Menschen wie Sachen behandelte, als bloßes Mittel und nicht auch als Selbstzweck. Der Parteikommunismus riss die Schranke zwischen Mensch und Ding nieder. Er verwandelte die Einzelnen in »Werkzeuge« der kommunistischen Sache, ja, die Kommunisten selbst formten sich um in bloße Mittel der Politik bis hin zur Selbstvernichtung. Dies ist die Ursünde des Leninismus in der Geschichte der Linken. Der Stalinismus wurde erst *möglich*, weil sich in der kommunistischen Bewegung der Leninismus durchgesetzt hatte. Während aber für Lenin und den originären Bolschewismus die Macht der eigenen Partei letztlich ein diktatorisches Mittel für solidarisch-emanzipatorische Ziele war und daran immer wieder gemessen wurde, wurde sie im Stalinismus zum Selbstzweck.

Durch Stalin (und eine Reihe anderer Führer kommunistischer Parteien) wurde die entscheidende zivilisatorische Selbstbindung des Leninismus, die Bindung an die solidarische Selbstbefreiung der unterdrückten Klassen, aufgegeben. Der Stalinismus ist zugleich Erbe und er ist ein gewalttätiger Bruch mit dem Leninismus. Soweit der Parteikommunismus stalinistisch wurde – und er wurde es nur in wenigen Jahren ganz und verlor zugleich niemals wieder völlig dieses Moment –, wurde die Vormacht der Partei, der Parteiführung und letztlich der Führer zum alleinigen Zweck. In diesem Augenblick wurde aus der zwanghaften Disziplinierung und Selbstdisziplinierung der Kommunistinnen und Kommunisten ihre systematische Verfolgung und auch Vernichtung. Jetzt stand der Hauptfeind der personalisierten Herrschaft in den eigenen Reihen. Jeder, der auch nur den Ansatz von Autonomie verkörpern konnte, wurde zum potenziellen Verräter – seien es die sogenannten Spezialisten, die Militärs, die Intellektuellen, die Ausländer, die Juden, die Kulturschaffenden, jeder, der Kontakt hatte mit Gruppen jenseits der eigenen Partei und deren Kontrolle. So wurde Verfolgung apersonal und systematisch. Die leninistische Schwächung der zivilisatorischen Bindung des Kommunismus wurde zur Auflösung dieser Bindung. Nun galt: Sozialismus in einem Land *und* millionenfache Barbarei! Erst als die Selbstvernichtung der Partei Stalins eigene Macht bedrohte, als später der Angriff Hitlerdeutschlands die geschwächte Sowjetunion an den Rand der Vernichtung brachte, kam es zur Zähmung des Terrors. Die späten 1940er Jahre sahen eine neue Welle.

Mühselig wurde nach 1953, nach dem Tode Stalins, die Umkehr eingeleitet, wurden zivilisatorische Bindungen wieder aufgerichtet, wurde des befreienden Auftrags erinnert, wurde der Stalinismus zugunsten des Leninismus zurückgedrängt, auch wenn nach 1956 und auch später immer wieder neue Repressionen einsetzten. Doch erst der unblutige Verzicht der Parteikommunisten auf die Macht 1989 schloss diesen Zyklus ab. Seitdem steht die Aufgabe, das große Ziel der »freien Assoziation« (Marx) und den Weg der Befreiung auf neue Weise und mit neuen Mitteln in Übereinstimmung zu bringen. Die kapitalistische Zivilisationskrise ist der Hintergrund, vor dem dies heute geschieht. Bei alledem zeigt sich aber auch, jenseits der kleinkarierten Debatten über den Begriff »Unrechtsstaat«: Die politische und moralische Glaubwürdigkeit sozialistischer Politik ist nicht allein vom souveränen Umgang mit dem Stalinismus abhängig. Doch *ohne* einen solchen Umgang mit der eigenen Geschichte des Stalinismus *und* des Leninismus (siehe zum Bruch mit dem Leninismus Brie 2013) kann sie niemals gewonnen und keinesfalls auf Dauer bewahrt werden.

Bini Adamczak

Die Versammlung

Kommunismen 1917 – 1968 – 2017

1. Einheit, Vielheit und Gemeinsamkeit

DAS Kommunistische existiert nicht im Singular. Das Gemeinsame meint keine Einheit, die alles umschließt, indem sie es einer Idee, einem Willen, einem Zentralkomitee unterordnet. Das Gemeinsame ist vielmehr das, was die Vielen miteinander teilen. Als Gleiche und Freie in Solidarität.

Gleichwohl wurde Kommunismus immer wieder so verstanden: als schlussendliche Aufhebung der gesellschaftlichen Spaltungen in einer allumfassenden Harmonie. Tausende kommunistische Parteien und Splittergruppen der Vergangenheit erträumten sich so die Zukunft: der leidige Streit mit den Gegnern wie den Genossinnen fände schließlich ein Ende, indem alle Welt einsähe, dass just *dieses eine, das eigene* Parteiprogramm, das richtige sei. Und von allen zu unterzeichnen. Auch und gerade die für lange Zeit größte und einflussreichste kommunistische Partei, die Kommunistische Partei der Sowjetunion (Bolschewiki), folgte diesem Traum. In einer spiralförmigen Bewegung, die noch vor 1917 beginnt und im Stalinismus der späten 1930er Jahre ihren Höhepunkt findet, bekämpfte sie zunächst die monarchistischen und bourgeoisen Parteien, dann die verbündeten sozialdemokratischen, sozialrevolutionären und anarchistischen und schließlich, als alle anderen Parteien verboten sind, die innerparteilichen Oppositionen, Fraktionen, Strömungen und Plattformen. Da sie ihrer eigenen Überzeugung nach über eine privilegierte Einsicht in die Wahrheit des Sozialen verfügte, meinte sie das Gemeinsame in seinen Teilen darstellen zu können: Die Bevölkerung war in der ArbeiterInnenklasse repräsentiert, die Klasse in der Partei, die Partei im Zentralkomitee, das Zentralkomitee im Generalsekretär. Die Parteilinie aber, die Letzterer ausgab, würde, wie zickzackreich auch immer, in die kommunistische Zukunft führen. Wer von ihr abkam, machte sich einer *Abweichung* schuldig. *Der Gegenbegriff zu Identität war so nicht Differenz, sondern Opposition.* »Anders« wurde gleichbedeutend mit »feindlich«. Bis zu ihrem Untergang sah sich die sowjetische Führung von inneren Feinden umzingelt. Wo immer sich eine gesellschaftliche Eigeninitiative regte, war es sicherer, sie zu unterdrücken. Dieses Misstrauen wirkte als *selffulfilling prophecy.* Irgendwann wollten die im

Machtbereich der Sowjetunion aufbegehrenden Menschen mehrheitlich tatsächlich keinen demokratischeren, humanistischeren oder freundlicheren Sozialismus mehr, wie noch in den 1920er, 50er und 60er Jahren, sondern gar keinen Sozialismus.

Die Einheit misslang. Sinnfällig zerbrach 1991 die Sowjetunion. Aber nicht um einer Versammlung der Vielen Platz zu machen, um das Gemeinsame aus der erzwungenen Einheit zu befreien, sondern um kleinere Teile zurückzulassen, die sich selbst als *einzelne Einheiten* einsperrten: Nationalstaaten, Familienhaushalte, Individuen. Der Kapitalismus, der sich nun ungehindert auch über das letzte Drittel des Weltballs ausdehnen konnte, verbindet die Menschen einzig, indem er sie trennt. Über seinen zentralen Sozialmechanismus der Warenbeziehung sind seine BewohnerInnen nicht in Kooperation miteinander verknüpft, sondern in Konkurrenz; das Soziale konstituiert sich durch zahllose Spaltungen. *In der Vereinzelung aber lebt das Gemeinsame so wenig wie in der erzwungenen Einheit.*

Auch unter postkommunistischen Bedingungen suchten politische Gruppierungen für das Kommunistische Partei zu ergreifen. Gegen die Vereinzelung versuchten sie Sammlungsbewegungen zu entfachen oder soziale Bewegungen um ihre eigene Gruppierung zu versammeln. Noch lange bevor das Ende der Sowjetunion 1991 offiziell bestätigt wurde und sogar bevor sie 1922 offiziell gegründet worden war, hatten sich Kommunistinnen von ihr losgesagt. Dieser Prozess begann bereits im Oktober 1917, aus Kritik an der militärischen Machtergreifung der Bolschewiki, erlebte einen ersten Höhepunkt 1921, als das Ende des Bürgerkriegs nicht die erhoffte Demokratisierung, sondern die Niederschlagung des Kronstädter Aufstands und das Verbot der innerparteilichen Opposition mit sich brachte, setzte sich in den 1930er Jahren fort, als der Stalinismus das kommunistische Versprechen mit Großem Terror, Schauprozessen, Säuberungen und Gulag in sein Gegenteil verkehrte, zog weitere Kreise, als der Hitler-Stalin-Pakt 1939 den Sozialismus noch um den Antifaschismus brachte, und wurde international immer einflussreicher, als trotz Stalins Tod 1953 keine wirkliche Entstalinisierung einsetzte und die Revolten in Ungarn, Polen oder der Tschechoslowakei mithilfe der Roten Armee niedergeschlagen wurden. Mit jeder Enttäuschung entstanden neue Gruppen und Parteien, die dem Kommunistischen eine neue Heimat im Exil anbieten wollten. Eine »Internationale« nach der anderen beanspruchte, das Gemeinsame zu verkörpern und gegen den historischen Verrat die wahren Intentionen von Trotzki, Lenin, Marx oder Bakunin zu vertreten. Aber in all diesen Bewegungen der Loslösung verschoben sich auch die Bedingungen des Politischen selbst. Mit den antikolonialen Befreiungsbewegungen und der chinesischen Revolution verkomplizierte sich Mitte des 20. Jahrhunderts das binäre Schema der Politik, das links und rechts mit Osten und Westen zu identifizieren versucht hatte. Überall tauchten neue Akteurinnen auf, Schwarze, Frauen, Homosexuelle. Die Kommunistinnen lernten, unwillig, aber dennoch, dass keine ihrer Parteien das Gemeinsame zu repräsentieren vermochte. An die Stelle der Einheitspartei trat die Bewegungspartei, die BürgerInneninitiative, die Ein-Punkt-Gruppe. Ein zweites Mal in nur einem Jahrhundert wurde das Kommunistische prekarisiert. *Einmal in der Totalität, dann zwischen den Singularitäten*.

Das Kommunistische wartet weiter auf seine Verwirklichung. Aber dieses Warten findet nicht in einem leeren Raum statt. Sondern im Raum der Geschichte – angefüllt mit Erfahrungen hoffnungsvoller Versuche, gewagter Experimente, komplexer theoretischer Dispute. Das Kommunistische hat Niederlagen erlebt, die ihm von übermächtigen und brutalen GegnerInnen beigebracht wurden und es hat die Erfahrung eines Scheiterns gemacht, das in erster Linie selbstverschuldet war. Immer wieder hat es sich in *Nischen* festgesetzt, in denen es zu überwintern versuchte, *in denen es sich seiner universalistischen Natur wegen aber nicht entfalten konnte*.

2. Ende, Anfang und Wiederholung

Mit dem Untergang der Sowjetunion, am Schluss des kurzen 20. Jahrhunderts, wie Eric Hobsbawm es in Anlehnung an den Historiker Iván T. Berend (Hobsbawm 1998, 11) nannte, wurde das Ende der Geschichte ausgerufen. Margret Thatcher, eine der erfolgreichsten Protagonistinnen des neoliberalen Kapitalismus, schien doppelt Recht zu erhalten. Erstens war der Kapitalismus, wie von ihr behauptet, alternativlos geworden. Mit der lebendigen Ausnahme von Lateinamerika wurde selbst das Erträumen einer anderen Welt zur Beschäftigung einer weitgehend ohnmächtigen Minderheit. Zweitens schien die Gesellschaft, die zu kennen Thatcher abgestritten hatte, als gemeinsamer Horizont zu verschwinden. An ihre Stelle traten aber nicht ausschließlich Individuen, wie im liberalen Neoliberalismus vorgesehen. Sondern ebenfalls nationale und religiöse Gemeinschaften, die sich in neuen Kriegen, rassistischen Exzessen, patriarchaler Unterdrückung und autoritärer Herrschaft ergingen. Wo sie Zugehörigkeit und Zusammenhalt versprechen, tun sie es immer durch das Ziehen von Grenzen und das Vertiefen von Gräben. Sie errichten Trennungen, wo es keine bräuchte und behaupten Gemeinsamkeit, wo Ausbeutung herrscht. *Die repressiven Gemeinschaften verkörpern das Gegenteil des Gemeinsamen.*

Aber das Ende der Geschichte währte kein Vierteljahrhundert. Der Triumph der kapitalistischen Vergesellschaftung entblößte sein fahles Antlitz, als die Weltwirtschaft in eine Jahrhundertkrise stürzte, aus der sie sich seit 2009 nicht mehr erholt hat. Auch die bürgerlichen Ideologen erkannten das. »Das Kapital« von Marx wurde wieder zu einem Bestseller und in den Feuilletons ertönte der Ruf nach einer kapitalismuskritischen Sozialdemokratie, die als einzige den Kapitalismus vor sich selbst retten könnte. Die Revolutionen, Rebellionen, Bewegungen, die angefangen in den arabischen Ländern, über Südeuropa und die USA in den kommenden Jahren einen sozialen Weltfrühling einleiteten, erhielten hierdurch einen anderen Charakter. Sie ließen sich nicht länger interpretieren als Bemühungen der global Abgehängten, an die kapitalistischen Freiheiten der fortgeschrittensten Länder aufzuschließen. Stattdessen entwickelten sie sich zu Suchbewegungen nach Alternativen. Daher ihre Ansteckungskraft. Auf den besetzten Plätzen, in den demokratischen Versammlungen, den Demonstrationen und Assambleas erschien das Gemeinsame. Über Differenzen hinweg begannen Menschen miteinander zu sprechen, sich auszutauschen und gemeinsam zu organisieren. Wie es ein Aktivist von *Occupy Wall Street* berichtete, verlor die jahrelang eingetrichterte Angst vor einer Öffentlichkeit, die von KonkurrentInnen und Kriminellen bevölkert sei, an Macht (Fischer 2013). Die Anderen, das ließ sich praktisch erfahren, waren nicht so gefährlich wie befürchtet, es brauchte nicht die Polizei, um sich vor ihnen zu schützen, vielmehr gab sich die Polizei selbst als eine stete Gefahr zu erkennen. Die Gewalt, die vorgeblich die Interessen der Allgemeinheit gegen Einzelne und Gruppen durchsetzte, verlor ihren Schleier der Neutralität. An die Stelle des geschürten Misstrauens trat *Solidarität*: Die Solidarität der Arbeitslosen, der Verschuldeten, der wohnungslos Gewordenen, der Geflüchteten. An verschiedenen Orten, vor allem im Griechenland der Krise, entstanden in jener Leere, die Markt und Staat hinterlassen hatten, solidarische Ökonomien: Konsumgenossenschaften zwischen Nachbarinnen und Bäuerinnen, medizinische Zentren für Menschen, die den Zugang zur Krankenkasse verloren haben, Musikschulen, die unentgeltlich unterrichten, Restaurants, die kollektiv betrieben werden.

Solidarität ist auch der Modus, durch den sich die Bewegungen fortpflanzten, über Grenzen hinweg. Die Occupy Bewegungen in den USA übernahmen Symboliken und Praktiken – Platzbesetzungen, Twittermobilisierungen – von den demokratischen Bewegungen in Ägypten, andersherum trugen ägyptische Demonstrantinnen Plakate in Solidarität mit streikenden ArbeiterInnen in Wisconsin. Doch wie ungezählte hoffnungsvolle Anfänge zuvor, wurden die Bewegungen des Weltfrühlings schnell mit Grenzen konfrontiert, die ihnen die Herrschaft setzte. Militärdiktaturen, islamistische Staatsparteien, autoritäre Austeritätsinstitutionen brachten ihnen schmerzhafte Niederlagen bei. Überall versuchten Kräfte der Reaktion ihre begrenzten und begrenzenden Vergesellschaftungen zu stärken, durchzusetzen oder wieder zu errichten. *Anstelle von Egalität sollte Hierarchie bleiben, anstelle von Solidarität Loyalität.*

Das auftauchende Kommunistische verspricht Beziehungsweisen, die über soziale und lokale Grenzen reichen, Menschen in Gleichheit miteinander verbinden. *Solidarität* ist ihm nicht *nur ein Mittel im Kampf,* sondern zugleich *das Ziel einer anderen Vergesellschaftung.* Dagegen setzt die antikommunistische Reaktion einen *beschränkten* Zusammenhalt: den Klüngel der Reichen und Mächtigen, die sich mit Militär und Polizei gegen die Gleichheitsansprüche der Bevölkerung schützen; das Patriarchat einer religiösen Gruppe, die in sich hierarchisch strukturiert ist und in Feindschaft zu angrenzenden Gruppen steht; den Nationalismus einer rassistisch abgegrenzten Gemeinschaft, der behauptet, Besitzlose und Besitzende hätten die gleichen Interessen, sofern sie nur eine Staatszugehörigkeit teilten. Deutlich ließ sich das an der geballten Propaganda erfahren, die eine fast gleichgeschaltete deutsche Medienfront gegen die griechische Bevölkerung und die von ihr gewählte linke Regierung entfachte. Der Nationalismus der veröffentlichten Meinung sollte den deutschen LeserInnen den Eindruck vermitteln, ihnen würde von faulen und gierigen Griechinnen etwas weggenommen. Der aufgebotene Rassismus verfolgte nur einen einzigen Zweck: *eine Trennung zu errichten, um eine mögliche Ansteckung zu verhindern.* Die in Südeuropa aufgekeimte Hoffnung auf eine solidarischere Vergesellschaftung musste abgewehrt werden. Nur wenige sprachen in so offen antikommunistischer Diktion wie der Vorsitzende der deutschen Sozialdemokratie aus, welches Gespenst hier abgewehrt werden sollte: »Wir werden«, diktierte Sigmar Gabriel der *Bild*-Zeitung, »nicht die überzogenen Wahlversprechen einer zum Teil *kommunistischen* Regierung durch die *deutschen* Arbeitnehmer und ihre *Familien* bezahlen lassen.« (Gabriel 2015 – Hervorhebung Bini Adamczak)

Das Kommunistische – das Gespenst – hört nicht auf wiederzukehren, es fängt immer wieder an fortzufahren. Als Angst – wie als Hoffnung. Dabei bleibt es sich nicht gleich, es ändert seine regionalen wie temporalen Gestalten. Es ist an verschiedenen Orten wie zu verschiedenen Zeiten ein anderes. Das kommunistische Gespenst kann durch die Wände der Nationalstaaten gehen, es kann militärisch gesicherte Grenzen passieren, das Ende der Geschichte überleben und zu deren Neuanfang wieder auf der Weltbühne erscheinen. Zugleich ist es selbst durchlässig, offen für menschliche Manipulationen, für technische Transformationen. Seine eigenen Grenzen sind unscharf – zu Autoritarismus, Kapitalismus, Imperialismus, Religion auf der einen Seite, zu Anarchismus, Demokratie, Antikolonialismus, Queerfeminismus auf der anderen Seite. Das Kommunistische von 1917 ist, ohne mit sich selbst identisch zu sein, ein anderes als dasjenige von 1968, das sich selbst als eine Vielzahl von Linien bündelt oder verliert. Das Kommunistische von 2017, zaghaft sich abzeichnend an kommenden Horizonten, wird sich wiederum mehrfach von beiden unterscheiden. Vermutlich vergesslich Fehler wiederholend, vielleicht doppelt belehrt, wohlgenährt vom Reichtum historischer Erfahrung.

3. Fortschritt, Rückschritt und Umweg

Das europäische 19. Jahrhundert hatte den Fortschritt erfunden und mit ihm die Hoffnung auf eine Zukunft, in der »die Sonne ohn' Unterlass scheint«. Die technologische Entwicklung sollte den Hunger wie die Arbeit abschaffen und allen Menschen ein Leben in Frieden und Überfluss garantieren. Diese Hoffnung nährte die Fantasie, die Theorie wie die Kunst. Sie starb in den Schützengräben des Ersten Weltkrieges. Die Produktivkräfte hatten sich in Destruktivkräfte verwandelt, das Gift des Nationalismus verschlang die bürgerlichen Demokratien wie die erste sozialistische Internationale. Die moderne Barbarei, die bereits grausam in den Kolonien gewütet hatte, kehrte in die Zentren der selbsterklärten Zivilisation zurück. Inmitten dieses Massensterbens wurde das 20. Jahrhundert geboren. Wladimir Iljitsch Lenin, einer der wenigen Intellektuellen, die sich nicht vom nationalistischen Bellizismus hatten anstecken lassen, forderte, den imperialistischen Krieg in einen revolutionären Bürgerkrieg umzuwandeln. Er hätte den Vorschlag nicht eigens machen müssen. »Frieden!« war neben »Brot!« und »Land!« die zentrale Forderung, mit der die Russische Revolution in die Welt kam, massenhafte Desertion das Mittel ihrer Wahl. Die bäuerlichen Soldaten beschlossen, dass sie der Krieg zwischen Deutschland und Russland nichts anginge und die Herren der Bourgeoisie ihre Fehden besser ohne ihre Hilfe austragen sollten. Überall an der Front kam es zu Verschwisterungen zwischen russischen und deutschen Soldaten, der Krieg wurde unterbrochen, stattdessen gemeinsam getrunken. Dann kehrten die soldatischen Bauern aufs Land zurück, um es zu bestellen und – zu enteignen. Die letzte Stunde des Großgrundbesitzes hatte geschlagen.

Die Russische Revolution begann in den Schützengräben und auf dem Land, auf dem 80 Prozent der Bevölkerung lebten. Die Revolution begann, bevor sie als Revolution erkannt wurde. Fast niemand der sozialdemokratischen, sozialistischen, kommunistischen Intellektuellen sah sie vorher. Noch einen Monat vor ihrem tatsächlichen Ausbruch prophezeite Lenin »Wir, die Alten, werden vielleicht die entscheidenden Kämpfe dieser kommenden Revolution nicht erleben.« (Zitiert nach Figes 2014, 349) Und Alexander Gawrilowitsch Schljapnikow, der zu dieser Zeit führende Bolschewik in Petrograd, dozierte noch am 27. Februar 1917, vier Tage *nach* ihrer Ankunft: »Wir haben keine Revolution und werden auch so bald keine bekommen. Wir müssen uns auf eine lange Phase der Reaktion einstellen.« (Ebd., 350) Dieser Auffassung war auch der Menschewik Nikolai Suchanov. Er hatte zwar Gespräche zwischen Büroarbeiterinnen mitgehört, in denen von einer bevorstehenden Revolution die Rede war – hatte diese Gerüchte aber aufgrund des weiblichen Geschlechts derjenigen, die sie verbreiteten, als Tratsch abgetan (McDermid/Hillyar 1999, 155). Vielleicht stellte Nadeschda Krupskaja deshalb eine der wenigen Ausnahmen zu der Regel missglückter Revolutions-Prophezeiungen dar, weil sie diese sexistische Perspektive nicht im vollem Umfang teilte. Am 6. Februar forderte sie dazu auf, nach Russland zurückzukehren, um nicht »den Anfang« zu verpassen (ebd., 3).

Die langen Schlangen, in denen die Arbeiter, die für Reproduktion zuständig waren – Frauen –, um Lebensmittel anstanden, waren die Öffentlichkeit, in der sich die Kunde von der bevorstehenden Revolution anbahnte. Rückblickend wird der Ausbruch der Revolution, der sich so schwer vorhersagen ließ, von der Mehrheit der HistorikerInnen auf den 23. Februar datiert – nach westlicher Zeitrechnung der 8. März, der Internationale Frauentag (ebd., 147). Es war das sechste Mal, dass der Frauentag weltweit begangen wurde, aber bis dahin immer an verschiedenen Tagen. Erst nach 1917 wurde der 8. März zum verbindlichen Datum des feministischen Protests – und zwar genau *wegen* der Russischen Revolution, die an diesem Tag in Petrograd die Weltbühne betrat. Wie die Historikerinnen Jane McDermid und Anna Hillyar schreiben, verhielten sich die Demonstrantinnen zunächst genau auf die »irrationale«

Weise, die traditionellerweise von »Frauen« erwartet wurde: sie randalierten, zerstörten Straßenbahnen, plünderten Geschäfte (ebd.). Nicht zuletzt wegen dieser erwarteten »Disziplinlosigkeit« und »Spontaneität« hatte die bolschewistische Führung die Demonstrierenden aufgefordert, den Protest nicht zu weit zu tragen (ebd., 148ff.). Doch die Frauendemonstration forderte zunächst Brot und Gleichberechtigung, dann marschierten die Teilnehmerinnen, um viele Arbeiter angewachsen, zum Stadtzentrum, verlangten ein Ende des Krieges und schließlich den Rücktritt des Zaren.

Einige Tage später dankte der Zar ab. Die Frauen erlangten das Recht zu wählen sowie kein Jahr später das Recht abzutreiben. Bald darauf ließen sie sich scheiden, ein handgeschriebener Zettel reichte nun dafür. Die Russische Revolution schuf das fortschrittlichste, gänzlich geschlechtsneutrale Ehe- und Familienrecht, das die moderne Welt je gesehen hatte. Homosexualität, deren Propagierung im Russland des Jahres 2016 unter Strafe steht, wurde im Russland des Jahres 1918 legalisiert. Vier Jahre darauf erklärte ein sowjetisches Gericht die Ehe zwischen einem Transmann/einer Butch und einer Cisfrau für rechtens, unabhängig davon, ob es sich dabei um eine wechselgeschlechtliche oder eine gleichgeschlechtliche Ehe handelte, mit dem so einfachen wie einleuchtenden Argument, dass die Ehe einvernehmlich geschlossen worden war. Die Anfänge der Russischen Revolution waren nicht nur ihrer, sondern auch unserer Zeit voraus. Ihre Träume wie ihre Praxis sind nicht nur *schon wieder gegenwärtig*, sondern *auch immer noch zukünftig*.

Die Revolution beflügelte die Fantasie wie kein anderes Ereignis. Sie setzte ungeahnte utopische Begierden frei, indem sie deren Erfüllung von einem fernen Traum in den Wirkungsbereich des Alltags holte. Die Revolution machte die Zukunft zu einem Teil der Gegenwart. Sowjetische Intellektuelle, WissenschaftlerInnen, KünstlerInnen überschritten mit fantastischem Mut wie logischer Stringenz die Grenze zwischen den Zeiten. Nikolai Fedorow wie die Gruppe der Biokosmisten argumentierten, dass der zu erkämpfende Sozialismus die Gesellschaft sei, die alle Ausbeutung unter den Menschen aufheben werde. Wenn die sozialistische Gesellschaft aber erst in der Zukunft realisiert würde, dann kämen alle, die in Vergangenheit und Gegenwart für sie gekämpft hätten, nicht in ihren Genuss. Dann aber basierte der Sozialismus der Zukunft auf der Ausbeutung der Vergangenheit und sei somit kein Sozialismus. Statt zu resignieren, forderten die BiokosmistInnen das logisch Naheliegende: Alle, die jemals für den Sozialismus gekämpft hatten, und alle, die jemals ausgebeutet wurden, müssten, wenn der Sozialismus erreicht sei, wieder zu Leben erweckt werden. Weil dadurch aber der Platz auf der Erde eng werden würde, müsste die Raumfahrt ausgebaut und müssten alternative Wohnmöglichkeiten erschlossen werden. Daher die Pläne zur Besiedelung des roten Mars, und darüber hinaus zur Verwandlung der Menschenkörper in Maschinen oder gar Licht, was sich unter den Bedingungen des Weltraums als sinnvoll erweisen würde (Hagemeister/Groys 2005, 10ff., 25ff.). Angesichts solcher Pläne und bereits unternommener Versuche, Alte mithilfe von Bluttransfusion jung und Junge weise zu machen, musste die soziale wie biologische Überwindung von Geschlechtern wie eine Kinderaufgabe erscheinen.

Diese Aufgabe sollte in der frühen Sowjetunion nicht in erster Linie in Bezug auf diskursive oder symbolische Ordnungen, sondern auf die sozialökonomischen Sphären von Produktion und Reproduktion bewältigt werden. Die geschlechtliche Arbeitsteilung wurde als materielle Grundlage der geschlechtlichen Trennung und Hierarchisierung verstanden. Um die patriarchale Ausbeutung zu beenden und Gleichheit zwischen den Menschen zu realisieren, musste deswegen die Produktionseinheit der Familie aufgelöst werden. Bereits die kapitalistische Entwicklung der Produktivkräfte hatte wesentliche Arbeiten, die bis dahin im Rahmen der Familie verrichtet worden waren, aus dieser herausgelöst: Nahrungsmittel, Kleidung, Werkzeuge wurden jetzt nicht mehr in der Familie hergestellt, sondern nur noch zubereitet und repariert. Das sozialistische Emanzipationsmodell sah vor, diesen historischen Prozess zu seinem logischen Ende zu bringen. Das Ziel bestand darin, die ohnehin überholte Familie absterben zu lassen, indem sämtliche in ihrem Rahmen getätigte Aufgaben nach dem Modell männlich codierter Lohnarbeit rekonstruiert würden. »Der Kochtopf ist der Feind der Parteizelle« lautete folglich eine zentrale Parteiparole (Stites 1978, 409). Lebensmittel sollten nicht in Privatküchen, sondern in Kantinen zubereitet, Kinder und Alte nicht von Angehörigen, sondern in öffentlichen Einrichtungen versorgt und Wohnungen nicht individuell, sondern kollektiv geputzt werden. Damit würde die geschlechtliche Arbeitsteilung und mit ihr die Geschlechtertrennung selbst hinfällig. »Unsere Aufgabe«, so formulierte es Jewgeni Preobraschenski, »besteht nicht im Streben nach Gerechtigkeit in der geschlechtlichen Arbeitsteilung. Unsere Aufgabe besteht darin, Männer wie Frauen von der Arbeit im Kleinfamilienhaushalt zu befreien.« (Zitiert nach Goldman 2008, 6)

Das Kommunistische, das am Horizont der Russischen Revolution erschien, war das Versprechen eines schlussendlichen Fortschritts zu umfassender Gleichheit. In der Union der sozialistischen Sowjetrepubliken, lange Zeit der einzige Staatenbund, der keinerlei Hinweis auf ein Territorium enthielt, sollte die Trennung der Menschen nach Religion, Nation, Klasse, Geschlecht aufgehoben werden. Allerdings enthielt die Bewegung zur Gleichheit eine Richtung; *das Universelle wurde von einer partikularen Norm regiert*. Das Gemeinsame bestand tatsächlich in der Verallgemeinerung eines seiner Teile. So wie die Landarbeit sollte auch die Reproduktionsarbeit durch Kollektivierung und Maschinisierung der Industriearbeit nachgebildet werden. Bauern wie Frauen würden damit tendenziell verschwinden und sich dem Vorbild des Fabrikarbeiters angleichen. Alle Menschen würden gleich, alle Menschen würden Brüder – männliche Lohnarbeiter. Die Zeit der Revolution sah der Schriftsteller Ossip Mandelstam von einem Ideal perfekter Männlichkeit geprägt und sein Kollege Andrei Platonov formulierte bündig, der Kommunismus sei im Wesentlichen eine Gesellschaft der Männer (Borenstein 2000, 0f.). Tatsächlich aber war dieser »Kommunismus«, trotz anhaltender patriarchaler Machtverhältnisse, *keine Gesellschaft der Männer*, sondern eine revolutionäre *Gesellschaft der Vermännlichung*. Nur fünf Jahre nach Beginn der Revolution stellte der Gesundheitskommissar Nikolai Semaschko fest, dass maskulinisierte »Frauen« zu einem Massenphänomen geworden waren. In seiner Beschreibung trugen sie zerzauste, oft schmutzige Haare, hatten billige Zigaretten zwischen die Zähne geschoben, legten absichtlich schlechte Manieren an den Tag und sprachen mit rauen Stimmen. Sie hätten, so fasste er es zusammen, alle weiblichen Eigenschaften verloren und sich gänzlich in Männer verwandelt, auch wenn sie im Moment noch Röcke oder Hosenröcke trügen (Healey 2001, 61). Diese Revolutionärinnen, neben denen die Punks der *Pussy Riots* alt aussehen, arbeiteten massenhaft in Schwerindustrie und Parteizellen, kämpften in Armee oder Geheimpolizei, trugen kurze Haare und Hosen und verließen das angestammte Heim. *Der neue Mensch war ein Drag King*.

Entsprechend dicht bevölkert war die Literatur der Zeit von diesen neuen Menschen. Michail Bulgakow, kein Freund der kommunistischen Revolution, versuchte sich über sie lustig zu machen, aber kam nicht an ihnen vorbei. In seiner Novelle »Hundeherz« musste er feststellen, dass sich bei den jungen Kommunisten kein Geschlecht mehr ausmachen ließ. Die kommunistischen Delegierten eines Hauskomitees, die Bulgakow auf einen bürgerlichen Professor treffen ließ, weisen die Bezeichnung »Herren« für sich zurück, aber nicht weil es die geschlechtliche Wirklichkeit nicht angemessen repräsentierte, sondern weil es sich um eine bürgerliche Anrede handelte. Auf die Frage des Professors, ob es sich bei einem/einer der Kommunisten um einen Mann oder eine Frau handele, antworten sie mit der Gegenfrage, was dies für einen Unterschied mache. Notgedrungen reduziert sich deshalb die Geschlechterdifferenz für den Professor darauf, die einen zum Absetzen der Mütze aufzufordern, die anderen nicht.

Sergej Tretjakov beschrieb in seinem Theaterstück »Ich will ein Kind haben« eine Kommunistin, die nicht nur wie ein Mann aussieht, sondern auch mit männlicher Rationalität ihre Fortpflanzung organisiert – ohne alle Romantik. Auf die Frage, ob sie denn nicht die Natur liebe, Berge, Wasserfälle, Urwald, antwortet sie: »Am Wasserfall liebe ich die Turbinen. An den Bergen die Schächte, am Urwald Sägewerke und planmäßige Aufforstung.« (Tretjakow 1976, 99) Dieselben Menschen bilden auch die Heldinnen von Alexandra Kollontais Erzählungen. Die erste Ministerin und erste Botschafterin der modernen Welt schuf ihre literarischen Figuren nach dem Vorbild der Realität. Ihre emotionale Energie leiteten diese in die Politik, sexuelle Bedürfnisse befriedigten sie wie Durst oder Hunger. Ihre Beziehungen mit Männern trugen deutliche schwule Zeichen und an Abtreibungen störte sie nur der erzwungene Arbeitsausfall (siehe Kollontai 1992).

Die Welt, die die Arbeiterinnen der Hand, des Kopfes und der Seele – so wurden Schriftstellerinnen genannt – gemeinsam zu schaffen begannen, war eine Welt des technologischen Fortschritts, der männlichen Rationalität und der grenzenlosen Gleichheit. Der Traum verwandelte sich bald in einen Albtraum. Schon in den 1930er Jahren wurde Abtreibung wieder verboten, Homosexualität kriminalisiert und die Kleinfamilie als Ideal des Staates rekonstruiert. Unter der Macht des Stalinismus verkehrte sich die Utopie der Gleichheit in die Realität der Gleichförmigkeit. Allerdings unterbrach die »sexuelle Konterrevolution« (Wilhelm Reich) nicht alle Emanzipationslinien, die in der Revolution die Welt betreten hatten. Bis zum Ende der Sowjetunion stieg die Frauenerwerbsquote immer weiter an und noch im heutigen Russland arbeiten mehr Frauen für Lohn als irgendwo sonst auf der Welt. Die reproduktive Arbeit aber, die nicht reformistisch umverteilt, sondern revolutionär abgeschafft werden sollte, blieb bis zum Untergang der Sowjetunion den Arbeitern überlassen, die weiterhin sozial-ökonomisch und kulturell-symbolisch dafür ausgebildet wurden – sogenannte Frauen. Eine Aufteilung der Menschen in Geschlechter und eine institutionelle Begrenzung der Möglichkeiten sexueller Kombination unter ihnen blieb vorerst bestehen. *Unter den Trümmern der stalinistischen Konterrevolution wurde ein Aufbruch begraben, der auf Fortsetzung wartet.*

4. Kein Geschlecht, ein Geschlecht und viele Geschlechter

Als der Traum wieder ausgegraben wurde, war ein halbes Jahrhundert vergangen. Die Trümmer hatten sich zu einem geordneten Straßen-Pflaster geglättet. Unter diesem, so verkündeten die Grafitti des Mai 1968, sollte der Strand liegen. Die Bedingungen für das Kommunistische hatten sich geändert und mit ihnen das Kommunistische selbst. An die Stelle einer zumindest vorgestellten Einheit der kommunistischen Kräfte, die sich in einer fundamentalen und binären Opposition zu ihrem kapitalistischen Gegner befand, war eine Vervielfältigung der Linien und Kämpfe getreten. Das Schema eines zentralen Widerspruchs von Arbeit und Kapital, scheinbar geografisch materialisiert in Ost und West, wurde verkompliziert. Wie die Revolutionswelle von 1917 hatte auch jene von 1968 in der Peripherie begonnen, aber diesmal entfalteten sich die Befreiungsbewegungen bereits in Anwesenheit eines nominell kommunistischen Staatenbundes – in Anlehnung und in Abgrenzung zur Sowjetunion. China, Vietnam, Jugoslawien, die alle für 1968 eine bedeutsame Rolle spielten, hatten sich in unterschiedlichem Maße aus dem Einflussbereich Moskaus gelöst. Unbestreitbar gab es außer der ersten und der zweiten Welt *mindestens* noch eine dritte.

Vor diesem Hintergrund entfalteten sich die Streikbewegungen und Studierendenproteste in Berkeley, Warschau, Belgrad und vielen anderen Städten des geteilten Globus (siehe Roesler 2010; Gehrke/Horn 2007). Die Kämpfe entwickelten sich in enger Beziehung zueinander, aber als eigenständige: Der antikoloniale Befreiungskrieg in Algerien, der Guerillakampf in Kuba, die Schwarze Bürgerrechtsbewegung in den USA, die Bewegungen für geschlechtliche und sexuelle Emanzipation. Damit wurde die eindeutige Richtung, die das Ziel des Kommunistischen angezeigt hatte, gebrochen. Die es regierende Norm der Emanzipation wurde in Zweifel gezogen. Nicht länger ließ sich kommunistische Gleichheit als Gleichheit männlicher, industrieller, weißer ArbeiterInnen vorstellen. Während die Revolutionswelle von 1917 von dem Glauben an den Fortschritt der Geschichte angetrieben wurde, der durch die Entwicklung der Produktivkräfte von der SklavenhalterInnengesellschaft über den Feudalismus zum Kapitalismus und schließlich in den Kommunismus führen würde, hatte diese Unilinearität der historischen Entwicklung in der Mitte des 20. Jahrhunderts an Plausibilität verloren. Mariarosa Dalla Costa, eine feministische Marxistin aus Italien, stellte die Verbindung zwischen ökonomischer und geschlechtlicher Emanzipation heraus, als sie feststellte, dass der Dritten Welt angeboten worden sei, »›sich zu entwickeln‹: was bedeutet, neben der gegenwärtigen Hölle auch noch die Hölle der industriellen Konterrevolution zu erleiden. Den Frauen in der Metropole ist dieselbe ›Hilfe‹ angeboten worden.« (Dalla Costa 1976, 294) Damit wies Dalla Costa die Emanzipationsperspektive von Industrialisierung und Erwerbsarbeit gleichermaßen zurück.

Die zweite Welle des Feminismus schloss an die erste Welle an, überspülte sie jedoch, indem sie als eigenständige Bewegung aus dem Revolutionsbecken heraustrat. Erst von hier ließen sich die auffälligen Grenzen des vorangegangenen Diskurses geschlechtlicher Befreiung bemerken. In den Emanzipationstexten Alexandra Kollontais fehlte jede Kritik an Männlichkeit, diese wurde nicht als einseitig und herrschaftlich erkannt, sondern zu einem Ideal ernannt, an dem gemessen Weiblichkeit, die aus der technologisch wenig entwickelten Sphäre der Hausarbeit stammt, als rückständig galt. Demgegenüber beharrte Mariarosa Dalla Costa darauf, dass die »Sklaverei des Fließbandes« keine »Befreiung von der Sklaverei des Spülbeckens« darstellt (ebd., 277). Die Vorstellungen von Befreiung waren verändert.

In beiden Revolutionswellen wurde der Versuch unternommen, die gesellschaftliche Spaltung in Privatsphäre und Öffentlichkeit, in Produktions- und Reproduktionssphäre aufzuheben, jedoch aus entgegen gesetzter Richtung. Die zentrale Forderung des Zweite-Welle-Feminismus, *das Private zu politisieren,* bedeutete weniger den öffentlichen Diskurs der Politik auf das Private auszudehnen, als vielmehr Inhalte, Affekte und Logiken der Intimsphäre in den politischen Diskurs der Öffentlichkeit einzuspeisen. In den universellen Diskurs der Emanzipation wurde die Perspektive einer in der Reproduktionsarbeit geschulten Sorge ebenso aufgenommen wie die einer in der bäuerlichen Landwirtschaft gewonnene Subsistenz. Aber unter den veränderten Bedingungen der Vervielfältigung konnte sich keine partikulare Stimme mehr zu einem universellen Chor aufblasen. An die Stelle des Emanzipationsmodells von 1917 einer *universellen Maskulinisierung* trat deswegen nach 1968 auch *keine universelle Feminisierung, sondern eine differenzielle.* Die Drag-Queen wurde zu *einer* Ikone der Stonewall-Riots von 1969, aber nicht zum Sinnbild einer neuen Menschheit.

Immer noch und immer wieder fordern die radikalen Bewegungen geschlechtlicher Emanzipation eine Abschaffung von Geschlecht. Aber die Bebilderungen dieser Abschaffung haben sich verändert. Wenn die dritte, ab den 1990ern einsetzende Welle des Feminismus, die queerfeministische, als Verlängerung und Vertiefung der zweiten Welle verstanden wird, dann offenbart sich eine fundamentale Transformation in der Ausgestaltung desselben Ziels. Die dominante Emanzipationslinie lautet nicht mehr *kein Geschlecht*, das sich dann doch als *eines* zu erkennen gibt, sondern *viele Geschlechter*.

Wo 1917 die Zentralität der Einheit betonte, stärkte 1968 die Dynamik der Differenz. An die Stelle der Disziplin trat Kreativität, an die Stelle des kollektiven Plans die Autonomie der Selbstverwaltung. Das Ideal sozialer Homogenität wurde ersetzt durch die Emphase der Heterogenität. In diesem Prozess kann die Suche nach dem solidarischen Gemeinsamen sich nicht gleich bleiben. Bedingung und Gestalt des Kommunistischen verändern sich.

5. Gleichheit, Freiheit und Solidarität

Die Geschichte des Kommunistischen ist arm an geglückten, reich an hoffnungsvollen Möglichkeiten. Reich an Situationen, die einen alternativen Geschichtsverlauf nicht nur nötig gemacht, sondern auch ermöglicht hätten. Eine dieser Situationen, eine der zentralsten, markiert der März 1921. Mit einigem Recht lässt sich sagen, dass die Revolution von 1917 hier ihr Ende fand – aber auch einen neuen Anfang hätte nehmen können. In diese Situation einer dreifachen historischen Weichenstellung, die die Entscheidung für die Neue Ökonomische Politik und die Niederschlagung des Kronstädter Aufstands enthält, fällt eine Auseinandersetzung um Richtung und Grundlage kommunistischer Politik zwischen der Arbeiteropposition und der Parteiführung, die mit dem Verbot der innerparteilichen Opposition endet. Es ist diese Situation, der der französische Philosoph Daniel Bensaïd einen Besuch abstattete, um gerade die Möglichkeit eines in ihr angelegten alternativen Geschichtsverlaufs einer kritischen Revision zu unterziehen. Insofern Daniel Bensaïd biografisch dem Trotzkismus nahesteht, für welchen der entscheidende Wendepunkt nicht 1921, sondern 1927 – die Niederlage der Trotzkischen Linksopposition – darstellt, sollte diese Kritik vielleicht nicht überraschen, insofern Bensaïd jedoch dem Mai 1968 entstammt, offenbart seine Auseinandersetzung mit der Arbeiteropposition zugleich die Konfrontation zweier revolutionärer Zeiten und ihrer Paradigmen.

In der Tat offenbart Kollontais Text zur »Arbeiteropposition« von heute aus betrachtet ein auffallendes Schwanken. Einerseits kritisiert sie in aller historisch gebotenen Schärfe die »Sowjetkarriere«, die auf einer »Leiter der Sowjet- und Parteiposten« emporführt und das, »was man ›Führer‹ zu nennen pflegt,« hervorbringt, »Führer«, die sich immer weiter von ihrer Basis entfernen und gegen eine »kollegiale Leitung« der Betriebe für »Einmannleitungen« optieren (Kollontai 1972, 183-189). Letztere verbindet sich mit dem »lächerlich naiven Glauben [...], der Kommunismus könne auf bürokratische Weise eingeführt werden. Dort, wo man suchen und ›schöpferisch tätig sein‹ muss, sind sie schon dabei ›vorzuschreiben‹.« (Ebd., 195) Andererseits geht Kollontai davon aus, dass es in der Arbeiteropposition gerade deswegen »keine großen, herausragenden Gestalten«, keine Führungsspitzen gibt, weil sie fest mit den »breiten Arbeitermassen« verbunden bleibt, aus denen sie hervorgegangen ist. Zu einer Spaltung in Führende und Geführte kann es deswegen nicht kommen, weil sie Teil einer homogenen sozialen Situation, »Fleisch von Fleische« sind. Idealerweise bilden deswegen »Massen [...] und Führungszentren der Partei ein einheitliches Ganzes« (ebd., 184). Dieses Denken des Determinismus geht von einer direkten Entsprechung zwischen homogener sozialer Lage und einheitlicher politischer Position aus. Die »Klasse, als *einheitliche, nicht in sich zersplitterte soziale Einheit, mit einheitlichen, gleichartigen* Klassenbedürfnissen, -aufgaben und -interessen«, verfügt folglich auch über »eine *gleichartige, konsequente,* klipp und klar formulierte Politik« (ebd. – Hervorheb. Bini Adamczak). Diese fantasmatische Einheit wird schließlich auch von *außen* bedroht, von dem »*zersetzenden Einfluss sich kreuzender, fremder, nichtproletarischer* Interessen (der Interessen der Bauernschaft und der bürgerlichen Elemente, die sich dem Sowjetsystem anpassten)« (Hervorheb. Bini Adamczak).

Das Paradoxale dieser Figur besteht darin, dass sie eine scheinbar demokratische Kritik aus der Perspektive der Homogenität formuliert. Die Herrschaft einer Führungsspitze wird nicht dafür kritisiert, dass sie ihr eigenes partikulares Interesse gegen eine Vielzahl anderer partikularer Interessen durchsetzt, sondern dass sie gegen das Gebot der Gleichartigkeit verstößt. Ein ungewohntes Argument gegen Autorität: Es braucht gerade deswegen niemanden, der sagt, wo es lang geht, weil ohnehin alle das Gleiche wollen. Insofern sollte es nicht verwundern, dass es für Kollontai einen »*geraden Weg der Geschichte*, die zum Kommunismus führt« gibt (ebd., 186), und dass die Aufgabe der Klasse darin besteht, eine »*nicht zersplitterte, sondern einheitliche, harmonisch zusammengefügte* kommunistische Wirtschaft zu schaffen« (ebd., 188 – Hervorheb. Bini Adamczak). Seltsamerweise steht diese Betonung von Gleichheit und Gleichartigkeit nicht im Widerspruch dazu, die Mitglieder der Arbeiteropposition als die »am stärksten vom proletarischen Klassengeist durchdrungenen Arbeiter, die wahre Blüte der aufsteigenden revolutionären Klasse«, als die »hervorragendsten und hartnäckigsten Vertreter ihrer Klasse zu bezeichnen« (ebd., 183f.), als würden sie es vermögen, das gleiche Wesen aller besonders rein und deutlich zu verkörpern, um so gewissermaßen gleicher als Ihresgleichen zu werden.

Bensaïd irrt allerdings, wenn er nahelegt, dass Lenin demgegenüber für ein Modell sozialer Heterogenität gestanden habe. Dessen Polemik gegen die Arbeiteropposition, die er auf dem zehnten Parteitag vortrug, ist wie von diesem Autoren gewohnt, weitgehend inhaltsleer, sie konzentriert sich auf die Form der Opposition selbst, auf die demokratische Debatte, die einen Luxus darstelle, den sich die Partei nicht länger leisten könne (Lenin 1982b, 166). Die von Lenin vorformulierte Resolution zur »syndikalistischen und anarchistischen Abweichung« in der bolschewistischen Partei fokussierte auf den Vorschlag der Arbeiteropposition, die Leitung der Volkswirtschaft in Form eines »Gesamtrussischen Kongress der Produzenten, die in gewerkschaftlichen Produktionsverbänden zusammenzuschließen sind« zu organisieren. Dieser Vorschlag, so vorformulierte es Lenin, bedeute einen »völligen Bruch mit Marxismus und Kommunismus«, weil er einerseits mit den parteilosen Massen liebäugele, die der Führung der Avantgarde bedürften, andererseits im Begriff der Produzentinnen »den Proletarier mit dem Halbproletarier und dem kleinen Warenproduzenten« vermische. Daraus spricht die Vorstellung einer ökonomischen Determination des Politischen ebenso wie das Ideal sozialer Homogenität. Solange Letztere nicht erreicht ist, braucht es die Diktatur der Partei. Das »kleinbürgerlich anarchistische Element«, das Lenin selbst aus der sozialen Deklassierung großer Teile des Proletariats erklärte (Lenin 1982c, 200), bezeichnete er ohne den Superlativ zu scheuen, als den »gefährlichsten Feind der proletarischen Diktatur« (Lenin 1982a, 191) – explizit gefährlicher als die weiße Konterrevolution. Sie müsse nicht mit Worten, sondern Gewehren bekämpft werden – ein Hinweis auf Kronstadt, wo die Bolschewiki etwa zeitgleich Tausende revoltierende MatrosInnen ermordeten.

Ein tatsächlich demokratisches Bündnis, in dem nicht die Interessen von Bauernschaft und Proletariat von der Führung der Kommunistischen Partei wahrgenommen werden, sondern in Form breiter Selbstermächtigung von diesen selbst, war weder von Kollontai noch Lenin vorgesehen. Politisch hätte es einen Kompromiss mit den ukrainischen AnarchistInnen und den SozialrevolutionärInnen bedeutet, die wesentlich stärker in der BäuerInnenschaft und deren Räteorganen verankert waren. Beide Fraktionen waren von den Bolschewiki aber gerade verraten worden und wurden militärisch bekämpft.

Der Grund für diese Politik wird sich nur begrenzt auf dem Gebiet der Theorie finden lassen. Aus der Determination des Politischen durch das Soziale zogen Lenin wie Kollontai oder auch Kautsky sehr verschiedene Schlussfolgerungen. Dennoch bemühten sich linke TheoretikerInnen insbesondere nach 1968, die theoretischen Irrtümer zu identifizieren, vor deren Hintergrund die stalinistische Politik verstehbar und kritisierbar werden sollte: die Dominanz des Kollektivs vor dem Individuum, die Determination des Politischen durch das Soziale, die Legitimation des Mittels durch den Zweck, die Idealisierung sozialer Homogenität und politischer Einheit – um nur einige zu nennen. Gegen die Vorstellung einer tatsächlichen oder anzustrebenden Homogenität der Klasse, die sich auf die ganze Gesellschaft ausdehnen sollte, beharrt Daniel Bensaïd in Übereinstimmung mit Claude Lefort, Jacques Rancière und einer Mehrheit von PhilosophInnen, deren Denken der Revolutionssequenz von 1968 entstammt (siehe Marchart 2010), auf die »irreduzible Heterogenität des Sozialen« (Bensaïd 2012, 42). Aber ist die Pluralität der Positionen, die Differenzialität des Sozialen wirklich irreduzibel, lässt sie sich in der Tat *nicht reduzieren*? Im kommunistischen Diskurs der Revolutionswelle von 1917, in Anlehnung und zugleich Abgrenzung zu dem sich jener von 1968 entwickeln sollte, waren die Differenzen des Sozialen wie die Antagonismen des Politischen nicht ontologisch verankert, sondern Ausdruck spezifischer materieller Bedingungen. Der unversöhnliche Streit, von dem die herrschenden Gesellschaften heimgesucht wurden, lag in ihrer Spaltung in Klassen begründet, zwischen denen ein Kompromiss immer nur auf Kosten der subalternen Klasse geschlossen werden konnte. Aus einer Perspektive der Gleichheit kann es keinen »Dialog« zwischen KapitalistIn und ArbeiterIn geben, der zu einer Lösung ihres Konfliktes bei angemessener Berücksichtigung der Interessen beider Seiten führte. Denn aus einer Perspektive der Gleichheit, *aus einer demokratischen Perspektive also, darf es die KapitalistIn als KapitalistIn gar nicht geben*, da ihre Position nur durch Ausbeutung, also Ungleichheit, existieren kann. Die kapitalistische Vertragsgleichheit bezeichnet deshalb die Einwilligung mündiger BürgerInnen in ihre Unmündigkeit. Wie Marx zu Recht herausstellte, ist ein Recht, das Ungleiche als Gleiche behandelt, ein Unrecht. Die Konstitution eines Gemeinsamen in einer herrschaftsfreien Versammlung wirklicher Demokratie setzt deshalb die Auflösung dieses Klassengegensatzes voraus. Frei miteinander das geteilte Leben aushandeln, können Menschen nur, wenn die einen nicht nach der Versammlung auf dem Land, in der Fabrik oder dem Haushalt der anderen arbeiten gehen müssen.

Die Veränderung der materiellen Basis der Gesellschaft ermöglicht deren Demokratisierung, aber auch – darauf liegt die Betonung der Alten Linken – ihre Befriedung. Diebstahl, Raub und damit verbundene körperliche Gewalt würden reduziert, wenn es für sie keinen Anlass mehr gäbe; das Misstrauen aller gegeneinander verschwände, wenn sie miteinander nicht durch Konkurrenz, sondern in Kooperation verbunden wären; Neid und Missgunst, aber auch das fundamentale Unverständnis voneinander getrennter ›Parallelgesellschaften‹, nähmen ab, wenn sich die Lebensverhältnisse der Menschen anglichen. In der Utopie der Linken von 1917 führte die soziale Gleichheit zu einer politischen Einheit – der Traum einer harmonischen Gesellschaft. Da es ohne Klassenherrschaft keine Notwendigkeit zur Verschleierung von Interessen, also von Ideologie mehr gäbe, würden die Bedürfnisse der Menschen transparent. Anders als bei Kollontai mündete diese Vorstellung bei der Führung der kommunistischen Partei in die bequeme Illusion, eine kleine Gruppe Einsichtiger könnte diese Bedürfnisse für alle vorformulieren, bis die wahre soziale Gleichheit hergestellt sei. Dann dürften sich wesentliche Meinungsverschiedenheiten ohnehin erübrigt haben. Die Proklamation von Gleichheit wandelte sich, nicht zum ersten Mal in ihrer politischen Geschichte, in eine Ideologie, mit der sich die Herrschaft einer Partei legitimieren ließ.

Entsprechend dringend war der Linken nach 1968 die Kritik dieser Ideologie. Unter dem Eindruck totalisierter bürokratischer Herrschaft erhob sie dagegen das Individuum zur Einspruchsinstanz der Kritik (Adorno 2006, 247) und die Differenz zu deren normativen Maßstab. Hierher kommt Daniel Bensaïd, wenn er die »irreduzible Heterogenität des Sozialen« (Bensaïd 2012, 42) proklamiert – gegen die Versuchung einer Partei oder eines kommenden Staates, das Soziale zugunsten des eigenen politischen Projekts zu homogenisieren. Über ein halbes Jahrhundert nach dem Aufbruch von 1968 lässt sich jedoch sehen, dass die 68er Forderungen nach Freiheit und Differenz ebenso kooptierbar waren wie die Forderung nach Gleichheit und Frieden ein weiteres halbes Jahrhundert zuvor. Während die Anrufung von *Gleichheit und Frieden* in der stalinistischen und allgemein fordistischen Bürokratie in *Totalisierung und Homogenisierung* mündete, wurde die Anrufung von Freiheit und Differenz neoliberal gewendet in *Individualisierung und kommodifizierte Subkulturalisierung*. Die 1968 aufgegriffene und im Neoliberalismus gewendete Bewegung führte zu einer sozialen Ausdifferenzierung, die im Schlagwort der Postmoderne zu fassen versucht wurde. Sie schien nicht nur die Formulierung einer Einheit unmöglich zu machen, sondern auch die Herstellung eines Gemeinsamen. In dieser Situation wurde die kritische Selbstreflexion der Neuen Linken notwendig, die bereits vor mehreren Jahren eingesetzt hat (vgl. etwa Boltanski/Chiapello 2003). Häufig jedoch schießen diese Selbstkritiken in ihrer Suche nach einer reinen Position über das Ziel hinaus, wenn sie »die Linke« (oder wahlweise »die KünstlerInnen«, »die Feministinnen«, »die Queers«) direkt für die herrschaftlichen Effekte der stalinistischen Herrschaft oder des neoliberalen Akkumulationsregimes verantwortlich machen. Dies geht jedoch nur durch eine doppelte Leugnung: *Der Stalinismus ist Ausdruck eines Scheiterns der Linken, der Neoliberalismus Ausdruck ihrer Niederlage*. Beide sind somit keine Abbilder, sondern historische Zerrbilder der vorhergegangenen Emanzipationsversuche.

Aus dem historischen Rückblick auf Stalinismus und Neoliberalismus lassen sich die Kommunismen von 1917 und 1968 in ein Verhältnis wechselseitiger Kritik bringen. Dann kann Gleichheit verstanden werden als Grundlage nicht von Einheit oder gar Vereinheitlichung, sondern des demokratischen Gemeinsamen. Differenz erscheint dann nicht als irreduzibel, sondern als materiell reduzierbar. Sie kann allerdings nicht aufgehoben werden in einem Einheitssubjekt, das genau das Gemeinsame verunmöglichen würde (vgl. Nancy 1988). Wenn diese soziale Gleichheit, die Lebensumstände einander angleichen würde, vor dem Hintergrund der postmodernen Erfahrung wieder in den Kanon der Utopie aufgenommen wird, dann verschiebt sich die kritische Frage verstärkt auf den Weg, der zu ihr führt. Der Gleichheit des Kommunistischen von 1917 war eine Norm eingeschrieben, welche die Unterordnung von Weiblichkeit unter Männlichkeit, Landarbeit unter Industriearbeit, des globalen Süden unter den globalen Norden wiederholte. Das Universelle dieses Kommunistischen war tatsächlich die Verallgemeinerung eines Partikularen. Aber nicht des Teils der Anteillosen, wie es Marx vorgeschwebt war. Das Proletariat konstituierte sich in Abgrenzung sowohl zur Bourgeoisie und Adel als auch zu BäuerInnen und Kleinbürgertum, und vor allem zum Lumpenproletariat, SklavInnen, HausarbeiterInnen, PächterInnen usw. (vgl. Roth/van der Linden).

Das Kommunistische von 1917 stand unter dem Vorzeichen von Gleichheit und Einheit, dasjenige von 1968 unter dem Vorzeichen von Freiheit und Differenz. Ein mögliches Kommunistisches von 2017 müsste Solidarität und Assoziation ins Zentrum rücken. 1917 fokussierte auf das Ganze (der staatlichen Totalität), 1968 auf das Einzelne (der entfalteten Individualität), die Zukunft der Gegenwart sollte sich auf das Dazwischen konzentrieren, auf die Beziehungen selbst. Die vielköpfige Geschichte des Kommunistischen hat seiner Gegenwart und Zukunft ein paradoxes Erbe hinterlassen. Gesucht wird ein Gesellschaftsmodell, das *egalitär* ist, *ohne homogenisierend* zu sein, das *Differenz* begrüßt, *ohne den Separatismus* zu fördern. Ein *Ensemble von Beziehungsweisen*, das die *Totalität unterläuft* und die *Atomisierung überschreitet*; das dem *Versprechen des Universalismus treu* bleibt, *ohne* es als *Schleier einer partikularen Norm* zu gebrauchen. Soziale Gleichheit ist die Grundlage echter Demokratie, aber der Weg zu dieser Gleichheit wie das Ziel selbst, müssen selbst demokratisch von differenten Positionen aus formuliert werden. Heute sind die Bedingungen des Kommunistischen diejenigen der *Verstreuung*, schon deswegen lautet sein erstes Wort *Versammlung*.

Friederike Habermann

Über das Kommunistische im Commonismus

Den Morgen, an dem ich diesen Artikel zu schreiben beginne, erhalte ich per E-Mail die Nachricht vom Tod von Kéllia Ramares-Watson, einer US-amerikanischen Autorin, die die letzten Jahre ihres Lebens der Überzeugung widmete, dass Geld abgeschafft werden muss. Eine ihrer Leitfragen war: »What if our work proceeded from what we truly are, rather than what capitalism demands to be?« – »Und was geschieht, wenn wir tun, was wir wirklich sind, statt was der Kapitalismus von uns verlangt?«[1]

Kéllia war Autorin, weil sie es wirklich war – nicht, weil ihr jemand Geld dafür gegeben hätte. Gelesen aber wurde sie, sogar ins Deutsche übersetzt, und ein Österreicher versuchte, für sie auf dieser Seite des Atlantiks eine Finanzierung zu finden. Vergeblich. Kéllias Überzeugung gegen Geld half ihr nicht in dieser Gesellschaft: Sie, die zwei Wochen vor ihrem Tod die 60 überschritt, hatte kurz vorher zusammen mit ihrem Mann aus ihrem Haus in Kalifornien ausziehen müssen. Ihre Horrorvision, auf der Straße zu leben, konnte nur durch solidarisches Crowdfunding vermieden werden; sie und ihr Mann fanden ein Hausboot, das – nur noch für kurze Zeit – ihr neues Heim wurde. Sie mache nicht auf ›*drama queen*‹, hatte sie einst in einer E-Mail geschrieben, aber sie weigere sich, nur zu existieren, um Rechnungen zu bezahlen und im Spiegel eine nutzlose Esserin zu erblicken.

Eine »nutzlose Esserin«? Sie wusste es soviel besser, und doch konnte sie sich nicht von dem sie umschließenden Wertesystem abgrenzen. In einem Kommentar von 2012 für die österreichische Tageszeitung *Der Standard* verwies sie zunächst auf den international belegten Zusammenhang von Erwerbslosigkeit und Selbstmorden, um dann fortzufahren: »Der Zwang zu Geldeinkommen tötet nicht nur, er schränkt auch unsere Freiheiten in vielfacher Weise ein. Wir verlieren die Freiheit, wir selbst zu sein. [...] Überwinden wird daher das Geld, bevor es uns überwindet!« (Ramares-Watson 2012) Kéllia hat das Geld und das damit verbundene System nicht besiegt. Kapitalismus wurde schon oft zum Sieger erklärt: So auch nach 1989/91, nach dem Zusammenbruch des real

[1] Vgl. ihre Crowdfunding-Webseite https://www.patreon.com/kellia?ty=h sowie für weitere Inhalte https://endingthecultbook.wordpress.com.

existierenden Sozialismus. Doch war es wirklich der Kapitalismus, der siegte, oder verlor nicht vielmehr der real existierende Sozialismus gegen Menschen, die den Herzenswunsch von Kéllia teilten und in ihrem Leben nicht erfüllt sahen: dass es bei der Befreiung vom Kapitalismus darum geht, sein zu können, was wir wirklich sind? Für Karl Marx war dies der zentrale Punkt: »Jeder nach seinen Fähigkeiten, jedem nach seinen Bedürfnissen« (Marx 1875, 21), hatte er es ausgedrückt. Dass es um die Gleichheit der ›Salaire‹, der Löhne ginge, lehnte er ab; dies mache aus der Gesellschaft einen abstrakten Kapitalisten, erobere aber »weder dem Arbeiter noch der Arbeit« ihre Würde und menschliche Bestimmung zurück, sondern erhalte die der Lohnarbeit innewohnende Sklavendimension (Marx 1974a, 520f.). Erich Fromm war stets bemüht, diese Dimension des Marxschen Denkens sichtbar zu machen:

> »Seine Kritik der kapitalistischen Gesellschaft richtete sich nicht gegen die Art, in der sie die Einkommen verteilte, sondern gegen ihre Produktionsweisen, ihre Zerstörung der Individualität und ihre Versklavung des Menschen – nicht durch den Kapitalisten, sondern die Versklavung des Menschen, also des Arbeiters und des Kapitalisten – durch Dinge und Umstände, die sie selbst machen.« (Fromm 1988, 53).

Statt Eigentum: Commons

Sogar in der Vorhersage des Ökonomen und Zukunftsforschers Jeremy Rifkin in seinem Buch von 2014, »Die Null-Grenzkosten-Gesellschaft. Das Internet der Dinge, kollaboratives Gemeingut und der Rückzug des Kapitalismus«, handelt es sich um die gleichen Grundgedanken. Das ›Gemeingut‹ im Untertitel ist hier die deutsche Übersetzung für Commons; im Buch selbst wird der englische Begriff beibehalten, denn dieser hat sich in den Diskussionen über Möglichkeiten anderen Wirtschaftens auch in Deutschland innerhalb der letzten Jahre weitgehend durchgesetzt. Im Grunde sind es bei all diesen Ansätzen lediglich zwei Grundgedanken. Erstens: Was Menschen brauchen, ist sehr endlich, solange nicht die Existenz von Geld bzw. dadurch künstlich erzeugte Knappheit einem kleinen Teil der Menschheit erlaubt, die anderen von dem größten Teil des weltweiten Reichtums der Welt auszuschließen (in Zahlen: ab 2016 kann das inzwischen viel zitierte eine Prozent tatsächlich mehr Reichtum sein Eigentum nennen als die restlichen 99 Prozent) (*Spiegel Online* 2015). Marx nannte diesen ersten Grundgedanken: Jedem nach seinen Bedürfnissen.

Zweitens: Wenn die Menschen von Lohnarbeit befreit ihre Lebensenergie verwenden können, um das zu tun, was ihnen Spaß bereitet oder was sie am Notwendigsten finden, dann kommt genug zusammen. Marx sprach hierfür von »Jeder nach seinen Fähigkeiten«.

Während im Wort »Kommunismus« die Gemeinschaft unter den Menschen betont wird, so im »Commonismus« der Aspekt, dass es nicht nur kein Privateigentum, sondern auch kein Staatseigentum geben sollte. Denn genau hier liegt der entscheidende Unterschied zu den real existier(t hab)enden sozialistischen Regimen: Es handelt sich nicht um Verstaatlichung von Privateigentum, sondern Commons funktionieren per Definition ohne Markt und ohne Staat. Jene, die ein Commons nutzen, tragen dafür Sorge, dass es erhalten bleibt – nicht unbedingt alle, aber viele. Alle müssen es nicht sein, denn welchen Nutzen hätte die Beteiligung eines Menschen an freier Softwareproduktion, der davon keine Ahnung hat? Und das Beispiel freie Software zeigt auch schon: Oft geht es nicht nur um das Erhalten, wie es besonders bei natürlichen Commons der Fall ist (Wasser, Wälder, das Klima etc.), sondern auch um die Herstellung selbst. Doch egal ob alle oder nur einige sich daran beteiligen: »There is no commons without commoning« wird vielfach mit Bezug auf den Historiker Peter Linebaugh formuliert; übersetzt werden könnte dies mit »Ohne gemeinschaftliche Sorge kein Gemeingut«.[2]

All das ist im Grunde nichts Neues. Denn erst einmal bedeutet »Commons« nichts anderes als das deutsche Wort »Allmende«. Doch wer im Deutschen diesen Begriff überhaupt noch kennt, verbindet damit gemeinhin die Weide im mittelalterlichen Dorf, auf der Bauernfamilien gemeinsam Schafe und Kühe grasen ließen. Die Vorstellung von individuellem Eigentum an Land war den Menschen im Mittelalter allerdings generell fremd. Alles Land war Allmende, und das Ackerland wurde von den Dorfgemeinschaften untereinander zur Bewirtschaftung aufgeteilt (vgl. Schibel 1985). »Eigentum ist Diebstahl« hatte nicht erst Pierre-Joseph Proudhon formuliert – bei ihm findet sich dieser Satz –, sondern bereits Jacques Pierre Brissot schrieb 1780 in seinen philosophischen Nachforschungen über Eigentum und Diebstahl, »wenn 40 Taler ausreichen, um unseren Lebensunterhalt zu sichern, dann ist der Besitz von 200.000 Talern ein offenbarer Diebstahl, eine Ungerechtigkeit« (zitiert in Wikipedia 2016a). Im Deutschen ließe sich dies auch mit einer Aus-

[2] Anders als häufig angegeben enthält sein Werk von 2008, »The Magna Carta Manifesto: Liberties and Commons for All«, nur den Gedanken (Linebaugh 2008, 278), nicht jedoch das wörtliche Zitat.

weitung der juristischen Unterscheidung zwischen Besitz und Eigentum ausdrücken: Denn etwas ist Besitz, wenn jemand etwas aktiv nutzt; »Eigentum« steht für das Recht, andere vom Gebrauch auszuschließen. Gedehnt ist diese Unterscheidung in diesem Fall deshalb, weil das von Brissot gewählte Beispiel ausgerechnet Geld ist. Normalerweise bezieht sie sich auf Güter: Der Mieter ist der Besitzer einer Wohnung, die Vermieterin die Eigentümerin. Der Mieter ist also derjenige, der die Wohnung nutzt und (ge)braucht, die Vermieterin, die Geld dafür erhält, dass sie ihm das erlaubt. Geld selbst aber braucht niemand, sondern die damit zu erwerbenden Güter. Und diese können immer nur – egal, wie viel jemand ausgibt – eine begrenzte Bedürfnisbefriedigung bewirken.

Genau dies ist es, was Brissot ausdrücken will, und genau dies ist eine Grundüberlegung hinter Commons. Mit Geld aber ist Sättigung eben nicht zu denken. Dies zeigt unfreiwillig sogar Garret Hardin in seinem Aufsatz über die »Tragik der Allmende« (»Tragedy of the Commons«) von 1968. Darin postuliert er, jede Allmende müsse zwangsläufig durch das individuelle Profitstreben ruiniert werden:

> »Darin liegt die Tragödie. Jedermann ist fester Bestandteil eines Systems, das ihn seine Herde grenzenlos zu vermehren zwingt – und dass in einer begrenzten Welt. So eilen alle dem Schicksal ihres Ruins entgegen, jeder im Streben nach seinem eigenen Vorteil in einer Gesellschaft, die an die Freiheit der Allmende glaubt. Die Freiheit des Gemeinguts führt zum Ruin aller.«[3]

Es lässt am Denkvermögen von Ökonomen zweifeln, dass es nicht einmal zu Diskussionen darüber kam, dass selbst in dieser immer wieder herangezogenen Begründung für die angebliche Tragik der Allmende von Hardin offensichtlich gerade nicht diese das System darstellt, das zur grenzenlosen Vermehrung zwingt. Rifkin formuliert entsprechend ganz zu Recht:

> »Persönlich finde ich es merkwürdig, dass Hardin der Allmende die Rolle des ›Schurken‹ zuschreibt – als stehe sie hinter der Entfesselung von all der Gier und Zerstörungswut der modernen Welt. Tatsache ist doch, dass es die neuzeitlichen Exzesse eines vom Markt getriebenen kapitalistischen Systems waren, dessen verbissenes, durch die schwere Hand staatlich gelenkter kolonialer – und neokolonialer – Programme gestütztes Profitstreben während der vergangenen

[3] Hier zitiert in der deutschen Übersetzung aus Rifkin (2014a, 228; das englische Original steht auch online zur Verfügung: http://www.garretthardinsociety.org/articles/art_tragedy_of_the_commons.html, siehe Hardin 1968).

> drei Jahrhunderte sowohl zum Raubbau an den Ressourcen als auch zur pauschalen Ausbeutung der Menschen der Dritten Welt geführt hat.« (Rifkin 2014a, 228f.).

Es müsste also richtigerweise von der »Tragik der Marktlogik« gesprochen werden.[4] Denn der Bedarf eines Bauern an Milch und Wolle ist irgendwann befriedigt; auch bei gemeinschaftlicher Ökonomie ist der Gesamtbedarf relativ bald gedeckt. Erst das Geld schürt die Illusion, die eigene Wohlfahrt könne bis ins Unendliche gesteigert werden. Nun war es aber nicht so, dass nach einem düsteren Mittelalter endlich im 18. Jahrhundert jemand auf die Idee kam, dass Eigentum Diebstahl ist. Ganz im Gegenteil war es keine hundert Jahre her gewesen, dass der umgekehrte Schritt hin zur Legitimation von Eigentum durch John Locke vorgenommen wurde: durch die Argumentation, etwas könne durch Arbeit Eigentum werden, denn schließlich habe jeder Eigentum an seinem Körper und seinen Händen – ausgenommen allerdings Sklaven und Knechte (vgl. hierzu den Beitrag von Michael Brie in diesem Buch, S. 12). Und auch bei Locke gilt noch die Einschränkung, dies gelte dort, »wo genug und ebenso gutes für den gemeinschaftlichen Besitz anderer vorhanden ist«. Hätte Locke ein Verständnis, wonach – wie im Jahr 2015 – 62 Einzelpersonen soviel wie der ärmeren Hälfte der Menschheit gehören kann (Oxfam 2016), während ein bis zwei Milliarden Menschen durch Unterernährung in ihrem Recht auf Leben bedroht sind, demnach für legitim erklärt? Was aber Theoretikern in all den unzähligen Artikeln und Diskussionen der vergangenen Jahrhunderte über die Lockesche Legitimation von Eigentum nicht auffiel, führen Adelheid Biesecker, Christa Wichterich und Uta von Winterfeld aus:

> »Bei John Locke, dem ›geistigen Vater‹ bürgerlichen Eigentums, ist es eine bestimmte menschliche Arbeit, die mit den Objekten der Natur gemischt das Eigentum hervorbringt: Das Wasser gehört demjenigen, der es schöpft – und nicht derjenigen, die die Quelle hegt und pflegt. Die Birnen gehören derjenigen, die sie sammelt oder pflückt – nicht demjenigen, der für das Gedeihen des Baumes sorgt.« (Biesecker et al. 2012).

Sorge- und Pflegetätigkeiten aller Art also, die per Definition nicht zur Aneignung bzw. »Eroberung« eines Gutes führen, sondern zu dessen Erhalt und Gedeihen – Peter Linebaugh spricht eben hierfür von »Commo-

---

[4] Acksel u.a. (2015, 138) bzw. das Commons-Institut sprechen wörtlich von der »Tragik der Märkte« sowie von einer »Tragik der Marktlogik« hinsichtlich des dem Kapitalismus innewohnenden Wachstumszwanges.

ning« – legitimieren nicht zu Eigentum. Damit sind es insbesondere jene Tätigkeiten, die traditionell und immer noch überwiegend von Frauen geleistet werden, welche nicht zu Eigentum legitimieren. Aber auch für die Eroberung der auf Commons beruhenden Kulturen und Ökonomien, Menschen und Länder, die dem westlichen Kolonialismus zum Opfer fielen, diente diese Argumentation den Weißen als Legitimation. Noch 1885 argumentierte ein kanadischer sogenannter »Indianerbeamter«, da die Indigenen »nicht das göttliche Gebot erfüllt haben, sich die Erde untertan zu machen [...], sind ihre Ansprüche auf Eigentum unhaltbar« (zitiert nach Usher 1992, 45).

Statt Geld und Tauschlogik: Beitragen

Interessanterweise gilt es vielen MarxistInnen als Inbegriff von Naivität, gegen Geld zu argumentieren – ihnen scheint nicht bewusst zu sein, was Marx vertrat. Auch ich hatte »Das Kapital« bereits gelesen, als mich jemand erstmals auf diesen Aspekt aufmerksam machte, und in diesem Moment habe ich diese Argumentation aus tiefstem Glauben bestritten, denn so naiv konnte Marx wirklich nicht gewesen sein, so meinte ich. Denn dass es umständlich ist, ein Fahrrad gegen Brötchen einzutauschen, wenn der Bäcker Milch braucht und der Bauer auch kein Fahrrad, sondern einen Traktor undsoweiterundsofort, das hatte mir bereits im Vorschulalter eine Comic-Sendung im Fernsehen überzeugend vorgeführt. So sehr ist uns eingetrichert worden, dass es ohne Geld nur primitive Tauschwirtschaft geben kann, dass wir uns anderes gar nicht mehr vorstellen können. Der Anthropologe David Graeber macht sich in seiner Untersuchung über die Entstehung des Geldes »Schulden. Die ersten 5000 Jahre« ausführlich lustig über diese Fantasielosigkeit von Ökonomen. Er zitiert zahlreiche Beispiele aus Lehrbüchern, die alle demselben Muster folgten, welches er ironisch nachahmt: »Wie muss das damals gewesen sein? Nun, stellen wir uns ein Wirtschaftssystem vor ähnlich wie unser heutiges, nur ohne Geld. Das muss sehr unpraktisch gewesen sein!« Graeber kommentiert diese Denkweise lakonisch: »Welcher Mensch, der bei Verstand ist, würde an einem solchen Ort einen Lebensmittelladen eröffnen?«

Tatsächlich wurde niemals eine Tauschwirtschaft »entdeckt«: »Seit Jahrhunderten suchen Forscher mittlerweile nach diesem sagenhaften Land des Tauschhandels – alle ohne Erfolg« (Graeber 2012, 35). Umso bezeichnender sei es, dass diese Vorstellung, Tausch sei dem Geld vorausgegangen, nicht aufgegeben wurde; sie sei wesentlich für den Mythos, dass »die Wirtschaft« für Menschen einfach der Bereich sei, in dem wir unserer natürlichen Neigung zum Handeln und Tauschen nachgeben könnten: Da wir schon immer gehandelt und getauscht hätten, würden wir es auch in Zukunft immer tun (solange zumindest kein Zwangsregime dies verhindert). Geld sei gemäß dieses Mythos' einfach nur das effektivste Mittel, fasst Graeber wiederum stark ironisierend zusammen: »Die Entwicklung ist ganz einfach und geradlinig, sie bewegt sich auf immer mehr Raffinesse und Abstraktion zu, und das führte die Menschheit logisch und unausweichlich von der Steinzeit, als man Mammutstoßzähne tauschte, zu Aktienmärkten, Hedgefonds und verbrieften Derivaten.« (Ebd., 34)

Adam Smith, der die These vom menschlichen Trieb zum Tauschen in die Welt setzte, siedelte seine Geschichte bei den Indigenen Nordamerikas an. Zu seinen Lebzeiten gab es, so Graeber, in schottischen Büchereien keine verlässlichen Informationen über das Wirtschaftssystem der amerikanischen Ureinwohner. Aber ab Mitte des 19. Jahrhunderts wurden die ersten Beschreibungen veröffentlicht; das einheitliche Ergebnis: Niemand tauschte dort je Pfeilspitzen gegen Fleischstücke. Das anthropologische Standardwerk über Tauschhandel von Caroline Humphrey von der Universität Cambridge lässt auch weltweit keinen Zweifel: »Schlicht und einfach wurde nicht ein einziges Beispiel einer Tauschwirtschaft jemals beschrieben, ganz zu schweigen davon, dass daraus das Geld entstand; nach allen verfügbaren ethnografischen Daten hat es das nicht gegeben.« (Zitiert nach ebd., 35). Doch die Ökonomen ignorierten diese Information schlichtweg – bis heute. Obwohl selten eine historische Theorie so vollkommen und systematisch widerlegt wurde, wurde die Geschichte nie umgeschrieben. Die Lehrbücher blieben bei ihrer Story von den zwei Nachbarn, die miteinander – zum Beispiel – Schuhe und Kartoffeln tauschen wollten und nicht konnten (ebd., 46f.). Tauschsysteme entstehen zwischen Menschen, die bereits Geld kannten, wo es aber nicht oder nicht mehr ausreichend zur Verfügung steht (ebd., 43). Beispiele für Tausch finden sich in »entdeckten« Kulturen dagegen ausschließlich bei Begegnungen zwischen Fremden, die sich höchstwahrscheinlich nie wiedersehen werden und zwischen denen es ganz sicher keine regelmäßigen Kontakte geben wird. Kein Wunder also, dass in den 100 bis 200 Jahren vor Adam Smith die Wörter für Tauschen zum Beispiel im Englischen, Französischen oder Deutschen wörtlich ›beschwindeln‹, ›hereinlegen‹ und ›übers Ohr hauen‹ bedeuteten (ebd., 38ff.). Wie bei vielen anderen Begriffen auch, verunmöglicht die Binarität unseres Denkens, also unsere Tendenz, in Gegensätzen zu denken, andere Möglichkeiten erkennen zu können. So wie Nicht-Arbeit mit Faulheit gleichgesetzt wird (und nicht die vielen befriedigenden Formen des nützlichen Tätigseins gesehen werden); so wie argumentiert wird, die Menschen seien nun mal egoistisch und nicht altruistisch (und nicht erkannt wird, wie das gemeinsame Produzieren von Gesellschaft in dieser Dichotomie nicht aufgeht), so hört das Denken bei »Nicht-Kaufen« gleich »Tauschen« auf. Und dass das unpraktisch ist, versteht eben jedes Kind.

Statt Markt oder Staat: Commoning

Demselben binären Denken verhaftet, wird gemeinhin Nicht-Markt mit Staat gleichgesetzt, und mussten sich KritikerInnen von gesellschaftlichen Verhältnissen im Westen jahrzehntelang »Geh doch rüber!« anhören. Nach der Epochenwende von 1989/91, nach dem angeblichen »Ende der Geschichte« (Francis Fukuyama) durch den angeblichen Sieg des Kapitalismus über das, was vom Westen Kommunismus genannt wurde, trauerten die einen, während andere, auch Linke, dem real existierenden Sozialismus dafür gar zu wenig hatten abgewinnen können. Doch eines einte alle, die von einer anderen Gesellschaft geträumt hatten, ob sie nun überhaupt danach noch strebten oder nicht: Eine Alternative zum Kapitalismus war nicht in Sicht. Die 1990er waren zunächst geprägt von der »NGOisierung«, der Verwandlung des Widerstandes durch soziale Bewegungen in Gespräche an Runden Tischen zwischen Regierenden und »Nichtregierungsorganisationen«, wo alle scheinbar nur genug miteinander reden mussten, um die jeweilige »Win-win«-Lösung zu finden. Doch Mitte des Jahrzehnts begann von den »Rändern« des Globus, von den in der Globalisierung am meisten Abgehängten, häufig indigenen, aber auch Bauern- und Bäuerinnen-, Landlosen-, Fischerei-, TextilarbeiterInnen-, Obdachlosen-, Dienstmädchen- und vielen anderen Bewegungen vor allem des Globalen Südens eine Welle von radikalen Abwehrkämpfen gegen die Durchliberalisierung der Weltwirtschaft und letztlich gegen den Kapitalismus. Damit verbunden gewinnt ein neuer alter Begriff weltweit Aufmerksamkeit, der die Alternative nunmehr denkbar macht: Commons. Am 1. Januar 1994 wird mit Inkrafttreten des Nordamerikanischen Freihandelsabkommens die Privatisierung mexikanischer Allmenden – »ejidos« – erlaubt; diese waren nicht etwa ein Überbleibsel aus vorindustrialisierten Zeiten, sondern ihre

Wiedereinführung ein wesentliches Ergebnis der mexikanischen Revolution von 1910 gewesen. Die Aufhebung der Unveräußerlichkeit der *ejidos* ist ein wesentlicher Grund für den Aufstand der Zapatistas im mexikanischen Bundesstaat Chiapas noch in derselben Neujahrsnacht, und führte zu dem, was bereits damals als »erste Revolution des 21. Jahrhunderts« bezeichnet wird.

Die Resonanz, die dieser Aufstand weltweit unmittelbar fand, hat viele Gründe, die sich vielleicht wie folgt zusammenfassen lassen: Die Zapatistas machten immer klar, dass sie sich nicht für eigene Autos und Kühlschränke erhoben, sondern dafür, dass alle »ihren eigenen Begriff von Würde leben können« (vgl. REDaktion 1997, 113). Marx hätte gesagt, dass alle »ihre Würde und menschliche Bestimmung« (s.o.) leben können. Und Céllia hätte davon gesprochen, dass alle das tun und so leben können, wie sie wirklich sind. Die längerfristige Wirkung entfaltete sich erst im Laufe der Jahre nach dem zapatistischen Aufstand. Dass die Zapatistas als wesentlichen Grund für ihre Rebellion die Privatisierung der *ejidos* und damit der Errungenschaft der Revolution unter Emiliano Zapata ansahen, erschien zunächst wie eine mexikanische Besonderheit. Ihr Spruch »Todo para todos – nada para nosotros« – »Alles für alle, für uns nichts« hörte sich zwar gut an, blieb aber den meisten etwas mystisch. Was sollte dies aussagen? Sollte es nicht für alle etwas geben? Ging es nicht um »Alles für alle«? Ja. Doch mit der Unterscheidung von Besitz und Eigentum könnte formuliert werden: »Alles als Besitz bzw. als Commons für alle. Nichts als Eigentum für uns.« Die Zapatistas kämpften nicht für ein größeres Stück vom Kuchen, sondern für nicht weniger als eine Welt, »in die viele Welten passen«; eine Welt, worin – nun in den Worten von Karl Marx zusammen mit Friedrich Engels, »die freie Entwicklung eines jeden die Bedingung für die freie Entwicklung aller ist« (Marx/Engels 1848, 482).

Das zapatistische »Wir schreiten fragend voran« wird in den Jahren nach dem Aufstand in vielen Artikeln den Abschluss bilden, mahnend, dass es im Hier und Jetzt kein fertiges Bild einer anderen Gesellschaft geben kann; dies kann erst im gemeinsamen Fortschreiten entstehen. Gleichzeitig aber verbreitet sich durch das gemeinsame politische, bewusste oder unbewusste Tun von Menschen innerhalb und außerhalb von Bewegungen eine neue Bedeutung von Commons, die neue Möglichkeiten für eine menschliche Gesellschaft sichtbar macht. 1996 riefen die Zapatistas zum »Ersten Interkontinentalen Treffen gegen den Neoliberalismus und für eine menschliche Gesellschaft« in den Dschungel von Chiapas. 3.000 Menschen aus sozialen Bewegungen aus allen Teilen der Welt folgten ihrem Ruf. An der Arbeitsgruppe über Wirtschaft, in der ich selbst landete, nahm Massimo De Angelis teil, der in Großbritannien Politische Ökonomie lehrt, und sich schon lange mit »enclosures« – »Einhegungen«, also der Privatisierung von Commons – beschäftigte. Die Erfahrungen innerhalb der autonomen zapatistischen Zonen schärften seine Theorien zu Commons (siehe De Angelis 2014b).

Aus dem Nachfolgetreffen, ein Jahr später in Spanien, resultierte eine globale Vernetzung von Basisbewegungen, *Peoples' Global Action*. Was sich mir damals inhaltlich noch nicht erschloss, prägte ihn weiter: dass ein Großteil der Kämpfe, so unterschiedlich sie zunächst schienen, um Commons gingen. So war das Narmada-Tal in Indien ein Commons, das erlaubte, gut zu leben, statt im Slum der nächsten Großstadt vor sich hin zu vegetieren – selbst, wenn dafür der eine Dollar fünfundzwanzig pro Tag der extremen Armutsgrenze überschritten wird, kann das immer noch heißen, dass die Menschen vorher gut lebten und jetzt, mit diesem Geld, das irgendwo herkommen muss, hungern. So beschreibt Arundhati Roy, die sich selbst mit diesem Kampf verband, einen Mann mit seinem kranken Kind auf dem Arm, wie er ihr verträumt die 46 unterschiedlichen Früchte aufzählt, die er essen konnte, als er noch nicht aus seinem Dorf vertrieben war. Und die er nie wieder würde essen oder seinen Kindern anbieten können; es sei denn, er stehle sie.[5] Im Kontext dieser Erfahrungen in der Globalisierungsbewegung startet De Angelis Anfang des Jahrtausends das Webjournal *The Commoner* (http://www.commoner.org.uk/), welches erstmals als Plattform für eine transnationale Debatte zu Commons dient. 2002 erklärt er in einer Reflektion für das Europäische Sozialforum in Florenz, dass aus den Praktiken der aktuellen transnationalen Solidaritäts- (bzw. Globalisierungs-)bewegung Commons als strategischer Horizont hervorträten. Unabtrennbar von Commons aber seien die gemeinschaftlichen, sich weiter entwickelnden Praktiken (De Angelis 2003). Ganz ähnlich argumentiert er mehr als zehn Jahre später. Soziale Bewegungen hätten seit Mitte der 1990er nicht nur gegen den Neoliberalismus Widerstand geleistet, sondern auch neue Demokratieformen mit Blick auf Commons entwickelt. Trotz all der Unterschiedlichkeiten der Kämpfe der Zapatistas in Mexiko oder gegen den Staudamm im indischen Narmada-Tal, der »Indignados«, der Empörten in Spanien, oder von »Occupy« in den USA, von »Reclaim the Streets« in Großbritannien oder der diversen Kämpfe des Arabischen

---

[5] Wo auch immer ich das ursprünglich gelesen hatte – in diesem Interview nimmt sie kurz Bezug darauf, wenn auch ohne Details (Barsamian 2007).

Frühlings – alle diese Bewegungen organisierten sich auf der Basis einer »Rund um die Uhr«-Präsenz, womit (und hier gibt er die zu Commons arbeitende feministische Marxistin Silvia Federici wieder) die Trennung zwischen dem Persönlichen und dem Politischen sowie der Reproduktion des alltäglichen Lebens aufgehoben werde (siehe den Beitrag von De Angelis in diesem Buch S. 164). In einer Fußnote zitiert er einen weiteren Mitstreiter von *Peoples' Global Action*, den US-amerikanischen Philosophen George Caffentzis:

> »Die weltweite Bewegung von (faktisch) BesetzerInnen verlangen ›common spaces‹, wo sie leben können, um ihre politischen Gedanken zu verkörpern. Darum beinhalten die ersten Taten einer Besetzung Hausarbeit: Wo schlafen wir, wo essen wir, wo erledigen wir unsere Notdurft und wo unser Geschäft, wer macht was sauber und so weiter? [...] Das ist es, was die Regierung und die Wall Street so besonders hassen an den Besetzungen, und warum soviel Gewalt gegen sie losgelassen wurde: Sie zeigen einen anderen Weg auf, die Gesellschaft zu organisieren und neue Commons entstehen zu lassen.« (Zitiert nach De Angelis 2014a, 24 – übersetzt durch Friederike Habermann; das Original findet sich hier: Caffentzis 2012).

Wie Wellen würden diese Bewegungen dann wieder zurückgehen, so Caffentzis weiter, um sich in diesen Zeiten zu festigen als neue soziale Formen im Alltagsleben. Es schiene, als sei kein Sieg erreicht, und zum großen Teil stimme das auch. Doch aus der Perspektive einer zukünftigen Welt würden diese Erhebungen möglicherweise als wesentliche Momente auf dem Weg ihrer Verwirklichung angesehen.

»Die *wirkliche* Bewegung, welche den jetzigen Zustand aufhebt«

Was Massimo De Angelis aus seiner Jugend in Italien in den 1970ern beschreibt, gibt die Erfahrung aus vielen Ländern wieder: »Es gab ein Wort, Kommunismus, und viele Bedeutungen, viele Organisationsformen, oft in offenem Konflikt miteinander.« Um dieses Wort so zu definieren, dass es dabei helfe, eine emanzipatorische Zukunft zu erschaffen, verstehe er Kommunismus nicht als Gesellschaftsform, sondern greife auf Marx zurück, der es beschreibe als gesellschaftliches, auf Demokratie und Emanzipation beruhendes Tun in einer Vereinigung freier Individuen:

> »Der Kommunismus ist für uns nicht ein Zustand, der hergestellt werden soll, ein Ideal, wonach die Wirklichkeit sich zu richten haben

[wird]. Wir nennen Kommunismus die wirkliche Bewegung, welche den jetzigen Zustand aufhebt.« (Marx/Engels 1981, 35)

Dies kann kein gradliniger Prozess sein. Noch zehn Jahre nach dem Aufstand der Zapatistas, am 14. März 2004, stimmen 99 Prozent der 3.000 Delegierten zum Volkskongress der Volksrepublik China für die Aufhebung der Enteignungsbestimmungen der marxistischen Revolutionsverfassung aus dem Jahr 1949 und die Aufnahme einer Garantie für das Privateigentum in den Grundrechtskatalog der VR China. Damit ist schließlich auch das restliche Fünftel der Weltbevölkerung »mit dieser Grundvoraussetzung der marktwirtschaftlichen Segnung ausgestattet« (Friessner 2006, 200). Doch Commons entstehen oft gerade aus Kämpfen gegen ihre Verneinung, betont De Angelis: Kämpfe gegen Landgrabbing eröffnen die Frage nach Land für die, die es bebauen; Kämpfe gegen intellektuelle Eigentumsrechte die Frage nach der Wissensallmende; Kämpfe gegen Umweltzerstörung die Frage nach den natürlichen Commons; Kämpfe gegen die Privatisierung von Wasser, Bildung und Gesundheit die Frage nach Wasser, Bildung und Gesundheit als Commons (De Angelis 2003). Die Frage nach einer Begrenzung des Kapitals zu stellen, bedeute auch, so De Angelis weiter, die Frage nach der Begrenzung des menschlichen Unternehmungsgeistes durch das Kapital zu stellen. Dies beinhalte, sich den Diskurs der Freiheit wieder anzueignen. Der freie Unternehmungsgeist (»the free enterprise«) der Bewegung könne in zweierlei Hinsicht verstanden werden. Erstens, frei von den Restriktionen durch Eigentum als freier Fluss von Kooperation, Erfindungsgeist und gesellschaftlichen Neuerungen, angetrieben durch Bedürfnisse und Sehnsüchte und nicht durch Profit. Zweitens, frei von Herrschaftsverhältnissen als die Vielfalt der Mächte-zu (»powers-to«), welche danach strebten, alle Mächte-über (»powers-over«) loszuwerden (ebd.). Ist es ein Widerspruch, wenn er seiner Definition von Kommunismus als Prozess zum Trotz schreibt: »eine andere Welt erwächst aus einer Bewegung, die praktiziert, was sie predigt« (De Angelis 2002)? Nein. Denn es werden auch in einer Welt, die sich grundlegend »anders« und besser als die heutige gestaltet, nie alle Herrschaftsverhältnisse ganz aufgelöst sein – mit neuen Gesellschaftsformen gehen neue Identitätsbildungen einher, die zu noch unbekannten Ausschlüssen führen. Jacques Derrida (1992) spricht darum von der »démocratie à venir«, von der Demokratie, die stets im Kommen bleibt. Eine Gesellschaft zu schaffen, in der keine Identitätskategorien konstruiert werden, um auf diese Weise eine privilegierte Arbeitsteilung zu legitimieren, bleibt eine Herausforderung; dafür braucht es keinen Kapitalismus und nicht einmal Geld, wie bsp.

das Inka-Reich bewies. Doch nur, wo keine Tauschlogik herrscht, können durch den damit überwundenen Zwang zur Verwertung Menschen wirklich alle »ihre Würde und menschliche Bestimmung« erreichen und das tun und so leben, »wie sie wirklich sind«. Entsprechend charakterisiert Stefan Meretz Commons als »strukturelle Gemeinschaftlichkeit« bzw. »strukturelle Verantwortungsfähigkeit« und »Einheit von Produktion und Reproduktion« sowie die »freie Entwicklung eines jeden als Bedingung für die freie Entwicklung aller« (Meretz 2013, 25) – die Formulierung ist uns bekannt. Wie wir wirklich sind und auf welche Weise wir uns frei entwickeln, ist dabei wie in jeder Gesellschaftsform von dieser nicht getrennt zu denken.[6] Sabine Nuss weist mit Blick auf Locke zu Recht darauf hin, dass mit dem bürgerlichen Eigentumsbegriff ein spezifischer Freiheitsbegriff einhergeht (Nuss 2006, 174). Mit Bezug auf diesen schreibt Meretz gemeinsam mit anderen AutorInnen:

> »Der strukturellen Gegnerschaft und Vereinzelung liegt die getrennte Weise der Produktion unserer Lebensbedingungen zugrunde: Was als Ware verkauft werden soll, muss der Verfügung derer, die ein konkretes Bedürfnis haben, zunächst einmal entzogen sein. Dieser Ausschluss funktioniert rechtlich in der Regel über das Eigentum, das prinzipiell einem Ausschlussrecht gleichkommt. Über dieses Prinzip wird die Freiheit des Einen zur Grenze des Anderen und die Teilhabe der Einen zur Ausgrenzung der Anderen.« (Acksel et al. 2015, 137)

Das *ABC des guten Lebens*, ein von neun Feministinnen im Jahr 2012 herausgegebenes Lexikon, durchzieht das Bemühen, die Binarität von Abhängigkeit und Freiheit als falschen Gegensatz zu entlarven. Abhängigkeit sei kein Gegensatz zu Freiheit, vielmehr gebe es beide nur in Beziehung zueinander. Abhängigkeit sei eine Grundbedingung des Menschseins, denn Menschen seien abhängig von Wasser, Luft, Nahrung und damit von der Erde, von anderen Menschen, die Dinge hergestellt haben, die sie brauchen, und von Menschen, auf deren Fürsorge sie angewiesen sind. Freiheit bedeute, sich dem eigenen Begehren entsprechend in den Gang der Welt einbringen zu können. Fälschlicherweise werde Freiheit oft mit Unabhängigkeit und der Abwesenheit von Zwängen gleichgesetzt.

---

[6] Wovon in feministischen und antirassistischen Theorien schon lange ausgegangen wird, bestätigt sich derzeit auch durch neurologische, epigenetische u.a. Erkenntnisse aus dem Bereich der Biologie: Unterschiedliche Gesellschaften bringen unterschiedliche Menschen hervor. Vgl. u.a. (Bauer 2006). Siehe auch in diesem Buch S. 12.

> »Doch da Abhängigkeit zum Menschsein immer dazu gehört, kann dies nicht stimmen. Menschen sind abhängig und frei zugleich. Freiheit bedeutet nicht, tun zu können, was ich will, sondern sie verweist auf die Unverwechselbarkeit jedes einzelnen Menschen. Freiheit besteht darin, die eigene Einzigartigkeit in erster Person in der Welt sichtbar werden zu lassen.« (Knecht u.a. 2012: 59)

Wer etwas Notwendiges tue, zum Beispiel sich um ein schreiendes Baby zu kümmern, sei nicht unfrei. Vielmehr gehöre das Notwendige unverzichtbar zum guten Leben dazu und verweise auf die grundsätzliche Abhängigkeit aller von allen. »Das Tun des Notwendigen ist nicht nur mit Freiheit vereinbar, sondern beides fällt letztlich in eins.« (Knecht et al. 2012, 104) Ganz ähnlich argumentiert Max Haiven in einem Essay zu Commons, wir könnten als Menschen ohne einander nicht überleben. Wir hingen dem Irrglauben an, komplett unabhängig zu sein, weil unser Wohlstand uns dies erlaube – auf der Grundlage von Ausbeutung jener, »die die Bananen anbauen, die ich heute Morgen gegessen habe, und auf die der Jugendlichen in China, die meine Computer zusammengebaut haben« (Haiven 2015). Er tritt für einen »Prozess von unten« ein:

> »Unser ›Recht auf Commons‹ ist ... ein Versprechen, das wir uns selbst geben, dass wir die Arbeit des ›Commons-Machens‹ übernehmen – nämlich eine Gesellschaft aufzubauen, die eher dem entspricht, was Marx das ›Gattungswesen‹ des Menschen genannt hat. Damit meint er, dass wir als Gattung Mensch erfindungsreich und kooperativ sind. Das Commons ist für mich die gerechte und ethische Weise, dieses Gattungswesen auszudrücken und auszugestalten.« (Ebd.)

Für diesen Artikel las ich einmal mehr in den Texten von Christian Siefkes. Dabei stieß ich auf einen mir bislang unbekannten, abgedruckt in der Tageszeitung *Neues Deutschland* – und stelle fest: Er spricht gar nicht mehr von »Peerökonomie«:

> »Stellen wir uns eine Welt vor, in der Produktion und Reproduktion bedürfnisorientiert zum Wohle aller stattfinden, organisiert von Menschen, die sich niemandem unterordnen müssen und sich freiwillig in die erforderlichen Tätigkeiten teilen. Ich nenne eine solche Gesellschaft Commonismus, weil ich glaube, dass darin die Commons, die Gemeingüter, eine wichtige Rolle spielen werden.« (Siefkes 2011)

Statt Eigentum bedürfnisorientierter Zugang zu Commons, statt Lohnarbeit Beitragen nach Bedürfnissen und Fähigkeiten, statt der Vermittlung über Markt oder Staat radikale Demokratie freier Individuen, die ihre gegenseitige Abhängigkeit bejahen.

Werde auch ich bald von Commonismus sprechen?

Massimo De Angelis

Die Krise und die Commons

Einleitung: Ein Wort, viele Bedeutungen

Der Ideen und organisatorischen Praktiken des Kommunismus sind und waren viele. Wie kann ich dann aus so vielen Praktiken und Theorien eine Bedeutung von Kommunismus herausdestillieren, die unser kritisches Wissen über die Gegenwart befördert und uns dabei hilft, eine befreite Zukunft zu schaffen? Ich finde es nicht sinnvoll, Kommunismus als Typ einer zukünftigen Gesellschaft anzusehen oder als bestimmter Typ menschlichen Handelns. Vielmehr halte ich mich an zwei klassische Hinweise, die beide von Marx kommen. Ich benutze diese beiden Koordinaten als einen Weg, emanzipatorische Praxis auf unterschiedlichen Ebenen und in je spezifischen Kontexten zu konzipieren. Die erste Koordinate ist das Verständnis von Kommunismus als »die *wirkliche* Bewegung, welche den jetzigen Zustand aufhebt« (Marx/Engels 1981, 35); die zweite Koordinate ist das Verständnis von Kommunismus als »Verein freier Menschen«, als Assoziation (Marx 1890, 92). Diese beiden Koordinaten geben mir ein Verständnis von Kommunismus als eine Verbindung von Kampf und Negation, ein Kommunismus, der zugleich eine schöpferische Herstellung neuer sozialer Verhältnisse darstellt, ein gesellschaftliches Handeln, das auf Demokratie und Emanzipation basiert. Und wenn ich erst einmal die Reichweite der Assoziation freier Produzenten ausdehne, sodass sie auch die unbezahlte Arbeit und die soziale Kooperation, das gesellschaftliche Engagement, einschließt, dann übersetze ich diese Form von Kommunismus in etwas, was ich den *Plan C&D* oder Commons und Demokratie nenne. Das ist der Sinnhorizont einer gesellschaftlichen Kraft, die sich vom Kapital unterscheidet.

2008 – ?: Kapitalistische Krise

Die Subprime-Krise stellte einen Epocheneinschnitt dar. Die globale Krise, die folgte, hat zunächst einmal deutlich gemacht, dass das Ende der neoliberalen Ära, die in den späten 1970er Jahren begonnen hatte, gekommen ist. Um die Entwicklungspfade zu kontextualisieren, die sich für verschiedene gesellschaftliche Kräfte eröffnet haben, müssen wir eine kurze geschichtliche Skizze der Dynamiken der letzten dreißig Jahre schreiben, interpretiert nach dem alten Muster des Klassenkampfes. Der Neoliberalismus entstand ja tatsächlich als Antwort – zunächst der Kapitalisten der USA und Großbritanniens und wurde dann global verallgemeinert – auf ein dreifaches Problem von Profitabilität. Dieses Problem war aus den vorhergehenden, den Erdball umfassenden Kämpfen entstanden: den antikolonialen und antirassistischen Kämpfen, den Kämpfen der Frauen-, der Studenten-, und der Arbeiterbewegung überall auf der Welt in den 1960er und 70er Jahren. Diese Bewegungen haben die kapitalistischen Planer schockiert. Die Vielfalt der Kämpfe ließ dem Kapital wenig Raum, innerhalb des Nachkriegskompromisses Gegentendenzen zum Fall der Profitrate auf globaler Ebene durchzusetzen. In Gestalt des Keynesianismus hatten sie versucht, die Lohnkämpfe zu institutionalisieren und in den Mechanismus des Wachstums zu kooptieren. Sie versprachen, Vollbeschäftigung zu verwirklichen, die Löhne stetig zu erhöhen (einschließlich solcher sozialer Komponenten wie der öffentlichen Förderung bezahlbaren Wohnraums, von Gesundheitsvorsorge, Bildung, Transfers für die Armen oder in den globalen Süden, Subventionierung von Nahrung). Dies sollte sich alles innerhalb eines Horizonts der Verbesserung unter den Bedingungen eines kapitalistischen Wachstums vollziehen. In den 1970er Jahren wurde schnell klar, dass dies nicht länger möglich war. Die Kämpfe auf den Straßen vieler westlicher Demokratien standen jenen Opfern im Wege, die notwendig waren, um die Profitabilität wiederherzustellen und das Wachstum neu anzukurbeln (Crozier et al. 1975; eine Diskussion des Aufstiegs und Falls des Keynesianismus in Beziehung zu den Klassenkämpfen erfolgt in De Angelis 2001). Das Kapital sah sich also einem dreifachen Problem gegenüber: (1) Wie kann der soziale Lohn (Lohn und Sozialleistungen), den die Lohnabhängigen erhalten, so gekürzt werden, (2) dass gleichzeitig die Reproduktion der Arbeiterklasse gesichert und ihrem Begehren nach Verbesserung Rechnung getragen wird, (3) während zur selben Zeit ihr Arbeitsleben intensiviert wird, um die Aneignung von Mehrwert zu gewährleisten.

Das Experiment mit der Vergabe von zweitklassigen Hypothekendarlehen (den Subprimes) war das letzte einer ganzen Reihe von Projekten, die die Neoliberalen verfolgten, um mit dem genannten dreifachen Problem umzugehen. Das erste Projekt wurde im Jahr 1979 gestartet, als Paul Volcker, er war damals Vorsitzender der US-Notenbank FED, mit einer plötzlichen einprozentigen Erhöhung des Zinssatzes offiziell die neoliberale Ära einläutete und damit eine globale Rezession auslöste. Diese Rezession ihrerseits schuf die Bedingungen für die neoliberalen

Reformen. Dazu gehörten die Deregulierung des Finanzmarktes, die Zerschlagung der Gewerkschaften, die Einschnitte bei den Sozialausgaben, die Steuersenkungen für die Reichen und ein intensivierter Freihandel. Mit der Wahl von Margaret Thatcher in Großbritannien im Jahre 1979 und Ronald Reagan in den USA 1981 setzte sich unter den herrschenden politischen Eliten die Auffassung durch, dass die Lohnausgaben (einschließlich der Sozialausgaben) gesenkt werden müssten.

Mit der Öffnung der Kapitalmärkte erklärten die westlichen Regierungen das Ende ihres Engagements für Vollbeschäftigung und begannen, das Netz sozialer Sicherheit aufzulösen, den Kern des gesellschaftlichen Kompromisses nach dem Zweiten Weltkrieg. Wirtschafts- und Sozialpolitiken müssen seitdem den Finanzmärkten gefallen. Das Finanzkapital hat im Dienste der Kapitalakkumulation die Funktion eines Disziplinierungsinstruments übernommen. Die starke Waffe in der Hand des Kapitals ist seine vergrößerte Fähigkeit zum Ortswechsel. So kann es die Bedingungen der Reproduktion der Arbeitskraft in einer Region oder einem Land gegen die Bedingungen an einer anderen Stelle ausspielen. Die Regierungen konkurrieren miteinander bei der Kürzung der Sozialausgaben, die Teil des Soziallohns waren: Bildung, Gesundheitsvorsorge, Wohnen, um nur einiges zu nennen.

Im globalen Süden gibt es keine fortgeschrittenen Kapitalmärkte, mittels derer die Disziplin des globalen Kapitals hätte durchgesetzt werden können. Hier werden die gleichen Wirkungen durch das Management dessen erzeugt, was als Schuldenkrise der Dritten Welt bekannt wurde, beschleunigt durch die Erhöhung der Zinssätze durch den Vorsitzenden der FED. Im Falle einer Liquiditätskrise in einem Schuldnerstaat hat der Internationale Währungsfonds (IWF) gegenüber ihnen allen mit nur geringen Abwandlungen ein und dieselben Strukturanpassungsprogramme (SAP) durchgesetzt: Privatisierung der Wasserversorgung, der Bildung, des Gesundheitssystems und anderer nationaler Ressourcen. Sie wurden damit für das internationale Kapital geöffnet. Diese Welle der Einhegung, sprich: Privatisierung von Gemeingütern (*enclosures*), traf auf den Widerstand von Millionen Menschen weltweit (siehe u.a. Walton/ Seddon 2011), der oft die Prozesse der Privatisierung verlangsamte und manchmal stoppte.

Die Entwicklung der Informations- und Kommunikationstechnologien sowie die drastische Reduktion der Kosten des globalen Transports (natürlich nur als Reduktion der Kapital- und nicht der Umweltkosten) gaben dem Kapital vor dem ausgeführten Hintergrund eine ideale Möglichkeit, die globale Produktion zu restrukturieren und ein System zu schaffen, das die Produktion von Regionen mit hohen Kosten (starke Kämpfe) hin zu Regionen mit niedrigen Kosten (weniger Kämpfe) verlagert. Diese globale Restrukturierung der letzten Jahrzehnte hat gemeinsam mit der Finanzspekulation und der Nutzung von Verschuldung dazu geführt, dass der Wert der Arbeitskraft im globalen Norden ohne eine proportionale Reduktion des Lebensstandards gesenkt werden konnte. Dies war möglich, weil der Preis jener Güter, die in den Warenkorb dieser Arbeiterinnen und Arbeiter einging, reduziert wurde. Durch die weltweite Expansion der Sweatshops entlang der globalen Wertschöpfungsketten können Arbeiterinnen und Arbeiter der USA bei *Walmart* Hosen und digitale Radios zu niedrigen Preisen erstehen. Die besser verdienenden Haushalte aus Europa und den USA können angesichts der massiven Armut Frauen aus den Philippinen oder Mexiko bzw. Osteuropa anstellen, damit diese sich um deren Kinder oder Großeltern kümmern.

Durch diesen Prozess gelang es dem Kapital im Süden, große neue Massen von Arbeiterinnen und Arbeitern in Fabriken und an den Fließbändern, auf den Feldern und in den Büros zu disziplinieren. Die Reichweite des Kapitals bei der Bestimmung der Bedingungen der gesellschaftlichen Produktion – das Was, das Wie, das Wieviel – wurde in enormer Weise ausgedehnt. Im Norden und Süden führte die Privatisierung der Ressourcen dazu, dass die Gemeinschaften der Arbeiterinnen und Arbeiter im wachsenden Maße von den Märkten abhängig wurden, um ihren Lebensunterhalt zu sichern. Die Macht, der Gewalt und Arroganz jener zu widerstehen, deren Priorität nur das Streben nach Profit ist, sank. Zugleich sank die Macht, zu verhindern, dass der Markt über ihr Leben bestimmt. Insgesamt kam es dazu, dass sich ein Zustand von Prekarität verallgemeinerte, in dem das Leben als unsicher und nichts als garantiert angesehen werden kann.

Dieses globale System sah die Integration einer Reihe von nationalen Deals vor, die mit den arbeitenden Klassen verschiedener Länder geschlossen wurden (zur Konzeptionalisierung dieses Deals als Kontrollinstrument zur Regulierung des Klassenkampfes siehe Midnight Notes Collective 1985). Dies schloss zum Beispiel den (informellen) Deal ein, den die herrschenden Eliten der USA ihren Arbeitenden anboten. Die Reduktion der Geldlöhne sollte durch den Zugang zu billigeren Konsumgütern und Krediten sowie die erneuerte Illusion abgefedert werden, dass man durch Spekulation auf wachsende Aktienwerte und Hauspreise Gewinne bei Bildung, Gesundheit, Renten und sozialer Sicherheit machen könne. Die kommunistischen Führer Chinas brauchten eine Verdoppelung der Wachstumsraten und deshalb gleichermaßen die westlichen

Märkte und deren Kapital, Know-how und Technologien, um die Reproduktion der Arbeitskraft von 250 Millionen arbeitsloser, unterbeschäftigter und um ihr Eigentum gebrachter Chinesinnen und Chinesen zu sichern. Deshalb waren sie bereit, ihren enormen Handelsüberschuss in den USA zu recyceln, wodurch sie zu jener Liquidität beitrugen, die für die dortige Ausweitung verschiedenster Formen von Verschuldung notwendig war. Das ist ein Teufelskreis, der alle in einem endlosen Hamsterrad gefangen hält.

In China und anderen Regionen des globalen Südens wird den Leuten ein anderer Deal angeboten: Beschäftigung in der Industrie zu Löhnen, die gemessen an internationalen Standards sehr niedrig sind, aber doch deutlich höher als alles, was in den verarmten ländlichen Gegenden dieser Länder erzielt werden kann. Dies ist mit dem Versprechen verbunden, dass sich durch die Verbindung mit den globalen Märkten schrittweise auch die Lebensbedingungen dieser Arbeitskräfte und ihrer Familien verbessern werden. Und auch wenn über die letzten Jahre hinweg in vielen solchen Regionen die Löhne angesichts der Intensivierung von Arbeitskämpfen und Auseinandersetzungen der Bevölkerung (vor allem in China) anzusteigen schienen, so können diese Gewinne jedoch auf keinen Fall verallgemeinert werden.

Sackgasse

Die heutige Wirtschaftskrise ist keine einfache Rezession, sondern eine kapitalistische Krise gesellschaftlicher Stabilität. Es ist eine Krise, die die Neuausrichtung und Rekonfiguration der Klassenverhältnisse und neue Systeme von Governance verlangt, um Wachstum und Akkumulation wiederherzustellen (zu einer Diskussion von Krise als Krise gesellschaftlicher Stabilität im Unterschied zu anderen Krisen (siehe De Angelis 2007). Die letzten zwei Mal, als es zu einer realen Veränderung in der Governance des Kapitals kam, waren erstens die Hinwendung zum Keynesianismus nach dem Zweiten Weltkrieg und zweitens zum Neoliberalismus in den späten 1970er Jahren. Dies folgte stets Perioden intensiver gesellschaftlicher Kämpfe, in denen Einsichten und Wahrnehmungsweisen entwickelt wurden, die soziale Bewegungen auf alternative sozialökonomische Arrangements hinführten und auf diese orientierten. Wenn dies passiert, dann fürchtet das Kapital, dass solche Ideen die Massen ergreifen könnten. Und plötzlich ist das Kapital bereit, das Paradigma von Governance zu verändern, einige der Kämpfe zu absorbieren, einigen Teilen der kämpfenden Bewegungen attraktive Angebote zu machen und die Kosten dafür auf andere Gemeinschaften, bestimmte Gruppen der arbeitenden Klasse und die globale Umwelt abzuwälzen. Die Spaltung des Gesellschaftskörpers war immer eine Strategie der Entwicklung des Kapitals.

Dieses Mal aber sind die Dinge ökonomisch komplexer geworden: Es gibt keinen Weltkrieg, der eine starke Kapitalentwertung erlauben würde, dafür aber gibt es so viele Schulden, dass eine weitere Überflutung der Wirtschaft mit Schulden verhindert wird. Das Wirtschaftswachstum ist zu niedrig, um die vorhandenen Schulden zurückzubezahlen. Und der Planet erwärmt sich auf gefährliche Weise. Konfrontiert mit dieser Krise gesellschaftlicher Stabilität, sieht sich das Kapital tatsächlich in einer Sackgasse. Unter »Sackgasse« verstehe ich einen entscheidenden Augenblick im Wachsen eines gesellschaftlichen Systems. Es ist ein Augenblick, wo die lebenswichtige Unterstützung des Systems nicht mehr im hinreichenden Maße erfolgt – weder gemessen an den Profiterwartungen noch an der gesellschaftlichen Akzeptanz.

Die Sackgasse, in die das Kapital geraten ist, besteht nun darin, dass es für Mikro- und Makrosysteme der gesellschaftlichen Reproduktion immer schwieriger wird, das Kapital durch die Absorption der Externalitäten der Kapitalakkumulation zu unterstützen, denn dies untergräbt ihre eigene Reproduktion. Die Systeme gesellschaftlicher Reproduktion sind verwüstet und atomisiert, wurden durch die Kürzung der Löhne und der sozialen Leistungen der letzten dreißig Jahre flexibilisiert und prekarisiert. Sie ersticken an Schulden, haben in der gegenwärtigen Situation der Wirtschaftskrise keine Hoffnung auf Besserung. Viele Gemeinschaften des globalen Südens, die durch die Enteignung ihrer Gemeingüter heimgesucht wurden, sind zerrüttet. Und in der gleichen Zeit erweist sich das Ökosystem immer weniger in der Lage, das Kapital in seinem endlosen Drang nach immer stärkerer Ressourcenextraktion und Verwandlung der Atmosphäre in ein Fass ohne Boden für die Treibhausgase zu unterstützen.

Die zentrale Frage ist nun, ob das Kapital sich selbst als gesellschaftliche Kraft der kreativen Zerstörung und Transformation erneuern und zu den eigenen Bedingungen aus der Sackgasse ausbrechen kann – mit all jenen negativen Externalitäten, die jede neue Phase kapitalistischen Wachstums mit sich bringen würde – oder ob eine andere gesellschaftliche Kraft entstehen kann, indem sie gesellschaftliche Kooperation in einer Weise ausrichtet, die aus der Sackgasse herausführt, die Ketten des Alten sprengt und das Neue schafft. Und wenn Letzteres der Fall ist, kann dann diese gesellschaftliche Kraft als kommunistisch verstanden werden? Bevor wir diese Fragen behandeln, müssen wir die Bedeutung des Begriffs *gesellschaftliche Kraft* verstehen.

Gesellschaftliche Kräfte

Unter gesellschaftlichen Kräften verstehe ich soziale Systeme, die ihre eigene erweiterte Reproduktion durch ihr Wirken auf welchen Ebenen des gesellschaftlichen Handelns auch immer voranzutreiben suchen. Indem sie dies tun, beeinflussen sie andere soziale System (gesellschaftliche Kräfte), stoßen mit ihnen zusammen oder verbünden sich mit ihnen, durchdringen sie, ordnen sie sich unter oder transformieren bzw. zerstören sie, machen sie zu Mitteln der eigenen Entwicklung. Sie stellen Verdichtungen einer Pluralität gesellschaftlicher Mächte dar, gruppiert um bestimmte Typen von Werten, Praktiken und Beziehungen. Insofern es ihre gesellschaftliche Reproduktion betrifft, artikulieren sie durch wertspezifische und koordinierende Operationen gesellschaftliche Subjekte und Ökologien. Das Kapital zum Beispiel war in den letzten Jahrhunderten ganz offensichtlich eine solche gesellschaftliche Kraft. Es ist ein soziales System, das auf subsystemischen Kreisläufen der Akkumulation basiert, die die Gesellschaft nach eigenen Bildern und Prioritäten ausdehnen, verbinden, verweben und umgestalten.[1] Auch die Commons sind eine solche gesellschaftliche Kraft gewesen. Die verschiedenen Kräfte, die Gemeinschaften des Kampfes hervorbrachten (in Gestalt der Gewerkschaften, der Komitees, der Netzwerke usw.) haben den Anspruch erhoben, dass verschiedene Formen des gesellschaftlichen Reichtums als gemeinschaftliche Ressourcen behandelt werden (Bildung, Gesundheit, soziale Sicherheit, Kommunikation usw.). Zudem haben sie für inklusive und intensive demokratische Praktiken des Zugangs zu diesen Ressourcen und ihre gemeinschaftliche Verwaltung gekämpft, für das *Commoning*.

In konkret situierten historischen Kontexten brauchen gesellschaftliche Kräfte aber *Pläne*. Sie müssen spezifische Weisen entwickeln, ge-

---

[1] Darunter verstehe ich Kreisläufe, die auf der Formel G-W-G' basieren (vorgeschossene Geldsumme – dafür gekaufte Waren – »Geldsumme plus einem Inkrement«), die Marx im vierten Kapital des *Kapital* diskutiert (Marx 1890, 161-191). Eine Diskussion des gegenwärtigen Kapitalismus in Lichte dieser Analyse von Marx erfolgt in De Angelis (2007).

sellschaftliches Handeln zu verdichten und auszurichten, um andere gesellschaftliche Kräfte zu bezwingen, zu umgehen oder kooptieren zu können und die Hindernisse zu überwinden, denen sie sich gegenüber sehen. Wir sprechen dabei nicht von einer rigiden Befehlsstruktur, der diese gesellschaftlichen Kräfte unterworfen sind. Diese Verdichtung gesellschaftlicher Mächte und ihre Kooperation werden durch Momente situativer Selektionen hervorgebracht. Dabei geht es darum, was gut und was schlecht ist. Auf diesen Selektionen basieren reale Handlungen; es sind Praktiken gesellschaftlicher Kooperation, die Wert erzeugen. Die Wiederholung dieser Selektionen als Cluster und Muster vollzieht sich durch die Stärkung von Verbindungen zwischen verschiedenen Knoten der gesellschaftlichen Kooperation. Diese Stärkung von Verbindungen korrespondiert mit einer Clusterbildung von wertstiftenden Praktiken bezogen auf einen gemeinsam geteilten Sinnhorizont. Gesellschaftliche Kräfte sind also Verdichtungen von produktiver, reproduktiver und affektiver gesellschaftlicher Macht mit Bezug auf einen solchen Sinnhorizont, der das Handeln spezifisch orientiert. Wenn dieser gemeinsam geteilte Sinnhorizont mit der Materialität der Ausübung gesellschaftlicher Macht verbunden ist, dann haben wir eine gesellschaftliche Kraft, die in der Lage ist, die Wirklichkeit zu transformieren. Als *Plan* bezeichne ich einen Sinnhorizont, den eine gesellschaftliche Kraft besitzen muss, um konstituierend für das Neue zu sein.

Um dies besser verständlich zu machen, will ich erklären, was ich unter Sinnhorizont verstehe. Ich benutze diesen Begriff, um auf Niklas Luhmanns Konzept von Sinn aufzubauen. Dieser gemeinsam geteilte Sinn ist immer eine Konstruktion eines Systems. Er kann auch definiert werden als »Selektion innerhalb des Horizonts des Möglichen« (Moeller 2011). Es ist das, was vom Standpunkt der Perspektive der Systemreproduktion als möglich angesehen wird. Der Sinnhorizont stellt eine Orientierungsebene bereit, einen Maßstab zwischen dem, was ist, und dem, was möglich ist. Luhmann verwendet das Beispiel eines Schiffs, das durch seine Bewegungen den Horizont zur Orientierung nutzt. Die tatsächlich gewählte Richtung stellt nur eine Selektion im Rahmen der Möglichkeiten dar, die die Horizonte bereitstellen. Der Sinnhorizont des Kapitals im Allgemeinen, d.h. unabhängig von den aktuellen Bedingungen, ist sehr klar: Akkumulation. Jedes Unternehmen in jeder Epoche hatte dies im Endeffekt als letztes Ziel. Es handelt sich dabei nicht so sehr um eine ethische Positionierung als um einen Antrieb, um ein Streben der Selbsterhaltung des Kapitals als soziales System (De Angelis 2007). Auf der Makroebene ist damit Wachstum als Horizont des Kapitals verbunden. In sozialen Systemen kann nicht nur die spezifische Selektion innerhalb des Horizonts infrage gestellt werden, sondern auch der Horizont selbst. Im ersteren Fall handelt es sich um die Bedeutung eines Konflikts, der das soziale System reproduziert. Wird aber der Sinnhorizont infrage gestellt, dann wird das soziale System durch ein anderes System als gesellschaftlicher Kraft herausgefordert.

Ich möchte dies an einem Beispiel illustrieren. Nehmen wir an, dass die Wasserversorgung eines bestimmten Stadtviertels durch Gemeinschaften der Anwohner erfolgt, die ihre Kräfte bündeln, eine gemeinsame Arbeit organisieren, Brunnen graben, Leitungen verlegen, die Verteilungssysteme aufbauen und den Erhalt des Wassersystems managen. Nehmen wir an, dass die Beteiligung der Bevölkerung der effektivste und zweckmäßigste Weg ist, die Versorgung mit sauberem Wasser sicherzustellen, denn die öffentlichen Versorger verfügen nicht über die Mittel, es in ärmere Stadtteile zu liefern, und die privaten Unternehmen würden sehr hohe Preise verlangen. Und während sie die eigene Wasserversorgung sichern, sprechen die Nachbarschaftsgemeinschaften auch über andere Probleme und die Wege, mit ihnen umzugehen. Sie bilden Vereinigungen, die alle derartigen Initiativen zusammenbringen, um die Ressourcen zwischen den verschiedenen Gebieten zu verwalten und sie dorthin zu verteilen, wo sie am dringendsten gebraucht werden. Sie bilden eine gemeinsame politische Front gegenüber dem Staat und den Unternehmen und fordern mehr Ressourcen. Sie leisten Widerstand gegen die Unterordnung unter das Kapital. So entsteht ein soziales System (das System von Vereinigungen gemeinschaftlicher Wasserversorgung), dessen Sinnhorizont nicht die Akkumulation ist, sondern die Reproduktion der Gemeinschaft und der Ressourcen, die notwendig sind, diese Gemeinschaft durch gemeinschaftliches Handeln, Commoning, die soziale Kooperation der Gemeinschaft, zu erhalten. Dieses System entscheidet über das Was, das Wann, das Wie und das Wer der sozialen Reproduktion. Auch hier gibt es eine expansive Logik, da die Gemeinschaften, die zusammenarbeiten, danach streben, auch jene Gruppen der Armen zu erreichen, die immer noch hohe Preise für eine kümmerliche Wasserversorgung durch private Unternehmen zahlen, bis dann eines Tages die Regierung entscheidet, die gesamte Wasserversorgung zu privatisieren, nicht nur die öffentlichen, sondern auch die durch die Gemeinschaften betriebenen Systeme. Die multinationalen Konzerne mit ihrem auf Akkumulation orientierten Sinnhorizont dringen in arme Nachbarschaftsgemeinschaften wie die von Cochabamba vor (ein realer Fall, der die Wasserkämpfe von 2001 betrifft), um Wasserzähler an den durch die Nachbarschaften errichteten Leitungen anzubringen, damit sie Zahlungen berechnen können, die an sie gehen sollen. Das ist ein klarer Konflikt zwischen sozialen Systemen und den ihnen entsprechenden Sinnhorizonten. Wir sehen das Aufeinanderstoßen gesellschaftlicher Mächte und ihrer Sinnhorizonte.

Pläne

Wir bezeichnen als Pläne jene strategischen Selektionen, um die herum sich in einer gegebenen Situation, auf der Mikro- oder Makroebene, verschiedene gesellschaftliche Kräfte vereinigen. Auf der Makroebene gibt es heute zwei wesentliche Pläne, um die herum sich die gegenwärtigen kapitalistischen Kräfte gruppieren und hoffen, sich als gesellschaftliche Kraft zu erholen und einen Weg aus der Sackgasse zu finden. Ich nenne sie Plan A und Plan B. Diese Pläne beinhalten den Typ und die Reichweite von Selektionen von Politiken, gesellschaftlichen Verhältnissen, Institutionen und Prozeduren usw., innerhalb derer Akkumulation – Triebkraft des Kapitals und Sinnhorizont desselben – möglich zu sein scheint. Diese beiden Pläne sind Neoliberalismus Plus und Keynesianismus Plus. In beiden Fällen bilden die strategischen Selektionen einen Pfad, gerichtet auf einen Horizont, der mit der Dominanz des Kapitalismus zusammenfällt und damit mit der Perspektive eines »Endes der Geschichte«, wie sie für Francis Fukuyama typisch ist.

Es gibt zwei alternative Pläne – Alternativen, die kurzfristig mit dem Kapital kompatibel zu sein scheinen, insofern sie dieses als Ausgangspunkt nehmen, die sich aber langfristig als gesellschaftliche Kräfte einer Transformation über das Kapital hinaus sehen. Es sind dies der Plan C&D und der Plan E&F, oder der Plan Kommunismus Plus und der Plan Faschismus Plus. In der Situation einer Sackgasse bildet eine bestimmte Palette von operativen Optionen, die als Möglichkeit einer bestimmten politisch-ökonomischen Situation entsprechen, jeweils einen der im Folgenden dargestellten Pläne:

Plan A (Neoliberalismus Plus): Plan A versucht, die soziale Kooperation auf die Bedürfnisse der Kapitalakkumulation auszurichten, indem sie sie auf folgende zentrale Punkte fokussiert: Märkte, unbarmherzige Konkurrenz, ein System der Minimierung des sozialen Schutzes und geringer öffentlicher Investitionen und die harte Hand der Disziplinierung durch Finanzen und Schulden. In diesem Plan löst sich der Staat nicht auf, sondern erhält die Funktion, die Märkte durch Reformen zu unterstützen oder sie in bestimmten Fällen auch zu ersetzen, um Marktkooperation voranzutreiben. In einigen Fällen spielt auch die Zivilgesellschaft eine ergänzende Rolle, um Schocks abzufangen. In anderen Fällen wird die Staatsmacht deutlich auf ihre überwachende und militärische Funktion zurückgefahren.

Plan B (Keynesianismus Plus): Plan B versucht, soziale Kooperation durch die drei Anziehungspunkte Märkte, Staaten und – in unterschiedlichem Maße – Zivilgesellschaft auf die Bedürfnisse der Kapitalakkumulation auszurichten. Der Staat wird als aktiver Akteur angesehen, der nicht nur die richtige Umwelt für ökonomisches Wachstum (Akkumulation) fördert, sondern in einigen Fällen auch den Typ von Wachstum und von Industrien dirigiert, die Konzentration von Reichtum durch Umverteilung beeinflusst und antizyklische Maßnahmen mit der Hoffnung ergreift, die Arbeitslosigkeit zu reduzieren. Um zwischen den verschiedenen Interessen in der Gesellschaft zu vermitteln, kommt es wesentlich auf eine aktive Rolle der organisierten Lohnarbeit und der Zivilgesellschaft, so der Gewerkschaften und der Nichtregierungsorganisationen (NGOs), an, obwohl dies verlangt, dass diese Kräfte den Horizont einer kapitalistischen Entwicklung teilen.

Plan C&D (Kommunismus Plus): Plan C&D (Commons und Demokratie) zielt darauf ab, soziale Kooperation durch die Ausweitung und rhizomatische Integration[2] von alternativen Weisen sozialer Kooperation zusammenzuführen. Er basiert auf gemeinsam geteilten Ressourcen und deren horizontaler Verwaltung durch Gemeinschaften mit dem Ziel von sozialer Gerechtigkeit, Freiheit und Emanzipation. Dieser Plan hat die Commons zum Zentrum, nicht nur durch Herstellung neuer sozialer Praktiken, sondern auch durch die Demokratisierung der Märkte und der Staatsfunktionen, sozusagen durch ihre Vergemeinschaftung (communalization). Die Kapitalakkumulation und die vorhandenen Staatsapparate bilden hier nur einen gegebenen Ausgangspunkt der Veränderung, deren zerstörerischen sozialen Folgen *ad hominem* sichtbar sind, kein Ziel, das langfristig verfolgt werden sollte.

Plan E&F (Faschismus Plus): Plan E&F (Exklusion/Notstand und Faschismus) versucht, soziale Kooperation nicht um das Ziel der Kapitalakkumulation herum zu organisieren (diese kann ein Mittel werden, ist aber nicht das Ziel), sondern um die Bedeutung einer Nation, einer ethnischen

[2] Dies bezieht sich auf Ansätze, die in den 1970er Jahren von Gilles Deleuze und Félix Guattari entwickelt wurden. Es geht um vielfach verflochtene Strukturen ohne ausgeprägte Hierarchien (Deleuze/Guattari 1977) – d.Ü.

Gruppe oder Gemeinschaft, gereinigt von denen, die als »Krankheitskeime« angesehen werden, sei es sozial (AusländerInnen oder MigrantInnen) oder wertebezogen-kulturell (Schwule und Lesben, AnhängerInnen bestimmter Religionen). So verstörend dies ist, wie schon Plan C&D ist auch dieser Plan auf die aktive Partizipation der Gemeinschaft angewiesen, aber hier in enger Verbindung mit einem hierarchischen Staat, der nicht zögert, mit Gewalt gegen jede Form des Andersseins vorzugehen. Die Pläne schließen aneinander nicht aus. Plan A der neoliberalen Periode seit den 1970er Jahren war oft mit Elementen von Plan B verknüpft, so im Falle von Reagans expansivem militärischen Keynesianismus in den frühen 1980er Jahren oder der relativ schwachen Fiskalstimulierung in der Zeit nach der Krise von 2008 in den USA, verbunden mit der Rettung jener Banken, die als zu groß angesehen wurden, als dass man sie hätte fallen lassen können.

Der Zustand der Pläne nach 2008

Wie steht es um die Pläne nach der Krise von 2008? Für den Zweck dieser Analyse gehe ich hier nur auf die ersten drei Pläne ein, und spare mir die Diskussion von Plan E&F für eine andere Gelegenheit. Das soll aber nicht bedeuten, dass dieser Plan etwa *unwichtig* wäre. Die Bedingungen einer tiefen Krise und Situationen von Hoffnungslosigkeit bereiten dem Faschismus einen fruchtbaren Nährboden für seinen Aufstieg und dafür, dass Formen der Ausgrenzung entstehen und sich ausbreiten.

Kapitalistische Pläne: Plan A und B

Im Sommer 2008, als die volle Wucht der Subprime-Krise die Nachrichten bestimmte, dachten viele Kritiker, dass der Neoliberalismus erledigt sei, dass klar sei, dass das Regime von globalisierten Märkten am Ende ist, und dass es unter dem Gewicht der eigenen Widersprüche zusammenbrechen würde. Aber natürlich ist der Neoliberalismus nicht erledigt. Was passierte, waren konzertierte Anstrengungen, die »Too-big-too-fail«-Banken zu retten und das Regime des neoliberalen Kapitals fortzusetzen. In dem Maße, wie die öffentlichen Haushalte die Verantwortung übernahmen, öffentliches Geld in die bedrohten Banken zu stecken und so Plan A taktisch modifizierten, die Folgen der Finanzkrise sich in Gestalt von Rezession und Arbeitslosigkeit auswirkten, begannen viele Regierungen auf der Welt, für den Rest der Bevölkerung eine harte Austeritätspolitik durchzusetzen.

In dieser Krise kommt die wichtigste Funktion der Finanzmärkte zur Geltung, die der Logik ihrer Liberalisierung in den 1980er Jahren zugrunde lag, obwohl sie in den Handbüchern selten mit aller Klarheit ausgesprochen wird: ihre disziplinierende Rolle. Im Reich von Währungen und Staatsanleihen ist ihre Funktion in dem Sinne disziplinierend, dass sie bestimmen, was als gesellschaftlich notwendig für die allgemeinen Reproduktionsbedingungen eines Landes angesehen wird. Sie erfüllen die Funktion, die öffentlichen Ausgaben für soziale Dienstleistungen und Kosten der Verwaltung nicht ins Verhältnis zu den aktuellen Bedürfnissen eines Landes zu setzen, sondern zu den produktiven Kapazitäten, gemessen an seiner internationalen Wettbewerbsfähigkeit. Die gesellschaftliche Reproduktion erweist sich als untergeordnet unter die Profitabilität und nicht umgekehrt.

Es gibt eigentlich zwei umfassende Pläne A. Plan A1 versucht, die Widersprüche der Krise zu flicken und die neoliberale Politik der letzten dreißig Jahre fortzusetzen. Plan A1 meint es sehr ernst mit dem Abbau von Staat und freien Märkten. In Europa zum Beispiel kann Plan A1 in der Breite der gegenwärtigen Versuche darin zusammengefasst werden, den Euro zu retten. Dazu werden die Kosten der Schuldenlast auf die ganze Eurozone verteilt, aber unter der Bedingung einer Reihe von harten Strukturanpassungsmaßnahmen in den Ländern, die unter Druck geraten sind. Plan A1 liegt die Vorstellung von der Fortsetzung der Austeritätspolitiken zugrunde – immer in der Hoffnung, dass es zu einem bestimmten Zeitpunkt wieder zu Wachstum kommt. Welche Quellen dieses Wachstum haben soll, ist nicht klar, weil in allen aufstrebenden Volkswirtschaften das Wachstum zurückgeht. In Europa nimmt der Plan A1 die Gestalt einer Reihe von Ad-hoc-Maßnahmen und -Vorschlägen an. Dies reicht von der Forderung nach der Ausgabe von Eurobonds (besonders umstritten) bis hin zu Maßnahmen, bei denen die EZB kurzfristige Staatsanleihen von Euroländern erwirbt und im Gegenzug Steuer- und Strukturreformen verlangt. Diese Verringerung der nationalen staatlichen Autorität wird die schon jetzt erodierte politische Repräsentation auf der nationalen Ebene weiter schwächen und die Austeritätspolitik wird vom fernen Brüssel durchgesetzt.

Der europäische Plan A1 ist der Spiegel des globalen Plans A1, der die Dinge im Kern so fortsetzt, als hätte es die Krise von 2008 nicht gegeben. Der Plan besteht darin, alle Aspekte sozialer Reproduktion von der Fähigkeit der Völker und Institutionen abhängig zu machen, sich Geld zu leihen und Schulden zu begleichen. Daraus folgt die Organisierung einer Bereitschaft für ein Arbeitsleben (oft prekär und mit geringen Anrechten auf soziale Sicherheit) im Dienste der Kapitalakkumulation. Aber die Grenzen des Plans A1 sind klar. Das System hat einen Punkt erreicht, an dem es nicht mehr in der Lage sein könnte, jenes Wachstum hervorzubringen, das notwendig ist, um die Schulden zu bezahlen und in neue Zyklen der Kapitalakkumulation zu investieren. Rezession und Austerität können sich über Jahre dahinschleppen, die Kette von sozialen, ökologischen und anderen Problemen mit allen damit einhergehenden Herausforderungen wächst. Der Kapitalismus erreicht jenen Gleichgewichtszustand (steady state), der der Albtraum der klassischen politischen Ökonomen war.

Es gibt aber eine Alternative zu Plan A1. Sie teilt mit Plan A1 wesentliche Dogmen der neoliberalen Philosophie, verändert aber die Reichweite und den Impetus ihrer Anwendung. Plan A2 kann paradoxerweise einige der Forderungen der Straße gegen die Nutzung öffentlicher Gelder zur Bankenrettung aufgreifen. Mit Bezug auf den Horizont von Fairness sagen die Vertreter dieses Plans: Lasst doch die großen Banken untergehen. Lasst sie den Preis für ihre schlechten Entscheidungen zahlen. Und da die Bedingungen von Wirtschaft und sozialer Reproduktion so strikt an das Finanzsystem gebunden sind, wird der Zusammenbruch der Banken auch eine Kette von Zusammenbrüchen in der Wirtschaft und den Kollaps des Systems sozialer Sicherheit (d.h. der Renten) nach sich ziehen. Die Anhänger eines solchen Vorhabens haben keinen Zweifel, dass, folgt man ihren Vorschlägen, die Rezession kürzer sein wird als beim jetzigen Herangehen (drei bis fünf Jahre) und sehr, sehr schmerzhaft wäre. Aber so könne man zwanzig bis dreißig Jahre Stagnation verhindern und die Bedingungen für einen tiefen Strukturumbau legen, sodass wieder Wachstum möglich wird. Natürlich würde die Rezession auch eine Gelegenheit sein, die Staatsausgaben weiter zu senken und die Regierung zu verschlanken. Vom Standpunkt der sozialen Reproduktion ist Plan A – in allen seinen Varianten – nicht sehr reizvoll. Sein Horizont ist die weitergehende Vermarktlichung des Lebens, die Erosion öffentlich finanzierter Dienstleistungen, Ansprüche und Rechte, Prekarisierung der Arbeit, die gesteigerte Abhängigkeit der Leute von Schulden und Konzentration von gesellschaftlichem Reichtum in den Händen von immer weniger Personen.

Kommen wir zu Plan B. Er hat mit Plan A den Horizont des Endes der Geschichte gemeinsam. Kapitalismus ist der Horizont, innerhalb dessen die Selektionen stattfinden. Aber Plan B ruft nach einem interventionistischen Staat, der das Problem lösen soll, das vor allem als Problem mangelnder effektiver Nachfrage angesehen wird und sich in der Stagnation von Beschäftigung in den meisten Bereichen auf der Welt niederschlägt. Würden die Regierungen durch Ausweitung der Staatsausgaben große Mengen von Geld in die Wirtschaft stecken, dann würde die Arbeitslosigkeit fallen und der Aufschwung angeregt werden. Die Defizite im Staatshaushalt würden durch erhöhte Steuereinnahmen ausgeglichen werden. Offensichtlich gäbe es viele Sektoren, die von einer solchen Finanzspritze profitieren würden. Dies reicht von Investitionen in die Infrastruktur bis hin zu grüner Technologie, von Militärausgaben bis hin zu Gesundheit und Bildung. In diesem Sinne hat Plan B wie schon Plan A keine besondere politische Färbung, er ist weder links noch rechts, nicht zwangsläufig ein Green New Deal oder ein sozialistischer New Deal wie in Venezuela. Es könnte auch ein faschistischer New Deal sein, da sein Sinnhorizont der Kapitalismus ist.

Ein solches Programm würde aber einer Reihe von Bedingungen entsprechen müssen. Vor allem bräuchte es erstens ein hohes Maß an Koordination zwischen den großen Wirtschaftsblöcken der Welt, vor allem angesichts der Fähigkeit des produktiven Kapitals, zu Orten mit niedrigeren Löhnen, Kosten und Steuern für die Reichen auszuweichen. Zweitens würden die Effekte einer solchen Politik durch die Kapitalflucht aus Staaten mit hohen Defiziten konterkariert werden. Man müsste also Zinsraten durchsetzen, die depressiv wirken, um das Kapital zu halten. Punkt 1 würde verlangen, dass die Keynesianische Politik durch eine Art von Produktivitätsabsprachen begleitet wird, die es für das Kapital profitabel machen, im Lande zu bleiben. Aber der Klassenzusammensetzung in den meisten Ländern fehlt das notwendige Maß an Homogenität und strukturierter Repräsentation, die eine solche längerfristige Politik erlauben würde. Die prekären Verhältnisse sind allgemein und die Mitgliedschaft in den Gewerkschaften ist in den letzten dreißig Jahren allgemein zurückgegangen.

Plan C&D

Wenn es etwas gibt, was den Plan C&D ausmacht, dann sind es Nachdenken und Praxis von unten. Die Forderungen nach Strukturreformen, die aus ihnen erwachsen mögen, haben nicht den Anspruch, die kapitalistische Wirtschaft zu regulieren, sondern es geht nur darum, sich der Kürzung der Soziallöhne zu verweigern, das Reich der Gemeingüter, der Commons, auszuweiten und die Demokratie zu vertiefen. Der Grund für die Entwicklung von Plan C&D liegt vor allem in der Abwehr der sich intensivierenden Krise sozialer Reproduktion, die durch Plan A und Plan B hervorgerufen und/oder gesteuert werden sollen. Wie auch bei den anderen Plänen werden einige Elemente des Plans C&D mit denen anderer verschmelzen oder sich überkreuzen. Manchmal geht es darum, das Überleben von lebenswichtigen Systemen durch Absprachen zu sichern und die Qualität dieser Absprachen hängt von den Machtverhältnissen ab. In anderen Fällen geht es um den Widerstand gegen Kürzungen von Elementen des Plan B innerhalb von Plan A (zum Beispiel, wenn es um noch vorhandene Rechte und soziale Ansprüche auf wohlfahrtsstaatliche Leistungen geht, die durchgesetzt wurden, als Plan B in den 1970er Jahren im Westen vorherrschend war).

Auf der Mikroebene gibt es zwei Quellen für Plan C&D. Erstens entspringt Plan C&D dem fruchtbaren Boden von Gemeinschaften, die in verschiedenen Formen der täglichen Reproduktion des Lebens engagiert sind. In städtischen Nachbarschaften, in Elendsvierteln und in Dörfern auf der ganzen Welt gibt es eine Vielzahl von Mustern der Partizipation, wo – im unterschiedlichen Maße – die Ressourcen gemeinsam geteilt werden und die Gemeinschaften Formen partizipatorischer Demokratie entwickelt haben, um über das Was, das Wie, das Wann, das Warum und das Wer sozialer Reproduktion zu entscheiden. Die Organisation eines Ereignisses wie einer *Fiesta* oder *Sagra* in Spanien oder Italiens ländlicher Provinz, ein Straßenfest in einer englischen Stadt, der Erhalt eines gemeinschaftlichen Gemüsegartens in New York, von Wassersystemen durch gemeinschaftliche Wasservereinigungen in bolivianischen Städten, die Schaffung alternativer Wirtschaftsformen, um Kartoffeln zu verteilen, oder ein selbstverwalteter Gesundheitsdienst in einem besetzten Krankenhaus im krisengeschüttelten Griechenland, die tagtägliche Verwaltung eines ambulanten Dienstes auf Freiwilligenbasis in einem Bergdorf in Italien, sie sind alles Ausdrucksweisen des Gleichen. In diesen Interaktionen werden durch das gemeinschaftliche Teilen einiger Ressourcen und der Teilnahme an der Verwaltung der Commons Gemeinschaften geformt. Es handelt sich um eine Verwaltung, die oft direkte soziale Arbeit einschließt, die ich Commoning nenne. Die Politik der Krisenverschärfung und die Vertiefung von Austerität sowie die Verringerung der Sozialausgaben – trotz des gesellschaftlichen Widerstandes dagegen – wird die Gemeinschaften zwingen, sich enger zusammenzuschließen. Sie werden neu geprägt durch partizipative Projekte wie Gemeinschaftsgärten, Sorge um Kinder und Ältere, die verstärkte Teilnahme in Schulprojekten, solidarischen Netzwerken, Genossenschaften, Netzwerken von Zeitbanken, Systemen direkten Austauschs und auch der Selbstverwaltung von Unternehmen, die von den Bankrott gegangenen Eigentümern verlassen wurden. Die

Commons werden mit anderen Worten im wachsenden Maße zu einer Notwendigkeit sozialer Reproduktion.

Dieser fruchtbare Boden für Plan C&D weist darauf hin, dass in diesen Formen gemeinschaftlichen Engagements in Alltagsaktivitäten die gesellschaftliche Substanz für die Bildung einer neuen Welt wurzelt. Um es präziser auszudrücken: In den oft engen Grenzen dieser sozialen Systeme haben wir alternative Weisen der Produktion, die sich sehr deutlich von denen unterscheiden, die durch das Kapital gefördert werden. Während die Reproduktion der kapitalistischen Systeme auf der endlosen Akkumulation beruht, werden hier Ressourcen und Gemeinschaften durch ein Handeln des Commoning zusammengeführt, das die Reproduktion und Nachhaltigkeit zugleich der Gemeinschaften wie der gemeinsam geteilten Ressourcen erlaubt.

Die zweite Quelle von Plan C&D ist der Kampf um die Grenzziehungen von Kapital und Staat. In diesem Zusammenhang haben die sozialen Bewegungen, die sich seit Mitte der 1990er Jahre entwickelt haben (d.h. in der späten neoliberalen Phase), nicht nur Widerstand gegen verschiedene Elemente von Plan A geleistet, sondern auch organisatorische Formen entwickelt, die auf die erneute Einbeziehung der Bevölkerung in Bewegungen zielen, die auf Gemeingüter, Commons, gerichtet sind. Diese Bewegungen waren sehr verschieden. Sie reichen von indigenen Gruppen in Chiapas hin zu Gemeinschaftskämpfen gegen Dämme in Indien, von den Indignados (»Empörte«) in Spanien hin zu den Occupy-Bewegungen in den USA, von den Bewegungen in Großbritannien Ende der 1990er Jahre, die den öffentlichen Raum zurückhaben wollen (Reclaim the Streets), hin zu den Demokratiebewegungen in Nordafrika im Jahre 2011. Ungeachtet der grundlegenden Unterschiede in Kontexten, sozialer Zusammensetzung und politischer Sprache sind alle diese Bewegungen als 24-stündige körperliche Rund-um-die-Uhr-Präsenz organisiert, die darauf zielt, »der Trennung zwischen dem Persönlichen und dem Politischen, zwischen politischem Aktivismus und der Reproduktion des Alltagslebens ein Ende zu bereiten« (Federici 2011). Dies folgt oft der Besetzung öffentlicher Räume und der Verwandlung dieser Räume in ein Gemeingut, ein Commons, wie das im Falle des Tahrir-Platzes der Fall war. In anderen Fällen folgt dies der Verteidigung vorhandener Commons und der Öffnung von Möglichkeiten von Entwicklung durch die wechselseitige Bereicherung im politischen Kampf, wie dies beim Kampf der Zapatista-Gemeinschaften in Chiapas seit Mitte der 1990er Jahre oder in den Wasserkriegen Boliviens 2001 der Fall war. Bei anderen Gelegenheiten schließt dies die Wiederinanspruchnahme eines privaten Raums als Gemeingut ein, wie dies bei den Fabriken in Argentinien 2001 der Fall war.

Die Bewegungen sind wie Wellen im Ozean von Subjektivitäten, die Begehren in situierte Bedürfnisse verwandeln. Sie weichen zurück, werden nicht mehr sichtbar und konsolidieren sich als neue Institutionen oder verbreiten sich durch die sozialen Systeme des Alltags. Es scheint so, als sei kein Sieg errungen, und zumeist ist das auch der Fall. Wenn vom Standpunkt der Gegenwart das Glas halbleer zu sein scheint, so mag es vom Standpunkt der historischen Möglichkeit halbvoll sein. Die zukünftige neue Welt kann diese Ausbrüche vielleicht als historische Bewegung ihrer eigenen Aktualisierung erkennen. Manchmal müssen diese Institutionen, die in den Kämpfen geschaffen wurden, Wege finden, sich aus Existenzgründen in Märkten zu engagieren. Sie müssen sich dem Wettbewerb stellen, wie das für die Genossenschaften in Argentinien gilt.

Ein anderes Mal lösen sie sich in neuen Räumen des Protests auf, wie das bei der Occupy-Bewegung der Fall war, die jetzt die Vorgärten von Wohnhäusern besetzten, um Räumungen durch Gerichtsvollzieher zu verhindern. Für einige andere gilt, dass ihre Energien auf die Herausbildung von neuen Institutionen der Selbstverwaltung gerichtet sind, wie das bei den Zapatistas der Fall ist.

Diese beiden Quellen, Reproduktion des Lebens durch Gemeingüter und der Gemeingüter durch soziale Bewegungen, sind heute im hohen Maße voneinander getrennt. Das bedeutet, dass es weite Bereiche des gesellschaftlichen Lebens gibt, die durch Gemeingüter bestimmt werden, aber noch nicht politisiert sind. Sie sind noch nicht mit einem kritischen Verständnis von Kapital und einer Politik der Emanzipation verbunden. Auf der anderen Seite wird eine große Menge politischer Energie in Kämpfen verschwendet, die nicht in organischer Verbindung mit dem Gemeingütern stehen, die die eigentliche Quelle sozialer Macht darstellen. Es bedarf vieler Denkanstrengungen und organisatorischer Praxis, um diese beiden Quellen im Rahmen eines Plans C&D zu artikulieren, der das Kapital herausfordern kann und auf globaler und koordinierter Ebene die Hegemonie zu erringen vermag. Das Neue an den gegenwärtigen Bewegungen besteht aber darin, dass sie diese zwei Dimensionen (die Gemeingüter und die Kämpfe) aktuell zusammengebracht haben. Um dies zu leisten, und die Dimensionen nicht nur als Form einer Bewegung z.B. in Gestalt einer Besetzung zu verbinden, ist es notwendig, eine Art gemeinschaftlichen Lebens zu etablieren und ihm Dauer zu verleihen. Es muss deshalb mit Formen der direkten Demokratie und Verwaltung des besetzten gemeinschaftlichen Raums experimentiert werden. Die Bewegung hat soziale Kräfte in einem Sinnhorizont vereinigt, in dem die Commoners – die berühmten 99 Prozent der Occupy-Bewegungen – eine aktive Kraft bei der Konstituierung eines sozialen Systems sind (sei es als politisches oder wirtschaftliches System). Die breiten Kämpfe von Studentinnen und Studenten in Kanada (und Großbritannien und den USA) gegen Studiengebühren weisen auf ein anderes Bildungssystem hin. Die Occupy-Bewegung in den USA und die Indignados in Spanien nehmen Bezug auf ein anderes Wirtschaftssystem; die Kämpfe auf dem Tahrir-Platz auf ein anderes politisches System. In allen diesen Fällen verweisen die Kämpfe auf einen anderen Begriff von Demokratie, einen, in dem die Menschen die Macht haben, ein Veto auszusprechen (in der Sprache von Basisversammlungen basierend auf Konsens), bestimmte Regierungsentscheidungen zu blockieren (wie die Erhöhung von Gebühren für Bildung in Quebec) oder Praktiken zu verhindern (wie die laxen Regulationspraktiken, die Bankbetrug auf Kosten von Renten und Sparguthaben befördern). Diese Kämpfe sind Kämpfe einer Pluralität, die den Staat als entstelltes Gemeingut ansieht, das vergemeinschaftet werden muss, und die durch tiefe demokratische Mittel gegen die Korruption des Geldes ankämpft.

Schlussfolgerung: Was muss getan werden?

Das D im Plan C&D ist nicht nur ein bloßer Zusatz zum C der Commons. Die Gemeingüter oder Commons, die auf den Plätzen und Straßen der heutigen Kämpfe entstehen, sind oft in einem tiefen partizipatorischen Sinn demokratisch. Unter tiefer Demokratie verstehe ich kein besonderes Modell von Demokratie – wie repräsentative vs. direkte Demokratie –, sondern einen Sinnhorizont, der uns mahnt, wo immer es möglich ist, Mittel der direkten Demokratie zu wählen. Das D steht für Demokratie als Waffe der Vergemeinschaftung von Eigentum, ob es in der Hand des Staates oder individueller Kapitalisten ist. Es geht vor allem um die Eroberung und Kontrolle des Rechts von Gemeinschaften von Nutzerinnen und Nutzern, die Grenzen der Inklusionen von produktiven und reproduktiven Systemen zu verwalten, neu zu ziehen und zu erweitern. Vom Standpunkt des einen Prozents ist dies ein Zuviel an Demokratie, da es ihr Recht, über unser Leben zu bestimmen, angreift. Vom Standpunkt einer C&D-Perspektive beginnt Demokratie damit, dass eine Pluralität, die viel größer ist als die des einen Prozents, den Anspruch auf Eigentum an einer Ressource erhebt und die Rechte von Exklusion und Management für sich beansprucht. Dies sind zwei Rechte innerhalb des Bündels von

Rechten, die Eigentum genannt werden und die die notwendige Bedingung dafür sind, eine Ressource als Gemeingut zu aktualisieren.

Um eine Fabrik, eine Universität, ein Wassersystem, einen Park, eine öffentliche Verwaltung oder was auch immer in ein Gemeingut zu verwandeln, sie zu vergemeinschaften, muss eine Pluralität das Recht zum Management zurückfordern. Dieser Explosion von Management entspricht eine plötzliche Zunahme des Umfangs gesellschaftlicher Kooperation und der dazu gehörigen Freisetzung von ausgelassener Energie, die dem Zusammenbruch des Managementsystems und Zerstreuung – in unterschiedlichem Maße – von Managementfunktionen im gesellschaftlichen Körper folgt. Diese Energien können durch tiefe demokratische Formen der Verwaltung, d.h. durch Institutionen der Gemeingüter, in die zyklische Zeit der Systemerhaltung (Reproduktion) kanalisiert werden.

Demokratie und Gemeingüter sind zwei Seiten ein und derselben Medaille. Der Ausweitung von Vergemeinschaftung stehen die Machtverhältnisse und die unzureichende organisatorische Reichweite entgegen. Aber eine Pluralität der Commoner kann damit beginnen, Anspruch auf eine Ressource oder Institution als Gemeingut zu erheben, von der sie ausgeschlossen sind und die sie nicht managen können. Der Akt der Erhebung des Anspruchs ist der erste Schritt einer organisatorischen Reise, die unternommen werden muss, um die Ressourcen, auf die Ansprüche als Gemeingut erhoben werden, tatsächlich in ein System von Gemeingütern zu verwandeln. Eines ist sicher: Der Plan C&D braucht die enthusiastische Partizipation und die Intelligenz von jeder und jedem.

Übersetzt aus De Angelis (2014a, gekürzt) von Michael Brie

Michael Brie

Der Kommunismus ist tot – lang lebe der Kommunismus

»Ich weiß sehr wohl, dass der Stalinismus den Kommunismus getötet hat, aber ich denke, dass er wieder erwachen kann.« Alain Badiou (2013a, 91)

Totgesagte leben länger, heißt es. Lenin soll im Januar 1918 im Schnee getanzt haben, als die von ihm geführte Sowjetregierung mehr als jene kurzen 71 Tage der Pariser Kommune überdauert hatte. Die bolschewistisch-kommunistische Macht behauptete die Macht in Moskau 74 Jahre. Und so symbolträchtig das Niederholen der Roten Fahne vom Kreml in der Nacht vom 31. Dezember 1991 zum 1. Januar 1992 erschien, das Ende des Kommunistischen als Idee und Praxis war dies nicht. Im Folgenden soll ausgewählten aktuellen Diskussionen zum Kommunistischen mit Schwerpunkt auf Europa nachgegangen werden.

Kristallisationspunkt der neuen europäischen Kommunismusdiskussion war der Kommunismuskongress im Jahre 2009 in London. Statt der erwarteten 150 Teilnehmer waren es 1.200. Konferenzen in Berlin und New York folgten. Die Veranstalter machten deutlich: »An diesem kritischen Wendepunkt, an dem als Folge der Krise alles möglich ist, und wo das Beste und das Schlimmste nahe beieinander liegen, hat die Idee des Kommunismus das Potenzial, das theoretische Denken wiederzubeleben und die entpolitisierende Tendenz des Spätkapitalismus umzukehren,« (Douzinas/Žižek 2012, 11)

Die Rekonstruktion der aktuellen Kommunismusdiskussion ist nicht einfach. Manchmal steht Aussage neben gegenteiliger Aussage im selben Dokument. Der Bezug auf eine so radikale Vision wie das Kommunistische zwingt offensichtlich, vieles bewusst offenzuhalten. Die neueren Diskussionen sind unvermeidlich Bewegungen in einem widersprüchlichen geistig-politischen Raum, der viele Facetten hat, denen hier nicht nachgegangen werden kann. Die Rekonstruktion der Positionen ist deshalb zugleich ihre Konstruktion, und sei es durch die Auswahl der Zitate und ihre Kombination. Es werden Deutungen vorgenommen, die den Reichtum der Positionen nicht wiedergeben können und durch die eigene Frageweise der Autoren bestimmt sind. Deshalb der Rat: »Für weitere Aufklärung lesen Sie die Schriften über den Kommunismus selbst und fragen die Autorinnen und Autoren.«

1. Das Kommunistische als »die reale Bewegung, die überall und zu jeder Zeit den Bürgerkrieg vorantreibt« (Tiqqun 2012, 25)

Das Kommunistische ist und bleibt zunächst einmal eine direkte Kampfansage an die bürgerlich-kapitalistische Gesellschaft. In seiner unmittelbarsten Form ist es die Rebellion, die einfache, direkte Verneinung der gegenwärtigen Gesellschaft. Kommunismus bleibt das Gespenst, dem Hamlet begegnet, das Gespenst, das auf den Mauern umhergeht und Rache fordert im Namen der Entwürdigten, Ausgegrenzten, Ausgebeuteten, seelisch Verstümmelten. Von diesem Standpunkt wird auch gefordert: »Wir müssen das Wort ›Kommunismus‹ wieder zu einem Wort werden lassen, das den Herrschenden Angst macht.« (Ruda/Völker 2012, 190). Die Revolte, so Albert Camus, beginnt damit, dass es jemanden gibt, »der nein sagt« (Camus 1997a, 21). Das französische Autorenkollektiv *Tiqqun* zeichnet sich dadurch aus, dass es vor allem Nein, entschieden Nein sagt und eine Sprache wählt, die unzweideutig der gegenwärtigen Gesellschaft den Krieg erklärt. Tiqqun tritt seit 1999 in der Öffentlichkeit auf. Bewusst wird auf Autorenschaft verzichtet. Der Begriff Tiqqun geht auf das Hebräische *Tikkun olam* zurück – was Reparatur der Welt oder Konstruktion für die Ewigkeit bedeuten kann. Im jüdisch-orthodoxen Verständnis geht es bei *Tikkun olam* darum, dass Gott alle Formen der Götzenanbetung ausrottet. *Tikkun olam* kann sich aber auch darauf beziehen, durch eigenes vorbildliches Verhalten eine beispielhafte Ordnung zu schaffen, die zur Erlösung der Welt beiträgt (Wikipedia 2016b).

Kommunismus zielt für Tiqqun auf eine neue historische Konfliktivität jenseits des Klassenkampfes der traditionellen Arbeiterbewegung, der nur zur Integration der Arbeiter in die bürgerliche Gesellschaft geführt habe. Der eigentliche Konflikt sei nicht mehr der zwischen »den Ausgebeuteten und den Ausbeutern, den Herrschern und den Beherrschten, den Befehlenden und den Ausführenden« (Tiqqun 2013, 15), sondern werde durch die »Frontlinie« gebildet, die »durch die Mitte jedes Einzelnen, durch das, was aus ihm seiner Eigenschaften wegen einen Bürger macht, und dem Rest« (ebd.) geht. Dieser Rest ist das in jedem Menschen, das der herrschenden bürgerlichen Sozialisation »erfolgreich entrinnt« (ebd.) – das Nichtbürgerliche, Nichtangepasste, Nichtintegrierte.

(1) Anthropologische Grundannahmen

Tiqqun hat eine eigene Anthropologie entwickelt, die ihr Kommunismusverständnis begründet. So heißt es einführend in der »Anleitung zum Bürgerkrieg«: »Die grundlegende menschliche Einheit ist nicht der *Körper* oder das Individuum, sondern die Lebensform« (Tiqqun 2012, 11). Körper und Lebensform neigen sich einander zu; die Lebensform ist Vorliebe des Körpers. Zur zentralen Spannung »in jedem Menschen« wird der Widerspruch zwischen den durch die Sozialisationsinstanzen gesetzten Normen, Erwartungen, Rollen usw. und all dem, was sich »in jedem Menschen« diesen Vorgaben und Verführungen widersetzt und entzieht. Die Gesellschaft erscheint als Verwertungsmaschine, der Mensch als Rohstoff, aus dem die Gesellschaft alles das als Müll aussondert, was sich nicht verwerten lässt oder sich der Verwertung – aus welchem Grund auch immer – widersetzt.

> »Es gibt nirgends mehr ein sichtbares Draußen – die reine Natur, der klassische große Wahnsinn, das klassische große Verbrechen oder das klassische große Proletariat der Arbeiter mit seinem real existierenden Vaterland der Gerechtigkeit und der Freiheit sind verschwunden. Aber sie sind aus der Realität nur verschwunden, weil sie zuerst alle imaginäre Anziehungskraft verloren hatten, denn es gibt überall, an jedem Punkt des biopolitischen Gewebes, etwas vom Draußen. Der Wahnsinn, das Verbrechen oder das Proletariat mit leerem Bauch ... sind im Laufe der sozialen Verpuffung eine umkehrbare Modalität, eine gewalttätige Latenz, eine verdächtige Möglichkeit eines jeden Menschen geworden.« (Ebd., 56)

Was aber bedeutet dies: Ist das gesellschaftlich Integrierte des Menschen das »Schlechte« am Menschen und der »Rest« das, was »noch« »gut« ist? Soll nur der »Rest«, das gesellschaftlich Ausgesonderte im Menschen, kommunistisch mobilisiert werden? Ist das Leben in den gegebenen gesellschaftlichen Zusammenhängen tatsächlich vor allem ein verachtenswertes Nichts von Unterordnung und Anpassung, der Interaktion zwischen Feinden (siehe dazu weiter unten), oder ist es das Resultat aktiven individuellen und Gruppenhandelns in konkreten gesellschaftlichen Verhältnissen, durch die diese eben nicht auf bloße Kapitalverwertung oder Machtstrukturen reduziert werden können, sondern auch Entwicklungsformen von menschlicher Subjektivität darstellen, in die Elemente des Sinnvollen, Guten und Schönen eingehen, die als Gegensatz zu bloßer Instrumentalität und Konkurrenz erfahren und gelebt werden und aus denen das Begehren nach Mehr und Anderem ständig erwächst? Stimmt Ersteres, so geht es um die Artikulation des reinen

Dagegens. Es gibt kein Moment des richtigen Lebens in einer so völlig falschen Gesellschaft. Dann steht der Widerspruch zwischen einem in jeder Gestalt zu negierenden Drinnen und einem in jeder Form zu begrüßenden Draußen im Zentrum. Dann ist die unmittelbare Negation jeder existierenden Lebensweise ausreichend, um das Kommunistische als nicht subsumierter Rest und Gegensatz zur existierenden Gesellschaft zum Ausdruck zu bringen. Wäre Letzteres der Fall, dann müsste emanzipatorische Politik die Spannung des *Wie,* drinnen zu sein, zum Tanzen bringen. Sie müsste der Sehnsucht, sich solidarischer und individueller, vielfältiger und erfüllter zu verwirklichen, Ausdruck verleihen und sie müsste konkrete Produktions- und Lebensweisen dafür entwickeln.

(2) Gesellschaftliche Grundannahmen

Dem anthropologischen Befund der Beziehung von Körper und Lebensform in Neigungen und Begierden entspricht zweitens ein *soziologischer Befund* – die Fassung von Gesellschaft als Bürgerkrieg. Da der Gegensatz zwischen »Drinnen und Draußen« verabsolutiert wird, wird auch alles gesellschaftliche Verhalten auf die extremste Form der Zuspitzung zurückgeführt, den Krieg. In der Tradition von Thomas Hobbes wird Gesellschaft als der Zustand des Krieges aller gegen alle verstanden, dessen bewaffnete Austragung in den Kernsektoren unterdrückt und an Peripherien ausgelagert wird. Gemeinschaften, so Tiqqun, werden durch gemeinsam geteilte Lebensformen konstituiert. Wo es die Gemeinschaft nicht gibt, herrscht Feindschaft. Die zivilisatorischen Vermittlungsformen zwischen Fremden sind praktizierte Feindschaft – egal ob als »Waren- oder Vertragsbeziehung« oder als »Vergewaltigung«, ob als »Höflichkeit« oder als »Zerstörung« (siehe ebd., 21). Feinde sind die, die außerhalb der Gemeinschaft sind, Freunde und Gegner sind jene in der Gemeinschaft (ebd., 22). Dies läuft darauf hinaus, danach zu streben, alle bürgerlichen Vermittlungsformen aufzuheben – Ware-Geld-Beziehungen, Vertragsformen, Recht und Staatlichkeit. In der bürgerlichen Gesellschaft, so Tiqqun, existiert Gemeinschaft nur als schreckliche Gemeinschaft: »Die schreckliche Gemeinschaft ist ein menschlicher Haufen und nicht eine Gruppe von Kameraden. [...] Die schreckliche Gemeinschaft ist die Summe der Einsamkeiten, die sich überwachen, ohne einander zu beschützen.« (Tiqqun 2013, 303, 304) Sie ist eine Anti-Gemeinschaft von Feinden.

In dem Text »An unsere Freunde« von 2014 wird durch Tiqqun auf den Ursprung der Demokratie in Griechenland verwiesen, auf die Tatsache, dass die »Versammlung auf Stadtebene« der »Praxis der Versammlung der Krieger« entsprach: »Die Gleichheit in der Wortmeldung leitet sich aus der Gleichheit vor dem Tod ab« (Unsichtbares Komitee 2014, 2). Daraus wird der Schluss gezogen, die alten Griechen hätten »das Politische von Anfang an als Fortsetzung des Kriegs mit anderen Mitteln erfunden« (ebd.). Dies ist schlicht falsch. Die ältere Tyrannis hatte im 6. Jahrhundert v.u.Z. die Vorherrschaft der Aristokratie in der Polis gebrochen und sich dabei auf die bewaffneten Vollbürger (der Hopliten und vor allem der armen Stadtbürger als Ruderer auf den Kriegsschiffen – siehe dazu Bleicken 1995, 158f.) gestützt. Die attische Demokratie entstand, als sich ein Teil der Aristokratie nun seinerseits mit den Bürgern verband. Dies sollte die Entscheidung über Krieg und Frieden gegen Feinde aus den Händen der Tyrannen oder auch der alten Eliten nehmen und den bewaffneten Bürgern übergeben. Damit sollte zugleich der Bürgerkrieg verhindert werden, indem friedliche Formen der Konfliktaustragung gefunden wurden (siehe dazu im Detail Meier 2012).

Aus dem Antagonismus von Leben und Tod wurde in der griechischen klassischen Antike der Agonismus, der friedliche, der gewaltfreie Wettstreit unterschiedlicher Gruppen freier Bürger. Dies schloss die demokratische Kontrolle über das Gewaltmonopol innerhalb der Polis ein, was eine imperiale Politik nach außen ermöglichte. Erst dadurch entstand demokratische Politik im engeren Sinne als Raum diskursiver Entscheidungsfindung von Freien und Gleichen. Dies verlangte den relativen sozialen Ausgleich, die Bezahlung der Wahrnehmung öffentlicher Ämter, das Losverfahren bei deren Besetzung usw. Der Krieg nach außen und der Frieden nach innen, der Kampf auf Leben und Tod mit dem Feind und der Kampf um Mehrheiten und eine »richtige« oder »falsche« Politik zwischen Gegnern wurden strikt getrennt. Das Politische hörte so auf, nach der Matrix des Krieges gebildet zu werden, sondern erhielt die Gestalt des öffentlichen Dialogs der freien männlichen Stadtbürger. Es wurde zum Raum freier Entscheidungen nach Mehrheiten und unter Wahrung von öffentlich legitimierten Minderheitenrechten, vor allem des Rede- und Stimmrechts. Wie Hannah Arendt schrieb: »Der Sinn des Politischen hier (in der Polis – Michael Brie) ... ist, dass Menschen in Freiheit, jenseits von Gewalt, Zwang und Herrschaft miteinander verkehren, Gleiche mit Gleichen, die nur in Not-, nämlich in Kriegszeiten einander befahlen und gehorchten, sonst aber alle Angelegenheiten durch das Miteinander-Reden und das gegenseitige Sich-Überzeugen regelten.« (Arendt 1993, 39)

Tiqqun reduziert alle gesellschaftlichen Interaktionsformen jenseits gemeinschaftlich geteilter Lebensformen auf Bürgerkrieg. Damit wird erstens behauptet, das Handeln stets nur strategisch sei (siehe ebd.). Dies löst gesellschaftliche Interaktion in bloße Machtanwendung auf. Alles Handeln scheint nur Zweck-Mittel-Relationen zu folgen. Zweitens: Während es bei Foucault heißt, der Bürgerkrieg sei die »Matrix aller Machtstrategien« (zitiert in Unsichtbares Komitee 2014, 6), wird bei Tiqqun jedes gesellschaftliche Handeln unmittelbar zum Bürgerkrieg und nicht nur nach dessen Vorbild geformt. Damit wird der Krieg seiner Spezifik beraubt – nämlich des besonderen Charakters organisierter Gewalt, ausgeübt von Gruppen gegenüber anderen, um durch die Verletzung und Zerstörung der physischen und psychischen Integrität von Personen, an Leib und Seele, diesen gegenüber Zwang auszuüben. Die Behauptung, »der Krieg [sei] im Grunde nichts Militärisches« (ebd.) steht im tiefen Widerspruch zur universellen Verwendung der Termini Krieg oder Gewalt durch Tiqqun. Indem alles als Krieg erscheint, wird der wirkliche Krieg, der wirkliche Terror, die wirkliche Gewalt und Folter unsichtbar gemacht. Sie bilden aber einen sehr besonderen Typ gesellschaftlichen Handelns. Er wird eingesetzt, um den Widerstandswillen bzw. die Widerstandsfähigkeit eines Anderen, Anderer dadurch und genau dadurch zu beeinträchtigen oder zu brechen, indem Menschen verbrannt, zerfetzt, zerschnitten, vergiftet oder seelisch gebrochen, Waffensysteme, Städte und Dörfer, Fabriken und Felder, Straßen und Kommunikationslinien zerbombt, verseucht, gesprengt werden (formuliert in Abwandlung von Scarry 1985, 64). Mit Krieg mögen verschiedene Zwecke verbunden werden, aber das unmittelbare Ziel sind Zerstörung und Vernichtung, wozu unterschiedliche Mittel eingesetzt werden können. Dies unterscheidet Krieg, Terror, Gewalt von anderen Formen des Handelns.

Es gibt aber noch ein Drittes: Bei Clausewitz ist Krieg die Fortsetzung der Politik mit anderen Mitteln. Seinem Verständnis nach werden Kriege nicht geführt, um einen Gegner zu vernichten, sondern in ein anderes politisches Verhältnis zu zwingen (Clausewitz 1991). Er hat die Napoleonischen Kriege vor Augen. Tiqqun kehrt dies um: Politik ist selbst nichts anderes als Krieg. Wenn dies stimmt, dann ist der Andere nicht Gegner, der ggf. auch zu bezwingen ist, sondern Feind, der vernichtet werden soll. Damit wird der Krieg total, die Vernichtung zum eigentlichen Zweck. Der Gewalt müssen keine politischen Grenzen mehr auferlegt werden, alles ganz im Gegensatz zum Denken von Clausewitz. Ein solcher Ansatz steht in der Tradition von Carl Schmitt, für den der tödliche Freund-Feind-Gegensatz die Grundform aller politischen Beziehungen ist. Der Andere ist aufgrund seiner bloßen Anwesenheit zu vernichten: »Der Krieg, ... die physische Tötung anderer Menschen, die auf der Seite des Feindes stehen, alles das hat keinen normativen, sondern nur einen existentiellen Sinn... Es gibt keinen rationalen Zweck, keine noch so richtige Norm, ... die es rechtfertigen könnte, dass Menschen sich gegenseitig dafür töten. Wenn eine solche physische Vernichtung nicht aus der seinsmäßigen Behauptung der eigenen Existenzform gegenüber einer ebenso seinsmäßigen Verneinung dieser Form geschieht, so lässt sie sich eben nicht rechtfertigen.« (Schmitt 1963, 49f.) Tiqqun öffnet Tür und Tor jenen »Radikalen«, denen sie die Verabsolutierung von Gewalt vorwerfen (Unsichtbares Komitee 2014, 4f.).

(3) Die kommunistische Vision

Tiqqun geht aber nicht nur davon aus, dass in der bürgerlichen Gesellschaft alle Beziehungen Verhältnisse des Krieges sind, sondern dass *jede* Pluralität von Lebensformen, auch jener, die nicht bürgerlich verfasst sind, Krieg zwischen denselben bedeutet. Selbst wenn man dies darauf reduziert, dass zwischen verschiedenen Gemeinschaften immer nur strategisch agiert wird, dann wird ein Verhalten »selbst zwischen uns« zur Norm erhoben, dass den Anderen nicht *auch* als Selbstzweck (Immanuel Kant), nicht in seiner Würde anerkennt, sondern nur als Mittel behandelt. Wenn in den heutigen kommunistischen Kämpfen die Konturen einer zukünftigen anderen Gesellschaft aufscheinen sollen, dann wären dies nach Tiqqun viele Kommunen, die sich, so die Konsequenz, in einem Bürgerkrieg miteinander befinden (siehe ebd., 11).

Wenn es richtig ist, dass nur die gemeinschaftlich geteilten Lebensformen Bestand haben dürften – wie sollen sie koexistieren, ohne sich dann doch in einem totalen Krieg der Gemeinschaften wechselseitig zu vernichten oder wieder Zuflucht in Gesellschaftlichkeit zu suchen, in Formen der rechtlich geregelten Vermittlung ihrer Beziehungen zueinander? Kommunismus erscheint bei Tiqqun als Auflösung jedes Draußen, als Reduktion aller Gesellschaft auf gemeinschaftliche Lebensform. Aber werden in nachkapitalistischen Lebensformen Erwartungen anderer als gesellschaftliche Normen tatsächlich verschwinden? Eine solche Annahme widerspricht allen historischen Erfahrungen und anthropologischen und soziologischen Forschungen. Tiqqun stoppt, bevor solche Fragen überhaupt auftauchen können. Die Epoche nach dem Aufstand erscheint als eine, die alle Widersprüche von Befreiung weit hinter sich gelassen hat: »Die Frage, die sich einem Aufstand stellt, ist es, sich unumkehrbar zu machen. Die Unumkehrbarkeit ist erreicht, wenn gleichzeitig mit den Autoritäten auch der Bedarf nach Autorität besiegt wird, gleichzeitig mit dem Eigentum auch die Lust nach Aneignung, gleichzeitig mit der Hegemonie auch das Streben nach Hegemonie.« (Unsichtbares Komitee 2010, 88) So kann man natürlich alle nachrevolutionären Probleme für nichtexistent erklären.

(4) Strategien grundlegender gesellschaftlicher Veränderung

Tiqqun erteilt immer wieder selbst den radikalsten Forderungen, soweit sie nicht *unmittelbar* zum Bruch mit den bürgerlichen Verhältnissen führen, eine Absage. Sie stehen unter Reformismusverdacht. Ein über den Kapitalismus hinausgehendes Potenzial solcher Forderungen will Tiqqun nicht erkennen: »Wer sieht nicht, dass die Forderung ›Papiere für alle‹, wenn sie erfüllt wird, nur zu einer größeren Mobilität der Arbeit beitragen wird, was die liberalen Denker in Amerika sehr wohl verstanden haben? Was den garantierten Mindestlohn betrifft, wird er, wenn er eingeführt wird, nicht einfach ein zusätzliches Einkommen in den Wertkreislauf einbringen?« (Tiqqun 2013, 247) Dann aber heißt es in einer anderen Schrift ganz anders: »Jede Bewegung übersteigt durch den einfachen Tatbestand die Grenzen, die sie sich setzte... Wer ›Papiere für alle!‹ fordert, fordert auch, von einem objektiven Standpunkt aus gesehen, dass die Papiere letztendlich entwertet, vernichtet werden.« (Tiqqun 2012, 129)

Die Möglichkeit, die Überwindung des Kapitalismus als Prozess einer sozialökologischen Transformation innerhalb der bestehenden Verhältnisse und über diese hinaus zu denken (Brangsch et al. 2012; Klein 2014; Brie 2014), bleibt ausgeklammert. Es geht nur darum, so früh wie möglich »›alles zu zertrümmern‹, und bis es so weit ist, jeden Zusammenbruch des Systems auszunutzen, um an Stärke zu gewinnen« (Unsichtbares Komitee 2010, 52f.). Von vorhandenen Organisationen, so Tiqqun, sei nichts zu erwarten (ebd., 66), alles wird der unmittelbaren Tat im konkreten Augenblick überlassen. Davor gibt es nichts als völlige Isolation und Ohnmacht, sodass nichts unwahrscheinlicher scheint als ein Aufstand und doch sei »nichts notwendiger« (ebd., 64). Eine neue kommunistische Subjektivität, »imaginäre Partei« genannt, entsteht diesem Verständnis nach durch die Schaffung antibürgerlicher »Lebensformen in ihrer Verschiedenheit«, durch die Intensivierung und komplexe Gestaltung der Beziehungen zwischen ihnen und die ethische Polarisierung (siehe Tiqqun 2013, 16). Während Marx 1844 im Proletariat noch eine »Klasse der bürgerlichen Gesellschaft« gesehen hatte, »welche keine Klasse der bürgerlichen Gesellschaft« ist (Marx 1844, 390), bricht Tiqqun mit diesem Doppelcharakter des Proletariats. Proletariat sei nicht mit der sozialen Lage verbunden, sondern entstehe im Resultat des subjektiven Bruchs mit der bürgerlichen Gesellschaft, durch den Entschluss, sich ausschließlich als »Nicht-Klasse« zu konstituieren, als »Pöbel«: »Unter dem Imperium ist im Gegenteil die Nicht-Identität revolutionär, die Tatsache, ständig die Eigenschaften zu verraten, die MAN uns anklebt.« (Tiqqun 2013, 37)

Aber jede Negation ist auch eine Position, alles Handeln hat einen eigenen positiven Inhalt, wenn es nicht zur leeren Pose erstarren will. Folgerichtig versucht Tiqqun, die harten Gegensätze der eigenen Grundposition zu bearbeiten. Dies scheint auch internen Lernprozessen zu folgen. In der Zeitfolge der Veröffentlichungen des »anonymen Kollektivs« nehmen die Differenzierungen zu, wird versucht, die abstrakten Gegensätze zu vermitteln, ohne Grundpositionen aufzugeben. Dafür gibt es eine Reihe von Beispielen. So hat Krieg bei Tiqqun eine Ambivalenz, die dem Terminus widerspricht. Der von ihnen proklamierte Krieg beginnt mit der »Wiederaneignung«: »Das bedeutet, dass die erste Bewegung dieses Krieges die Wiederaneignung ist. Die Wiederaneignung der Fähigkeiten, zu leben-und-kämpfen. Wiederaneignung demnach der Orte: durch Hausbesetzung, Aneignung und Vergemeinschaftung privater Orte. Wiederaneignung des Gemeinsamen: der Beschaffenheit der Sprachen, der Syntax, der Kommunikationsmittel, einer autonomen Kultur – die Weitergabe der Lebenserfahrungen den Händen des Staates entreißen. Wiederaneignung der Gewalt: die Vergesellschaftung der Kampftechniken, die Bildung von Kräften der Selbstverteidigung, der Bewaffnung. Und endlich die Wiederaneignung des elementaren Überlebens: die Verbreitung des medizinischen Macht-Wissens der Techniken des Raubes und der Enteignung, und der progressiven Organisation eines autonomen Netzwerks der Versorgung.« (Ebd., 53) Zu Ende gedacht würde dies die Schaffung von »befreiten Zonen« bedeuten, ganz im Sinne jener Strategie, die Mao Zedong in den 1920er und 30er Jahren entwickelte – Räumen, die der Herrschaft des Bürgerlich-Kapitalistischen entzogen sind, in denen gemeinschaftlich organisiert und gelebt werden kann. Doch davon wiederum distanziert sich Tiqqun: »Ein beliebiges Werden ist revolutionärer als irgendein x-beliebiges Sein. Die Räume zu befreien, befreit uns Hundert Mal mehr als irgendein ›befreiter Raum‹.« (Tiqqun 2012, 130)

(5) Ein knappes Resümee

Tiqquns Schriften sind vor allem als verbale Handlungen zu verstehen, als Sprechakte, durch die ein Raum von Bedeutung geschaffen wird, der bewusst jeder Verfestigung entzogen werden soll. Das Kommunistische wird hier als unmittelbare radikale Negation, Verweigerung, Protestaktion gegenüber allen Formen der Institutionalisierung und der als bürgerlich kritisierten Vermittlung sowie als Sehnsucht nach freien gemeinschaftlichen Bindungen inszeniert. Das »Bedürfnis nach Kommunismus« sei der »Bedarf nach Räumen der Nacht, wo wir uns wiederfinden können jenseits unserer Prädikate« (ebd., 136), heißt es schön.

Tiqqun kultiviert eine Sprache, die mit den Ambivalenzen spielt. Das Nicht-Ausgesprochene, das Verschwiegene, das Verdrängte der kommunistischen Erzählung von Tiqqun ist, so scheint mir, wichtiger als das, was gesagt wird. Die Schriften sind, so behaupte ich, vor allem eine Flucht vor den realen Widersprüchen der realen Praxis wirklicher solidarisch-emanzipatorischer Bewegungen. Solche Manifestationen sind Opium für jene, die sich nach einer befreienden Alternative sehnen und zugleich an ihrer eigenen Ohnmacht und der tatsächlichen Schwäche wirklicher Bewegungen verzweifeln. Dafür gibt es viele gute Gründe. Und um sich gegen diskursive Einwände zu schützen, wird auf Mysterien der Eingeweihten verwiesen: »Meine eigene Absicht darf zunächst nicht ausdrücklich erscheinen. Sie wird überall für jene erkennbar sein, die mit ihr vertraut sind, und bei all jenen nicht vorhanden sein, die davon nicht das Geringste wissen.« (Ebd., 25) So wird Sprechen über das Kommunistische zur Sprechform einer geschlossenen Gemeinschaft, die zugleich den Anspruch erhebt, Brüche zwischen »Drinnen« und »Draußen« in jedem Menschen zu artikulieren, also universell zu sein.

2. Das Kommunistische als Commoning

»... Kommunismus bedeutet, niemals eine endgültige Antwort darauf zu haben, wie man in freier Gemeinschaft leben soll.«
Stephen Healy (2015a, 343)

(1) Die doppelte Quelle der Commonsbewegung und ihre historischen Bezüge

Dem radikalen Nein und der Proklamation des Bürgerkriegs als Form des Kommunistischen in der Gegenwart, wie es von Tiqqun entwickelt wird, steht eine ganz andere Bewegung gegenüber, die bei Tiqqun schon am Rande anklang – die Bewegung des Commoning. So paradox es klingt: Das neoliberale Zeitalter der Privatisierung und Vermarktlichung immer neuer Produktions- und Lebensbereiche ist geradezu zwangsläufig auch ein Zeitalter der Gegenbewegung. Man kann die von Karl Polanyi für das 19. Jahrhundert mit Blick auf Großbritannien getroffene Feststellung wiederholen: »Während die Wirtschaft des *Laissez-faire* das Ergebnis bewussten staatlichen Eingreifens war, wurde dieses *Laissez-faire* später auf spontane Weise eingeschränkt.« (Polanyi 1978, 195) Der neoliberale Angriff auf den Sozialstaat war ein Angriff auf die mühsam geschaffenen Grundlagen moderner Gesellschaften, auf die »gesellschaftlich erzeugte, bewusst vermittelte ... Gemeinschaftlichkeit« (Brie 2015c, 23), die komplexe Gesellschaften erst dauerhaft möglich macht, es war ein Angriff auf das Öffentliche. Wie Rainer Rilling schreibt: »Das Öffentliche als eine gesellschaftliche und politische Bewegungsform ist eine Operation der *Öffnung* und *Erweiterung*, und es bildet den Zustand der Offenheit, also *Zugänglichkeit* [...]. Insofern erschließt es grundsätzlich [...] die Wege zu den Momenten der *Gleichheit,* freien *Nutzung* (Konsum), der *Kommunikation bzw. freien Kooperation* und damit (auch politischen) *Teilhabe* (Verfügung).« (Rilling 2009, 181)

Die heutige Commons-Bewegung ist einerseits aus der genannten existenziellen Krise entstanden, aus der unmittelbaren Bedrohung der elementaren Existenzbedingungen konkreter urbaner oder ländlicher Gemeinschaften, oft infolge neoliberal aufgezwungener »Strukturanpassungen«, durch die die Wasser- oder Energieversorgung, die Gesundheits- bzw. Bildungseinrichtungen privatisiert wurden. Andererseits speist sich diese Bewegung aber auch aus der Suche nach Weisen der Produktion und des Lebens, des Miteinander-Verkehrens und Gemeinsam-Entscheidens, die sich von Erwerbsarbeit und Einkauf anonym hergestellter Produkte in Supermärkten, von Wohnen in Mietskasernen oder kleinen Reihenhäusern und von rein repräsentativer Demokratie unterscheiden. Es geht nicht um ein Zurück zu traditionellen Formen, nicht um die Zwangsjacke von geschlossenen Gruppen, sondern um den Aufbruch in Verhältnisse, die Freiheit, Gleichheit und Gemeinschaftlichkeit auf neue Weise verbinden. Formen gemeinwohlorientierter solidarischer Wirtschaft haben in den letzten Jahrzehnten deutlich an Bedeutung gewonnen (siehe u.a. Felber 2010; 2012; COPAC 2011; Satgar 2014). Die heutige Commons-Bewegung speist sich also aus einer doppelten Quelle – der existenziellen Krise der sozial Schwächeren, des Unten der Weltgesellschaft, und der Sinnkrise jener, die sich der Entleerung ihrer gesellschaftlichen Beziehungswelten durch die Vermarktlichung entziehen wollen, an einer Welt zweifeln, die nichts mehr zu erzählen hat über das Was, das Wie, das Wer und mit Wem, das Wo und das Warum (Brangsch 2015). Hier kann es nicht darum gehen, die Commons-Bewegung als solche zu betrachten (siehe u.a. im Überblick Dolšak/Ostrom

2003; Helfrich/Heinrich-Böll-Stiftung 2009; Habermann 2009; Poteete et al. 2010; Helfrich/Heinrich-Böll-Stiftung 2012; Bauwens/P2P Foundation 2014; Rifkin 2014b; Helfrich et al. 2015). Gegenstand ist sie im Weiteren nur, insofern sie Gegenstand und Teil der Rekonstruktion des Kommunistischen in der Gegenwart ist. Dazu sind eine historisch und eine terminologische Vorbemerkung notwendig. Zunächst zur Geschichte: Wie Peter Linebaugh deutlich macht, gab es neben der *Magna Charta Libertatum* in England des 13. Jahrhunderts zeitgleich eine *Magna Charta des Foresta*, die zusammen, so ein Autor aus dem 17. Jahrhundert, *Magnae Charta Libertatum Angliae – die Großen Chartas der Freiheiten Englands* – genannt wurden (siehe Linebaugh 2008, 38). Immer wieder wurden sie gemeinsam bestätigt. Die Freiheiten der Einzelnen und ihr Schutz vor der politischen Willkür der Herrschenden wurden zusammengebracht mit dem Schutz der Allmende, der gemeinschaftlich genutzten Ländereien, der Wälder, Seen und Flüsse. Es ging um Weidefläche und Brennholz, um Fisch, Honig und Kräuter. Der König brauchte nicht nur den Adel, sondern auch das Volk, um seine Kriege zu führen. Für die Witwen und Waisen musste gesorgt werden. Die beiden Chartas zusammen sollten also individuelle und gemeinschaftliche Rechte in ihrer Einheit sichern.

Es bedurfte der Hegemonie des bürgerlichen Denkens, um dieses doppelte Erbe auf die liberalen Menschenrechte zu verkürzen und die Erinnerung an die Allmenderechte, die Commons, aus dem historischen Gedächtnis zu tilgen. Seit dem 13. Jahrhundert hatten dagegen die Bauernbewegungen und -aufstände und im weitesten Sinne Volksbewegungen dieses Erbe sozialrevolutionär oder auch sozialreformerisch lebendig gehalten. Aktuell wird die Forderung erhoben, die Allgemeine Erklärung der Menschenrechte durch eine Erklärung der Gemeingüter der Menschheit zu ergänzen (Houtart 2012; siehe dazu auch Brie 2012).

> »… die Allmende-Rechte [common rights] unterscheiden sich von den Menschenrechten. Erstens sind die Allmende-Rechte in eine spezifische Umwelt mit ihren lokalen Wirtschaftsformen eingebettet. Zweitens ist die Nutzung der Allmende [das Commoning] in den Arbeitsprozess eingebettet; sie wohnt einer besonderen Praxis von Feld, Hochland, Wald, Marschland oder Küste inne. Drittens ist das Commoning kollektiv. Da das Commoning unabhängig vom Staat ist, ist es auch unabhängig von der Zeitlichkeit von Staat und Gesetz. Die Magna Charta stellt keine Liste von Rechten dar, sondern garantiert Dauerhaftigkeiten.« (Linebaugh 2008, 44f.)

Die Revolution der Sprache zwischen dem 17. und 19. Jahrhundert mit ihrem Höhepunkt zwischen 1770 und 1830 hat die Brücken zu einer Zeit, wo das gemeine Volk über die Allmende verfügte und diese lange Jahrhunderte gegen die Feudalherren und das aufstrebende Bürgertum verteidigte, abgerissen. Zentrale Kategorien vorkapitalistischer Epochen wurden nicht transformiert, sondern schlicht unterdrückt, verdrängt, vergessen gemacht. Noch 1875 hatte ein Historiker der britischen Genossenschaftsbewegung den Zusammenhang vom Kommunismus und den Commons vor Augen, als er schrieb: »Kommunismus, den man auch Commonismus schreiben könnte, zielt seiner Theorie nach auf die gemeinsame Wohlfahrt aller, die unter ihm vereinigt sind – ihrer Bildung, ihres Unterhalts, Erholung und des persönlichen Gewinns innerhalb jener Grenzen, die durch den allgemeinen Konsens gesetzt sind.« (Holyoake 1875, 47) Dies aber wurde mit der Entwicklung nach 1917 endgültig Geschichte. In der deutschen Sprache und aufgrund der scharf ausgeprägt obrigkeitsstaatlichen Tradition Deutschlands ist die Abwertung der »Gemeinen« noch viel stärker als in England, der Terminus Allmende ist aus dem aktiven Sprachgebrauch völlig verschwunden. Die Renaissance des Begriffs der Commons könnte nun darauf hinweisen, dass das bürgerliche Zeitalter an sein Ende kommt. *Rückgriffe* auf vorbürgerliche Begriffe, *Vorgriffe* auf nachbürgerliche Gesellschaften und *Eingriffe* zugunsten neuer Produktions- und Lebensweisen, Eigentumsformen und Entscheidungsweisen bedingen sich in den Commonsbewegungen der Gegenwart. Mit »commonistischer« Bewegung werde ich die gesamte Vielfalt jener Akteure und ihrer Praxen umschreiben, die die Prinzipien einer freien Gemeinschaftlichkeit bei der Herstellung, Verteilung und Nutzung von Gütern und der Verfügung darüber zu realisieren suchen. Der Bezug auf die Commons in der heutigen Kommunismusdiskussion resultiert auch aus der Abgrenzung vom Bolschewismus und Stalinismus. Um diese Differenz zu betonen, so Teivo Teivainen, und sich auf »nicht staatszentrierte Versuche von commonsbasierten demokratischen Alternativen« zu beziehen, solle im Wort *Communism* ein Buchstabe vertauscht und *Commonism* verwendet werden (Teivainen 2014, 28). Sieht man genauer hin, dann wird deutlich, dass das von Louis Blanc für die »Gesellschaft der Zukunft« formulierte kommunistische »Grundprinzip« »Jeder nach seinen Fähigkeiten, jedem nach seinen Bedürfnissen«[1] weit

[1] »De chacun selon ses facultés à chacun selon ses besoins.« (Blanc 1851, 92) Der Gedanke selbst ist in Morellys drei Grundgesetzen einer kommunistischen Gesellschaft zuerst entwickelt (Morelly 1964, 181f.).

verbreitet ist. Wie David Graeber bemerkt: »Obwohl es ziemlich sicher nie eine Gesellschaft gegeben hat, in der jeder die ganze Zeit auf dieser Basis gehandelt hat, so gibt es in jedem gesellschaftlichen System immer eine Form von Kommunismus, zumindest für bestimmte Grundbedürfnisse oder Menschen in Not.« (Graeber 2009, 114) Man könnte auch sagen, dass es dieses Prinzip ist, mit dem Menschen auf die Welt kommen – die erste Liebkosung, das Stillen nach der Geburt, das leise Schlaflied sind Gaben, die fast alle von uns ganz »leistungslos« erhielten. Die aktuellen Auseinandersetzungen im Bildungs- oder Gesundheitssystem, bei der Pflege oder der Grundsicherung sind immer auch ein Kampf für oder gegen die Ausweitung des kommunistischen Verteilungsprinzips in der gegenwärtigen Gesellschaft und damit für Commoning.

Es ist Terry Eagleton, der einen in der aktuellen kommunistischen wie commonistischen Diskussion fast vergessenen Gedanken in Erinnerung ruft, der einen Anschluss an den Postwachstumsdiskurs bildet: Der moderne Kommunismus war in den Gedanken von Fourier oder Owen, vor allem aber auch von Marx, eine Gesellschaft jenseits der Notdurft, eine Gesellschaft des Überflusses oder doch des größten Reichtums. Das genannte kommunistische Prinzip »Jeder nach seinen Fähigkeiten, jedem nach seinen Bedürfnissen« sollte in Assoziationen Anwendung finden, wo Menschen sich frei entwickeln und dadurch zur Entwicklung aller beitragen, wie es im »Kommunistischen Manifest« heißt. Marx spricht auch vom »Reich der Freiheit« jenseits des »Reiches der Notwendigkeit« (Marx 1973, 828). Er stellt die freie Zeit, den Reichtum menschlicher Bedürfnisse und zwischenmenschlicher Beziehungen in den Mittelpunkt oder zusammengefasst: »Entwicklung einer reichen Individualität«, »die im universellen Austausch erzeugte Universalität der Bedürfnisse, Fähigkeiten, Genüsse, Produktivkräfte etc. der Individuen« (Marx 1983, 244, 396). Es ist die Vision einer reichen Kulturgesellschaft, auf die Terry Eagleton als eigentlichen Kern einer kommunistischen Gesellschaft verweist,[2] die vielleicht als Überschuss auf der Basis eines sozialistisch organisierten Reichs der Notwendigkeit entstehen könne. Wir können natürlich nicht wissen, was Menschen unter den Bedingungen eines allgemeinen Überflusses vor allem eines Mehr an freier Zeit tun werden,

---

[2] Das Verständnis von Kommunismus als Kulturgesellschaft war auch in bestimmten marxistischen Schulen der Sowjetunion oder anderer staatssozialistischer Länder präsent und ist zu Unrecht mit deren Untergang verdrängt worden. Exemplarisch sei verwiesen auf Vadim M. Mežuev, Ferenc Tökei oder Lothar Kühne. Diese Vision hat die Gesellschaften, in denen sie ausführlich entwickelt wurde, transzendiert und bleibt von Bedeutung.

die nicht unter dem Verwertungszwang steht. Gegenwärtig erscheint dies vor allem als eine Bedrohung. Und John Maynard Keynes kritisierte die herrschenden Kreise schon vor 80 Jahren nicht zuletzt deshalb, weil sie keine attraktive Lebensweise in einer Gesellschaft des Überflusses vorzuleben vermochten (Keynes 2007, 142f.). Sie würden ihre Funktion als Avantgarde nicht erfüllen.

> »Es gibt also einen Sinn, in dem der wahre Verkünder des Kommunismus nicht der Proletarier, sondern der Patrizier ist, wie sich Oscar Wilde, ein Mann, der zwischen den Dinnerpartys zutiefst an den Kommunismus glaubte, ironischerweise bewusst war. Welch besseres Bild einer untätigen Zukunft gäbe es als das des Dandys und Aristokraten? [...] Aus diesem Grund ist Wilde sowohl ein überzeugter Sozialist wie auch ein unerschrockener Ästhet, da er im Kunstwerk das Paradigma der zutiefst kreativen Nutzlosigkeit des Kommunismus findet. Das Kunstwerk in seiner spielerischen, zweckfreien, unbegründeten, sich selbst genügenden, autotelischen, selbstbestimmten Art und Weise bietet uns einen Vorgeschmack darauf, wie Männer und Frauen unter transformierten politischen Bedingungen existieren könnten. Wo Kunst war, soll die Menschheit werden.« (Eagleton 2012, 135)[3]

(2) Antworten auf die Vielfachkrise der kapitalistischen Zivilisation und Konturen einer commonistischen Produktion, Aneignung und Verfügung

Die neue Bewegung des Kampfes um die Gemeingüter und dafür, Produktion, Austausch und Konsumtion auf der Basis freier Gemeinschaftlichkeit zu organisieren, entspringt der genannten Doppelkrise und ist damit vom Ansatz her eine solidarische Mitte-Unten-Bewegung (siehe dazu Brie 2007; Brie/Hildebrandt 2015). Katherine Gibson hat diese neueren Bewegungen als einen Prozess beschrieben, der von einer Politik der Sprache, die den Nachkapitalismus sichtbar macht, über eine Politik der Subjekte, durch die es möglich wird, etwas anderes zu begehren als Kapitalismus, hin zu einer Politik kollektiven Handelns führt, in der andere Welten real möglich werden (Gibson 2013).

---

[3] »*Das eigentliche Ziel ist der Versuch und Aufbau der Gesellschaft auf einer Grundlage, die Armut unmöglich macht.* [...] Andererseits ist *der Sozialismus lediglich darum von Wert, weil er zum Individualismus führt.* [...] Nach der Abschaffung des Privateigentums werden wir also den wahren, schönen, gesunden Individualismus haben. Niemand wird sein Leben damit vergeuden, dass er Sachen und Sachwerte anhäuft. Man wird leben. Leben – es gibt nichts Selteneres in der Welt. Die meisten Leute existieren, weiter nichts.« (Wilde 1982, 8, 9, 17)

Pierre-Félix Guattari und Antonio Negri hatten dies vor längerer Zeit in folgende Worte gefasst: »Keine Transformation ist vorstellbar, solange das ganze Feld der produktiven Arbeit nicht mit breiten Bewegungen kollektiver Experimente konfrontiert wird, die mit jenen Konzepten brechen, die sich auf die profitzentrierte kapitalistische Akkumulation beziehen.« (Guattari/Negri 1996, 253) Nur sei hinzugefügt: Das Feld der reproduktiven Arbeit auf der Basis einer »Care-Revolution« ist vielleicht sogar noch wichtiger als das der sogenannten produktiven Arbeit (siehe Madörin 2006; Zeitschrift LuXemburg 2012; Chorus 2013; Winker 2015). Zudem erhält die kommunistische Herausforderung vor dem Hintergrund der globalen ökologischen Krise einen neuen Gehalt. Die Commons-Bewegung reagiert eben auf die Vielfachkrise der kapitalistischen Zivilisation (Demirović et al. 2011). Und sie bezieht sich auch auf nichtmenschliche Wesen.

> »... unsere Reflexion löst die Menschen als die Einzigen ab, die sich um die Commons sorgen und führt uns dazu, die Rolle von nichtmenschlichen Kräften bei der Erzeugung und der Teilhabe an den Commons zu betrachten. Die ›selbstheilenden‹ Aktionen der natürlichen Umwelt ... sind sicherlich Teil der Herstellung von Commons. Und die symbiotischen Beziehungen zwischen menschlichen und nichtmenschlichen Wesen stellen zweifelsohne eine Teilhabe an den Commons dar. Eine post-humanistische Gemeinschaftswirtschaft erkennt die Natur und nichtmenschliche Wesen an als Kräfte, die aktiv an der Herstellung und an der Teilhabe an den Commons partizipieren...« (Roelvink/Gibson-Graham 2009).

Es ist ein Gründungsmythos der Zivilisationen im Westen des eurasischen Kontinents, dass Gott für den Menschen auf der Erde einen Garten anlegte, den Garten Eden, nach dem altiranischen Wort *pairidaeza* (wörtlich »umgeben von einer Mauer«) (Turner 2005, 17) auch als Paradies bezeichnet. Diesen Garten, so die Bibel, sollten die Menschen bebauen und behüten (Genesis 2,15). Es ist symptomatisch, dass dieser Mythos heute erneut aufgegriffen und die ganze Erde als Heimat erkannt wird. Grundmuster des Wirtschaftens und Sorgens werden mit Bezug auf Gärten als Modell entwickelt. Nicht mehr das Uhrwerk oder die Maschine, die Manufaktur oder die Fabrik, sondern die lebendige, aber zu behütende Natur wird zum Vorbild. In ihrer Schrift »Take Back the Economy. An Ethical Guide for Transforming Our Communities« entwickeln J.K. Gibson-Graham, Jenny Cameron und Stephen Healy Ansätze einer neuen Wirtschaftsordnung, ausgehend von diesem Vor-Bild der Gemeinschaftsgärten.

> »Stellt Euch den Planeten Erde vor, wie ihn die Kosmonauten sehen – eine wundervolle blauweiße Sphäre, schwebend im Firmament –, und bei näherer Betrachtung eine Oase von grünbraunen Landmassen und blauen Wasserflächen. Das ist unser lebenserhaltendes System, genährt durch unbegrenzte Sonnenenergie; ein System, in dem die In- und Outputs zirkulieren und ihre Form verändern, in dem die Energie ausgegeben und erhalten wird, ohne dass die Masse sich verändert. Es ist, wenn man so will, ein großer Garten, um den wir uns mühen, indem wir den Boden bestellen, die Nahrung, die Dächer über den Köpfen und alle Güter erzeugen und Leistungen erbringen, die wir brauchen. Das ist unser Gemeingut, dass wir und alle lebenden Organismen teilen und das wir erhalten und beschützen müssen.« (Gibson-Graham et al. 2013, xv)

Ausgehend von einem solchen Modell, versuchen Gibson-Graham, Cameron und Healy die Ansätze einer alternativen Ökonomie zu systematisieren. Sie stellen zwei nichtkapitalistische Hauptformen in den Mittelpunkt. Erstens seien es marktwirtschaftlich organisierte Ansätze, bei denen die Unternehmen anders als kapitalistische Konzerne nicht durch das Ziel des Profits geleitet sind, sondern in denen das »Engagement für soziale oder ökologische Wohlfahrt« (ebd., 12) im Mittelpunkt steht. Zweitens gäbe es jene, die nicht marktförmig organisiert sind. Sie würden jenen Teil des Eisberges wirtschaftlicher Aktivitäten bilden, die offiziell unsichtbar gemacht werden würden.

Vom Standpunkt einer Wirtschaft, die nach dem Modell gemeinschaftlich genutzter Gärten organisiert ist, so Stephen Healy, stellen sich ganz andere Fragen als die, die in den Lehrbüchern der Betriebswirtschaftslehre im Vordergrund stehen. In einer Wirtschaft, die die Gemeingüter ins Zentrum rückt, würde überlegt werden, wie und wieviel gearbeitet werden muss, um gut und weitgehend gleich zusammenzuleben; welche Produkte wir wie dabei austauschen oder auch einfach weggeben sollten; wie wir sorgsam mit den begrenzten Ressourcen des Planeten umgehen und die natürlichen und kulturellen Gemeingüter nicht erschöpfen, sondern vermehren; und dies immer auch mit Blick auf zukünftige Generationen (Healy 2015a, 350). John Holloway macht daraus den Imperativ *Vergemeinschaftet! (Communize!)*. Es käme darauf an, eine Welt zu schaffen, die uns gehöre (Holloway 2014, 220) Susan Buck-Morss verbindet ihrerseits das Commoning mit einer »commonistischen Ethik« der Sorge um alle, die mit uns in Raum und Zeit leben, so anders sie auch sind (Buck-Morss 2015, 77). Es ginge weniger um einen »Bruch« als um »eine Öffnung für Alternativen zum gegebenen Stand der Dinge«: »Die Idee bestünde also darin, Schmitts und Agambens Definition zu widersprechen, wonach souverän sei, wer über den Ausnahmezustand (state of emergency) entscheidet, sowie deren Zeitlichkeit und Handlungsfähigkeit auf den Kopf zu stellen. Und wir können dies tun, indem wir auf die Bedeutung zurückkommen, die im 16. Jahrhundert das englische Wort ›emergency‹ als der Bedingung der ›emergence‹ (der Entstehung) hatte.« (Ebd., 86) Solche Bewegungen bräuchten die Gewalt nicht, sondern müssten sie entschieden zurückweisen.

Es ist bemerkenswert und auch symptomatisch, dass in der von Badiou und Žižek inszenierten Kommunismusdiskussion die konkreten Fragen einer wirklichen Transformation der wirklichen Gesellschaft fast nur am Rande thematisiert werden. Dies ist in der Commonismusdiskussion anders. Dass Marxsche Diktum vom Bilderverbot bezogen auf eine nachkapitalistische Gesellschaft wirkt in Teilen der Linken fort, hatte er sich doch dagegen ausgesprochen, »Rezepte ... für die Garküche der Zukunft zu verschreiben« (Marx 1890, 25). Dahinter stand ein Politikverständnis, das das Fernziel (die sozialistische oder kommunistische Gesellschaft) vom Nahziel, vom Kampf im Hier und Jetzt trennte (siehe Marx 1880) und sich damit von den Auffassungen Pierre-Joseph Proudhons, dem einflussreichsten französischen Sozialisten dieser Zeit, deutlich unterschied. Dieser hatte sich für eine Reformbewegung ausgesprochen, durch die innerhalb der vorhandenen Gesellschaft Ansätze einer neuen Eigentums-, Wirtschafts- und Finanzordnung, auch unter Nutzung staatlicher Macht, entstehen sollten. Selbstverwaltete Betriebe, Dezentralisierung und Föderalisierung standen im Mittelpunkt. Dieser alte Gegensatz von Marxismus und Anarchismus (Proudhon) scheint bis heute fortzuwirken und drückt sich in der Abwertung des »Sozialismus« im Unterschied zum »Kommunismus« aus (siehe dazu im abschließenden Beitrag dieses Buches). Emmanuel Terray erinnert an die historische Diskussion unter der Losung »Von Lenin zu Proudhon« und fordert auf, sich den ganz konkreten Fragen konkreter Demokratisierung zuzuwenden:

Die von Michael Hardt und Toni Negri in ihren Werken »Empire«, »Multitude« und »Commonwealth« entwickelten Positionen unterscheiden sich von denen der dargestellten Ansätze dadurch, dass sie das Neue nicht so sehr in den Nischen oder in den von der unmittelbar kapitalistisch organisierten Produktion unterschiedenen Sphären finden, sondern in dieser selbst, in ihrem Kern. Die Entwicklung der Produktivkräfte, vorangetrieben durch die Kapitalverwertung, erzeuge die Möglichkeit der Negation der kapitalistischen Form nicht außerhalb der Produktion, sondern strikt immanent. Die kapitalistische Wirtschaft erscheint so als

Commoning in seiner verkehrten Gestalt, als Verwandlung von allgemeiner Arbeit in private Arbeit, von Erzeugung freier Beziehungen innerhalb der Verwertungszwänge, der Nutzung von Gemeingütern als Objekte der Kapitalakkumulation.

Auch für Slavoj Žižek ist es »dieser Bezug auf die ›Commons‹, der die Wiederbelebung des Kommunismusbegriffs rechtfertigt« (Žižek 2012b, 255). Der Kapitalismus könne sich nicht unendlich reproduzieren, da er die entscheidenden Commons und damit seine eigenen Grundlagen – die der äußeren Natur, die der inneren Natur des Menschen und die der Kultur – vernichtet. Die Einhegung und Zerstörung dieser Commons löse einen neuartigen Prozess umfassender Proletarisierung aus: »Was uns vereinigt, ist, dass wir im Gegensatz zum klassischen Bild der Proletarier, die ›nichts zu verlieren haben außer ihren Ketten‹, in Gefahr sind, *alles* zu verlieren: Die Bedrohung ist, dass wir zu einem abstrakten, leeren kartesischen Subjekt reduziert werden, das allen substanziellen Inhalts beraubt, dem aller symbolischer Inhalt genommen, dessen genetische Grundlage massiv manipuliert worden ist, und das in einer unbewohnbaren Umwelt vegetiert.« (Ebd., 256) Es eröffnen sich nach Žižek drei Möglichkeiten – (1) die Selbstvernichtung der Menschheit, (2) der Versuch, die Commons dadurch zu erhalten, dass scharfe Abgrenzungslinien zwischen denjenigen gezogen werden, denen Teilhabe gewährt wird, und den Ausgeschlossenen (Žižek sieht darin Varianten des »Nationalsozialismus«) und (3) durch einen »Kommunismus, der anstelle des egalitären Kollektivs eine solidarische organische Gemeinschaft bietet« (ebd., 257). Er schlussfolgert: »Alle wirklich emanzipatorische Politik entsteht durch den Kurzschluss zwischen der Universalität des ›öffentlichen Gebrauchs der Vernunft‹ und der Universalität des ›Anteils der Anteilslosen‹ – dies war bereits der Traum des jungen Marx: die Universalität der Philosophie mit der Universalität des Proletariats zusammenzubringen.« (Ebd., 258)

3. Der Kommunismus als Ereignis, Idee und Begehren

»Nur in freiwilligen Vereinigungen ist der Mensch schön.«
Oscar Wilde (1982, 15)

In der Natur wie in der menschlichen Gesellschaft gibt es Augenblicke, in denen sich alles verändert. Ein Berghang kann fast unverändert Jahrtausende überdauern. Die Adern, die das Wasser in seinen Tiefen brach, blieben unsichtbar, bis ein letzter, vielleicht sogar schwacher Regen den Erdrutsch auslöst und ein Dorf ganz unter sich begräbt. Am 17. Dezember verbrannte sich der tunesische Gemüsehändler Mohamed Bouazizi, verzweifelt wegen Polizeiwillkür und Demütigungen. Dies löste eine Welle aus, die zum »Arabischen Frühling« wurde, der selbst wieder teils in Bürgerkrieg, teils in neuen autoritären Systemen oder auch Ansätzen der Demokratisierung mündete. Komplexe Systeme, deren Gleichgewicht gestört wird, kommen an Kipppunkte, bei denen dann plötzlich viele einzelne Elemente sich anders verhalten, neu miteinander interagieren, wie unter dem Einfluss eines anderen Gesetzes zu stehen scheinen. Der Synergetiker Hermann Haken spricht davon, dass sich in solchen Momenten die Elemente »wie von einer unsichtbaren Hand getrieben [neu] anordnen« und verweist zugleich darauf, dass »aber die Einzelsysteme durch ihr Zusammenwirken diese unsichtbare Hand erst ... schaffen« (Haken 1995, 19).

Für Alain Badiou sind diese Momente in der Geschichte *Ereignisse*, in denen große Menschengruppen von einer Idee angerufen, von ihr erfasst werden. Badiou bezieht sich dabei auf die Französische Revolution zwischen 1792 und 1794, den Volksbefreiungskrieg in China von 1927 bis 1949, den Bolschewismus von 1902 bis 1917 und die Große Kulturrevolution in China zwischen 1965 und 1968 (Badiou 2010, 232). Auch der Mai 1968 in Frankreich gehört für ihn dazu. Es seien Ereignisse »politischer Wahrheit« als einer »konkreten, zeitspezifischen Sequenz, in der ein neues Denken und eine neue Praxis kollektiver Emanzipation entsteht, existiert und auch verschwindet« (ebd., 231).

Kommunismus ist für ihn eine »Idee« im strikten Sinne, eine Idee, die die Menschen anruft, sich zu engagieren für »eine egalitäre Gesellschaft, [...] die Mauern und Barrieren niederreißt«, und »Formen politischer Organisation, die nicht nach räumlichen Hierarchien modelliert sind« (ebd., 60), hervorbringt. Seit Babeufs Verschwörung der Gleichen habe die kommunistische Idee über zwei Jahrhunderte Menschen ergriffen. Entweder würden Menschen nur für sich selbst, nur bezogen auf ihre eigenen Interessen leben, oder aber für eine solche sie übersteigende Idee. In den genannten historischen Ereignissen sei die Idee oder Wahrheitsprozedur des Kommunismus zu einer Repräsentation der Geschichte geworden. In solchen Momenten kann ein Individuum erklären, »dass er oder sie über die Grenzen (der Selbstsucht, der Konkurrenz, der Endlichkeit), die vom Individualismus (oder der Tierhaftigkeit, es ist ein und dasselbe) gesetzt werden, hinausgehen kann« und »aktiver Teil eines neuen Subjekts wird« (Badiou 2012, 15).

Die bei Badiou zu findende Entgegensetzung von Individuum oder Tiermensch einerseits und »Subjektivierung« durch die Idee des Gemeinschaftlichen andererseits macht verständlich, warum für ihn Kommunismus die einzig mögliche politische Idee ist, die einen solchen Namen verdient. Alles andere seien nur falsche Ideen. Badiou stellt sich ganz bewusst in die Tradition von Platon und seiner Ideenlehre. Eine seiner bemerkenswertesten Schriften ist die Neuübersetzung/Neuerzählung von Platons *Staat,* eher eine Nachdichtung im Geiste der eigenen Philosophie. Für Platons Idealstaat findet er die Übersetzung »wahre Politik« oder eben »Kommunismus« (Badiou 2013b, 16). Teilhabe an der Wahrheitsprozedur verlange Interessenlosigkeit (ebd., 207). Ein »so von den Kräften eines Subjekts verklärtes Individuum« würde »sein bloßes animalisches Fortleben« nicht mehr für wesentlich halten. Der »Weg zur Ungerechtigkeit [...] wie zu jenem elenden Konkurrenzgeist« bliebe ihm versperrt (ebd., 208). Diese von der Idee ergriffenen Menschen, diese »von Eigeninteresse freien Leute« (ebd., 251), sollten sich dem Dienst an der Allgemeinheit widmen. Und die Idee wird bei Badiou zu einem »Anderen«, wird selbst zum eigentlich Subjekt, das zu werden die Individuen sich in dem Maße bemühen sollten, »wie das menschliche Tier dazu fähig ist« (ebd., 378).

Badiou reißt eine fast unüberschreitbare Kluft zwischen den Individuen als Tiermenschen und dem wahren Leben im Allgemeinen auf. Hier steht er tatsächlich ganz in der Tradition Platons, auch wenn er sich von dessen Kommunismus der wenigen Auserwählten, der Philosophen und Wächter, und ihrer Herrschaft über die vielen, gut geschützt durch eine Elite der Wächter, abzugrenzen sucht. Jede und jeder soll Philosoph, sprich: Kommunist, sein können. Diese Badiousche Kluft zwischen Tiermensch und Idee basiert auf einer Anthropologie, die den einzelnen Menschen in seiner Trennung von allem fasst, das das Ich überschreitet. Alles »Höhere« muss sich der Mensch einer solchen Anthropologie nach erst aneignen. Es existiere außerhalb von ihm. Das aber ist falsch. Niemand kommt ohne die Überschreitung des eigenen

Ichs zu sich selbst. Der Grundbaustein, die Elementarform menschlicher Existenz ist nicht der Vereinzelte, Robinson, und auch nicht das Verhältnis von Mutter und Kind oder der Partnerschaft. Es ist immer eine Triade. Ein dritter Akteur, der den normativen Rahmen bestimmt, ist immer präsent (zu dem Stand der aktuellen Forschung siehe Lindemann 2006; Krüger 2006a). Anders als Badiou meint, liegt in jedem mehr »als die existierende Tierheit« und die »Frage nach einem Wert des Individuums« stellt sich eben nicht »nur unter dem Gesichtspunkt des möglichen Auftretens der Kategorie ›Subjekt‹« (Badiou 2013a, 22). Menschliche Existenz ist zwingend immer zugleich ein Leben in einer Welt des Ich, des Du und des verallgemeinerten Wir, aber auch der Welt des Er und des Sie. Die Anderen sind immer auch ein Teil von Wir und sie sind zugleich ein Sie. Was Badiou zur kommunistischen Idee verklärt, ist ein stets präsentes Wir. Aber dies ist nur ein Teil dessen, was die menschliche Seinsweise ausmacht.

In gesellschaftlichen Umbruchsituationen, in Ereignissen wie jenen, auf die Alain Badiou verweist, tritt die Perspektive eines möglichen neuen Wir in den Vordergrund. Es wird die Neuverfassung der Gesellschaft imaginiert. Es werden Praktiken erprobt, die diese Verfassung verkörpern sollen. Es werden Schritte hin zu einer freien Gemeinschaftlichkeit getan. Aber wenn sie nicht zugleich mit Schritten hin zu einer Sicherung der Freiheit der Einzelnen verbunden sind, wenn im Gegenteil vorhandene Schutzmauern dieser Freiheit der Individuen, der Rede, der Versammlung, der öffentlichen Meinungsbildung und rechtsstaatlichen Kontrolle niedergerissen werden, dann muss zwingend diese freie Gemeinschaftlichkeit in absolute Herrschaft umschlagen. Wer nur den Mangel am »Wir«, am Gemeinschaftlichen, thematisiert und nicht auch den Mangel am »Ich«, an lebbarer Individualität, wer nur die Gleichheit anruft und nicht auch die Freiheit, bereitet neuer Knechtschaft den Boden. Die »Tiermenschen« wehren sich, wie die Aufstände und Protestbewegungen in der Sowjetunion seit 1920 und den staatssozialistischen Ländern immer wieder deutlich machten.

In seinem Bestreben, einen Kommunismus des 21. Jahrhunderts zu begründen, bemüht sich Badiou zu zeigen, dass die »Beziehung zwischen der kommunistischen Idee und dem Terror« (Badiou 2015, 12) in der bisherigen Geschichte aus historisch-konkreten Umständen entsprang und nicht aus der Idee selbst. Zukünftig käme es darauf an, zum »richtigen Umgang mit Widersprüchen im Volk« zu finden, »was zugleich die wahre Definition von Demokratie« (ebd., 18) sei. Dazu sei Zeit notwendig und es dürfe kein Wettbewerb mit dem Kapitalismus stattfinden.

> »Es ist also leicht zu sehen, dass alles von der Fähigkeit abhängt, der Formulierung und Lösung von Problemen die nötige Zeit zu geben, um terroristische Kurzschlüsse so weit wie möglich zu vermeiden. Die wesentliche Lehre aus den Revolutionen des vergangenen Jahrhunderts kann wie folgt ausgedrückt werden: Die politische Zeit der kommunistischen Idee darf niemals mit der etablierten Zeit der Herrschaft und ihren Dringlichkeiten konkurrieren. Mit dem Gegner zu konkurrieren, führt immer zum reinen Anschein von und nicht zur wirklichen Kraft. Denn die kommunistische Idee steht nicht im Wettbewerb mit dem Kapitalismus; sie befindet sich in einer absolut asymmetrischen Beziehung mit ihm. [...] Deshalb ist die Tatsache, dass Menschen in sozialistischen Fabriken langsam, und manchmal nicht sehr viel arbeiteten, so wie Menschen heute noch auf Kuba langsam und oft nicht sehr viel arbeiten, an sich keine so schreckliche Sache. Das war nur – das ist nur – in den Augen der Welt des Kapitals eine Form von Protest. [...] Nichts ist wichtiger für Kommunisten, als zu erklären, dass ihre Zeit nicht die Zeit des Kapitals ist.« (Ebd., 19)

Was er nicht sagt: Selbst wenn dieser Wettbewerb nicht von außen durch Rüstung und militärische Bedrohung bzw. durch den Bedarf an Gütern aufgezwungen ist, die nicht selbst und zu vertretbaren Kosten hergestellt werden können, wird das »Volk« danach fragen, wo es sich besser leben lässt – hier im »Kommunistischen« oder dort im »Kapitalistischen«.

Diese Frage misst sich nicht am Bruttosozialprodukt pro Kopf, aber an den sozialen, kulturellen, politischen Entwicklungsmöglichkeiten und an deren Verteilung in der Gesellschaft. Sie stellt sich für Gruppen, die über Fähigkeiten verfügen, die auf den globalen Arbeitsmärkten nachgefragt sind und gut entlohnt werden, anders als für einfache Arbeiterinnen und Arbeiter, wie die DDR in den 1950er Jahren erfuhr, als durch die offene Grenze nach Westberlin vor allem auch viele Hochschulabsolventen das Land verließen. Jede reale Gesellschaft steht in einem realen Wettbewerb mit anderen um die Attraktivität der Lebensmöglichkeiten. Mauern werden irgendwann niedergerissen. Ideen haben nur dann Zeit zu wirken, wenn sie unter den Bedingungen weitgehend offener Gesellschaften ihre Anziehungskraft zu entwickeln vermögen. Umso geringer diese Anziehungskraft, umso größer die Notwendigkeit, durch Repression die Gesellschaft zu stabilisieren.

Slavoj Žižek versucht nach eigenem Bekunden, den Übergang von der »kantianischen« Fassung der kommunistischen Idee durch Alain Badiou zu einem hegelschen-historischen Verständnis dieser Idee zu vollziehen, d.h. »als eine Idee, die den Prozess ihrer eigenen Aktualisierung umfasst: als Idee, die ›aus sich macht, was sie ist‹« (Žižek 2012a, 255). Ausgangspunkt ist die These, »dass die historische Wirklichkeit selbst keine positive Ordnung ist, sondern ein ›Nicht-Ganzes‹, ein unvollkommenes Gewebe«. Die Zukunft sei in der Gegenwart als »Lücke« eingeschrieben, sie sei folglich »ontologisch unvollkommen« (ebd.). Aber warum wohnt nur die Idee freier Gemeinschaftlichkeit der Gegenwart als Mangel inne, warum nur die explosive Potenz einer egalitären Rebellion und nicht auch das Streben nach höherer individueller Freiheit?

Als Engels nach einem Motto suchte, die Marxsche Vision einer kommunistischen Gesellschaft auszudrücken, da wählte er nicht jene Passagen, wo es um das gemeinschaftliche Eigentum ging oder um den Klassenkampf bzw. die Diktatur des Proletariats, sondern er bezog sich auf die Formulierung im »Kommunistischen Manifest« von der »Assoziation, worin die freie Entwicklung eines jeden die Bedingung für die freie Entwicklung aller ist« (Marx/Engels 1848, 482). Die allgemeine Formel des Kapitals, so Marx im »Kapital«, ist die Selbstverwertung von Geld (G) durch seine Verwandlung in Waren (W) und Rückverwandlung in ein Mehr an Geld (G'): G-W-G' (Marx 1890, 161-170). Die allgemeine Formel jener Gesellschaft, die Marx in Auswertung der kommunistischen und sozialistischen Positionen seiner Zeit anstrebte und in der zitierten Formel aus dem »Manifest« zusammenfasste, ist eine Entwicklung der Individuen (I), die durch ihr solidarisches Engagement (S) für andere sich selbst weiterentwickeln (I'): I-S-I'. Es wäre eine Gesellschaft, in der die Freiheit und Entwicklung der einen nicht die Unfreiheit und Stagnation der anderen zur Voraussetzung hat. Es ist dieser Kern des Marxschen Kommunismus, der in der von Badiou und Žižek vorangetriebenen Kommunismusdiskussion fehlt, von Antonio Negri und Pierre-Félix Guattari dagegen konsequent angemahnt wird.

> »... Kommunismus ist die Einrichtung eines gemeinschaftlichen Lebensstils, in dem die Individualität anerkannt und wahrhaft befreit ist, nicht einfach dem Kollektiv gegenübergestellt ist. Das ist die wichtigste Lehre: dass die Schaffung gesunder Gemeinschaften mit einzigartigen Persönlichkeiten beginnt und endet, dass das kollektive Potential nur realisiert wird, wenn das Singuläre frei ist... Man darf in dieser Frage keinen Fehler machen: Kommunismus ist kein blinder reduktionistischer Kollektivismus, der von Repression abhängt. Er ist der singuläre Ausdruck der kombinierten Produktivität der Individuen und Gruppen (›Kollektivitäten‹), die nicht aufeinander reduziert werden können. Wenn er nicht die kontinuierliche Wiederbestätigung von

> Singularität ist, dann ist er nichts – und so ist es nicht paradox, den Kommunismus als Prozess der Singularisierung zu definieren.« (Negri/Guattari 1990, 16f.)

Eine auf das Gemeinschaftliche reduzierte Vision des Kommunistischen, in der die Freiheit der Einzelnen schon in der Idee getilgt ist, droht, die Verkehrung von Emanzipation in neue Herrschaft zu begünstigen. Jenen, denen es gelingt, die Position des Wir zu usurpieren, treffen bei jenen, die institutionell wie psychologisch des Schutzes ihrer Individualität beraubt sind, auf keinen Widerstand, wie die Bolschewiki oder die Maoisten erfahren mussten. Die Inkorporation im Subjekt der Wahrheit, des »kommunistischen Wir«, wird dann zur Zerstörung des Ichs. Das Wir verliert seinen lebendigen Charakter freier Gemeinschaftlichkeit und wird zu einem Fetisch. Man könnte auch sagen: Ein Kommunismus, der das Wir zur Idee verselbständigt und das Ich dem Liberalismus überlässt, läuft Gefahr, zum Götzendienst zu werden. Ein Wir, das nicht (auch) zum Ich führt, vernichtet uns als »Mitseiende« (Buber 1995, 62). Wer die Person nicht anerkennt, kennt auch die Gemeinschaftlichkeit nicht wirklich an. Dies gilt natürlich auch umgekehrt.

Es ist Étienne Balibar, der m.E. einen deutlich näher an Marx orientierten Begriff des Kommunistischen entwickelt als Badiou und Žižek. Zunächst einmal relativiert er den Status der Idee des Kommunistischen. Während sie für Badiou die einzig mögliche wirkliche Idee ist, die eine gesellschaftliche Transformation leiten könne, ist der Kommunismus für Balibar eine Idee neben anderen – denen der Freiheit, der Gerechtigkeit, des Friedens (oder auch des Krieges als Wettstreits), der Demokratie oder selbst des Marktes als selbstregulierendes Tauschsystem zum Nutzen aller usw. (Balibar 2015, 27). Von all diesen Ideen würde sich Kommunismus dadurch unterscheiden, dass er »die Idee des Gemeinsam-Seins in ihrer reinsten Form« (ebd., 26) verkörpern würde. In der 3. Feuerbachthese von 1845 schreibt Marx: »Das Zusammenfallen des Ändern[s] der Umstände und der menschlichen Tätigkeit oder Selbstveränderung kann nur als *revolutionäre Praxis* gefasst und rationell verstanden werden.« (Marx 1845, 6) Balibar greift dies auf und kommt zu einem Verständnis von Kommunismus als eben solcher revolutionärer oder kommunistischer Praxis.

Ihre Gestaltung durch Menschen, die es begehren, in freier Gemeinschaftlichkeit zu leben und dafür die gesellschaftlichen Bedingungen zu schaffen, sich dazu befähigen (geistig, emotional, organisatorisch, politisch, ökonomisch, im Alltag), ist dann das, was als wirkliche kommunistische Bewegung verstanden werden kann, die den Kapitalismus aufhebt und damit zugleich uns selbst als Menschen, die der Kapitaldominanz unterworfen sind.[4]

4. Das Kommunistische als Organisationsform – der Neoleninismus

Mit der Krise des Neoliberalismus (erst in Lateinamerika, jetzt in den USA und Europa) brechen die überkommenen Frontstellungen Bewegung vs. Partei auf, auch aus praktischer Erfahrung heraus. Die einzelnen Commonsbewegungen bleiben nicht isoliert, gerade in Momenten der Krise nicht. Sie brauchen und stützen einander oder zerbrechen bzw. werden unterdrückt. Ihre Auseinandersetzung mit dem Staat nimmt teilweise stark organisierte Züge an; sie formieren sich zu nationalen oder plurinationalen Bewegungen, auch Parteien, bringen wie in Bolivien eigene Vertreter an die Regierung. Verfassungsprozesse werden initiiert. Die »sektorüberschreitenden Verbindungen und Strategien der Bildung von Netzwerken« werden von Aktivisten der Solidarwirtschaft als entscheidend angesehen, um »effektive Bewegungen für revolutionären Wandel« aufzubauen (Miller 2015, 365).

David Harvey macht auf eine doppelte Blockade aufmerksam, die der Entstehung einer globalen antikapitalistischen Bewegung im Wege steht: »... das Fehlen einer alternativen Vision verhindert die Formierung einer oppositionellen Bewegung, und das Fehlen einer solchen Bewegung macht die Artikulation einer Alternative unmöglich« (Harvey 2010, 14). Die aktuelle Kommunismusdiskussion ist auch ein Versuch, diese doppelte Blockade aufzubrechen. Sie adressiert deshalb die Frage der »Idee« wie der »Organisation« gleichermaßen. Wie Buck-Morss betont: »Ohne das Moment des Kommunismus/Universalismus sowohl in der Artikulation eines politischen Programms und in dessen Erbe durch die Nachgeborenen ist es die herrschende Strategie zur Ersetzung kultureller Partikularität gewesen, unter der kollektiven Politik hindurch zum Individuum zu gehen, wie es vom Neoliberalismus verstanden wird.« (Buck-Morss 2012, 93)

In der Commons-Bewegung gibt es Strömungen, die sich stark von linken Parteien und Gewerkschaften abgrenzen. Dies ist auch der Tat-

[4] »Ein Prozess der sozialen Revolution ist nicht nur notwendig, um die Welt zu verändern, sondern um uns selbst den ganzen alten bürgerlichen Dreck vom Hals zu schaffen, von dem wir tief durchdrungen sind.« (Frings 2013, 264).

sache geschuldet, dass die institutionellen Akteure lange Zeit fest in der Regulationsweise des fordistischen Kapitalismus verankert waren, teilweise auch zu treibenden Kräften des Neoliberalismus wurden. Die Furcht vor verselbständigten Organisationen, die zudem ihre proklamierten Ziele ins Gegenteil verkehren, ist mit Recht groß. Zugleich aber haben die Krisenproteste der letzten 20 Jahre in den Augen vieler Linker gezeigt, dass ohne »organisierte autonome Subjektivität« kapitalismuskritischer Kräfte, die »zur Selbsttransformation fähig sind« (Magri 2011, 423), keine grundlegenden Veränderungen möglich sind. Der Vielzahl von Bewegungen, Organisationen und konkreten Projekten entspricht keine Fähigkeit, einen Bruch mit der Kapitaldominanz herbeizuführen und die gesellschaftliche Entwicklungsweise grundlegend zu verändern. Einerseits gäbe es keinen Weg zurück zu den alten Parteien, so die Position, aber andererseits auch keinen Weg vorwärts ohne neue kollektive Identitäten. Saroj Giri formuliert das Problem so: »Der Kommunismus als reale Bewegung bedeutet daher nicht einfach eine immanente (das heißt den inneren Widersprüchen folgende und daher nichtumwälzende) Bewegung – er umfasst notwendigerweise eine revolutionäre Subjektivität und einen Bruch mit der politischen Sphäre der kapitalistischen Demokratie.« (Giri 2012, 64) Dabei wird die alte Frage einer »nicht-avantgardistischen Avantgarde« wieder aufgeworfen und auf das Beispiel der Basisgruppen befreiungstheologischer Strömungen verwiesen (siehe Nunes 2014; 2015). Außerdem werden die Konflikte zwischen Konsensprinzip und der Notwendigkeit, schnelle strategisch relevante Entscheidungen zu treffen, thematisiert (Milborn 2014).

Yahya M. Madra und Ceren Özselçuk verweisen in diesem Zusammenhang darauf, dass es kontraproduktiv wäre, einen »falschen Gegensatz zwischen dem kommunistischen Horizont von Parteipolitik und dem kommunistischen Horizont postkapitalistischer wirtschaftlicher Ansätze in verschiedensten Bereichen der Ökonomie« zu konstruieren (Madra/Özselçuk 2015, 360f.). Einen solchen falschen Gegensatz finden sie bei Jodi Dean. Diesem »falschen Gegensatz« läge die Annahme zugrunde, dass die kapitalistische Durchformung der Wirtschaft und Gesellschaft absolut sei. Dem stellen sie die These entgegen, dass die Akteure vielmehr gefordert seien, »strategisch in einem heterogenen Feld verschiedenartigster Wirtschaftsformen ... mit dem Ziel zu arbeiten, gemeinschaftsorientiert und solidarisch Gemeinwirtschaften« (ebd.) aufzubauen – hier und jetzt. So richtig dies ist, beantwortet es aber nicht die Frage, wie aus dem Vielen der Commonsbewegungen ein Ganzes struktureller Transformation über den Kapitalismus hinaus entstehen soll. Was ist, wenn systeminterne evolutionäre Prozesse sich zu Ereignissen verdichten, in denen es um ein Entweder-Oder geht, wo vieles davon abhängt, wer wie schnell mit welcher Handlungsmacht einzugreifen vermag und die institutionellen Strukturen und Machtverhältnisse grundlegend verändert. Die Kipppunkte am Rande des Gleichgewichts sind Situationen, in denen kleine, aber organisierte Kräfte oft das ganze Feld neu zu strukturieren vermögen, wie die Bolschewiki zum Entsetzen ihrer Gegner im Herbst und Winter 1917/18 zeigten oder auch die herrschenden Eliten in der Finanz- und Wirtschaftskrise von 2008 bewiesen.

Das Kommunistische kann sich nicht der Frage nach dem bewusst erzeugten »Wir« entziehen, denn es geht darum, »durch [...] freiwillige Tätigkeit die Bedingungen für freiwillige Tätigkeit zu universalisieren« (Hallward 2012, 147). Dazu braucht es auch eines *gemeinsamen* Wollens und Begehrens, dass die Melancholie und den Rückzug ins Private der vergangenen Jahrzehnte hinter sich lässt (Dean 2015a). Es geht um ein »Hier, wo wir sind« (Nancy 2012, 190), um ein »Wie wir sein wollen« und um ein »Dort, wo wir sein wollen«. Aber welches Wir ist damit gemeint? Jodi Dean verweist auf die Erfahrungen von *Occupy Wall Street*: »Kurz ausgedrückt, hat Occupy Arbeit geleistet, die Lenin mit einer revolutionären Partei verband: die Herstellung und der Erhalt von Oppositionskampf, der es einer größeren Zahl von Menschen erlaubt, an der Bewegung teilzunehmen.« (Dean 2012, 233f.) Dabei käme es darauf an, dass es auch Organisationen gäbe, die nicht nur besondere Ziele einer besonderen Gruppe an einem besonderen Ort und zu einem besonderen Zeitpunkt verfolgen, sondern auch solche, die das Gesamtinteresse selbst als Ziel haben, die Herstellung der übergreifenden kollektiven Handlungsfähigkeit als ihre eigentliche Aufgabe begreifen (ebd., 238) und dies über lange Zeit und möglichst überall. Dabei kann Dean sich auf Marx und Engels und natürlich auf Lenin beziehen. Jodi Dean geht davon aus, dass die Vielfalt der Bewegungen nicht ausreicht, das Ganze des Kapitalismus zu überwinden. Sie bedürften einer Einheit. Diese Einheit aber, so wird hier betont, bräuchte Spezialisten für das Allgemeine – geistig ergriffen von der kommunistischen Idee und entsprechend geschult, politisch als kommunistische Partei, persönlich als Menschen, die ihre Interessen dieser Partei unterordnen.

> »Die Kommunisten unterscheiden sich von den übrigen proletarischen Parteien nur dadurch, dass sie einerseits in den verschiedenen nationalen Kämpfen der Proletarier die gemeinsamen, von der Nationalität unabhängigen Interessen des gesamten Proletariats hervor-

heben und zur Geltung bringen, andrerseits dadurch, dass sie in den verschiedenen Entwicklungsstufen, welche der Kampf zwischen Proletariat und Bourgeoisie durchläuft, stets das Interesse der Gesamtbewegung vertreten.« (Marx/Engels 1848, 474)

Auch Slavoj Žižek kommt bei seiner Analyse der Protestbewegungen der letzten Jahre zu dem Schluss, dass diese schnell an ihre Grenzen stießen. In Griechenland beobachtete er für das Jahr 2011, dass die Bewegungen weder an einer neuen Partei noch an der Übernahme der Staatsmacht interessiert waren, sondern bloß Druck ausüben wollten: »Dies aber ist offensichtlich nicht genug, um eine Reorganisation des gesellschaftlichen Lebens durchzusetzen. Um dies zu realisieren, braucht man eine starke Organisation, die in der Lage ist, schnelle Entscheidungen zu fassen und sie mit aller notwendigen Härte durchzusetzen.« (Žižek 2011b) Dies scheint ihm nicht nur angesichts der angestrebten radikalen Veränderungen notwendig, sondern auch deshalb, weil wir uns auf ein Zeitalter der globalen Krisen und Knappheiten einzustellen hätten. Viel eher als eine Gesellschaft des Überflusses, sei eine Situation des Mangels zu erwarten. Dies verlange einen Kommunismus des Verzichts und der Beschränkung, der nicht ohne den Terror, einen konsequenten demokratischen Zentralismus, bei dem sich alle dem Gemeinwillen unterzuordnen hätten, und einer Art neuem Wohlfahrtsausschuss wie unter Robespierre zu denken wäre – ein Komitee, dem vertraut wird, das Richtige mit aller Macht umzusetzen.

»Was dann (in einer umfassenden Krise) gefordert wäre, ist:
eine strikt egalitäre Gerechtigkeit. Alle Menschen sollten denselben Preis für mögliche Notwendigkeiten des Verzichts zahlen…;
der Terror. Die unnachgiebige Bestrafung für all jene, welche diese auferlegten Schutzmaßnahmen missachten, einschließlich drakonischer Einschränkungen von deren liberalen ›Freiheiten‹…;
die Freiwilligkeit: Der einzige Weg, es mit der Bedrohung durch die ökologische Katastrophe aufzunehmen, ist das Mittel der große Gebiete betreffenden kollektiven Entscheidungsfindung…;
und schließlich wird das alles kombiniert mit dem Vertrauen in die Bevölkerung: der Werte, dass die große Mehrheit der Bevölkerung diese einschneidenden Maßnahmen unterstützt, sie als ihre eigenen annimmt und sich an ihrer Umsetzung beteiligt…
Früher einmal nannten wir das Kommunismus.« (Žižek 2012a, 273)

Der Schutz demokratischer Freiheiten einzelner Gruppen von »Andersdenkenden«, auf den Rosa Luxemburg so großen Wert gelegt hat, wird bei Slavoj Žižek zur Seite geschoben. Ihre Unterscheidung zwischen einerseits dem »herben Kern der sozialen Ungleichheit und Unfreiheit« und andererseits »der süßen Schale der formalen Gleichheit und Freiheit« (Luxemburg 1974b, 363) ist für ihn bedeutungslos. Wo Luxemburg schreibt, dass es die Aufgabe der Marxisten sei, »die Arbeiterklasse dazu anzustacheln, sich nicht mit der Schale zu begnügen, vielmehr die politische Macht zu erobern, um sie mit neuem sozialem Inhalt zu füllen« (ebd.), ist dies für Žižek eine »demokratische Illusion«. Die »Demokratie« und nicht der Kapitalismus sei der Hauptfeind, es sei »die Akzeptanz demokratischer Mechanismen als ultimativem Horizont jeder Veränderung, die die radikale Veränderung kapitalistischer Beziehungen verhindert« (Žižek 2015, 247). Eine Ausweitung der Demokratie auf die Wirtschaft sei unmöglich.

Wo Luxemburg »rücksichtsloseste revolutionärste Tatkraft und weitherzigste Menschlichkeit« als den »wahre(n) Odem des Sozialismus« bezeichnete (Luxemburg 1974a, 406) und sich energisch gegen den Terror als Mittel der sozialistischen Politik wendet (Luxemburg 1918, 445), ist für Žižek »eine als brutale Rache/Gerechtigkeit ausgeübte Gewalt« eine »göttliche Gewalt«: »… man sollte deshalb die doppelte Gleichung aufstellen: göttliche Gewalt = unmenschlicher Terror = Diktatur des Proletariats« (Žižek 2011a, 102). Die Möglichkeit, eine grundlegende Neuverfassung der Gesellschaft als demokratischen Verfassungsgebungsprozess zu gestalten, der Terror wie Bürgerkrieg vermeidet, kann in diesem Deutungshorizont nicht gedacht werden (vgl. dagegen mit Blick auf Bolivien García Linera 2012; Brand et al. 2012; siehe auch Lang 2012). Judith Butlers Position, dass es die Menschenrechte gäbe, »um die entsprechenden Aggressionen im Namen eines Gerechtigkeitsbegriffs zu kontrollieren«, dass sie Rechte darstellen, die »Individuen besitzen und die sie beschützen, egal wie ruchlos ihre mutmaßlichen Taten gewesen sein mögen«, findet bei Žižek keinen Widerhall.

Jodi Dean hatte in dem Artikel »Die Partei und kommunistische Solidarität« darauf hingewiesen, dass der Kapitalismus alle Akteure in Konkurrenz zueinander versetzt und die Verschärfung dieser Konkurrenz eines der wichtigsten Mittel war, den neoliberalen Finanzmarkt-Kapitalismus durchzusetzen. Die Linke, so Dean, »hat diese Politiken der Fragmentierung, Lokalisierung und Pluralisierung … nachgemacht und wiederholt« (Dean 2015b, 334). Deshalb bedürfe es einer kommunistischen Partei, denn nur diese könne die freiwillige Kooperation ausweiten. Die Partei sei notwendig, da das Volk durch den Kapitalismus gespalten sei (siehe ebd., 339). Eine Einheit müsse kommunistisch bewusst hergestellt werden.

> »Einer der Gründe für die neue Anziehungskraft der Idee des Kommunismus liegt darin, dass ›Kommunismus‹ das eine Wort ist, das keinen Kompromiss mit dem Kapital einschließt und eine machtvolle Alternative behauptet... Anstelle von Politiken, die vor allem in Begriffen des Widerstands, spielerischer und momentaner ästhetischer Störungen, der unmittelbaren Besonderheit lokaler Projekte und Kämpfe um Hegemonie im demokratischen Milieu gedacht werden, prägt uns der kommunistische Horizont die Notwendigkeit der Beseitigung des Kapitalismus und der Schaffung globaler Praktiken und Institutionen egalitärer Kooperation ein. Er lenkt uns weg von Lifestyle-Veränderungen, allgemeiner Integration und verlangt von uns augenblicklich, uns der Lage bewusst zu sein und eingestellt auf militante Opposition, strikte Organisation und koordinierte Strategien, um die Kontrolle des Volkes über die Produktionsmittel zu sichern.« (Ebd., 337f.)

Einer derart strikt an Lenins Partei neuen Typus orientierten Form von kommunistischer Organisation hatte Mimmo Porcaro vor einem Jahrzehnt das Konzept einer *verbindenden* Partei gegenübergestellt, bei dem »die Rolle einer Partei heute nicht mehr so sehr darin besteht, die Bewegungen in den staatlichen Institutionen zu *vertreten*, als vielmehr sich gemeinsam mit anderen am *Aufbau* und der *Verbindung* der Bewegungen zu beteiligen, um *dann* Wege zur Einflussnahme auf staatliche Entscheidungen zu finden« (Porcaro 2003, 40). Jahre später entwickelt er dies weiter und formuliert die Notwendigkeit einer *strategischen Partei*. Die Aufgabe politischer Führung trete in den Vordergrund. »Eine strategische Partei stellt keinen völligen Bruch mit der verbindenden Partei dar, sondern eine Aufhebung, dialektische Absorption und Überschreitung, da sie weiterhin auf einer Pluralität von Akteuren, Institutionen und Funktionen basiert, während sie die strategische Funktion hervorhebt (d.i. die Fähigkeit, die gesamte Front zu vereinigen, um Regierung und Staatsmacht zu konfrontieren)...« (Porcaro 2013, 5; zur aktuellen linken Parteiendiskussion siehe vor allem Daiber et al. 2010; Hildebrandt 2015b) Mit den Termini von Badiou beschreibt Bruno Bosteels diese Funktion einer kommunistischen flexiblen Organisation als »Treue zu Ereignissen inmitten unvorhersehbarer Umstände« (Bosteels 2014, 165).

> »Es ist eine Illusion zu glauben, dass sich eine europäisch schwache Linke gegen die europäische Memoranden-Politik national besser durchsetzen könne. Das gilt weder für das einzige Land in der EU, in der die Linkspartei hegemoniefähig ist, noch für die Linke in Ländern, in denen die Linksparteien bei Wahlen zwischen 10 und 15% der Wähler auf sich vereinen... So lange also die Linke nur dort hegemonie-

> fähig ist, wo die ›Kettenglieder‹ des Kapitalismus ökonomisch, sozial und politisch zu schwach sind, um das ganze Gerüst der EU infrage stellen zu können, wird sie nicht in der Lage sein ..., europäische Politik grundsätzlich zu verändern.« (Hildebrandt 2015a, 214)

In Spanien oder Griechenland war zu beobachten, wie aus den Bewegungen der Indignados oder jener, die sich gegen die Austeritätspolitik und neoliberale »Reformen« wenden, neue Parteien entstanden und alte umgebrochen wurden (exemplarisch Candeias/Völpel 2014; Antillano 2013; Zelik 2015). Wie Stephen Healy schreibt: »Das würde für mich bedeuten, dass die Versuche der Indignados, Kommunismus in eine sensible praktische Realität für die Menschen zu verwandeln, nicht notwendiger Weise die Intervention einer Partei braucht. Eher könnte es sein, dass eine fitte politische Partei durch die Bemühungen, den Kommunismus hier und jetzt durchzusetzen, befördert wird.« (Healy 2015b, 393) Man könnte auch von einer politisierten sozialen Transformation sprechen (Chakrabarti/Dhar 2015, 358). Eine offene Frage ist, inwieweit die Commons-Bewegungen ihrerseits wiederum auf sozial orientierte politische Parteien und linke Regierungsprojekte angewiesen sind, um sich verallgemeinern zu können. Die jüngsten lateinamerikanischen Erfahrungen zeichnen ein sehr ambivalentes Bild (Lang 2012; Gudynas 2012; Boris 2013; Zelik/Tauss 2013; Klein/Wahl 2015). Noch stehen überzeugende Erfahrungen aus, wie die »Aufgabe einer Transformationslinken« gelöst werden kann, »den Rahmen selbst zu verändern, also nicht nur Reformen innerhalb der gegebenen Verhältnisse und Institutionen durchzuführen, sondern die Anordnung der Verhältnisse selbst zu verändern und neue Institutionen zu schaffen« (Candeias/Völpel 2014, 213). John Holloways Position der Veränderung der Welt in völliger Distanz zum Staat (Holloway 2010) oder Badious Forderung, kommunistische Politik immer als staatsferne Politik zu betreiben (Badiou 2010, 256f.) stoßen auf wachsende Skepsis. Real gibt es immer neue Versuche, das Verhältnis zwischen transformatorischen Akteuren verschiedener Art neu zu gestalten.

> »Anstatt sich vom Staat zu distanzieren, wäre es die wirkliche Aufgabe, den Staat selbst dazu zu bringen, in einer nichtstaatlichen Weise zu arbeiten. Die Alternative ›entweder Kampf um die Staatsmacht (was uns dem Gegner, den wir bekämpfen, gleich macht) oder Rückzug auf eine Haltung des Widerstands aus einer Distanz vom Staat‹ ist eine falsche, weil ihre beiden Terme dieselbe Prämisse teilen: dass eine Staatsform, wie wir sie kennen, bleiben wird, so dass alles, was wir tun können, ist, den Staat zu übernehmen oder in Distanz zu ihm

zu bleiben. Hier sollte man schamlos die Lektion von Lenins Staat und Revolution wiederholen: Das Ziel revolutionärer Gewalt ist nicht, die Staatsmacht zu übernehmen, sondern diese zu transformieren, radikal ihre Funktionsweise, ihre Beziehung zur Basis und so weiter zu verändern.« (Žižek 2012b, 263)

Ein entscheidender Punkt in dieser Diskussion ist das Verhältnis zum Staat. Chantal Mouffe plädiert dafür, dem neoliberalen Konsens der Mitte-Rechts- und Mitte-Links-Parteien den agonistischen Konflikt durch eine »echte Linke« gegenüberzustellen. Dazu, so ihre Position, »müssen die bestehenden Institutionen umgestaltet und neue etabliert werden, um so die Voraussetzungen für eine agonistische Auseinandersetzung zu schaffen, die den Bürgern echte Alternativen anbietet« (Mouffe 2014, 79). Die Linke müsse um die »Kontrolle über die staatlichen Institutionen« (ebd., 78) kämpfen. Die Verherrlichung des Gemeinsamen und die Ablehnung des Öffentlichen spiegle seitenverkehrt den Neoliberalismus. Mario Candeias hat in die Diskussion den Begriff der Transformations-Linken eingeführt, einer Linken, der es gelingt, »Formen und Prozeduren« zu finden, »in Bündnissen mit Machtasymmetrien zwischen unterschiedlichen Organisationen umzugehen und sie zur wechselseitigen Stärkung der gemeinsamen Organisationsmacht einzusetzen« und ausgehend davon grundsätzliche Gesellschaftsveränderung anzustoßen (Brie et al. 2015a, 19f.; siehe ausführlich Zeitschrift LuXemburg 2011; Candeias/Völpel 2014).

Mit David Harvey könne man die Aufgaben jener, denen es um die Überwindung des Kapitalismus als Ganzem und der ihm zugrundeliegenden Logik geht, auch so definieren: (1) Genaues Studium, wie jede einzelne Bewegung in einem konkreten Zusammenhang alle anderen berührt, sich der Gesamtzusammenhang dadurch verändert, (2) Aufbau von Allianzen der verschiedenen Bewegungen bei solidarischer Bearbeitung der Widersprüche zwischen ihnen und (3) Befähigung zur strategischen Intervention, um einen »anderen Entwicklungspfad« einzuschlagen (Harvey 2010, 17f.). Dies aber sei unmöglich, wenn es keine gemeinsam vereinbarten Ziele gibt:

»Einige wenige leitende Normen können festgelegt werden. Diese könnten ... den Respekt für die Natur, radikalen Egalitarismus in den gesellschaftlichen Verhältnissen, institutionelle Arrangements auf der Basis von bestimmten gemeinsamen Interessen und Gemeineigentum, demokratische Verwaltungsprozeduren ..., Arbeitsprozesse, die durch die unmittelbaren Produzenten selbst organisiert werden, das Alltagsleben als freie Erkundung neuer Arten sozialer Verhältnisse und Arrangements des Lebens, mentale Konzeptionen, die sich auf die Selbstrealisierung im Dienste anderer fokussieren, und technologische und organisatorische Innovationen, die auf die Erzielung von Gemeingütern ausgerichtet sind... Das könnten die ko-revolutionären Punkte sein, um die soziales Handeln konvergieren und rotieren könnte. Das ist natürlich utopisch. Aber was soll's! Wir können es uns nicht leisten, nicht utopisch zu sein. [...] Während der traditionelle Kommunismus so gut wie tot und begraben ist, gibt es nach dieser Definition Millionen von de-facto-Kommunistinnen und -Kommunisten unter uns.« (Ebd., 18f., 31)

Die neue Diskussion zu den Subjekt- und Organisationsformen des Kommunistischen stellt in gewisser Hinsicht auch eine Rückkehr zu den Fragen dar, die schon der frühe Sozialismus und Kommunismus nach der Großen Französischen Revolution aufgeworfen hatte: Wie und wo entstehen Einsichten in die Notwendigkeit der Überwindung des Kapitalismus und welche Bedeutung haben sie? Wie verbinden sich Vielfalt und Handlungsfähigkeit? In welchem Verhältnis stehen Bewegungen und Initiativen, die sich für konkrete Projekte einsetzen, zu denen, die die Grundstrukturen der Gesellschaft selbst verändern wollen, und umgekehrt? Welches Verhältnis zum Staat sollte entwickelt werden, um eine Politik über den Kapitalismus hinaus zu realisieren? Im abschließenden Abschnitt wird darauf noch einmal eingegangen.

Lutz Brangsch

Neue kommunistische Praxen? Zapatisten und PKK

Neue Suchbewegungen

Im »Kurdistan Report« wurde im Herbst 2015 ein Artikel abgedruckt, in dem die von Tiqqun und anderen elitär-intellektuellen Gruppen entwickelten Positionen in direkte Beziehung zu den Entwicklungen in den kurdischen Gebieten auf der einen und dem »Islamischen Staat« auf der anderen Seite gesetzt werden (Die demokratische Moderne aufbauen – der kommende Aufstand und die Revolution im Westen 2015).[1] Es wird ein direkter Bezug zwischen Selbstverwaltung von besetzten Flughafengeländen und anderen Widerstandsaktionen im »Westen« zu den Projekten in den kurdischen Gebieten hergestellt. Es sei dahingestellt, inwieweit diese Gleichsetzung tragfähig ist, in jedem Fall aber verweist der Beitrag auf die anhaltende Attraktivität der Gedanken der Selbstverwaltung, Selbstbestimmung und des damit verbundenen, unter anderem auf Proudhon zurückgehenden, föderativen Prinzips (vgl. Proudhon 1989, 69ff.) und der Tradition der kommunistischen Gemeinden früherer Jahrhunderte.

Rückkehr zu neu-alten Wurzeln

Marx bemerkte, dass kommunistischen Revolutionen sich beständig selbst kritisieren, sich fortwährend in ihrem eigenen Lauf unterbrechen, auf das scheinbar Vollbrachte zurückkommen, um wieder von Neuem anzufangen, sowie Schwächen, Erbärmlichkeiten, Halbheiten ihrer ersten Versuche grausam und gründlich verhöhnen (vgl. Marx 1982, 118). Dies trifft in noch viel stärkerem Maße auf kommunistische Vorstellungen und Praxen selbst zu. Die Vorstellung von Marx, Lenin, Luxemburg, Bakunin oder Kropotkin, dass die Völker gemeinsam, solidarisch und in gegenseitiger Achtung den Weg zum Kommunismus beschreiten würden,

[1] Online verfügbar unter: www.kurdistan-report.de/index.php/archiv/2015/180/333-sich-vom-staat-zurueckziehen-um-sich-die-eigene-kraft-der-problemloesung-und-perspektivfindung-anzueignen.

hat sich nur in begrenztem Maße realisiert. Das Kommunistische kann sich noch nicht wieder auf eine Massenbewegung beziehen. In gewisser Weise ist es damit auf den Stand des frühen 19. Jahrhunderts zurückgeworfen – allerdings auf einer ganz anderen Grundlage. Wenn z.B. in Kurdistan oder in Chiapas regionale Projekte verfolgt werden, die kommunistischen Vorstellungen folgen, so findet dies nicht in der Phase der Entstehung der kapitalistischen Produktionsweise und der Formierung eines entsprechenden bürgerlichen politischen Systems statt, sondern im Zeitalter der Globalisierung dieser Ordnung, dem Wandel der sozialen Strukturen und der Akteure, die Interesse an einer emanzipatorisch geprägten Veränderung der Gesellschaft haben könnten und der negativen Erfahrungen der kommunistischen Bewegungen des 20. Jahrhunderts. Angesichts des Zerfalls kommunistischer Massenbewegungen ist das Kommunistische heute vorerst wieder nur in der Form des Experimentes, des Beispiels oder des Auslösers weitergehender Bewegungen in Form der kommunistischen Gemeinden möglich.

Die Auseinandersetzungen innerhalb der von europäischen Erfahrungen geprägten kommunistischen Strömung und dabei wiederum die zwischen Anarchisten und Kommunisten verlieren vor diesem neuen historischen Hintergrund ihre vorwiegend politische Gegensätzlichkeit; es werden ihre gemeinsamen Wurzeln sichtbar. Die Praxis in den kurdischen Gebieten oder in Chiapas zeigt jedenfalls, dass in diesem Kontext auch adäquate praktische Lösungen möglich sind. Ähnlich wie in den Diskussionen über alternative Entwicklungswege in Afrika oder Lateinamerika im 20. Jahrhundert spielen Rückbezüge auf kommunistische Tendenzen in der eigenen Geschichte eine große Rolle.[2] Eng damit verbunden ist die »nationale Frage«, die zu Beginn des 20. Jahrhunderts heftige Debatten in der kommunistischen Bewegung auslöste. Die Positionierung der revolutionären Arbeiterbewegung zu der Zukunft Polens, Russlands und Österreich-Ungarns und ihres Verhältnisses zu den naturgemäß unscharfen Forderungen nach nationaler Selbstbestimmung hatte große Bedeutung für die Beantwortung der Frage, wie und mit welchen Bünd-

[2] »Vor der Einführung von Gentechnik und Landraub hatten wir unsere eigenen Technologien zur Ernährungssicherung. Wir hatten unsere eigenen Ressourcen. Statt uns das wegzunehmen, was wir haben, und nicht nachhaltige Methoden der Landwirtschaft einzuführen, sollten wir indigene Strategien fördern. Alternative Wege der Existenzsicherung sollten sich auf unsere natürlichen Ressourcen stützen und lokale Mechanismen nutzen. Auf diese Weise würden wir die Qualität und Quantität unserer Lebensmittelproduktion vervielfältigen.« (Nyirahabineza 2013, 35)

nispartnerInnen sie ihr politisches Gewicht erhöhen könnte. Mit dem Sieg der Bolschewiki in Russland erlangte dies auch unmittelbare staatsstrukturierende Bedeutung (siehe Baier 2011).

Bestimmt werden die heutigen Diskussionen an erster Stelle durch die Notwendigkeit der Selbsthilfe und Selbstverteidigung, die untrennbar mit Selbstorganisation verbunden sind, sowie durch die Reflexion des eigenen Herkommens, des Verhaltens von Individuen, Familien und sozialen Gruppen, der Traditionen und historischen Wurzeln (vgl. z.B. Öcalan 2003, 34ff.). Der Zugang zum Kommunistischen speist sich so teils aus ähnlichen, teils aus ganz anderen Quellen, als dies in der europäischen Bewegung des 19. Jahrhunderts der Fall war. Die bürgerliche Gesellschaft, die kapitalistische maschinelle Großproduktion und die entsprechenden sozialen Strukturen einschließlich der neuen Klassenverhältnisse erscheinen als Einbruch, Okkupation von außen, an der die linken Bewegungen der »Metropolen« beteiligt waren und sind – und sei es durch Unfähigkeit zu Widerstand und zur Durchsetzung von Alternativen.

Der demokratische Konföderalismus – Rätesystem im 21. Jahrhundert

Für die Situation in Kurdistan im Besonderen und im Nahen/Mittleren Osten im Allgemeinen analysiert Abdullah Öcalan diese von Europa und den USA unterschiedenen Bedingungen, wobei er bis in die Jungsteinzeit zurückgeht. Er kommt aber durchaus zu ähnlichen Ergebnissen, wie sie seit dem 19. Jahrhundert von anderen AutorInnen erarbeitet wurden, die in kommunistischer bzw. anarchistischer Tradition standen. Ähnlich wie Sultan-Galiev Anfang der 1920er Jahre wichtet Öcalan dabei die Klassenfrage und die nach dem Wirtschaftssystem nicht sehr hoch (vgl. Öcalan 2010, 242, 298). Bezugspunkt ist vielmehr eine »natürliche Gesellschaft«, die immer im Widerstreit mit der hierarchischen Gesellschaft bestanden hätte. Es geht ihm um ein »moralisches System, in dem eine nachhaltige dialektische Beziehung mit der Natur besteht und das in seinem Inneren nicht auf Herrschaft beruht, sondern in dem das Gemeinwohl durch direkte Demokratie bestimmt wird« (ebd., 91). Dabei sind ausdrücklich die Geschlechterverhältnisse und das Verhältnis der Menschen zur Natur organisch einbezogen. Das »kommunale System« sei die »Existenzweise der Gesellschaft überhaupt« (ebd., 91). Daher betont er auch die Rolle des kommunalen Bewusstseins, also des Bewusstseins, Teil eines gesellschaftlichen Organismus zu sein, gegenüber dem Individuellen und dem Hierarchischen. Er fordert, in der Übergangszeit – in den Worten Öcalans »ergebnisoffenes Chaosintervall« (ebd., 138) – den Staat neu zu definieren (siehe 2015, 98ff.). In dem von ihm skizzierten System zukünftiger Gesellschaft finden sich viele Ideen aus der Tradition der Rätebewegungen (Öcalan 2010, 183). Der Prozess der Auflösung der traditionellen Staatlichkeit (ähnlich dem Staat der Übergangsperiode in der Marx/Engelsschen und Leninschen Konzeptbildung) wird von Öcalan als »demokratischer Konföderalismus« bezeichnet. Die Entwicklung dieser Idee und ihre zentrale Stellung sind zwangsläufig eng mit der nationalen Frage in den von KurdInnen bewohnten Gebieten in der Türkei, in Syrien und im Irak sowie Iran verbunden. Die Unterdrückungs- und Assimilationstendenzen bis hin zu militärischen Angriffen auf KurdInnen sind eine der Folgen der von den europäischen Großmächten geschaffenen Staatlichkeiten in der Region. Öcalans Schlussfolgerung ist zwangsläufig, dass dem Mittleren Osten Demokratie nicht durch das kapitalistische System und seine imperialen Mächte aufgezwungen werden kann. Die einzige Methode, die angesichts verschiedener ethnischer Gruppen, Religionen und Klassenunterschiede Erfolg verspricht, sei die Verbreitung von Basisdemokratie, die nur im demokratischen Konföderalismus (als »nichtstaatlichem Paradigma«), nicht im Staat, einen Raum finden kann (vgl. Öcalan 2012, 34f.).

Tatsächlich findet sich vieles davon in der Praxis der kurdischen Autonomiegebiete – die starke Stellung der Frauen, der hohe Stellenwert der Selbstverwaltung, die öffentliche Form der Sicherheitspolitik (Milizcharakter) und die Förderung sozialer Infrastruktur etwa. Wahrscheinlich ist vor allem die starke Rolle der Frauen[3] in den Prozessen der Selbstorganisation der kurdischen Gesellschaft ein herausragendes und in dieser Intensität bisher einmaliges Charakteristikum bei der Gestaltung eines Übergangsprozesses, in dem kommunistische Elemente verwirklicht werden sollen. Und dies unter den Bedingungen eines realen militärischen Mehrfrontenkrieges globalen Charakters, kultureller Unterdrückung und Widersprüchen zwischen den verschiedenen kurdischen Bewegungen! Öcalan ringt in seinen Schriften sichtbar mit der Rolle der Gewalt in der Geschichte – die Konsequenzen dessen, dass kommunistische Ansätze (auch) hier in gewalttätigen Zeiten und als Widerstandsaktionen realisiert werden, werden sich erst erweisen. »Wie sich

[3] Zur Darstellung der von Frauen organisierten Strukturen, ihren Zielen und ihrer Entwicklung vgl. Flach et al. (2015, 111) und Kaya (2015).

das Modell der Demokratischen Autonomie in der Region weiterentwickeln wird, ob sich die Rätebewegung auf allen Ebenen halten und weiter etablieren kann, das wird die Zukunft zeigen. Wie bei der eingangs erwähnten Pariser Kommune scheinen die Hegemonialmächte alles daran zu setzen, dieses Projekt zu destabilisieren und legen dabei ihre eigenen Differenzen zur Seite. Die Frage, ob sich das Projekt Rojava halten kann, ist eine Frage der internationalen Solidarität und des Begreifens, dass das Projekt des Demokratischen Konföderalismus ein Menschheitsprojekt darstellt« (Flach et al. 2015, 110).

Das Neue ertasten und fragend voranschreiten

In einer ähnlichen Situation befanden und befinden sich die ZapatistInnen,[4] wobei hier neben der nationalen Unterdrückung auch der Abzug von natürlichen Ressourcen und Umweltverheerungen, die in krassem Missverhältnis zu den in die Region zurückfließenden Mitteln stehen, aktivierend wirken. In starke mythische Bilder eingekleidet erschienen die ZapatistInnen und ihr Kampf, ihre Verbindung zu kommunistischen Ansprüchen, nicht nur als soziale, sondern vordergründig als kulturelle Herausforderung der gegenwärtigen Gesellschaften. In diesen Auffassungen figurieren Demokratie, Freiheit und Gerechtigkeit (einschließlich Geschlechtergerechtigkeit) als gleichberechtigte, organisch miteinander verwobene Ziele. Keines sei dem Anderen über- oder untergeordnet. Es geht um die Achtung der indianischen Gemeinschaften und ihrer Regierungsformen, ihrer Art der Rechtsprechung, ihrer Kultur sowie um den Kampf gegen die Diskriminierungen und die schlechten materiellen Lebensbedingungen (De Huerta 2001, 18). Diese Achtung schließt aber ihre Veränderung ein. Dies betrifft vor allem auch die Geschlechterverhältnisse. Bei De Huerta heißt es, dass der erste zapatistische Aufstand nicht am 1. Januar 1994, sondern im März 1993 stattfand, als eine Frau (Compañera Susana) vor dem Revolutionskomitee die Forderung der Frauen nach völliger Gleichberechtigung verlas und damit von den männlichen Mitstreitern die Loslösung von den Traditionen und Gewohnheiten forderte, mit denen sie in ihren Dorfgemeinschaften aufgewachsen waren (ebd., 27). Ähnlich wirkte das Auftreten einer Frau als Vertretung der Zapatistas zum Abschluss des Marsches nach Mexiko-Stadt 2001 im mexikanischen Parlament – es war erwartet worden, dass Marcos selbst

[4] Siehe auch der Beitrag von F. Habermann in diesem Band (S. 149-162).

die Rede halten würde (Munoz Ramirez 2004, 178). Mit solchen Aktionen soll und wird die in der herrschenden Geschichtsauffassung einseitige Vermittlung der Indigenen als rückständige, zu missionierende Masse infrage gestellt – gegenüber der Welt, aber auch gegenüber den Indigenen selbst. Gewohnheiten, gerade in den Geschlechterverhältnissen, werden infrage gestellt und ein anderer Blick auf die eigene Geschichte provoziert. Die Erzählungen von Marcos und die in ihnen wiedergegebenen Argumentationsweisen der Zapatistas zeigen, wie diese Befragung der Gewohnheiten aus Alltagssituationen heraus es möglich macht, dass kommunistische Elemente eigener Praxen freigelegt und damit in eine Auseinandersetzung mit anderen, antiemanzipatorischen Gewohnheiten treten. Dieser Prozess des Lernens oder Wiederaneignens unterdrückter Verhaltensweisen ist hier auf lange Sicht angelegt, ganz in Übereinstimmung mit den gegebenen Bedingungen.

> Im Jahr 2015, anlässlich der Eröffnung einer Gesundheitsstation, heißt es in einer entsprechenden Erklärung: »Und dann fehlt noch immer, so wie wir hier das wünschen, die Errichtung von etwas Neuem und viel Besserem: ein anderes System errichten, eines ohne Gebieter, ohne Herren, ohne Befehlende, ohne Ungerechtigkeit, ohne Ausbeutung, ohne Geringschätzung, ohne Unterdrückung, ohne Beraubung. Eines ohne Gewalt gegen Frauen, gegen Kinder, gegen das Andere. Eines, wo die Arbeit gerecht bezahlt wird. Eines, wo nicht die Dummheit regiert. Eines, wo Hunger und gewaltsamer Tod nichts als böse Erinnerungen sind. Eines, wo niemand oben ist um den Preis, dass andere unten sind. Ein vernünftiges. Ein viel besseres.« (Moisés, Subcomandante Insurgente/Galeano, Subcomandante Insurgente 2015)

Die Gute Regierung als Programm des Übergangs

Damit wird das Problem des Übergangs thematisiert: »Es geht darum, das Vorzimmer der ganzen Welt aufzubauen, einen Raum, in dem die verschiedenen politischen Kräfte mit gleichen Rechten und Pflichten um die Unterstützung der Mehrheit der Gesellschaft ›kämpfen‹... Wir schlagen keine orthodoxe Revolution vor, sondern etwas viel Schwierigeres: eine Revolution, die eine Revolution ermöglicht...« (Marcos 2005, 239) Das Bewusstmachen der eigenen Geschichte ist durchgängiges Motiv und ein Ansatz für die Entwicklung autonomer Selbstverwaltungen auf Rätebasis – der »Guten Regierung« (zum Konzept siehe Marcos 2003). Marcos beschreibt sie als eine Struktur der Selbstorganisation, die in respektvoller Kooperation mit dem offiziellen Staatsapparat und anderen Organisationen (so diese dazu bereit sind) konkrete Probleme entsprechend den traditionellen und neu entstehenden Werten und Erfahrungen der indigenen Mehrheit löst (Marcos 2005, 298ff.).

Die Gute Regierung setzt an die kollektivistischen Momente der indianischen Traditionen an: »Die Indianer hier im Urwald sind wie die in den Städten: sie kennen keine Grenzen... Der einzige Vorteil ist, dass sie dem Kollektiv die gesellschaftliche Kontrolle überlassen und es respektieren... Das heißt, dass es das Kollektiv der Gemeinschaft ist, das dich in die Pflicht nimmt und Druck auf dich ausübt oder dich bestraft, wenn du deine Pflicht nicht erfüllst.« (De Huerta 2001, 34) Das strikt egalitäre Gesellschaftsverständnis wird etwa so beschrieben: »Unsere Arbeit als Rat der Guten Regierung besteht darin, dafür zu sorgen, dass in den zapatistischen Gebieten alle Meinungen und Lebensweisen respektiert werden, ohne Ansehen, ob jemand Zapatist ist oder nicht, und auch wenn er Antizapatist ist. Denn wir wollen niemanden zwingen, Zapatist zu werden, sondern jeder soll so sein, wie er sein möchte, wobei er in seiner Meinung und Lebensweise geachtet werden und die anderen achten soll.« (Marcos 2005, 312) Damit ist in der zapatistischen Debatte ein Widerspruch jeglicher kommunistischer Projekte neu gesetzt: auf der einen Seite die Einheit von Rechten und Pflichten gegenüber der Gemeinschaft, auf der anderen Seite die Selbstbestimmung und Autonomie. Die Vermittlung dieses Widerspruchs kann nur im Lernen liegen. Als einen der wichtigsten Fortschritte bezeichnete Marcos 2004 neben der Verbesserung der Lebensbedingungen, »dass wir lernen, eine gute Regierung aufzubauen«. Er hebt dabei die Durchsetzung des Rotationsprinzips hervor. »Jeder Bezirksvertreter bringt alles, was er im Rat gelernt hat, wieder in seinen Bezirk zurück, einige von uns haben gelernt, wie man schriftliche Abkommen aufsetzt, Projekte erarbeitet, Computer, Internet, Fotokopierer, Telefone und andere Geräte benutzt.« (Ebd., 320) Das steht letztlich auch hinter dem Begriff des »Regierens durch Gehorchen«, einem Grundsatz, der in seiner Kompliziertheit und Andersartigkeit mit traditionellen Ansprüchen auch linker Politik kollidiert und mehr oder weniger gezielt missverstanden wird.[5]

---

[5] So stellt Marta Harnecker kategorisch fest: »Das Herrschen durch Gehorchen, wovon Evo Morales oft spricht und das von den Zapatistas kommt, wird selten erreicht. In Wirklichkeit werden Anweisungen gegeben, damit gehorcht wird. Herrschen basiert nicht darauf, dem Volk zu gehorchen.« (Harnecker 2013, Punkt 245).

In seinem »Abschied« beschreibt Marcos 2014 die entscheidenden Veränderungen im Laufe der Entwicklung dieser Bewegung:

»Der Klasse: von der gebildeten Mittelklasse zum indigenen Bauern. Der Rasse: von der Mestizen-Führungsschicht zur rein indigenen Leitung. Und das wichtigste: die Ablöse der Ideen: von der revolutionären Avantgarde zum gehorchend befehlen; von der Machtübernahme von Oben zur Schaffung der Macht von Unten; von der Politik als Beruf zur Politik des Alltags; von den Führern zum Volk; von der Marginalisierung der Frauen zur direkten Teilnahme der Frauen; vom Spott über das Anders-Sein zum Feiern der Diversität.« »Ich persönlich verstehe ja nicht, warum Menschen, die ja denken können und behaupten, dass die Geschichte vom Volk geschrieben wird, so sehr davor erschrecken, dass es eine Regierung des Volkes gibt, wo die ›Spezialisten‹ im Regieren nicht aufscheinen. Warum verursacht es Entsetzen, dass das Volk befiehlt, dass es seine eigenen Schritte lenkt? Warum schütteln sie voller Missfallen den Kopf vor dem gehorchend befehlen? Der Kult des Individualismus drückt sich am deutlichsten im Kult der Avantgarde aus. Und genau das war es, dass die Indigenen befehlen und dass jetzt ein Indigener der Sprecher und der Chef ist, was sie vor Schrecken erstarren lässt, was sie entfernt und schlussendlich gehen sie, um weiterhin jemand zu suchen, der eine Avantgarde, einen Caudillo, einen Leader braucht. Denn auch in der Linken gibt es Rassismus, vor allem in der Linken, die sich selbst als revolutionär bezeichnet.« (Marcos 2014)

Vision und Versuch eines »Anderen Lebens«

Konnten sich die westlichen Kommunismusprojekte in ihrer Entstehungsphase als legitime Erben der Aufklärung und der Französischen Revolution betrachten und konnten sie sich im Zuge der industriellen Revolution als Massenbewegung in der Gesellschaft verankern, müssen heutige kommunistische Projekte ihren Weg und ihre Identität in einer durch die neoliberale Wende bestimmten Gesellschaft, Kultur und Wissenschaftslandschaft bestimmen. Dies erklärt einen wesentlichen Unterschied zwischen dem »deutschen kritischen Kommunismus« des 19. Jahrhunderts und den hier skizzierten Ansätzen: Der Kapitalismus und die bürgerliche Ordnung werden ausschließlich in ihrer Destruktivität gesehen, nicht in ihrer Widersprüchlichkeit; die zweite Seite des Widerspruchs, die Erweiterung der Handlungsspielräume auch für die Unterdrückten, ist hier kaum erlebbar. Das ist dann auch mit einer deutlichen Unterschätzung des Ökonomischen verbunden. Trotzdem, oder gerade darum greifen diese Projekte die Frage nach dem Verhältnis von Individuum und Gesellschaft wieder auf und heben eine Einbettung des Individuums in die Gesellschaft und der Gesellschaft in die Natur hervor. Rechte und Pflichten gegenüber der Gesellschaft müssen in einer solchen Gesellschaft offen gegeneinander abgewogen werden können. Es wird eine von Marx bereits in der ersten Hälfte des 19. Jahrhunderts aufgeworfene Frage diskutiert: »Der reiche Mensch ist der einer Totalität der menschlichen Lebensäußerung bedürftige Mensch. Der Mensch, in dem seine eigene Verwirklichung als innere Notwendigkeit, als Not existiert. Nicht nur der Reichtum, auch die Armut des Menschen erhält gleichmäßig – unter Voraussetzung des Sozialismus – eine menschliche und daher gesellschaftliche Bedeutung. Sie ist das passive Band, welches den Menschen den größten Reichtum, den anderen Menschen, als Bedürfnis empfinden lässt.« (Marx 1974a, 544)

Unter welchen Bedingungen aber erschließt sich dieser Reichtum? In gewisser Weise ist das Gute Leben (Buen Vivir) das »lebensweltliche« Gegenstück der Guten Regierung. »Das Buen Vivir fügt sich nicht zu einem monokulturellen Programm zusammen, sondern ist ein vielfältiges Konzept... Es entstand zwar vor allem in indigenen Gemeinschaften, leugnet aber nicht die technologischen Vorteile der modernen Welt oder mögliche Beiträge anderer Kulturen und Wissensformen, die die herrschende Moderne in Frage stellen.« (Acosta 2012, 45) Auch hier finden sich Anklänge an Fragestellungen des 19 Jahrhunderts: Verständnis der Natur und »Beherrschung derselben« sind nur dann möglich, wenn der Mensch sich tatsächlich als »Gesellschaftskörper«, als gesellschaftliches Individuum, verhalten kann (Marx 1983, 601). Gleichzeitig gehen das Buen Vivir wie auch die ZapatistInnen über diesen Stand hinaus, indem der Inhalt von Naturbeherrschung als »gesellschaftliches Individuum« als Leben mit und in der Natur konkretisiert wird. Aus dieser Position heraus verweisen Konzeptionen und Praxen auf Fragestellungen, die z.T. schon Anfang des 20. Jahrhunderts (und davor) relevant waren und für die sich die bisher gefundenen Antworten als nicht tragfähig erwiesen haben. Sie thematisieren bezüglich des Mensch-Natur-Verhältnisses einen inneren Widerspruch der bisherigen kommunistischen Ansätze, die sich ja aus ihrem Entwicklungszusammenhang heraus auf die Errungenschaften der ressourcenzerstörenden maschinellen Großproduktion stützen mussten. Zu den diskutierten Problemen gehört weiter die Frage nach Inhalt und Form des (weiter oben diskutierten) Selbstbestimmungsrechts der Völker, das untrennbar mit Erbe/Tradition und kultureller Diversität verknüpft wird. Dazu gehören die Fragen nach der Geschlechtergerechtigkeit und nach der Wirklichkeit internationaler Solidarität. Diskussionen und Realitäten der Kämpfe der PKK oder der Zapatistas heben das Kommunistische wieder aus dem Status akademischer Erwägungen in eine Frage des Lebens und der Lebensweise.

Lutz Brangsch/Michael Brie

Sozialismus oder Kommunismus? – Was sonst!

»Zur Rettung gehört der feste, scheinbar brutale Zugriff.«
Walter Benjamin (1982, 592)

Die Diskussion zum Kommunistischen, so sollte in diesem Buch deutlich geworden sein, kann sich nicht den Fragen entziehen, die Immanuel Kant im ausgehenden 18. Jahrhundert gestellt hat: »1) Was kann ich wissen? 2) Was soll ich tun? 3) Was darf ich hoffen? 4) Was ist der Mensch?« (Kant 2000, 33) Das in dieser Zeit entstehende kommunistische und sozialistische Denken verband die Vernunftsorientierung der Aufklärung mit dem Problem: Wie müssen wir die Gesellschaft einrichten, damit sie die besten Möglichkeiten des Menschen solidarisch zur Entfaltung bringen kann? Die bisherige Geschichte wird als »Vorgeschichte der Menschheit« verstanden, die die sozialistische und kommunistische Transformation zum Abschluss bringen wird, oder wie Marx in seinem Vorwort der Schrift »Zur Kritik der Politischen Ökonomie« von 1859 schrieb: »Die bürgerlichen Produktionsverhältnisse sind die letzte antagonistische Form des gesellschaftlichen Produktionsprozesses, antagonistisch nicht im Sinn von individuellem Antagonismus, sondern eines aus den gesellschaftlichen Lebensbedingungen der Individuen hervorwachsenden Antagonismus, aber die im Schoß der bürgerlichen Gesellschaft sich entwickelnden Produktivkräfte schaffen zugleich die materiellen Bedingungen zur Lösung dieses Antagonismus. Mit dieser Gesellschaftsformation schließt daher die Vorgeschichte der menschlichen Gesellschaft ab.« (Marx 1859, 9) Der Antagonismus und seine zeitweilige Unvermeidlichkeit hätten, so Marx, darin bestanden, dass in dieser Vorgeschichte »die Vorteile der Gattung im Menschenreich wie im Tier- und Pflanzenreich sich stets durchsetzen auf Kosten der Vorteile von Individuen, weil diese Gattungsvorteile zusammenfallen mit den *Vorteilen besondrer Individuen*, die zugleich die Kraft dieser Bevorzugten bilden« (Marx 1974b, 111).

> »*Proletarische Revolution,* Auflösung der Widersprüche: Das Proletariat ergreift die öffentliche Gewalt und verwandelt kraft dieser Gewalt die den Händen der Bourgeoisie entgleitenden gesellschaftlichen Produktionsmittel in öffentliches Eigentum. Durch diesen Akt befreit es die Produktionsmittel von ihrer bisherigen Kapitaleigenschaft und

> gibt ihrem gesellschaftlichen Charakter volle Freiheit, sich durchzusetzen. Eine gesellschaftliche Produktion nach vorherbestimmtem Plan wird nunmehr möglich. Die Entwicklung der Produktion macht die fernere Existenz verschiedner Gesellschaftsklassen zu einem Anachronismus. In dem Maß wie die Anarchie der gesellschaftlichen Produktion schwindet, schläft auch die politische Autorität des Staats ein. Die Menschen, endlich Herren ihrer eignen Art der Vergesellschaftung, werden damit zugleich Herren der Natur, Herren ihrer selbst – frei.« (Engels 1891, 228)

Dieses Versprechen des Übergangs von dreifacher Knechtschaft zu dreifacher Herrschaft – über die Art der Vergesellschaftung, die Natur und über sich selbst – ist von Engels zumindest mit Blick auf die Natur später zunehmend relativiert worden. Und das 20. Jahrhundert hat gezeigt, dass es in allen drei Dimensionen nicht um *Herrschaft* geht, sondern um ein anderes, ein solidarisches Mit-Sein.

Die in den letzten zwei Jahrhunderten auf das Kolossalste vermehrten Freiheitsmöglichkeiten erscheinen unverändert als Zwänge der Verwertung, Selbstverwertung und Standortkonkurrenz. Die zerstörerischen Folgen sind unübersehbar und können am Thermometer vor dem eigenen Zimmerfenster abgelesen werden. Es wird warm und wärmer, während die biologische, auch kulturelle Welt arm und ärmer wird. Eine Fortsetzung des bisherigen Entwicklungsmodells ist sinnlos geworden. Aber *gerade* in dem Augenblick, da jeder Sinn aus der Maschinerie kapitalistischer Verwertungsgesellschaften entwichen ist, hat das »stahlharte Gehäuse« eines »überwältigenden Zwanges« (siehe Weber 2002, 224) die von Kapitalverwertung dominierten Gesellschaften der Gegenwart global wie lokal unbarmherzig im Griff.

> »Ein zivilisatorisches Erfolgsmodell hat seine ›historische Mission‹ erfüllt: Durch produktivistisch-expansionistische Naturbeherrschung und universelle Produktivkraftentwicklung schuf es Voraussetzungen, die borniert gemeinschaftlichen Sozialbeziehungen zu befreien, um Grundbedürfnisse für alle zu sichern und zugleich eine Hochkultur hervorzubringen. Diese und andere zivilisatorischen Errungenschaften sind durch die akkumulierten Nebenfolgen und ›Kehrseiten‹ weiteren ›Fortschreitens‹ auf diesem Pfad bedroht. Damit öffnet sich für unbestimmte Dauer ein Möglichkeitsfenster für einen Entwicklungsraum, in dem menschliche (Fähigkeits-)Entwicklung als Selbstzweck gilt. Dies ist zugleich ein Kampffeld um sehr unterschiedliche Zukünfte... Eine emanzipatorische Postwachstumsgesellschaft ist eine der umkämpften realen Möglichkeiten. Sie entspricht Visionen gro-

ßer Ökonomen und Denker – J.St. Mill, K. Marx, J.M. Keynes. Sie alle – selbst A. Smith – gingen davon aus und hatten den Traum, dass die Entfesselung der Produktivkräfte ein Durchgangsstadium ist, nicht das letzte Wort menschlicher Geschichte und Entwicklung. Jenseits dessen sahen sie kein Paradies, wohl aber ein Reich der Freiheit.« (Adler 2015, 123f.)

Zwei Begriffe konkurrierten von Anfang an um den Anspruch, die Grundgedanken einer nachkapitalistischen Ordnung auszudrücken: Sozialismus und Kommunismus (siehe u.a. Grünberg 1912; Schieder 1982; 2004; Brie/Spehr 2008). Teilweise wurde auch versucht, sei es den Kommunismus als erste Gestalt einer nachkapitalistischen Ordnung auf dem Wege zum Sozialismus zu definieren (siehe der »junge« Marx 1974a, 546) oder umgekehrt Sozialismus als »erste Phase« einer kommunistischen Gesellschaft zu verstehen (siehe W.I. Lenin 1974c, 481 und den gesamten Marxismus-Leninismus). Es sollte auch nicht erstaunen, dass der Terminus Kapitalismus, den man im Werk von Marx vergeblich sucht, erst in der Revolutionsepoche von 1848/49 als Gegenbegriff zu »Sozialismus« gebildet worden sein soll (siehe dazu Hilger 1982, 442-445). Der Zukunftsbegriff definierte die Gegenwart als sein schlechteres Anderes und forderte auf, dieses Andere hinter sich zu lassen. Das dies nicht so einfach ist, wird mit der Niederlage der Pariser Kommune 1871 handgreiflich. Marx erahnt in der Kritik des Gothaer Programms das Problem des Übergangs in seiner ungeheuren Tragweite, wenn er von der Unmöglichkeit der sofortigen Beseitigung der Ungleichheit, den Herausforderungen der Diktatur des Proletariats und dem Problem der Muttermale der alten Gesellschaft spricht (vgl. Marx 1987, 20).

Die aktuelle Kommunismusdiskussion lebt auch von der Abgrenzung zum Sozialismus und umgekehrt. Zum einen gibt es in der Linken Positionen, die vor dem Hintergrund der früheren Herrschaft kommunistischer Staatsparteien in der Sowjetunion und den Ländern Osteuropas dem Begriff und Terminus Kommunismus jede Zukunftsberechtigung absprechen. Der Stalinsche Terror und die Lager des Gulag erscheinen als höchste Form des Kommunismus, als entfesselte Form des »rohen Kommunismus«, von dem Marx 1844 gesprochen hatte. Chavez' *Sozialismus des 21. Jahrhunderts* wird von dieser Position als erster Versuch gewertet, Sozialismus als Zielbegriff wieder in die praktische Politik einzuführen. Umfragen in Deutschland, die danach fragen würden, ob Kommunismus eine »gute Idee« sei und zukunftsfähig wäre, würden zeigen, dass im Unterschied zum »Sozialismus« der Kommunismus in großen Teilen der Bevölkerung keinen besonders guten Ruf hat. Mehr noch als Sozialismus wird er mit Staatseigentum, Parteiherrschaft und minutiöser Kontrolle der Gemeinschaft über das Leben der Einzelnen gleichgesetzt.

> »Wer heute also über ›Kommunismus‹ als Alternative zum Kapitalismus diskutieren will, muss wissen, dass dieser Begriff in der politischen Landschaft der heterogenen Linken, für die Mehrheiten der Gesellschaft wie für politische Akteure aller Lager historisch eindeutig verortet ist. Er ist das Synonym für jene politischen Bewegungen, die mit den Herrschaftsapparaten im ehemaligen Ostblock identisch sind, ihnen nahestehen oder deren politische Ziele verfolgen. Damit ist dieser Begriff auf absehbare Zeit in jenen Weltregionen, die praktische Herrschaftserfahrungen mit ihm gemacht hatten, also Deutschland und Ost(mittel)europa, als Begriff für eine emanzipatorische Bewegung über den Kapitalismus hinaus politisch verbrannt, untauglich, um als Name für die allgemeine Emanzipation zu stehen. ›Kommunismus‹ steht politisch für weniger, nicht für mehr Freiheiten als im Kapitalismus der letzten Jahrzehnte. So, wie es für Marx und Engels im Jahre 1848 durch den Gebrauch und die historisch-praktische Bedeutung des Wortes unmöglich war, ihr Manifest ›sozialistisch‹ zu nennen, so unmöglich ist deshalb heute für Marxistinnen und Marxisten, die nicht nur die Befreiung vom Kapitalismus, sondern auch eine Gesellschaft der Freiheit anstreben, sich ins Gewand des Kommunismus zu kleiden.« (Gehrke 2013, 289)

Bei jenen, die die aktuelle Kommunismusdiskussion in Europa intellektuell maßgeblich bestimmten, ist es aber der Sozialismus- und nicht der Kommunismusbegriff, der historisch und konzeptionell ausgedient hat, eine Alternative zum Kapitalismus zu bezeichnen. Erstens wird dem Sozialismus vorgeworfen, dass er das Prinzip der Gleichheit aller, die Forderung nach der konsequenten Egalitarität, missachtet. Slavoj Žižek verweist darauf, dass die drei zentralen Gemeingüter – die der äußeren wie der inneren Natur und der Kultur – »der kollektiven Menschheit auch ohne Kommunismus wiedergegeben werden« (Žižek 2012b, 256) könnten. Die drei Antagonismen der Einhegung dieser Commons würden dann nicht egalitär für alle, sondern »in einem autoritär-kommunitären Regime« zugunsten von ethnisch, national usw. abgegrenzten definierten Gemeinschaften bearbeitet.

> »Der Kommunismus, der anstelle des egalitären Kollektivs eine solidarische organische Gemeinschaft bietet, muss dem Sozialismus entgegengesetzt werden – der Nazismus war Nationalsozialismus, nicht Nationalkommunismus. […] Eric Hobsbawm hat vor kurzem eine Ko-

> lumne mit dem Titel ›Der Sozialismus ist gescheitert, der Kapitalismus ist bankrott. Was kommt als Nächstes?‹ veröffentlicht. Die Antwort ist: Kommunismus. Der Sozialismus will die ersten drei Antagonismen ohne den vierten lösen, ohne die singuläre Universalität des Proletariats. Die einzige Weise für das globale kapitalistische System, seinen langfristigen Antagonismus zu überleben und zugleich die kommunistische Lösung zu vermeiden, wird es sein, irgendeine Art von Sozialismus neu zu erfinden – in der Gestalt von Kommunitarismus, Populismus, Kapitalismus mit asiatischen Werten oder was immer. Die Zukunft wird kommunistisch sein … oder sozialistisch.« (Ebd., 257)

Während Žižek unter Sozialismus die ausgrenzend-autoritäre Bearbeitung der Krise des globalen Kapitalismus versteht (siehe zu den verschiedenen Bearbeitungsformen der Krise der kapitalistischen Zivilisation Klein 2013, 34-54; Brie 2015a, 62-71), also autoritär-paternalistisch bis reaktionär-faschistisch, verstehen andere Sozialismus vor allem als Weise der Integration der Arbeiterklasse in den Kapitalismus. Sozialismus ziele auf nichts anderes als auf die »Ausweitung und Vertiefung der humanen Basis des Kapitalismus« (Tiqqun 2013, 28). Sozialismus sei ein Begriff der »Desorientierung«: Er sei »ein stabilisierendes Moment der staatlichen Politik des Kapitalismus« (Ruda/Völker 2012, 281) nach dem Motto: Die beste Hilfe für die Armen sei es, den Reichtum der Reichen zu steigern. Sozialistisch seien »diejenigen Politiken, die sich selbst negieren, indem sie den Staat schützen, wo sie den Armen oder Ausgeschlossenen zu helfen vorgeben« (ebd., 282).

Ansätze, die sich kommunistisch definieren, laufen historisch offensichtlich immer wieder Gefahr, den Widersprüchen komplexer Gesellschaften im Allgemeinen und denen zwischen Gleichheit und Freiheit, Gemeinschaftlichkeit und Differenz im Besonderen auszuweichen und die Lösung in einer »Großen Harmonie« zu suchen. Marx sprach von der unmittelbaren Gesellschaftlichkeit, die jede rechtliche, staatliche, marktförmige Vermittlung völlig überflüssig mache. Die freie Tat des Einzelnen würde unmittelbar zur freien Entwicklung aller anderen beitragen. In seiner Nachfolge nahmen Kommunistinnen und Kommunisten an, dass die Interessen aller und jeder per se identisch werden würden, Konflikte eigentlich gar nicht auftauchen könnten – wenn nur die rechte Einsicht da wäre. Kommunismus, so Brecht, sei das Einfache. Er sei nur schwer zu erreichen. Auch neuere Ansätze tendieren dazu, das Gemeinschaftliche zu verabsolutieren: »Der Kern der Idee des Gemeinschaftlichen in der kommunistischen Hypothese beruht auf einer universalistischen Konzeption von Gemeinsamkeit im Sinne einer Grundeigenschaft der menschlichen Gattung« (Kamecke/Teschke 2012, 111), wobei unklar bleibt, ob es *eine* oder eben *die* Grundeigenschaft ist. Antonio Negri geht so weit, das Gemeinschaftliche frontal gegen das Öffentliche in Stellung zu bringen. Das Kommunistische erscheint dann als »Ausdruck einer radikalen Revolution gegen den Staat, um eine Widerstandspraxis und die Errichtung des ›Gemeinsamen‹ gegen das ›Öffentliche‹« (Negri 2012, 166). Dies ist dann mit einem Pathos des totalen Bruchs verbunden: »Unsere Feinde haben recht mit ihrem Hass. Keiner der zeitgenössischen (oder bisherigen) Institutionen wird es gestattet werden, weiter zu bestehen. Keine Kontinuität, daher auch keine Tradition. Nur die Menschen zählen.« (Tamás 2012)

Sozialistische Positionen dagegen, so schon die britische Gesellschaft der Fabier oder die Anhänger Bernsteins im ausgehenden 19. Jahrhundert, tendieren immer wieder dazu, die Notwendigkeit der Vermittlung der Widersprüche derart ins Zentrum zu rücken, dass dabei der Gedanke an den notwendigen Bruch mit der Dominanz der Kapitalakkumulation über Wirtschaft und Gesellschaft verdrängt werden kann und oft auch verdrängt wurde. Die Angst vor der »Unordnung«, die nach Auffassung der Führung der deutschen Sozialdemokratie nicht dem Wesen des deutschen Arbeiters entspreche, machte sie in der entscheidenden Weichenstellung um 1930 herum handlungs- und bündnisunfähig – so wie der Dogmatismus der KPD-Führung (Sozialfaschismus-These) die bolschewistisch-kommunistische Strömung versagen ließ. Aspekte des Bruchs werden in sozialistischen Positionen oft randständig, Koevolution und der Aufbau neuer Ansätze in Nischen rücken in den Vordergrund (Wright 2015). Die Härte bestehender und bevorstehender Konflikte kann dabei schnell aus dem Auge verloren werden.

Bruno Bosteels verweist darauf, dass sich in der aktuellen Kommunismusdiskussion zwei Positionen diametral entgegenstehen. Für die einen – hier verweist er auf Michael Hardt und Antonio Negri – ist im Kapitalismus der Kommunismus schon präsent. Dieser Kommunismus müsse nur noch freigesetzt werden. Dem stehe allein der imperiale Zwang als »leere Hülle oder Parasit« im Wege (Hardt/Negri 2000, 359f.). Die anderen würden »die formlosen Massen gegen die unterdrückerische und korrupte Maschinerie des Staates« stellen, der als Gulag totalitärster Unterdrückung vorgestellt wird (Bosteels 2012, 58). Dies sei die Position des Linksradikalismus.

> »In einer weltweiten Situation des zügellosen Konservatismus und offen reaktionärer Politik, wenn neue Formen der Organisierung entweder fehlen oder ungenügend artikuliert werden, ist die verlockendste

> Haltung in der Tat die des radikalen linken Idealismus. Mit anderen Worten, der Linksradikalismus erscheint heute als die schöne Seele des Kommunismus, wenn es nicht vielleicht sogar so ist, dass die kommunistische Idee ohne diese Seele wenig mehr als eine leere Hülle ist, eine dürftige Entschuldigung für einen Körper, wenn nicht für einen schmerzlindernd einbalsamierten Leichnam. Umgekehrt erheben die alten Spektren des Leninismus, der Parteidisziplin und die Kritik des bloßen Ökonomismus und des sozialdemokratischen Reformismus wie auch des Abenteurertums unweigerlich wieder ihre hässlichen Häupter, wann immer die Frage der Organisation aufgeworfen wird.« (Ebd., 71)

Die Diskussion zwischen den Anhängern des Sozialismus und Kommunismus ist nicht neu. Sie hat ihren Ursprung in der französischen Formierungsphase des sozialistischen und kommunistischen Denkens nach der Julirevolution von 1830. Thédore Dezamy vertrat in seinem »Gesetzbuch der Gütergemeinschaft« von 1842 eine strikte kommunistische »Zentralverwaltung des Eigentums«, die den einzelnen Gemeinden übergeordnet ist, und ging von der unmittelbaren Interessenidentität von Individuum, Gemeinschaft und Gesellschaft aus: »... die Gütergemeinschaft ist im hohen Grade Inbegriff all dessen, was wir in unserer ruhmreichen revolutionären Losung fordern: *Freiheit, Gleichheit, Brüderlichkeit, Einheit*« (Considerant 1975, 475).

Der Anhänger Fouriers, Victor Considerant, ging dagegen von einer radikalen Differenz zwischen kommunistischen Positionen und jenen, die die »Assoziation« als Ziel anstrebten, aus. Der Kommunismus bestehe »auf der völligen Gleichheit aller seiner Mitglieder«, die (sozialistische) Assoziation dagegen »berücksichtigt eine Rangordnung, die auf der Ungleichheit und auf der Verschiedenheit an Geschick und Fähigkeit beruht; sie entlohnt jeden nach dem, was er zum gemeinsamen Werk beiträgt« (ebd., 226) – hier wird also das »sozialistische« Leistungsprinzip formuliert, das Marx für die erste Phase einer kommunistischen Gesellschaft als unvermeidlich ansah. Considerant fügte hinzu: »Der *Kommunismus* ähnelt einem Musikstück, das ständig dieselbe Note herunterleiert. Die *Assoziation* gleicht einer Partitur, die alle Noten zu einer klangvollen Harmonie verbindet.« (Ebd., 227) Dies geht mit einer Absage an den Kampf der Armen gegen die Reichen einher (siehe auch ausführlich Brie et al. 1997, 88-90).

Neben der geradezu feindlichen Gegenüberstellung von Kommunismus und Sozialismus bzw. dem Versuch, sie als Phasen ein und derselben Gesellschaftsordnung zu begreifen, gibt es noch eine andere Möglichkeit, die terminologische Differenz Sozialismus-Kommunismus begrifflich zu bearbeiten. Sie wurde von Mimmo Porcaro entwickelt. Er bezieht sich dabei auf die in diesem Buch immer wieder zitierten Gedanken von Marx und Engels, wonach der Kommunismus »die *wirkliche* Bewegung« sei, »welche den jetzigen Zustand aufhebt«. Kommunismus einerseits und Sozialismus andererseits erscheinen bei Porcaro wie gesellschaftsverändernde Praxis und erzieltes Resultat, Prozess und erreichter gesellschaftlicher Zustand – immer vorausgesetzt, dass im Resultat nicht die Absichten der Handelnden auf den Kopf gestellt sind, die kommunistische Tat nicht zu neuer und sogar verschärfter Ausbeutung und Unterdrückung geführt hat. Porcaros Fassung der Differenz von Sozialismus und Kommunismus bemüht sich, die beiden Begriffe in ein dialektisches Verhältnis zu setzen und aus einer Verselbständigung zum falschen Gegensatz zu befreien.[1]

> »Kommunismus ist in meinem Verständnis eine politische Bewegung, die darauf abzielt, die kooperative Zusammenarbeit so weit wie möglich auszudehnen. Sozialismus ist ein gesellschaftliches System, das diese Kooperation in jenen Formen realisiert, die historisch konkret möglich sind. Als ein solches System realisiert Sozialismus diese kooperative solidarische Zusammenarbeit in bestimmten Sektoren mehr als in anderen und immer als Kombination verschiedener Produktionsweisen. Sozialismus ist keine ›Phase‹, die der Errichtung eines ›integralen‹ Kommunismus vorhergeht. Er kann deshalb auch keine großen Opfer und die Einschränkungen von Freiheit im Namen einer strahlenden Zukunft legitimieren, sondern muss sich als konkrete historische Realisierung des Kommunismus erweisen, und diese ist zwangsläufig nie perfekt. Sozialismus ist deshalb auch keineswegs die moderate Form des (radikalen) Kommunismus, sondern ein Projekt, das die kommunistische Perspektive umso radikaler macht, je

---

[1] Ein deutlich anderer Ansatz, Sozialismus und Kommunismus in Beziehung zu setzen, ist entwickelt in Brie (2006). Dort werden der freiheitlich orientierte Kommunismus und ein radikal sozial orientierter Liberalismus als die beiden Säulen des Sozialismus verstanden, die der Sozialismus solidarisch verbinden müsse. Nur so, die Begründung, wäre eine »gelingende Vermittlung zwischen Gesellschaftlichkeit und Gemeinschaftlichkeit, zwischen Entwicklung des Einzelnen als Beitrag zur Entwicklung aller und der Solidarität aller als Bedingung der freien Entwicklung der Einzelnen, zwischen Haus und Landschaft, zwischen Arbeit und Kultur, zwischen Freiheit und Gerechtigkeit herzustellen«. Konkrete würde dies heute ein Bündnis zwischen einem sozialistisch orientierten Liberalismus und libertär-commonistisch orientierten Kräften verlangen (Brie 2015b, 63ff.).

> realistischer es diese Perspektive macht. Auf der anderen Seite muss eine kommunistische Bewegung, um glaubwürdig zu sein, zu jedem Zeitpunkt konkrete und realisierbare sozialistische Projekte vorschlagen. Auf jeden Fall muss sich eine kommunistische Bewegung, welche Selbstbezeichnung sie auch gerade wählen mag, unbedingt für die konkrete und realistische Gestaltung von Sozialismus einsetzen und Widerstand leisten gegen die unvermeidliche Tendenz jedes sozialen System zu degenerieren, eingeschlossen solcher Tendenzen im Sozialismus selbst.« (Porcaro 2015, 22f.)

In der heutigen Kommunismusdiskussion ist ein Name vergessen und dies völlig zu Unrecht – der von Rudolf Bahro (1935-1997). Dabei ist sein Versuch der Neubegründung des Kommunistischen in seinem Werk *Die Alternative. Zur Kritik des real existierenden Sozialismus* von 1977, der wohl letzte systematische Versuch einer umfassenden Neubegründung des Kommunismus aus den staatssozialistischen Gesellschaften des 20. Jahrhunderts heraus. Zugleich weist es auf die Zivilisationskritik, deren Bearbeitung das 21. Jahrhundert prägen wird. Es ist ein Werk der Zeitwende. Der Kommunismus wird als Resultat einer umfassenden Kulturrevolution verstanden, bei der ein neuer *Bund der Kommunisten* eine führende Rolle zu spielen habe. Es geht um eine neue Zivilisation, die ein grundsätzlich anderes Verhältnis der Menschen zu sich selbst (ihrer eigenen Natur), zueinander und zur äußeren Natur begründet; es geht um die »Umstrukturierung der ganzen gegenständlichen und inneren Welt des Menschen« (Bahro 1977, 356; siehe auch die Biografie von Herzberg/Seifert 2005). Ohne Rezeption dieses Werkes bleibt die heutige europäische Diskussion zum Kommunismus weit unter ihren Möglichkeiten. Diese Geschichtsvergessenheit betrifft auch das Werk von André Gorz oder Erich Fromm oder von Claudia v. Werlhof, Maria Mies und Veronika Bennholdt-Thomsen sowie von Frigga Haug, die mit ihrer feministischen Kritik des Kapitalismus unverzichtbare Dimensionen des Kommunistischen eröffneten. Der fehlende Rückbezug auf das 19. Jahrhundert ist nicht weniger gravierend. Die Fixierung auf Marx oder Lenin stellt eine verhängnisvolle Verkürzung des Kommunistischen als großer Bewegung von vielen Bewegungen dar. Die Enkel haben das Andenken vieler ihrer Großväter und Großmütter, Väter und Mütter schlicht verdrängt.

Wie auch immer das Verhältnis von Sozialismus und Kommunismus bestimmt wird, darf es keinen Versuch geben, sich den immanenten Widersprüchen kommunistischer und sozialistischer Bewegungen und durch sie begründeter Ordnungen zu entziehen (zu diesen Widersprüchen siehe ausführlich Brie/Spehr 2006; 2008). Es geht letztlich um das Werden des Kommunismus als Entstehen und Vergehen sich kommunistisch oder sozialistisch definierender Praxen. Die Vorstellung, dass realer Kommunismus einfach mit einer Kraftanstrengung und dem richtigen Bewusstsein zu erreichen ist, ist nicht nur durch die Praxis widerlegt.

Das dahinter stehende Verständnis von Gesellschaftsveränderung prägte auch den Blick auf das Kommunistische und führte nicht selten zu einer Abwertung der kleinen täglichen Kämpfe. Wenn das 20. Jahrhundert eines gelehrt haben sollte, so, dass die kommunistische Umwälzung nur ein Jahrhundertwerk sein kann, in dem die Menschen, vor allem die, die sich KommunistInnen nennen, beständig lernen und sich verändern müssen. Ist Stillstand für den Kapitalismus tödlich, so gilt dies noch in viel höherem Maße für das Kommunistische. Unter diesem Gesichtspunkt muss man noch konsequenter als Porcaro sagen, dass es nicht nur um den Vorschlag sozialistischer Projekte geht, sondern auch um die Möglichkeit, sie praktisch zu leben. Das Kommunistische erwächst aus dem Alltag – gefordert ist die Fähigkeit, es zu erkennen, unabhängig davon, welche Attribute es sich gibt oder ihm gegeben werden. Das Kommunistische bewährt sich, wenn es sich denn bewährt, als eine transformatorische Praxis, die zugleich Veränderung der eigenen Handlungsbedingungen und Selbstveränderung der Akteure ist. Das aber kann nichts anderes sein als ein langer historischer Prozess mit Brüchen und großen historischen Kontinuitäten.

Für Walter Benjamin war Dialektik die Fähigkeit, die Begriffe als Segel so zu setzen, dass sie uns als Linke helfen. Und Linke sind jene, die nicht vergessen wollen, dass es Plebejer, Proletarier, Erniedrigte, Geflüchtete, Gefolterte, Schwächere, Ausgebeutete und Ausgegrenzte, Überflüssig-Gemachte, ungeborene Generationen, die »Anderen«, die »Geringsten« unter uns und in uns selbst gibt, und Linke sind die, die am Anspruch auf Gleichheit in der Freiheit unbedingt festhalten. Die Rolle dialektisch in Beziehung zueinander gesetzter Begriffe ist es, uns zu befähigen, als jene, die Herrschaft überwinden wollen, als Schwächere also, hart am Wind gegen diesen Wind zu segeln. Dies so Benjamin, ist eine Kunst (siehe Benjamin 1982, 592). Eine kritische Transformationsforschung versucht, diese Kunst weiterzuentwickeln, dialektisch mit den Gegensätzen umzugehen, denen von Reform und Revolution wie auch allen anderen (Demirović 2012; 2014; Brie et al. 2015a; 2015b).

Weder die Bewegungen, die danach streben, den kapitalistischen Zustand solidarisch aufzuheben, noch jene Gesellschaft, die im Resultat entstehen wird, können frei von Widersprüchen sein. In dieser Frage hatte Mao Zedong recht (Mao Tse-tung 1956, 367f.): Befreit von den Zwängen der Kapitalverwertung, befreit von der Not der Vorgeschichte, werden ganz neue und sehr heftige Widersprüche ins Zentrum rücken, für die immer neue Bearbeitungsformen gefunden werden müssen. Denn das höhere Maß an Freiheit erzeugt ein Mehr an Alternativen und ein Mehr an Differenzen. Und keine und keiner wird sich dann auf die Klasseninteressen, auf die Standortkonkurrenz oder auf die bessere Einsicht berufen können, die ihr oder ihm per sozialer oder kultureller Stellung zukomme. Das Mehr an freier Zeit werden wir vor allem auch dafür brauchen, mit diesen Konflikten und Agonismen im Reich der Notwendigkeit wie im Reich der Freiheit solidarisch umzugehen.

***

Dieses Buch hat einen weiten Bogen gespannt von den Ursprüngen bürgerlichen Denkens und der Konstruktion des Naturzustandes als kommunistischer Hölle bis hin zu den Zapatistas. Wenn wir wollen, dass Menschen auf der Höhe ihrer Möglichkeiten und denen ihrer Zeit solidarisch leben, dann müssen wir uns der Anthropologie und der Entstehung der Menschheit zuwenden. Wenn wir fragen, wie die heutige Gesellschaft transformiert werden soll, damit ein Mehr an Freiheit, Gleichheit und Solidarität möglich wird, dann müssen wir nach der Entstehung der Herrschafts- und Machtverhältnisse fragen, nach Kapitalismus und Patriarchat, nach Staat und Recht, und wir müssen aus den Bewegungen lernen, die auf der Suche nach einer »anderen Welt« waren und sind, müssen im Dialog mit allen sein, die sich solidarisch und emanzipatorisch den Widersprüchen zu stellen suchen. Das 21. Jahrhundert wird das Jahrhundert, wo die heutige Zivilisation an ihr Ende kommen wird. Die Vorherrschaft von unbegrenzter Kapitalakkumulation wird definitiv nicht das letzte Wort sein. Sie gehört tatsächlich zur Vorgeschichte. »Make Capitalism History!« ist ein guter Startpunkt für einen Bruch und Aufbruch.

Die Konturen dessen, was Sozialismus, Kommunismus oder auch einfach solidarische Gesellschaft genannt werden kann, sind in allen Aufbrüchen präsent, die es gab. Sie freizusetzen gemeinsam mit allem, was schon heute solidarisch und emanzipatorisch ist und es zu einer anderen Produktions- und Lebensweise, zu einer anderen Art, partizipativ die gemeinsamen Angelegenheiten gemeinsam zu entscheiden, werden zu lassen, steht uns bevor. Aus den Zerfallsprozessen des neoliberalen Finanzmarkt-Kapitalismus und des globalen Empires entfesselter

Kapitalverwertung erhebt die Barbarei in verschiedensten Formen ihre Fratze. Wir sind deshalb wieder bei Rosa Luxemburg: Sozialismus oder Barbarei – das ist der Hauptkonflikt unserer Epoche.

Literatur

Ackermann, Anton (2005a): Gibt es einen besonderen deutschen Weg zum Sozialismus?, in: Schumann, Frank (Hrsg.): Anton Ackermann: Der deutsche Weg zum Sozialismus. Selbstzeugnisse und Dokumente eines Patrioten, Berlin, S. 186-196.

Ackermann, Anton (2005b): Unser Weg zum Sozialismus, in: Schumann, Frank (Hrsg.): Anton Ackermann: Der deutsche Weg zum Sozialismus. Selbstzeugnisse und Dokumente eines Patrioten, Berlin, S. 197-205.

Acksel, Britta/Euler, Johannes/Gauditz, Leslie/Helfrich, Silke/et al. (2015): Commoning. Zur Konstruktion einer konvivialen Gesellschaft, in: Adloff, Frank/Heins, Volker (Hrsg.): Konvivialismus. Eine Debatte, Bielefeld, S. 133-145.

Acosta, Alberto (2012): Buen Vivir, in: Brand, Ulrich/Lösch, Bettina/Opratko, Benjamin/Thimmel, Stefan (Hrsg.): ABC der Alternativen 2.0. Von Alltagskultur bis Zivilgesellschaft, Hamburg, S. 44-45.

Adamczak, Bini (2007): Gestern Morgen. Über die Einsamkeit kommunistischer Gespenster und die Rekonstruktion der Zukunft, Münster.

Adamczak, Bini (2010): Kommunismus. Kleine Geschichte, wie endlich alles anders wird, Münster.

Adler, Frank (2015): »Postwachstum« als radikal kritische und konkret-utopische Transformationsperspektive, in: Brie, Michael (Hrsg.): Lasst uns über Alternativen reden. Beiträge zur kritischen Transformationsforschung 3, Hamburg, S. 77-129.

Adorno, Theodor W. (2006): Zur Lehre von der Geschichte und von der Freiheit, Frankfurt a.M.

Aktionsprogramm (2008): Politisches Aktionsprogramm, in: Kanzleiter, Boris/Stojaković, Krunoslav (Hrsg.): 1968 in Jugoslawien. Studentenproteste und kulturelle Avantgarde zwischen 1960 und 1975, Bonn, S. 234-237.

Antillano, Andrés (2013): Von der Demokratie der Straße zu den Consejos Comunales. »Demokratie von unten« in Venezuela, in: Zelik, Raul/Tauss, Aaron (Hrsg.): Andere mögliche Welten? Krise, Linksregierungen, populare Bewegungen. Eine lateinamerikanisch-europäische Debatte, Hamburg, S. 29-47.

Antweiler, Christoph (2009): Heimat Mensch. Was uns alle verbindet, Hamburg.

Arendt, Hannah (1993): Was ist Politik? Fragmente aus dem Nachlass, München.

Aristophanes (1958): Die Ekklesiazusen, in: Komödien, Bd. 2, Wiesbaden/Berlin, S. 117-170.

Armytage, W.H.G. (1971): Owen and America, in: Pollard, Sidney/Salt, John (Hrsg.): Robert Owen. Prophet of the Poor, London, S. 214-238.

Autorenkollektiv (1885a): Kommunismus, in: Meyers Konversationslexikon, Bd. 9, Leipzig/Wien, S. 986ff.
Autorenkollektiv (1885b): Sozialdemokratie, in: Meyers Konversationslexikon, Bd. 15, Leipzig/Wien, S. 53-55.
Autorenkollektiv (1885c): Sozialismus, in: Meyers Konversationslexikon, Bd. 15, Leipzig/Wien, S. 55-59.
Azzelini, Dario (2014): The Communal System as Venezuela's Transition to Socialism, in: Brincat, Shannon (Hrsg.): Communism in the 21st Century, Bd. 2: Whither Communism? The Challenges of the Past and the Present, Santa Barbara/Denver/Oxford, S. 217-249.
Babeuf, Gracchus (1988): Bürger Geschworene! Verteidigungsrede vor dem Schwurgericht in Vendôme, in: Die Verschwörung für die Gleichheit. Rede über die Legitimität des Widerstands. Mit Essays von Herbert Marcuse und Albert Soboul, Hamburg, S. 31-102.
Badiou, Alain (2010): The Communist Hypothesis, London/New York.
Badiou, Alain (2012): Die Idee des Kommunismus, in: Žižek, Slavoj/Douzinas, Costas (Hrsg.): Die Idee des Kommunismus, Bd. I, Hamburg, S. 13-29.
Badiou, Alain (2013a): Philosophie und die Idee des Kommunismus. Im Gespräch mit Peter Engelmann, Wien.
Badiou, Alain (2013b): Platons »Staat«, Zürich.
Badiou, Alain (2015): Die kommunistische Idee und die Frage des Terrors, in: Žižek, Slavoj/Badiou, Alain (Hrsg.): Die Idee des Kommunismus, Bd. III, Hamburg, S. 9-21.
Bahro, Rudolf (1977): Die Alternative – Zur Kritik des real existierenden Sozialismus. 3. Aufl., Köln.
Baier, Walter (2011): Von Nationen und »Natiönchen«, historischen und »geschichtslosen« Völkern – Rosa Luxemburg, W.I. Lenin und Otto Bauer, in: Brie, Michael/Haug, Frigga (Hrsg.): Zwischen Klassenstaat und Selbstbefreiung. Zum Staatsverständnis von Rosa Luxemburg, Baden-Baden, S. 145-169.
Bakunin, Michail A. (1871): Sozialismus und Freiheit, Berlin, abrufbar unter: https://www.marxists.org/deutsch/referenz/bakunin/1871/xx/freiheit.htm.
Balabanoff, Angelica (2013): LENIN oder: Der Zweck heiligt die Mittel, Berlin.
Balašov, A.M. (2012): Vozroždenie i razvitie predprinimatel'stva v Rossii v periode NĖPa, Staryj Oskol.
Balibar, Étienne (2015): Kommunismus als Verpflichtung, Vorstellungskraft und Politik, in: Badiou, Alain/Žižek, Slavoj (Hrsg.): Die Idee des Kommunismus. Bd. III, Hamburg, S. 23-49.
Barnard, Alan (2011): Social Anthropology and Human Origins, Cambridge.
Barsamian, David (2007): Interview with Arundhati Roy, in: The Progressive, abrufbar unter: http://www.progressive.org/news/2007/07/5078/interview-arundhati-roy.
Barthel, Max (1950): Kein Bedarf an Weltgeschichte. Geschichte eines Le-

bens, Wiesbaden.
Bauer, Joachim (2006): Prinzip Menschlichkeit – Warum wir von Natur aus kooperieren, Hamburg.
Bauer, Joachim (2010): Das kooperative Gen. Evolution als kreativer Prozess, München.
Bauwens, Michael/P2P Foundation (2014): Transitioning to a Commons-Based Society, abrufbar unter: http://www.phibetaiota.net/2014/05/michel-bauwens-transitioning-to-a-commons-based-society/.
Bebel, August (1959): Die Frau und der Sozialismus, Berlin.
Bebel, August (1978a): Brief aus der Festungshaft in Hubertusburg an Friedrich Engels in London, in: Ausgewählte Reden und Schriften, Bd. 1, Berlin, S. 586f.
Bebel, August (1978b): Charles Fourier. Sein Leben und seine Theorien (1888), Leipzig.
Bebel, August (1978c): Programm und Organisation der Partei. Referat auf dem Gründungskongress der Sozialdemokratischen Arbeiterpartei in Eisenach. 8.August 1869, in: August Bebel. Ausgewählte Reden und Schriften, Bd. 1, Berlin.
»bediki« (2003): Smalltalk – demokratischen Kommunismus?, in: Forum – CHIP Online, abrufbar unter: http://forum.chip.de/smalltalk/demokratischen-kommunismus-311821.html.
Beer, Max (1924): Allgemeine Geschichte des Sozialismus und der sozialen Kämpfe, Berlin.
Bellamy, Edward (1980): Ein Rückblick aus dem Jahr 2000, Leipzig.
Benjamin, Walter (1982): [Erkenntnistheoretisches, Theorien des Fortschritts], in: Das Passagen-Werk, Frankfurt a.M., S. 570-611.
Bensaïd, Daniel (2012): Der permanente Skandal, in: Demokratie? Eine Debatte, Berlin, S. 23-54.
Berg, Stefan (2011): Programmdebatte: Linke-Chefin erklärt Kommunismus zum Ziel der Partei, in: Spiegel Online, abrufbar unter: http://www.spiegel.de/politik/deutschland/programmdebatte-linke-chefin-erklaert-kommunismus-zum-ziel-der-partei-a-737780.html.
Bergmann, Jürgen (1986): Wirtschaftskrise und Revolution: Handwerker und Arbeiter 1848/49, Stuttgart.
Bey-Heard, Frauke (1969): Hauptstadt und Staatsumwälzung Berlin 1919. Problematik und Scheitern der Rätebewegung in der Berliner Kommunalverwaltung, Stuttgart/Berlin/Köln/Mainz.
Bezborodov, A.B. (2004): Istorija Rossii v novejščee vremja, Moskva.
Biesecker, Adelheid/Wichterich, Christa/Winterfeld, Uta von (2012): Feministische Perspektiven zum Themenbereich »Wohlstand, Wachstum, Lebensqualität«, Hintergrundpapier für die gleichnamige Enquete-Kommission, Bremen/Bonn/Wuppertal, abrufbar unter: http://www.rosalux.de/fileadmin/rls_uploads/pdfs/sonst_publikationen/Biesecker_Wichterich_Winter-

feld_2012_FeministischePerspe.pdf.
Bird-David, Nurit (1990): The Giving Environment: Another Perspective on the Economic System of Gatherer-Hunters, in: Current Anthropology, Vol. 31(2), S. 189-196.
Blanc, Louis Jean Joseph (1851): Plus de Girondins.
Blanqui, Louis Auguste (1968a): Der Kommunismus, die Zukunft der Gesellschaft, in: Instruktionen für den Aufstand. Aufsätze, Reden, Aufrufe, Frankfurt a.M., S. 125-153.
Blanqui, Louis Auguste (1968b): Der Prozess der Fünfzehn. Verteidigungsrede vor dem Schwurgericht (12. Januar 1832), in: Instruktionen für den Aufstand. Aufsätze, Reden, Aufrufe, Frankfurt a.M., S. 48-62.
Blanqui, Louis Auguste (1968c): Instruktionen für den Aufstand (1868/9), in: Instruktionen für den Aufstand. Aufsätze, Reden, Aufrufe, Frankfurt a.M., S. 157-178.
Bleicken, Jochen (1995): Die athenische Demokratie, Stuttgart.
Blissett, Luther (2002): Q: Roman, München/Zürich.
Bloch, Ernst (1993a): Das Prinzip Hoffnung: Kapitel 33-42, Frankfurt a.M.
Bloch, Ernst (1993b). Das Prinzip Hoffnung: Kapitel 43-55., Frankfurt a.M.
Bock, Helmut (2006): Heinrich Heine: »Verlor'ner Posten in dem Freiheitskriege«, Berlin.
Boltanski, Luc/Chiapello, Ève (2003): Der neue Geist des Kapitalismus, Konstanz.
Borenstein, Eliot (2000): Men without Women. Masculinity and Revolution in Russian Fiction, 1917-1929, Durham/London.
Boris, Dieter (2013): Staatlichkeit und Transformationsprozesse in Lateinamerika. Supplement der Zeitschrift Sozialismus 9, Hamburg.
Bosteels, Bruno (2012): Die linksradikale Hypothese: Kommunismus im Zeitalter des Terrors, in: Žižek, Slavoj/Douzinas, Costas (Hrsg.): Die Idee des Kommunismus, Bd. I, Hamburg, S. 51-88.
Bosteels, Bruno (2014): Die Aktualität des Kommunismus, Hamburg.
Brand, U./Radhuber, I. M./Schilling-Vacaflor, A. (2012): Plurinationale Demokratie in Bolivien: Gesellschaftliche und staatliche Transformationen, Münster, abrufbar unter: http://books.google.de/books?id=iqEyu44X3IAC.
Brangsch, Lutz (2009): »Der Unterschied liegt nicht im Was, wohl aber im Wie«. Einstiegsprojekte als Problem von Zielen und Mitteln linker Bewegungen, in: Brie, Michael (Hrsg.): Radikale Realpolitik. Plädoyer für eine andere Politik, Berlin, S. 39-51, abrufbar unter: http://www.rosalux.de/fileadmin/rls_uploads/pdfs/Texte-62.pdf.
Brangsch, Lutz (2011): Das Politikverständnis von Rosa Luxemburg: Soziales Lernen und politische Macht, in: Brie, Michael/Haug, Frigga (Hrsg.): Zwischen Klassenstaat und Selbstbefreiung. Zum Staatsverständnis von Rosa Luxemburg, Baden-Baden, S. 92-144.
Brangsch, Lutz (2014): Transformationsprozesse und ihre Politisierung in Ein-

stiegsprojekten, in: Brie, Michael (Hrsg.): Futuring. Transformation im Kapitalismus über ihn hinaus, Münster, S. 368-391.
Brangsch, Lutz (2015): Entwicklung, Revolution, Reform und Transformation, in: Brie, Michael (Hrsg.): Lasst uns über Alternativen reden. Beiträge zur kritischen Transformationsforschung 3, Hamburg, S. 130-147, abrufbar unter: http://www.rosalux.de/fileadmin/rls_uploads/pdfs/sonst_publikationen/VSA_Brie_Lasst-uns-ueber-Alternativen-reden_Netz.pdf.
Brangsch, Lutz/Dellheim, Judith/Spangenberg, Joachim H./Wolf, Frieder Otto (2012): Den Krisen entkommen. Sozialökologische Transformation, Berlin.
Brie, André/Brie, Michael/Dellheim, Judith/Falkner, Thomas/et al. (1997): Zur Programmatik der Partei des Demokratischen Sozialismus. Ein Kommentar, Berlin.
Brie, Michael (1992): »Selbstaufhebung« des Realsozialismus, in: Brie, Michael/Klein, Dieter (Hrsg.): Zwischen den Zeiten. Ein Jahrhundert verabschiedet sich, Hamburg, S. 57-100.
Brie, Michael (1993): Michail Gorbatschow – Held der Demontage, in: Der Engel der Geschichte. Befreiende Erfahrungen einer Niederlage, Berlin, S. 281-303.
Brie, Michael (2004): Der sowjetische Staatsparteisozialismus im Lichte der Marxschen Theorie »progressiver Epochen der ökonomischen Gesellschaftsformation«, in: Aufstieg und Fall des osteuropäischen Staatssozialismus: Ursachen und Wirkungen, Osteuropa in Tradition und Wandel. Leipziger Jahrbücher, Leipzig, S. 197-233.
Brie, Michael (2006): Omnia sunt communia – von der Möglichkeit des Kommunismus nach seinem Scheitern. Eine Skizze, in: Kinner, Klaus/Wurl, Ernst (Hrsg.): Linke Utopie – die Zukunft denken, Leipzig, S. 43-86.
Brie, Michael (2007): Der Kampf um gesellschaftliche Mehrheiten, in: Brie, Michael/Hildebrandt, Cornelia/Meuche-Mäker, Meinhard (Hrsg.): Die LINKE. Wohin verändert sie die Republik?, Berlin, S. 13-45.
Brie, Michael (2011): Rosa Luxemburgs Symphonie zur russischen Revolution, Berlin, abrufbar unter: http://rosalux.de/fileadmin/rls_uploads/pdfs/Standpunkte/Standpunkte_10-2011.pdf.
Brie, Michael (2012): Making the Common Good of Humanity Concrete – For a Life in Solidarity, in: Daiber, Birgit/Houtart, Francois (Hrsg.): A Post-capitalist Paradigm. The Common Good of Humanity, Brüssel, S. 133-158, abrufbar unter: http://rosalux.de/fileadmin/rls_uploads/pdfs/sonst_publikationen/common-goood.pdf.
Brie, Michael (2013): Der Bruch mit dem Leninismus als System. Sozialismus und Demokratie – eine historische Tragödie. Vortrag in Leipzig am 20.4.2013, abrufbar unter: http://www.rosalux.de/publication/39446/der-bruch-mit-dem-leninismus-als-system.html.
Brie, Michael (Hrsg.) (2014): Futuring. Perspektiven der Transformation im Kapitalismus über ihn hinaus, Münster.

Brie, Michael (2015a): Für ein Bündnis des liberalen Sozialismus und libertären Commonismus, in: Brie, Michael (Hrsg.): Polanyi neu entdecken: Das hellblaue Bändchen zu einem möglichen Dialog von Nancy Fraser und Karl Polanyi, Hamburg, S. 13-99.
Brie, Michael (Hrsg.) (2015b): Polanyi neu entdecken. Das hellblaue Bändchen zu einem möglichen Dialog von Nancy Fraser und Karl Polanyi, Hamburg.
Brie, Michael (2015c): Wie der Sozialismus praktisch wurde. Robert Owen – Reformer, Visionär, Experimentator, Berlin.
Brie, Michael/Candeias, Mario/Klein, Dieter (2015a): Genügt es Euch, »im herrschenden System mitzutanzen, statt es aktiv zu verändern«?, in: Brie, Michael (Hrsg.): Lasst uns über Alternativen reden. Beiträge zur kritischen Transformationsforschung 3, Hamburg, S. 12-35.
Brie, Michael/Candeias, Mario/Klein, Dieter (2015b): Revolutionäre Realpolitik. Über die Kunst, die Verhältnisse zum Tanzen zu bringen, in: junge Welt, abrufbar unter: https://www.jungewelt.de/2015/09-15/002.php.
Brie, Michael/Haug, Frigga (Hrsg.) (2011): Zwischen Klassenstaat und Selbstbefreiung. Zum Staatsverständnis von Rosa Luxemburg, Baden-Baden.
Brie, Michael/Hildebrandt, Cornelia (2015): Solidarische Mitte-Unten-Bündnisse und Anforderungen an linke Politik, in: LuXemburg. Gesellschaftsanalyse und linke Praxis, (2), S. 100-107.
Brie, Michael/Spehr, Christoph (2006): Was ist heute links?, Berlin, abrufbar unter: http://www.rosalux.de/fileadmin/rls_uploads/pdfs/kontrovers0601.pdf.
Brie, Michael/Spehr, Christoph (2008): Was ist Sozialismus?, Berlin, abrufbar unter: http://www.rosalux.de/fileadmin/rls_uploads/pdfs/kontrovers-0801.pdf.
Brown, Judith K. (2006): A Note on the Division of Labor by Sex, in: Lewin, Ellen (Hrsg.): Feminist Anthropology. A Reader, Oxford, S. 66-71.
Buber, Martin (1985): Pfade in Utopia. Über Gemeinschaft und deren Verwirklichung, Heidelberg.
Buber, Martin (1995): Ich und Du, Stuttgart.
Bucharin, Nikolai (1990): Ökonomik der Transformationsperiode. Mit Randbemerkungen von Lenin, Berlin.
Buck-Morss, Susan (2012): Das zweite Mal als Farce ... Historische Pragmatik und die unzeitgemäße Gegenwart, in: Žižek, Slavoj/Douzinas, Costas (Hrsg.): Die Idee des Kommunismus, Bd. I, Hamburg, S. 89-106.
Buck-Morss, Susan (2015): Eine commonistische Ethik, in: Žižek, Slavoj/Badiou, Alain (Hrsg.): Die Idee des Kommunismus, Bd. III, Hamburg, S. 73-95.
Bulavka, Ljudmila (2006): Kommunizm vozvraščaetsja. Majakovskij, in: Alternativy 2/2006, abrufbar unter: http://www.alternativy.ru/ru/node/186.
Buonarroti, Philipp (1975): Babeuf und die Verschwörung für die Gleichheit mit dem durch sie veranlassten Prozess und den Belegstücken, Bonn/Bad Godesberg.

Busch-Lüty, Christiane (1989): Leben und Arbeiten im Kibbuz. Aktuelle Lehren aus einem achtzigjährigen Experiment, Köln.
Caffentzis, George (2012): In the Desert of Cities: Notes on the Occupy Movement in the US, in: Reclamations Blog, abrufbar unter: http://www.reclamationsjournal.org/blog/?p=505.
Čajanov, Aleksandr Vasilevič (1989): Organizacija krest'janskogo chozjajstva, in: Krest'janskoe chozjajstvo. Izbrannye trudy, Moskva, S. 193-442.
Camus, Albert (1997a): Der Mensch in der Revolte, Reinbek bei Hamburg.
Camus, Albert (1997b): Unter dem Zeichen der Freiheit. Lesebuch, Reinbek bei Hamburg.
Candeias, Mario/Völpel, Eva (2014): Plätze sichern! ReOrganisierung der Linken in der Krise. Zur Lernfähigkeit des Mosaiks in den USA, Spanien und Griechenland, Hamburg, abrufbar unter: http://www.rosalux.de/fileadmin/rls_uploads/pdfs/sonst_publikationen/VSA_Candeias-Voelpel_Plaetze-sichern.pdf.
Černyševskij, Nikolaj Gavrilovič (1948): Russkaja beseda i slavijanofil'ctvo, in: Izbrannye ekonomičeskie proizvedenija ; T. 1, Moskva, S. 91-129.
Chakrabarti, Anjan/Dhar, Anup (2015): The Question Before the Communist Horizon, in: Rethinking Marxism, Vol. 27(3), S. 357-359.
Chase, Malcolm (2011): Exporting the Owenite Utopia: Thomas Powell and the Tropical Emigration Society, in: Thompson, Noel/Williams, Chris (Hrsg.): Robert Owen and his Legacy, Cardiff, S. 197-218.
Chorus, Silke (2013): Care-Ökonomie im Postfordismus – Perspektiven einer integralen Ökonomietheorie, Münster.
Chrjaschtschjew, A. (1921): Zur Charakteristik der russischen Bauernwirtschaften in der Kriegs- und Revolutionszeit, Leipzig.
Clastres, Pierre (1976): Staatsfeinde. Studien zur politischen Anthropologie, Frankfurt a.M.
Clausewitz, Carl von (1991): Vom Kriege. Hinterlassenes Werk des Generals Carl von Clausewitz. Vollständige Ausgabe im Urtext. Hrsg. v. Werner Hahlweg, 19. Jubiläumsausg., Bonn.
Cole, George Douglas Howard (1965): The Life of Robert Owen, Guildford/London.
Cole, Margaret (1953): Robert Owen of New Lanark, London.
Considerant, Victor (1975): Kurzer Abriss von Fouriers Phalanxsystem, in: Höppner, Joachim/Seidel-Höppner, Waltraud (Hrsg.): Von Babeuf bis Blanqui. Französischer Sozialismus und Kommunismus vor Marx, Bd. II: Texte, Leipzig, S. 212-249.
COPAC (2011): Beyond the Social Economy. Capitalism's Crises and the Solidarity Economy Alternative, Johannesburg.
Crome, Erhard (2006): Sozialismus im 21. Jahrhundert. Zwölf Essays über die Zukunft, Berlin.
Crozier, Michel/Huntington, Samuel P./Watanuki, Joji (1975): Crisis of Demo-

cracy: Report on the Governability of Democracies to the Trilateral Commission, New York.
Cullen, Alexander (1910): Adventures in socialism. New Lanark establishment and Orbiston community, Glasgow.
Daiber, Birgit/Hildebrandt, Cornelia/Striethorst, Anna (Hrsg.) (2010): Von Revolution bis Koalition, Berlin, abrufbar unter: http://rosalux.de/fileadmin/rls_uploads/pdfs/Publ-Texte/Texte_52.pdf.
Dalla Costa, Mariarosa (1976): Die Produktivität der Passivität. Die unbezahlte Sklaverei als Grundlage für die Produktivität der Lohnsklaverei, in: Menschik, Jutta (Hrsg.): Grundlagentexte zur Emanzipation der Frau, Köln.
Damasio, Antonio (2010): Selbst ist der Mensch. Körper, Geist und die Entstehung des menschlichen Bewusstseins, München.
Darwin, Charles (1958): The autobiography of Charles Darwin 1809-1882. With the original omissions restored. Edited and with appendix and notes by his grand-daughter Nora Barlow, London.
Darwin, Charles (2004): Die Entstehung der Arten durch natürliche Zuchtwahl, Hamburg.
Davis, Robert A./O'Hagan, Frank (2010): Robert Owen, London.
De Angelis, Massimo (2001): Marx and primitive accumulation: The continuous character of capital's »enclosures«, in: The Commoner, (2), abrufbar unter: http://www.commoner.org.uk/?p=5.
De Angelis, Massimo (2003): Reflections on Alternatives, Commons and Communities. Or: Building a New World from the Bottom Up, in: The Commoner, Vol. 6 (Winter), abrufbar unter: http://www.commoner.org.uk/deangelis06.pdf.
De Angelis, Massimo (2007): The Beginning of History. Value Struggles and Global Capital, London.
De Angelis, Massimo (2014a): Crisis and the Commons Today, in: Brincat, Shannon (Hrsg.): Communism in the 21st Century. Volume 3: The Future of Communism. Social Movements, Economic Crises, and the Re-imagination of Communism, Santa Barbara, S. 1-26.
De Angelis, Massimo (2014b): Profile, abrufbar unter: http://www.uel.ac.uk/research/profiles/lss/massimodeangelis/.
De Huerta, Marta Durán (2001): Yo Marcos. Gespräche über die zapatistische Bewegung, Hamburg.
Dean, Jodi (2012): The Communist Horizon, New York.
Dean, Jodi (2015a): Kommunistisches Begehren, in: Žižek, Slavoj/Badiou, Alain (Hrsg.): Die Idee des Kommunismus, Bd. III, Hamburg, S. 97-127.
Dean, Jodi (2015b): The Party and Communist Solidarity, in: Rethinking Marxism, Vol. 27(3), S. 332-342.
Defoe, Daniel (2014): Libertalia. Die utopische Piratenrepublik, Berlin.
Deleuze, Gilles/Guattari, Félix (1977): Rhizom, Berlin.
Demirović, Alex (2012): Reform, Revolution, Transformation, in: Brie, Michael/

Candeias, Mario (Hrsg.): Transformation im Kapitalismus und darüber hinaus. Beiträge zur Ersten Transformationskonferenz des Instituts für Gesellschaftsanalyse der Rosa-Luxemburg-Stiftung, Paper der Rosa-Luxemburg-Stiftung. Berlin, S. 33-48.

Demirović, Alex (2014): Transformation und Ereignis. Zur Dynamik demokratischer Veränderungsprozesse der kapitalistischen Gesellschaftsformation, in: Brie, Michael (Hrsg.): Futuring. Transformation im Kapitalismus über ihn hinaus, Münster, S. 419-435.

Demirović, Alex/Dück, Julia/Becker, Florian/Bader, Pauline (Hrsg.) (2011): VielfachKrise. Im finanzmarktdominierten Kapitalismus, Hamburg.

Deppe, Frank (1970): Verschwörung, Aufstand und Revolution, Frankfurt a.M.

Dimitroff, Georgi (2000): Tagebücher 1933-1943, Berlin.

Djilas, Milovan (1969): Die unvollkommene Gesellschaft, Wien/Zürich/München.

Dolšak, Nives/Ostrom, Elinor (2003): The Challenges of the Commons, in: Dolšak, Nives/Ostrom, Elinor (Hrsg.): The commons in the new millennium. Challenges and adaptation, Politics, science, and the environment. Cambridge, Mass, S. 3-34.

Douzinas, Costas (2012): »Adikia«. Über Kommunismus und Menschenrechte, in: Žižek, Slavoj/Douzinas, Costas (Hrsg.): Die Idee des Kommunismus, Bd. I, Hamburg, S. 89-106.

Douzinas, Costas/Žižek, Slavoj (2012): Vorwort, in: Douzinas, Costas/Žižek, Slavoj (Hrsg.): Die Idee des Kommunismus, Bd. I, Hamburg, S. 9-12.

Dowe, D./Klotzbach, H. (1973): Programmatische Dokumente der deutschen Sozialdemokratie, Bonn/Berlin-West.

Eagleton, Terry (2012): Kommunismus: Lear oder Gonzalo?, in: Douzinas, Costas/Žižek, Slavoj/ (Hrsg.): Die Idee des Kommunismus, Bd. I, Hamburg, S. 131-140.

Elsässer, Markus (1983): Soziale Intentionen und Reformen des Robert Owen in der Frühzeit der Industrialisierung: Analyse seines Wirkens als Unternehmer, Sozialreformer, Genossenschafter, Frühsozialist, Erzieher und Wissenschaftler, Berlin.

Engels, Friedrich (1884): Der Ursprung der Familie, des Privateigentums und des Staats. Im Anschluss an Lewis H. Morgans Forschungen, in: MEW, Bd. 21, Berlin, S. 25-173.

Engels, Friedrich (1891): Die Entwicklung des Sozialismus von der Utopie zur Wissenschaft, in: MEW, Bd. 19, Berlin, S. 177-228.

Engels, Friedrich (1894): Vorwort [zur Broschüre »Internationales aus dem ›Volksstaat‹ (1871-75)«], in: MEW, Bd. 22, Berlin, S. 416-418.

Erdal, David/Whiten, Andrew (1994): On Human Egalitarianism: An Evolutionary Product of Machiavellian Status Escalation?, in: Current Anthropology, Vol. 35(2), S. 175-183.

Euchner, Walter/Grebing, Helga/Stegmann, F.-J./Langhorst, Peter/et al. (2005): Geschichte der sozialen Ideen in Deutschland. Sozialismus – Katholische Soziallehre – Protestantische Sozialethik. Ein Handbuch, Wiesbaden.
Eumann, Ulrich (2007): Eigenwillige Kohorten der Revolution. Zur regionalen Sozialgeschichte des Kommunismus in der Weimarer Republik, Frankfurt a.M.
Federici, Silvia (2011): Feminism and the Politics of the Commons, in: The Commoner, abrufbar unter: http://www.commoner.org.uk/?p=113.
Felber, Christian (2010): Die Gemeinwohl-Ökonomie. Das Wirtschaftsmodell der Zukunft, Wien.
Felber, Christian (2012): Die Gemeinwohl-Ökonomie. Eine demokratische Alternative wächst, Wien.
Figes, Orlando (2014): Russland. Die Tragödie eines Volkes: Die Epoche der russischen Revolution 1891 bis 1924, Berlin.
Fischer, Noah (2013): Where is Occupy Now?, in: Art F City, abrufbar unter: http://artfcity.com/2013/06/07/where-is-occupy-now/.
Flach, Anja/Ayboga, Ercan/Knapp, Michael (2015): Revolution in Rojava: Frauenbewegung und Kommunalismus zwischen Krieg und Embargo, Hamburg.
Flavius Josephus (1974): Geschichte des Judäischen Krieges, Leipzig.
Fölling-Albers, Maria/Fölling, Werner (2000): Kibbutz und Kollektiverziehung. Entstehung – Entwicklung – Veränderung, Opladen.
France, A. (1991): Die Insel der Pinguine, Frankfurt a.M.
Freud, Sigmund (1999): Totem und Tabu, in: Gesammelte Werke, Bd. 9, Frankfurt a.M.
Friessner, Helmut (2006): Demokratie im Fadenkreuz: Die Attacken der Weltwirtschaft auf die demokratische Ordnung, Wien.
Frings, Christian (2013): Das Kapital – die entfremdete Form der Kommune aus sieben Milliarden, in: Selbsthilfegruppe Ei des Kommunismus (SEK) (Hrsg.): Was tun mit Kommunismus?! Kapitalismus – »realexistierender Sozialismus« – konkrete Utopien heute, Münster, S. 256-268.
Fromm, Erich (1988): Das Menschenbild bei Marx, Frankfurt a.M./Berlin.
Futuyma, Douglas (2007): Evolution, München.
Gabriel, Sigmar (2015): Wir werden uns nicht erpressen lassen, in: Bild-Zeitung vom 14.6.2015.
García Linera, Álvaro (2012): Vom Rand ins Zentrum. Die Neugestaltung von Staat und Gesellschaft in Bolivien, Zürich.
Garnett, R.G. (1971): Robert Owen and the Community Experiments, in: Pollard, Sidney/Salt, John (Hrsg.): Robert Owen. Prophet of the Poor, London, S. 39-64.
Gehrke, Bernd (2013): Sozialismus nach dem »real existierenden Sozialismus«. Ein Blick zurück nach vorn, in: Selbsthilfegruppe Ei des Kommunismus (SEK) (Hrsg.): Was tun mit Kommunismus?! Kapitalismus – »realexistierender Sozialismus« – konkrete Utopien heute, Münster, S. 269-305.

Gehrke, Bernd/Horn, Gerd R. (2007): 1968 und die Arbeiter in Europa, Hamburg.
Gertenbach, Lars/Laux, Henning/Rosa, Hartmut/Strecker, David (2010): Theorien der Gemeinschaft zur Einführung, Hamburg.
Gibson, Katherine (2013): Being the Revolution, or, How to Live in a ›More-Than-Capitalist‹ World Threatened with Extinction, abrufbar unter: http://syntheticzero.net/2014/06/21/being-the-revolution-katherine-gibson/.
Gibson-Graham, J.K./Cameron, Jenny/Healy, Stephen (2013): Take Back the Economy. An Ethical Guide for Transforming Our Communities, Minneapolis/London.
Giri, Saroj (2012): Kommunismus: Die reale Bewegung, in: Badiou, Alain/Žižek, Slavoj (Hrsg.): Die Idee des Kommunismus, Bd. II, Hamburg, S. 49-86.
Godelier, Maurice (1977): Perspectives in Marxist Anthropology, Cambridge.
Godwin, William (2004): Politische Gerechtigkeit. Hrsg. und mit einem Anhang von Hermann Klenner, Freiburg.
Goland, Jurij M. (2006): Diskussii ob ėkonomičeskoj politike v gody denežnoj reformy 1921-1924, Moskva.
Goldman, Wendy Z. (2008): Women, the State and Revolution. Soviet Family Policy and Social Life, 1917-1936, Cambridge.
Gotthardt, Christian (1991): Die Entstehung der Arbeiterbewegung in Harburg (1857-1869), Hamburg.
Gotthardt, Christian (2007): Die radikale Linke als Massenbewegung: Kommunisten in Harburg-Wilhelmsburg 1918 bis 1933, Hamburg.
Graber, Robert Bates (2010): Cultural Change, in: Birx, H. James (Hrsg.): 21st Century Anthropology. A Reference Handbook, Thousand Oaks, S. 565-575.
Graeber, David (2009): Debt, violence, and impersonal markets: Polanyian meditations, in: Hann, C.M./Hart, Keith (Hrsg.): Market and society. The great transformation today, Cambridge/New York, S. 106-132.
Graeber, David (2012): Schulden. Die ersten 5000 Jahre, Stuttgart.
Gross, Babette (1991): Willi Münzenberg. Eine politische Biografie, Leipzig.
Grossman, Vasilij S. (2008): Leben und Schicksal, Berlin.
Grünberg, Carl (1912): Der Ursprung der Worte »Sozialismus« und »Sozialist«, in: Archiv für die Geschichte des Sozialismus und der Arbeiterbewegung, Bd. 2, Leipzig, S. 372-379.
Grupe, Gisela/Christiansen, Kerrin/Schröder, Inge/Wittwer-Backofen, Ursula (2012): Anthropologie. Einführendes Lehrbuch, Berlin/Heidelberg.
Guattari, Pierre-Félix/Negri, Antonio (1996): Communist Propositions, in: The Guattari Reader, Oxford, S. 248-258.
Gudynas, Eduardo (2012): Buen Vivir. Das gute Leben jenseits von Entwicklung und Wachstum, in: Lang, Miriam (Hrsg.): Demokratie, Partizipation, Sozialismus. Lateinamerikanische Wege der Transformation, Berlin, S. 28-45.
Habermann, Friederike (2009): Halbinseln gegen den Strom. Anders leben und

wirtschaften im Alltag, Königstein/Taunus.
Hagemeister, Michael/Groys, Boris (Hrsg.) (2005): Die Neue Menschheit. Biopolitische Utopien in Russland zu Beginn des 20. Jahrhunderts, Frankfurt a.M.
Haiven, Max (2015): Politik der Teilhabe (2): Sollten wir ein Recht auf Commons als Menschenrecht deklarieren?, in: Berliner Gazette, abrufbar unter: http://berlinergazette.de/commons-als-menschenrecht/.
Haken, Hermann (1995): Erfolgsgeheimnisse der Natur. Synergetik: Die Lehre vom Zusammenwirken, Frankfurt a.M.
Hallward, Peter (2012): Kommunismus des Intellekts, Kommunismus des Willens, in: Žižek, Slavoj/Douzinas, Costas (Hrsg.): Die Idee des Kommunismus, Bd. I, Hamburg, S. 141-164.
Hammelehle, Sebastian (2011): Kommunismusdebatte: Klassenlos und frei von Kohlendioxid, in: Spiegel Online, abrufbar unter: http://www.spiegel.de/kultur/gesellschaft/kommunismusdebatte-klassenlos-und-frei-von-kohlendioxid-a-738073.html.
Hardin, Garrett (1968): The Tragedy of the Commons, in: Science, Vol. 162(3859), S. 1243-1248.
Hardt, Michael/Negri, Antonio (2000): Empire, Cambridge/London.
Harnecker, Marta (2013): Instruments for doing politics, in: Links International Journal of Socialist Renewal/September 5, 2013, abrufbar unter: http://links.org.au/node/3510.
Harvey, David (2010): Organizing for the Anti-Capitalist Transition, in: Reading Marx's Capital with David Harvey, abrufbar unter: http://davidharvey.org/2009/12/organizing-for-the-anti-capitalist-transition/.
Healey, Dan (2001): Homosexual desire in revolutionary Russia: the regulation of sexual and gender dissent, Chicago.
Healy, Stephen (2015a): Communism as a Mode of Life, in: Rethinking Marxism, Vol. 27(3), S. 343-356.
Healy, Stephen (2015b): Parody, the Party, Politics, and Postcapitalism: Some Thoughts on a Shared Future, in: Rethinking Marxism, Vol. 27(3), S. 385-395.
Hedeler, Wladislaw/Schützler, Horst/Striegnitz, Sonja (Hrsg.) (1997): Aus den stenographischen Aufzeichnungen über die Tagung der Konstituierenden Versammlung. 5. und 6. Januar 1918, in: Die Russische Revolution 1917. Wegweiser oder Sackgasse?, Berlin, S. 407-415.
Heinsohn, Gunnar (Hrsg.) (1982): Das Kibbutz-Modell, Frankfurt a.M.
Helfrich, Silke/Bollier, David/Heinrich-Böll-Stiftung (Hrsg.) (2015): Die Welt der Commons: Muster gemeinsamen Handelns, Bielefeld, abrufbar unter: http://band2.dieweltdercommons.de.
Helfrich, Silke/Heinrich-Böll-Stiftung (Hrsg.) (2009): Wem gehört die Welt? Zur Wiederentdeckung der Gemeingüter, München.
Helfrich, Silke/Heinrich-Böll-Stiftung (Hrsg.) (2012): Commons. Für eine neue

Politik jenseits von Markt und Staat, Bielefeld.
Herbert, Gabriele (1982): Das Einfache, das schwer zu machen ist. Selbstverwaltung in Jugoslawien. Ein Beispiel für die Probleme von Übergangsgesellschaften, Frankfurt a.M.
Herbert, Gabriele (1988): Das selbstverwaltete Jugoslawien in der Wirtschaftskrise, in: mehrwert. Beiträge zur Kritik der politischen Ökonomie, S. 141-153.
Herzberg, Guntolf/Seifert, Kurt (2005): Rudolf Bahro – Glaube an das Veränderbare: Biographie, 1. Aufl., Berlin.
Hildebrandt, Cornelia (2015a): Linksparteien in Europa als Subjekte der Transformation, in: Brie, Michael (Hrsg.): Lasst uns über Alternativen reden. Beiträge zur kritischen Transformationsforschung 3, Hamburg, S. 190-219, abrufbar unter: http://www.rosalux.de/fileadmin/rls_uploads/pdfs/sonst_publikationen/VSA_Brie_Lasst-uns-ueber-Alternativen-reden_Netz.pdf.
Hildebrandt, Cornelia (2015b): Situation on the Left in Europe After the EU Elections: New Challenges. International Workshop of the Rosa Luxemburg Foundation July 21-23, 2014, Berlin, abrufbar unter: http://www.rosalux.de/fileadmin/rls_uploads/pdfs/rls_papers/Papers_situation_on_the_left_in_europe.pdf.
Hilger, Marie-Elisabeth (1982): Kapital, Kapitalist, Kapitalismus, in: Brunner, Otto/Conze, Werner/Koselleck, Reinhart (Hrsg.): Geschichtliche Grundbegriffe. Historisches Lexikon zur politisch-sozialen Sprache in Deutschland, Bd. 5, Stuttgart, S. 399-454.
Hobbes, Thomas (1967): Vom Menschen. Vom Bürger, Berlin.
Hobbes, Thomas (2005): Leviathan. Hrsg. v. Hermann Klenner, Hamburg.
Hobsbawm, Eric J. (1994): Age of Extremes. The Short Twentieth Century, 1914-1991, London/New York.
Hobsbawm, Eric J. (1998): Das Zeitalter der Extreme. Weltgeschichte des 20. Jahrhunderts, München.
Hoffrogge, Ralf (2008): Richard Müller. Der Mann hinter der Novemberrevolution, Berlin.
Holloway, John (2010): Die Welt verändern, ohne die Macht zu übernehmen, Münster.
Holloway, John (2014): Communize!, in: Brincat, Shannon (Hrsg.): Communism in the 21st Century. Volume 3: The Future of Communism. Social Movements, Economic Crises, and the Re-imagination of Communism, Santa Barbara, California, S. 213-221.
Holmes, Leslie (2009): Communism. A Very Short Introduction, Oxford/New York.
Holyoake, George Jacob (1875): The history of co-operation in England: its literature and its advocates, Bd. 1, London.
Höppner, Joachim/Seidel-Höppner, Waltraud (2002a): Der Bund der Geächteten und der Bund der Gerechtigkeit, in: Jahrbuch für Forschungen zur Ge-

schichte der Arbeiterbewegung, Vol. 1, S. 60-92.
Höppner, Joachim/Seidel-Höppner, Waltraud (2002b): Etienne Cabet und seine Ikarische Kolonie. Sein Weg vom Linksliberalen zum Kommunisten und seine Kolonie in Darstellung und Dokumentation, Frankfurt a.M. et al.
Horvat, Branko (1973): Die Arbeiter-Selbstverwaltung. Das jugoslawische Wirtschaftsmodell, München.
Horvat, Branko (1983): The political economy of socialism, New York.
Houtart, Francois (2012): From »common goods« to the »Common Good of Humanity«, in: Daiber, Birgit/Houtart, Francois (Hrsg.): A Post-capitalist Paradigm. The Common Good of Humanity, Brüssel, S. 11-56, abrufbar unter: http://rosalux.de/fileadmin/rls_uploads/pdfs/sonst_publikationen/common-goood.pdf.
Il'inych, A. (2011): Čajanovskaja al'ternativa v Sibiri: perspektivnyj plan razvitija sel'skogo chozjajstva Sibirskogo kraja 1926g., in: Krest'janovedenie: Teorija, Istorija, Sovremennost'. Učenye zapiski, Vol. 6, S. 176-191.
Initiative zur Verständigung/Philologischer Flügel der Imaginären Partei (2015): ... sich vom Staat zurückziehen, um sich die eigene Kraft der Problemlösung und Perspektivenfindung anzueignen, in: Kurdistan Report, (Nr. 181 September/Oktober 2015), S, 64-66.
Jowtschuk, M. (1949): Die philosophischen, sozialen und politischen Anschauungen N.A. Dobroljubows, in: N.A. Dobroljubow: Ausgewählte philosophische Schriften, Moskau, S. 9-51.
Kagarlickij, B. Ju/Sergeev, V. N. (2013): Istorija Rossii. Mirosistemnyj analiz, Moskva.
Kamecke, Gernot/Teschke, Henning (2012): Die Idee des Kommunismus. Was zählt?, in: Badiou, Alain/Žižek, Slavoj (Hrsg.): Die Idee des Kommunismus, Bd. II, Hamburg, S. 109-122.
Kant, Immanuel (2000): Logik (Handbuch), in: Sämtliche Werke, Essen, S. 15-143.
Kanzleiter, Boris (2011): Die »Rote Universität«. Studentenbewegung und Linksopposition in Belgrad 1964-1975, Hamburg.
Kanzleiter, Boris/Stojaković, Krunoslav (2008): 1968 in Jugoslawien: Studentenproteste und kulturelle Avantgarde zwischen 1960 und 1975 : Gespräche und Dokumente, Bonn.
Kautsky, Karl (1902): Die soziale Revolution. II. Am Tage nach der sozialen Revolution, Berlin.
Kautsky, Karl (1918): Sozialdemokratische Bemerkungen zur Uebergangswirtschaft, Leipzig.
Kautsky, Karl (1922): Die proletarische Revolution und ihr Programm, Stuttgart/Berlin.
Kautsky, Karl (1947a): Thomas More und seine Utopie, Berlin.
Kautsky, Karl (1947b): Vorläufer des neueren Sozialismus, Berlin.
Kautsky, Karl (1990): Die Diktatur des Proletariats, in: Soziales Denken, Bd. 1,

Berlin, S. 7-87.
Kaya, Gönül (2015): Die Frauen als Avantgarde, in: Kurdistan Report (Nr. 180 Juli/August 2015), S. 39-42.
Keynes, John Maynard (2007): Wirtschaftliche Möglichkeiten für unsere Enkelkinder, in: Reuter, Norbert (Hrsg.): Wachstumseuphorie und Verteilungsrealität. Wirtschaftspolitische Leitbilder zwischen Gestern und Morgen. Mit Texten zum Thema von John Maynard Keynes und Wassily W. Leontief, Marburg, S. 135-147.
Kiehnbaum, Erhard (2002): Peter Imandt – Eine Biografie, Berlin.
Klein, Dieter (2013): Das Morgen tanzt im Heute. Transformation im Kapitalismus und über ihn hinaus, Hamburg, abrufbar unter: http://www.rosalux.de/fileadmin/rls_uploads/pdfs/sonst_publikationen/VSA_Klein_Das_Morgen.pdf.
Klein, Dieter (2014): Doppelte Transformation, in: Brie, Michael (Hrsg.): Futuring. Transformation im Kapitalismus über ihn hinaus, Münster, S. 101-125.
Klein, Dieter/Wahl, Joachim (2015): Progressiver Wandel in Lateinamerika – doppelte Transformation?, in: Brie, Michael (Hrsg.): Lasst uns über Alternativen reden. Beiträge zur kritischen Transformationsforschung 3, Hamburg, S. 148-189, abrufbar unter: http://www.rosalux.de/fileadmin/rls_uploads/pdfs/sonst_publikationen/VSA_Brie_Lasst-uns-ueber-Alternativen-reden_Netz.pdf.
Knecht, Ursula/Krüger, Caroline/Markert, Dorothee/Moser, Michaela/et al. (2012): ABC des guten Lebens, Rüsselsheim.
Kollontai, Alexandra (1972): Die Arbeiteropposition, in: Kool, Fritz/Oberländer, Erwin (Hrsg.): Arbeiterdemokratie oder Parteidiktatur. Dokumente, Bd. 1, Opposition innerhalb der Partei, München, S. 182-239.
Kollontai, Alexandra (1992): Die Liebe der drei Generationen, in: Wege der Liebe. Drei Erzählungen, Berlin, S. 62-273.
Kropotkin, Peter (1920): Gegenseitige Hilfe in der Tier- und Menschenwelt. Autorisierte deutsche Ausgabe besorgt von Gustav Landauer, Leipzig.
Kropotkin, Pjotr A. (1982): Die große Französische Revolution 1789-1793. Aus dem Französischen übersetzt von Gustav Landauer, Bd. 2, Leipzig/Weimar.
Krüger, Hans-Peter (2006a): Die Antwortlichkeit in der exzentrischen Positionalität. Die Drittheit, das Dritte und die dritte Person als philosophische Minima, in: Krüger, Hans-Peter/Lindemann, Gesa (Hrsg.): Philosophische Anthropologie im 21. Jahrhundert, Berlin, S. 164-183.
Krüger, Hans-Peter (2006b): Die Fraglichkeit menschlicher Lebewesen. Problemgeschichtliche und systematische Dimensionen, in: Krüger, Hans-Peter/Lindemann, Gesa (Hrsg.): Philosophische Anthropologie im 21. Jahrhundert, Berlin, S. 15-41.
Krüger, Hans-Peter (2011): Die Körper-Leib-Differenz von Personen: Exzentri-

sche Positionalität und homo absconditus, in: Deutsche Zeitschrift für Philosophie, Vol. 59(4), S. 577-589.

Kuczynski, Jürgen (1976): Einschätzungen, Skizzen und Karikaturen von Personen – Lassalle, in: Studien zu einer Geschichte der Gesellschaftswissenschaften, Bd. 3. Zum Briefwechsel zwischen Engels und Marx, Studien zu einer Geschichte der Gesellschaftswissenschaften, Berlin, S. 164-187.

Kuljić, Todor (2011): Der flexible Feind. Zur Rolle des Antibürokratismus bei der Legitimierung von Titos Selbstverwaltungssystem, in: Jahrbuch für Forschungen zur Geschichte der Arbeiterbewegung, S. 58-70.

Kutschera, Ulrich (2009): Tatsache Evolution: Was Darwin nicht wissen konnte, München.

Lang, Miriam (Hrsg.) (2012): Demokratie, Partizipation, Sozialismus. Lateinamerikanische Wege der Transformation, Berlin.

Lassalle, Ferdinand (1912): Herr Bastiat-Schulze von Delitzsch, der ökonomische Julian, oder: Capital und Arbeit, Berlin.

Lassalle, Ferdinand (1923): Arbeiterprogramm, in: Renner, Karl (Hrsg.): Auswahl von Reden und Schriften, Sozialistische Klassiker, Berlin, S. 137-189.

Lassalle, Ferdinand (1976): Lassalle an Marx am 10. Februar 1854, in: Die deutsche Arbeiterbewegung 1948-1919 in Augenzeugenberichten, München, S. 104f.

Lassalle, Ferdinand (1989): An Karl Marx in London, Düsseldorf, 10. Februar 1854, in: MEGA Dritte Abteilung, Briefwechsel, Bd. 7, Berlin, S. 322-324.

Lemke, Heinz (1977): Die revolutionären Narodniki, in: Bulganov, V.I./Hoffmann, P./Pašutov, V.T./Voigt, G. (Hrsg.): Klassenkampf und revolutionäre Bewegung in der Geschichte Russlands. Von den Anfängen bis zur Oktoberrevolution, Quellen und Studien zur Geschichte Osteuropas, Berlin.

Lenin, W.I. (1923): Über das Genossenschaftswesen, in: Werke, Bd. 33, Berlin, S. 453-461.

Lenin, W.I. (1960): Die nächsten Aufgaben der Sowjetmacht, in: Werke, Bd. 27, Berlin, S. 225-268.

Lenin, W.I. (1961): Was sind die Volksfreunde und wie kämpfen sie gegen die Sozialdemokraten?, in: Werke, Bd. 1, Berlin, S. 119-338.

Lenin, W.I. (1962): XI. Parteitag der KPR(B): Politischer Bericht des Zentralkomitees der KPR(B), in: Werke, Bd. 33, Berlin, S. 249-295.

Lenin, W.I. (1974a): Der »linke Radikalismus«, die Kinderkrankheit im Kommunismus, in: Werke, Bd. 31, Berlin, S. 1-106.

Lenin, W.I. (1974b): VIII. Gesamtrussischer Sowjetkongress 22.-29. Dezember 1920, in: Werke, Bd. 31, Berlin, S. 457-531.

Lenin, W.I. (1974c): Staat und Revolution. Die Lehre des Marxismus vom Staat und die Aufgaben des Proletariats in der Revolution, in: Werke, Bd. 25, Berlin, S. 393-507.

Lenin, W.I. (1982a): Bericht über die politische Tätigkeit des ZK der KPR(B), 8. März 1921, in: Werke, Bd. 32, Berlin, S. 168-191.

Lenin, W.I. (1982b): Rede bei der Eröffnung des Parteitages, 6. März 1921, in: Werke, Bd. 32, Berlin, S. 165-167.
Lenin, W.I. (1982c): Schlusswort zum Bericht des ZK der KPR(B), 9. März 1921, in: Werke, Bd. 32, Berlin, S. 192-208.
Leon, Dan (1969): The Kibbutz. A New Way of Life, Oxford.
Liebknecht, W. (1892): Robert Owen. Sein Leben und sozialpolitisches Wirken. Zwei ausgegrabene Skizzen, Nürnberg.
Lindemann, Gesa (2006): Die dritte Person – das konstitutive Minimum der Sozialtheorie, in: Krüger, Hans-Peter/Lindemann, Gesa (Hrsg.): Philosophische Anthropologie im 21. Jahrhundert, Berlin, S. 125-145.
Lindenau, Mathias (2007): Requiem für einen Traum? Transformation und Zukunft der Kibbutzim in der israelischen Gesellschaft, Berlin.
Linebaugh, Peter (2008): The Magna Carta Manifesto. Liberties and commons for all, Berkeley.
Linebaugh, Peter/Rediker, Marcus Buford (2000): The many-headed hydra. Sailors, slaves, commoners, and the hidden history of the revolutionary Atlantic, Boston.
Locke, John (1980): Abhandlung über den wahren Ursprung, Umfang und Zweck des staatlichen Gemeinwesens, in: Klenner, Hermann (Hrsg.): Bürgerliche Gesellschaft und Staatsgewalt, Leipzig, S. 95-288.
Loew, Roswitha/Tschistowa, Bella (1986): Majakowski in Deutschland. Texte zur Rezeption 1919-1930, Berlin.
Lötzsch, Gesine (2011): Wege zum Kommunismus, in: Junge Welt, S. 10.
Luxemburg, Rosa (1918): Was will der Spartakusbund?, in: Gesammelte Werke, Bd. 4, Berlin, S. 442-451.
Luxemburg, Rosa (1972): Aus dem Nachlass unserer Meister, in: Gesammelte Werke, Bd. 1.2, Berlin, S. 148-158.
Luxemburg, Rosa (1974a): Eine Ehrenpflicht, in: Gesammelte Werke, Bd. 4, Berlin, S. 404-406.
Luxemburg, Rosa (1974b): Zur russischen Revolution, in: Gesammelte Werke, Berlin, S. 332-365.
Luxemburg, Rosa (1975): Einführung in die Nationalökonomie, in: Gesammelte Werke, Bd. 5, Berlin, S. 524-778.
Luxemburg, Rosa (1984): Kostja Zetkin [Friedenau, 8. Oktober 1909], in: Rosa Luxemburg – Gesammelte Briefe, Bd. 3, Berlin, S. 95-96.
Madörin, Mascha (2006): Plädoyer für eine eigenständige Theorie der Care-Ökonomie, in: Niechoj, Torsten/Tullney, Marco (Hrsg.): Geschlechterverhältnisse in der Ökonomie, Marburg, S. 277-297.
Madra, Yahya M./Özselçuk, Ceren (2015): The Party and Postcapitalist Politics: A Missed Encounter?, in: Rethinking Marxism, Vol. 27(3), S. 360-363.
Magri, Lucio (2011): The tailor of Ulm. Communism in the twentieth century, London/New York.
Majakowski, Wladimir (1967): Mysterium buffo. Heroisches, episches und sati-

risches Abbild unseres Weltalters in sechs Aufzügen, in: Kossuth, Leonhard (Hrsg.): Wladimir Majakowski: Ausgewählte Werke. Stücke. Bühnenwerke und Filmszenarien, nachgedichtet von Hugo Huppert, Berlin, S. 27-121.

Majmurek, Kuba/Mikurda, Kuba/Sowa, Janek (2012): Das Ereignis im Eisschrank. Der Karneval der Solidarität (1980-1981) als Eruption der politischen Phantasie, in: Badiou, Alain/Žižek, Slavoj (Hrsg.): Die Idee des Kommunismus, Bd. II, Hamburg, S. 87-107.

Malthus, Thomas (1998): An Essay on the Principle of Population, as it Affects the Future Improvement of Society with Remarks on the Speculations of Mr. Godwin, M. Condorcet, and Other Writers [1798], London, abrufbar unter: http://www.esp.org/books/malthus/population/malthus.pdf.

Manifest (2008): Manifest der 3000 Wörter (3. Juni 1969), in: Kanzleiter, Boris/ Stojaković, Krunoslav (Hrsg.): 1968 in Jugoslawien. Studentenproteste und kulturelle Avantgarde zwischen 1960 und 1975, Bonn, S. 275-281.

Mannheim, Karl (1965): Ideologie und Utopie, Frankfurt a.M.

Mao Tse-tung (1956): Über den Widerspruch, in: Ausgewählte Schriften, Bd. 1, Berlin, S. 353-400.

Marchart, Oliver (2010): Die politische Differenz. Zum Denken des Politischen bei Nancy, Lefort, Badiou, Laclau und Agamben, Berlin.

Marcos, Subcomandante (2003): Die dreizehnte Stele, abrufbar unter: http://chiapas.at/ezln/dreizehnte_stele.htm bzw. http://enlacezapatista.ezln.org.mx/2003/07/21/chiapas-la-treceava-estela-primera-parte-un-caracol/ ff.

Marcos, Subcomandante (2005): Botschaften aus dem lakandonischen Urwald, Hamburg.

Marcos, Subcomandante (2014): Zwischen Licht und Schatten. Enlace Zapatista, abrufbar unter: http://enlacezapatista.ezln.org.mx/2014/06/05/zwischen-licht-und-schatten/.

Marcu, Valeriu (1927): Lenin. 30 Jahre Russland, Leipzig.

Marković, Mihailo (1974): Basic Issues of Self-Management, in: Praxis – Jugoslovensko izdanje, S. 93-100.

Marković, Mihailo (1986): Self-Governing Political System and De-Alienation in Yugoslavia (1950-1965), in: PRAXIS international, Vol. 6, S. 159-174.

Martow, Julius (1973): Geschichte der russischen Sozialdemokratie (1926), Erlangen.

Marx, Karl (1844): Zur Kritik der Hegelschen Rechtsphilosophie. Einleitung, in: MEW, Bd. 1, Berlin, S. 378-391.

Marx, Karl (1845): [Thesen über Feuerbach] [1845], in: MEW, Bd. 3, Berlin, S. 5-7.

Marx, Karl (1859): Zur Kritik der Politischen Ökonomie. Vorwort, in: MEW, Bd. 13, Berlin, S. 7-11.

Marx, Karl (1871): Allgemeine Statuten und Verwaltungs-Verordnungen der Internationalen Arbeiterassoziation, in: MEW, Bd. 17, Berlin, S. 440-455.

Marx, Karl (1875): Kritik des Gothaer Programms, in: MEW, Bd. 19, Berlin, S.

13-32.
Marx, Karl (1880): [Einleitung zum Programm der französischen Arbeiterpartei], in: MEW, Bd. 19, Berlin, S. 238.
Marx, Karl (1881a): Brief an V.I. Sassulitsch, in: MEW, Bd. 19, Berlin, S. 242-243.
Marx, Karl (1881b): [Entwürfe einer Antwort auf den Brief von V.I. Sassulitsch], in: MEW, Bd. 19, Berlin, S. 384-406.
Marx, Karl (1890): Das Kapital. Kritik der politischen Ökonomie. Erster Band, in: MEW, Bd. 23, Berlin.
Marx, Karl (1973): Das Kapital. Kritik der politischen Ökonomie. Dritter Band, in: MEW, Bd. 25, Berlin.
Marx, Karl (1974a): Ökonomisch-philosophische Manuskripte aus dem Jahre 1844, in: MEW, Berlin, S. 465-588.
Marx, Karl (1974b): Theorien über den Mehrwert. Zweiter Teil, in: MEW, Bd. 26.2, Berlin.
Marx, Karl (1978): [Brief an die Redaktion der »Otetschestwennyje Sapiski«] (1877), in: MEW, Bd. 19, Berlin, S. 107-112.
Marx, Karl (1981): Inauguraladresse der Internationalen Arbeiter-Assoziation, in: MEW, Bd. 16, Berlin, S. 5-13.
Marx, Karl (1982): Der achtzehnte Brumaire des Louis Bonaparte, in: MEW, Bd. 8, Berlin.
Marx, Karl (1983): Grundrisse der Kritik der politischen Ökonomie [1857-1859], in: MEW, Bd. 42, Berlin.
Marx, Karl (1987): Randglossen zum Programm der deutschen Arbeiterpartei (Kritik des Gothaer Programms), in: MEW, Bd. 19, Berlin, S. 11-32.
Marx, Karl/Engels, Friedrich (1848): Manifest der Kommunistischen Partei, in: MEW, Bd. 4, Berlin, S. 459-493.
Marx, Karl/Engels, Friedrich (1981): Die deutsche Ideologie, in: MEW, Bd. 3, Berlin, S. 9-530.
McDermid, Jane/Hillyar, Anna (1999): Midwives of the Revolution: Female Bolsheviks and Women Workers in 1917, Ohio.
Mehring, Franz (1960): Geschichte der deutschen Sozialdemokratie. Erster Teil, in: Gesammelte Schriften, Bd. 1, Berlin.
Mehring, Franz (1980a): Einleitung zu Wilhelm Weitling: Garantien der Harmonie und Freiheit, in: Gesammelte Schriften, Bd. 4, Berlin, S. 89-130.
Mehring, Franz (1980b): Ein methodologisches Problem, in: Gesammelte Schriften, Bd. 4, Berlin, S. 219-225.
Meier, Christian (2012): Athen: Ein Neubeginn der Weltgeschichte, München.
Meretz, Stefan (2013): Commonismus begreifen, abrufbar unter: http://keimform.de/2013/commonismus-begreifen/.
Meves, Helge (2014): Nachwort. Wege nach Libertalia, in: Libertalia. Die utopische Piratenrepublik, Berlin, S. 111-184.

Michels, Robert (1925): Zur Soziologie des Parteiwesens, Leipzig.
Midnight Notes Collective (1985): A Conceptualization of the Law in the Manifold of Work, in: Midnight Notes, Vol. 5, abrufbar unter: http://www.midnightnotes .org/newenclos.html.
Milborn, Keir (2014): Beyond Assemblyism: The Processual Calling of the 21st-century Left, in: Brincat, Shannon (Hrsg.): Communism in the 21st Century. Vol. 3: The Future of Communism. Social Movements, Economic Crises, and the Re-imagination of Communism, Santa Barbara, California, S. 189-212.
Miller, Ethan (2015): Anticapitalism or Postcapitalism? Both!, in: Rethinking Marxism, Vol. 27(3), S. 364-367.
Miranda, José Porfirio (2014): Der Kommunismus der Bibel, Münster.
Moeller, Hans-Georg (2011): Luhmann Explained. From Souls to Systems, Chicago/La Salle.
Moisés, Subcomandante Insurgente/Galeano, Subcomandante Insurgente (2015): Danksagung III. Das teuerste Bauwerk der Welt, abrufbar unter: http://enlacezapatista.ezln.org.mx/2015/03/14/danksagung-iii-danksagung-iii-das-teuerste-bauwerk-der-welt-subcomandante-insurgente-moises-subcomandante-insurgente-galeano/.
Moll, Georg (1988): »Preußischer Weg« und bürgerliche Umwälzung in Deutschland, Weimar.
Morelly, Étienne-Gabriel (1964): Gesetzbuch der natürlichen Gesellschaft oder der wahre Geist ihrer Gesetze zu jeder Zeit übersehen oder verkannt, Berlin.
Morgan, Lewis Henry (1908): Die Urgesellschaft. Untersuchungen über den Fortschritt der Menschheit aus der Wildheit durch die Barbarei zur Zivilisation, Stuttgart.
Morris, William (1889): Eine Fabrik, wie sie sein könnte. Rede auf dem Internationalen Arbeiterkongress, abrufbar unter: http://williammorristexte.com/2013/02/12/ein-fabrik-wie-sie-sein-koennte/.
Morris, William (1920): Kunde von Nirgendwo, ein utopischer Roman, Stuttgart.
Morus, Thomas (1974): Utopia, Leipzig.
Mouffe, Chantal (2014): Radikale Politik und die echte Linke. Plädoyer für eine agonistische Alternative, in: Blätter für deutsche und internationale Politik, (12), S. 73-83.
Münchow, Ursula (1973): Frühe deutsche Arbeiterautobiographien, Berlin.
Münchow, Ursula (1982): Nachwort, in: Des Morgens erste Röte. Frühe sozialistische deutsche Literatur 1860-1918, Leipzig, S. 405-428.
Munoz Ramirez, Gloria (2004): 20+10. Das Feuer und das Wort, Münster.
Münzenberg, Willi (1926): Fünf Jahre Internationale Arbeiterhilfe, Berlin.
Münzenberg, Willi (1931): Solidarität. Zehn Jahre Internationale Arbeiterhilfe 1921-1931, Berlin.
Nancy, Jean-Luc (1988): Die undarstellbare Gesellschaft, Stuttgart.

Nancy, Jean-Luc (2012): Kommunismus, das Wort (Notizen für die Konferenz), in: Žižek, Slavoj/Douzinas, Costas (Hrsg.): Die Idee des Kommunismus, Bd. I, Hamburg, S. 181-190.
Nationalkonvent [1793] (1982): Die Verfassung vom 24. Juni 1793, in: Markov, Walter (Hrsg.): Revolution im Zeugenstand : Frankreich 1789-1799, Bd. 2, Gesprochenes und Geschriebenes, Leipzig, S. 434-447.
Negri, Antonio (2012): Kann man ohne Marx Kommunist sein?, in: Badiou, Alain/Žižek, Slavoj (Hrsg.): Die Idee des Kommunismus, Bd. II, Hamburg, S. 165-177.
Negri, Antonio/Guattari, Felix (1990): Communists Like Us. New Spaces of Liberty, New Lines of Alliance, New York.
Nowak, Martin A. (2006): Five rules for the evolution of cooperation, in: Science, Vol. 314, S. 1560-1563.
Nunes, Rodrigo (2014): Notes toward a Rethinking of the Militant, in: Brincat, Shannon (Hrsg.): Communism in the 21st Century, Vol. 3: The Future of Communism. Social Movements, Economic Crises, and the Re-imagination of Communism, Santa Barbara, S. 163-188.
Nunes, Rodrigo (2015): The Lessons of 2011: Three Theses on Organisation, in: Mute, abrufbar unter: http://www.metamute.org/editorial/articles/lessons-2011-three-theses-organisation.
Nuss, Sabine (2006): Copyright & Copyriot: Aneignungskonflikte um geistiges Eigentum im informationellen Kapitalismus, Münster.
Nyirahabineza, Winfred (2013): Machtausgleich beginnt an den Wurzeln, in: Africavenir International e. V (Hrsg.): Widerstand, Revolutionen, Renaissance. Stimmen zum sozialen Aufbruch in Afrika, Berlin.
Öcalan, Abdullah (2003): Gilgameschs Erben. Von Sumer zur demokratischen Zivilisation, Bd. II, Bremen.
Öcalan, Abdullah (2010): Jenseits von Staat, Macht und Gewalt, Neuss.
Öcalan, Abdullah (2012): Demokratischer Konföderalismus, Neuss.
Osterroth, Franz/Schuster, Dieter (2005): Chronik der deutschen Sozialdemokratie. Daten-Fakten-Hintergründe, Bd. 1: Von den Anfängen bis 1945, Bonn.
Ostrom, Vincent (1982): The Human Condition, Bloomington.
Owen, Robert (1988): Über ein neues Gesellschaftssystem (Erster Vortrag), in: Das soziale System. Ausgewählte Schriften, Leipzig, S. 77-98.
Owen, Robert (1989): Eine neue Auffassung von der Gesellschaft. Essays über das Prinzip der Charakterbildung und seine Anwendung in der Praxis, in: Eine neue Auffassung von der Gesellschaft. Ausgewählte Texte. Hrsg. u. eingeleitet v. Lola Zahn, Berlin, S. 85-118.
Owen, Robert (1993): Address delivered to the Inhabitants of New Lanark (1816), in: Selected Works, Vol. 1: Early Writings, London, S. 120-142.
Oxfam (2016): Ein Wirtschaftssystem für die Superreichen, abrufbar unter: https://www.oxfam.de/system/files/20160118-wirtschaftssystem-super-

reiche.pdf.
Petrova, Natal'ja (2014): Kommunist kak personazh aktual'nych verovanij i praktiki 1920-1930-ch godov, in: Evropejskij universitet v Sankt-Peterburge/ Deutsches historisches Institut Moskau (Hrsg.): Konstruiruja »Sovetskoe«? Političeskoe soznanie, povsednevnye praktiki, novye identičnosti, Sankt Peterburg, S. 129-135.
Platon (1985): Der Staat, in: Sämtliche Werke in zwei Bänden, Essen, S. 425-599.
Plessner, Helmuth (2003a): Die Frage nach der Conditio humana (1961), in: Gesammelte Schriften in zehn Bänden, Bd. VIII: Conditio humana, Frankfurt a.M., S. 136-217.
Plessner, Helmuth (2003b): Die Stufen des Organischen und der Mensch. Einleitung in die philosophische Anthropologie. Gesammelte Schriften in zehn Bänden, Bd. IV, Frankfurt a.M.
Plessner, Helmuth (2003c): Homo absconditus (1969), in: Gesammelte Schriften in zehn Bänden, Bd. VIII: Conditio humana, Frankfurt a.M., S. 353-366.
Podmore, Frank (1906): Robert Owen. A Biography, London.
Polanyi, Karl (1978): The Great Transformation. Politische und ökonomische Ursprünge von Gesellschaften und Wirtschaftssystemen [1944], Frankfurt a.M.
Pollock, Friedrich (1971): Die planwirtschaftlichen Versuche in der Sowjetunion 1917-1927, Frankfurt a.M.
Porcaro, Mimmo (2003): Die Partei der kommunistischen Neugründung. Traditionen, Innovationen, Perspektiven, in: Brie, Michael (Hrsg.): Linksparteien im Vergleich. Rahmenbedingungen, strategische Ansätze und Erfolgskriterien. Internationaler Workshop der Rosa-Luxemburg-Stiftung, Manuskripte, Berlin, S. 9-44, abrufbar unter: http://www.rosalux.de/fileadmin/rls_uploads/pdfs/manuskripte_41.pdf.
Porcaro, Mimmo (2013): Mass party, connective party, strategic party. Ms., Berlin.
Porcaro, Mimmo (2015): Tendenzen des Sozialismus im 21. Jahrhundert, Hamburg.
Postnikov, Sergej Pavlovič/Fel'dman, Michail Arkad'evič (2009): Sociokul'turnyj oblik promyšlennych rabočich Rossii v 1900-1941 gg, Moskva.
Poteete, Amy R./Janssen, Marco/Ostrom, Elinor (2010): Working together. Collective action, the commons, and multiple methods in practice, Princeton.
Pradella, Lucia (2010): Kolonialfrage und vorkapitalistische Gesellschaften, in: Marx-Engels-Jahrbuch 2010, S. 82-100.
Prigogine, Ilya (1992): Vom Sein zum Werden, München/Zürich.
Proudhon, P.J. (1989): Über das föderative Prinzip und die Notwendigkeit, die Partei der Revolution wieder aufzubauen, Frankfurt a.M.
Ramares-Watson, Kéllia (2012): Geld raubt Leben und schränkt unsere Freiheit ein, in: derStandard.at, abrufbar unter: http://derstandard.

at/1342139050994/Geld-raubt-Leben-und-schraenkt-unsere-Freiheit-ein.
REDaktion (1997): Chiapas und die Internationale der Hoffnung, Köln.
Rediker, Marcus (2004): Villains of All Nations: Atlantic Pirates in the Golden Age, Boston.
Reichsgesetzblatt (1985): Das sog. Sozialistengesetz aus dem Jahr 1878, in: Steitz, Walter (Hrsg.): Quellen zur deutschen Wirtschafts- und Sozialgeschichte von der Reichsgründung bis zum Ersten Weltkrieg, Ausgewählte Quellen zur deutschen Geschichte der Neuzeit, Darmstadt, S. 86-91.
Reichsrätekongress (1966a): Antrag der Fraktion der USPD mit Richtlinien für den Aufbau eines Rätesystems, in: Küster, H./Grau, R./Ittershagen, S./Massmann, E./et al. (Hrsg.): Dokumente und Materialien zur Geschichte der deutschen Arbeiterbewegung, Bd. VII/1 1919-1921, Berlin, S. 62-63.
Reichsrätekongress (1966b): Beschluss über den Aufbau des Rätesystems, in: Küster, H./Grau, R./Ilttershagen, S./Massmann, E./et al. (Hrsg.): Dokumente und Materialien zur Geschichte der deutschen Arbeiterbewegung, Bd. VII/1 1919-1921, Berlin, S. 64-65.
Rifkin, Jeremy (2014a): Die Null-Grenzkosten-Gesellschaft. Das Internet der Dinge, kollaboratives Gemeingut und der Rückzug des Kapitalismus, Frankfurt a.M.
Rifkin, Jeremy (2014b): The Zero Marginal Cost Society. The Internet of Things, the Collaborative Commons, and the Eclipse of Capitalism, New York.
Rilling, Rainer (2009): Plädoyer für das Öffentliche, in: Candeias, Mario/Rilling, Rainer/Weise, Katharina (Hrsg.): Krise der Privatisierung. Rückkehr des Öffentlichen, Berlin, S. 175-190.
Ritter, Gerhard A./Tenfelde, Klaus (1992): Arbeiter im deutschen Kaiserreich, 1871 bis 1914, Bonn.
Roelvink, Gerda/Gibson-Graham, J.K. (2009): A postcapitalist politics of dwelling, in: Australian Humanities Review, Vol. 46(May), S. 145-158.
Roesler, Jörg (2010). 1968 – auch eine Chance zur Reformierung der Wirtschaftsverfassungen? Ein Blick auf Ost- und Westeuropa, in: Helle Panke: Pankower Vorträge, Heft 150, Berlin.
Roux, Jacques (1975): Manifest der Zornigen [1793], in: Höppner, Joachim/Seidel-Höppner, Waltraud (Hrsg.): Von Babeuf bis Blanqui. Französischer Sozialismus und Kommunismus vor Marx, Bd. II: Texte, Leipzig, S. 7-18.
Royle, Edward (1998): Robert Owen and the Commencement of the Millennium: The Harmony Community at Queenwood Farm, Hampshire, 1839-1845, Manchester/New York.
Ruda, Frank/Völker, Jan (2012): Thesen zu einer kommunistischen »morale provisoire«, in: Badiou, Alain/Žižek, Slavoj (Hrsg.): Die Idee des Kommunismus, Bd. II, Hamburg, S. 179-196.
Saage, Richard (2001): Utopische Profile 2: Aufklärung und Absolutismus, Hamburg.

Saage, Richard (2002): Utopische Profile 3: Industrielle Revolution und technischer Staat im 19. Jahrhundert, Hamburg.
Saage, Richard (2003): Utopische Profile 4: Widersprüche und Synthesen des 20. Jahrhunderts, Hamburg.
Saage, Richard (2009): Utopische Profile, Bd. 1: Renaissance und Reformation, Hamburg.
Sahlins, Marshall (1972): Stone Age Economics, Chicago.
Satgar, Vishwas (Hrsg.) (2014): The Solidarity Economy Alternative: Emerging Theory and Practice, Scottsville.
Scarry, Elaine (1985): The Body in Pain. The Making and Unmaking of the World, Oxford.
Schibel, Karl-Ludwig (1985): Das alte Recht auf die neue Gesellschaft. Zur Sozialgeschichte der Kommune seit dem Mittelalter, Frankfurt a.M.
Schieder, Wolfgang (1982): Kommunismus, in: Brunner, Otto/Conze, Werner/Koselleck, Reinhart (Hrsg.): Geschichtliche Grundbegriffe. Historisches Lexikon zur politisch-sozialen Sprache in Deutschland, Bd. 5, Stuttgart, S. 455-529.
Schieder, Wolfgang (2004): Sozialismus, in: Brunner, Otto/Conze, Werner/Koselleck, Reinhart (Hrsg.): Geschichtliche Grundbegriffe. Historisches Lexikon zur politisch-sozialen Sprache in Deutschland, Bd. 5, Stuttgart, S. 923-996.
Schmitt, Carl (1963): Der Begriff des Politischen. Text von 1932 mit einem Vorwort und drei Corollarien, Berlin.
Schrenk, Friedemann (2008): Die Frühzeit des Menschen. Der Weg zum Homo sapiens, München.
Schröder, Wolfgang (1993): Die Position des ADAV im Geschichtsbild, in: Neuhaus, Manfred (Hrsg.): »Der kühnen Bahn nun folgen wir ...« Beiträge zum 130. Jahrestag der Gründung des ADAV, Mitteilungen, Leipzig, S. 29-40.
Schröder, Wolfgang (2010): Leipzig – die Wiege der deutschen Arbeiterbewegung: Wurzeln und Werden des Arbeiterbildungsvereins 1848/49 bis 1878/81 mit einer Dokumentation der Tätigkeitsberichte, Berlin.
Scott, John Anthony (1988): Einleitung, in: Die Verschwörung für die Gleichheit. Rede über die Legitimität des Widerstands. Mit Essays von Herbert Marcuse und Albert Soboul, Hamburg, S. 7-30.
Seibt, Ferdinand (2001): Utopica. Zukunftsvisionen aus der Vergangenheit, München.
Seidel, Jutta (2010): Der Internationalismus der deutschen Sozialdemokratie im letzten Drittel des 19. Jahrhunderts, in: Kinner, Klaus (Hrsg.): Die Linke – Erbe und Tradition, Teil 1: Kommunistische und sozialdemokratische Wurzeln, Berlin.
Siefkes, Christian (2011): Wie es den Kapitalismus zum Commonismus treibt, in: keimform.de, abrufbar unter: http://keimform.de/2011/wie-es-den-kapitalismus-zum-commonismus-treibt/.

Soboul, Albert (1988): Babeuf: erlebte Erfahrung und Forderung nach sozialer Gleichheit, in: Die Verschwörung für die Gleichheit. Rede über die Legitimität des Widerstands. Mit Essays von Herbert Marcuse und Albert Soboul, Hamburg, S. 127-154.
Sommer, Heinz (1986): Im Zeichen der Solidarität. Bibliographie von Veröffentlichungen der Internationalen Arbeiterhilfe in Deutschland 1921-1933, Berlin.
SPD (1891): Erfurter Programm, abrufbar unter: https://www.marxists.org/deutsch/geschichte/deutsch/spd/1891/erfurt.htm.
Spence, Jonathan D. (1997): God's Chinese Son: The Taiping Heavenly Kingdom of Hong Xiuquan, Princeton.
Spiegel Online (2015): Armutsstudie von Oxfam: Das reichste Prozent besitzt mehr als alle anderen zusammen, in: SPIEGEL ONLINE, abrufbar unter: http://www.spiegel.de/wirtschaft/ungleichheit-superreiche-besitzen-mehr-als-die-anderen-99-prozent-a-1013655.html.
Städteverband (1964): Resolution über die politische Lage, angenommen vom Kongreß des Städteverbandes am 9. (22.) Dezember 1916, in: Hellmann, Manfred (Hrsg.): Die russische Revolution 1917. Von der Abdankung des Zaren bis zum Staatsstreich der Bolschewiki, München, S. 89-90.
Stanojević, Miroslav (1990): Self-Management in the context of the disintegration of »Real-Existing« Socialism, in: PRAXIS international, S. 90-103.
Stites, Richard (1978): The Women's Liberation Movement in Russia: Feminism, Nihilism, and Bolshevism, 1860-1930, Princeton.
Suslov, Ivan Fjodorovič (1989): Sakonomerny final koncepzii ogasudarstvlenija krestjanstva, in: Voprossy ekonomiki, Vol. 8, S. 85-89.
Tamás, Gáspár Miklós (2012): Der Kommunismus auf den Ruinen des Sozialismus, in: Badiou, Alain/Žižek, Slavoj (Hrsg.): Die Idee des Kommunismus, Bd. II, Hamburg, S. 221-242.
Teivainen, Teivo (2014): Brazilian Socialist Roots and Global Commonist Horizons in the World Social Forum, in: Brincat, Shannon (Hrsg.): Communism in the 21st Century, Vol. 3: The Future of Communism. Social Movements, Economic Crises, and the Re-imagination of Communism, Santa Barbara, California, S. 27-50.
Terray, Emmanuel (2015): Kommunismus heute, in: Žižek, Slavoj/Badiou, Alain (Hrsg.): Die Idee des Kommunismus, Bd. III, Hamburg, S. 209-216.
Tetzner, Thomas (2013): Der kollektive Gott: Zur Ideengeschichte des »Neuen Menschen« in Russland, Göttingen.
Thompson, Alvin O. (2006): Flight to Freedom: African Runaways and Maroons in the Americas, Kingston.
Tiqqun (2012): Anleitung zum Bürgerkrieg, Hamburg.
Tiqqun (2013): Alles ist gescheitert, es lebe der Kommunismus, Hamburg.
Tito, Josip Broz (1976a): Der Kampf für die Fortentwicklung der sozialistischen Selbstverwaltung in unserem Land und die Rolle des Bundes der Kommunis-

ten Jugoslawiens. Referat auf dem X. Parteikongress des Bundes der Kommunisten Jugoslawiens, in: Der jugoslawische Weg. Sozialismus und Blockfreiheit. Aufsätze und Reden, München, S. 267-376.

Tito, Josip Broz (1976b): Die Fabriken den Arbeitern. Aus dem Exposé in der Ersten Sondersitzung der Nationalversammlung der Föderativen Volksrepublik Jugoslawien. 26. Juli 1950, in: Der jugoslawische Weg. Sozialismus und Blockfreiheit. Aufsätze und Reden, München, S. 133-152.

Tito, Josip Broz (1976c): Interview für »Vjesnik« zu aktuellen Fragen des gesellschaftspolitischen Lebens, in: Josip Broz Tito. Ausgewählte Reden, Berlin, S. 82-104.

Todorović, Mijalko (1974): Bericht des Präsidenten der Bundesversammlung und des Präsidenten des Gemeinsamen Ausschusses aller Räte der Bundesversammlung für Verfassungsfragen. Mijalko Todorović über den Vorschlag der Verfassung SFRJ auf der Sitzung des Rates der Völker am 22. Januar 1974, in: Verfassung der Sozialistischen Föderativen Republik Jugoslawien, Belgrad, S. 13-60.

Tomasello, Michael (2006): Die kulturelle Entwicklung des menschlichen Denkens. Zur Evolution der Kognition, Frankfurt a.M.

Tomasello, Michael (2010): Warum wir kooperieren, Berlin.

Tretjakow, Sergej (1976): Ich will ein Kind haben – Brülle, China (Zwei Stücke), Berlin.

Trotzki, Leo (2009): Verratene Revolution. Was ist die Sowjetunion und wohin treibt sie?, Essen.

Turner, Tom (2005): Garden history. Philosophy and design, 2000 BC--2000 AD, London/New York.

Tynjanow, Juri (1970): Das Wörterbuch des Polemikers Lenin, in: Mierau, Fritz (Hrsg.): Sprache und Stil Lenins. Sechs Essays, Berlin, S. 71-118.

Unsichtbares Komitee (2010): Der kommende Aufstand, abrufbar unter: http://pdfcast.org/pdf/der-kommende-aufstand.

Unsichtbares Komitee (2014): An unsere Freunde. Kapitel 5: Lass uns verschwinden, abrufbar unter: http://bloom0101.org/?parution=an-unsere-freunde.

Ure, Andrew (1835): The Philosophy of Manufactures, or an Exposition of the Scientific, Moral and Commercial Economy of the Factory System of Great Britain, London.

Usher, Peter J. (1992): Property as the Basis of Inuit Hunting Rights, in: Anderson, Terry L. (Hrsg.): Property Rights and Indian Economies: The Political Economy Forum, Lanham, S. 41-65.

Varga, Eugen (1921): Sozialismus und Kapitalismus in Sowjet-Russland, Leipzig.

Varnhagen von Ense, Karl August (1984): Kommentare zum Zeitgeschehen: Publizistik, Briefe, Dokumente, 1813-1858, Leipzig.

Verfassung (1974): Verfassung der Sozialistischen Föderativen Republik Jugo-

slawien, Belgrad.
Vorwärts (1966): Die Annahme des Kohlebewirtschaftungsgesetzes. Ein Schritt zum praktischen Sozialismus, in: Küster, H./Grau, R./Ilttershagen, S./Massmann, E./et al. (Hrsg.): Dokumente und Materialien zur Geschichte der deutschen Arbeiterbewegung, Bd. VII/1 1919-1921, Berlin, S. 52-55.
Walton, John K./Seddon, David (2011): Free Markets and Food Riots: The Politics of Global Adjustment, Oxford.
Weber, Max (2002): Die protestantische Ethik und der »Geist« des Kapitalismus [1904/05; 1920], in: Schriften 1894-1922. Ausgewählt und hrsg. v. Dirk Kaesler, Suttgart, S. 150-226.
West, Stuart A./Griffin, Ashleigh S./Gardner, Andy (2007): Evolutionary Explanations for Cooperation, in: Current Biology, Vol. 17, S. 661-672.
Wieser, Wolfgang (1998): Die Erfindung der Individualität: oder Die zwei Gesichter der Evolution, Heidelberg.
Wikipedia (2014): Russischer Bürgerkrieg, in: Wikipedia, abrufbar unter: http://de.wikipedia.org/w/index.php?title=Russischer_B%C3%BCrgerkrieg&oldid=126195568.
Wikipedia (2015a): John Ball (priest), in: Wikipedia, the free encyclopedia, abrufbar unter: https://en.wikipedia.org/w/index.php?title=John_Ball_(priest)&oldid=695533876.
Wikipedia (2015b): Thomas Müntzer, in: Wikipedia, the free encyclopedia, abrufbar unter: https://en.wikipedia.org/w/index.php?title=Thomas_M%C3%BCntzer&oldid=691427949.
Wikipedia (2016a): Pierre Joseph Proudhon – Wikiquote, abrufbar unter: https://de.wikiquote.org/wiki/Pierre_Joseph_Proudhon.
Wikipedia (2016b): Tikkun olam, in: Wikipedia, abrufbar unter: https://en.wikipedia.org/w/index.php?title=Tikkun_olam&oldid=698742584.
Wilde, Oscar (1982): Der Sozialismus und die Seele des Menschen, Zürich.
Winker, Gabriele (2015): Care Revolution. Schritte in eine solidarische Gesellschaft, Bielefeld.
Winokurow, A. (1921): Die soziale Fürsorge in Sowjet-Russland, Leipzig.
Winstanley, Gerrard (1983a): Das neue Gesetz der Gerechtigkeit, Kapital VII, in: Klenner, Hermann (Hrsg.): Gleichheit im Reiche der Freiheit. Sozialphilosophische Pamphlete und Traktate, Leipzig, S. 7-16.
Winstanley, Gerrard (1983b): Wofür das Banner der wahren Leveller weht oder Den Menschensöhnen zur Kenntnis, wie die Dinge im Lande stehen, in: Klenner, Hermann (Hrsg.): Gleichheit im Reiche der Freiheit. Sozialphilosophische Pamphlete und Traktate, Leipzig, S. 17-38.
Witterauf, Peter (Hrsg.) (2011): Ist der Kommunismus wieder hoffähig? Anmerkungen zur Diskussion um Sozialismus und Kommunismus in Deutschland, München.
Wolff, Wilhelm (1985): Die schlesische Milliarde, in: Wolff, Wilhelm: Aus Schlesien, Preußen und dem Reich, Berlin, S. 230-288.

Wright, Erik Olin (2015): Durch Realutopien den Kapitalismus transformieren. Ansprache als Präsident der Amerikanischen Vereinigung der Soziologinnen und Soziologen (Denver 2012), in: Brie, Michael (Hrsg.): Mit Realutopien den Kapitalismus transformieren?, Hamburg, S. 59-106, abrufbar unter: http://www.rosalux.de/fileadmin/rls_uploads/pdfs/sonst_publikationen/Brie_Realutopien.pdf.

Yeo, Eiken (1971): Robert Owen and Radical Culture, in: Pollard, Sidney/Salt, John (Hrsg.): Robert Owen. Prophet of the Poor, London, S. 84-114.

Zakošek, Nenad (1984): Staat und Selbstverwaltung in Jugoslawien; Zum Verhältnis von Politik und Ökonomie in einer sozialistischen Gesellschaft am Beispiel jugoslawischer Investitionspolitik, Berlin.

Zeitschrift LuXemburg (2011): Re:Organisieren. Heft 4, abrufbar unter: http://www.zeitschrift-luxemburg.de/lux/wp-content/uploads/2009/09/LUX_1104_komp.pdf.

Zeitschrift LuXemburg (2012): Reproduktion in der Krise. Heft 4, abrufbar unter: http://www.zeitschrift-luxemburg.de/lux/wp-content/uploads/2013/07/LUX_1204_klein.pdf.

Zelik, Raul (2015): Mit PODEMOS zur demokratischen Revolution? Krise und Aufbruch in Spanien, Berlin.

Zelik, Raul/Tauss, Aaron (Hrsg.) (2013): Andere mögliche Welten? Krise, Linksregierungen, populare Bewegungen. Eine lateinamerikanisch-europäische Debatte, Hamburg.

Zips, Werner (2011): Schwarze Rebellen: Maroon-Widerstand in Jamaica, Wien/Berlin/Münster.

Žižek, Slavoj (2011a): Die bösen Geister des himmlischen Bereichs: Der linke Kampf um das 21. Jahrhundert, Frankfurt a.M.

Žižek, Slavoj (2011b): Shoplifters of the World Unite, in: London Review of Books, abrufbar unter: http://www.lrb.co.uk/2011/08/19/slavoj-zizek/shoplifters-of-the-world-unite.

Žižek, Slavoj (2012a): Die Idee des Kommunismus als konkrete Universalität, in: Badiou, Alain/Žižek, Slavoj (Hrsg.): Die Idee des Kommunismus, Bd. II, Hamburg, S. 255-284.

Žižek, Slavoj (2012b): Wie man vom Anfang beginnt, in: Žižek, Slavoj/Douzinas, Costas (Hrsg.): Die Idee des Kommunismus, Bd. I, Hamburg, S. 251-270.

Žižek, Slavoj (2015): Antworten ohne Fragen, in: Žižek, Slavoj/Badiou, Alain (Hrsg.): Die Idee des Kommunismus, Bd. III, Hamburg, S. 217-250.

Zola, Emile (1981): Das Geld, Berlin/Weimar.

Zu den AutorInnen

Bini Adamczak, Autorin etwa zu den Themen Kommunismus und Queerfeminismus, Veröffentlichungen u.a. *Kommunismus. Kleine Geschichte wie alles anders wird*, 4. (2014), und *Gestern Morgen. Über die Einsamkeit kommunistischer Gespenster und die Rekonstruktion der Zukunft*, 2. Aufl. (2011).

Massimo De Angelis ist Professor für Politische Ökonomie und Entwicklung und Ko-Direktor des *Centre for Social Justice and Change* an der University of East London. Seine Forschungsfelder sind Werte, Krise, Kritik der Economics, soziale Bewegungen und alternative sozioökonomische Systeme. Gegenwärtig steht die Frage der Commons im Zentrum.

Lutz Brangsch, Politökonom, wissenschaftlicher Referent Staat und Demokratie am Institut für Gesellschaftsanalyse der Rosa-Luxemburg-Stiftung; Schwerpunkte seiner Arbeit sind Transformationen von Staatlichkeit in der Krise des Neoliberalismus, Projekte des sozialökologischen Umbaus sowie die Geschichte sozialistischer Transformationen; er ist Redakteur des Jahrbuchs des europäischen Netzwerks Transform.

Michael Brie, Sozialphilosoph, wissenschaftlicher Referent des Instituts für Gesellschaftsanalyse der Rosa-Luxemburg-Stiftung für Geschichte und Theorie sozialistischer Transformation, Mitglied im Wissenschaftlichen Beirat von Attac und im Kuratorium des Instituts Solidarische Moderne sowie der Leibniz-Sozietät; er gibt die Reihe *Beiträge zur kritischen Transformationsforschung* heraus.

Friederike Habermann, Autorin, Aktivistin und freie Akademikerin, dabei Volkswirtin, Historikerin und promoviert in politischer Wissenschaft, Veröffentlichungen u.a. *Der homo oeconomicus und das Andere. Hegemonie, Identität und Emanzipation* (2008), *Halbinseln gegen den Strom. Anders leben und wirtschaften im Alltag* (2009), *Der unsichtbare Tropenhelm. Wie koloniales Denken noch immer unsere Köpfe beherrscht* (2013) und *Geschichte wird gemacht. Etappen des globalen Widerstands* (2014).

Notizen